湖南师范大学资源环境创新创业教育中心资助

地理研究之基本素养训练实用手册

韩　广　等/著

中国环境出版集团・北京

图书在版编目（CIP）数据

地理研究之基本素养训练实用手册 / 韩广等著. 北京 : 中国环境出版集团, 2024. 12. -- ISBN 978-7-5111-5888-8

Ⅰ. K90

中国国家版本馆 CIP 数据核字第 2024WK1638 号

策划编辑 王素娟
责任编辑 范云平
封面设计 岳 帅

出版发行 中国环境出版集团
（100062 北京市东城区广渠门内大街 16 号）
网 址：http://www.cesp.com.cn
电子邮箱：bjgl@cesp.com.cn
联系电话：010-67112765（编辑管理部）
发行热线：010-67125803，010-67113405（传真）
印 刷 北京中献拓方科技发展有限公司
经 销 各地新华书店
版 次 2024 年 12 月第 1 版
印 次 2024 年 12 月第 1 次印刷
开 本 787×960 1/16
印 张 23.75
字 数 620 千字
定 价 178.00 元

前言

地理学是一门非常古老、实用的学科和知识体系，它代表着一种适应周边自然环境和社会条件的独特思维方式。虽然不同时代有不同的内容和目标，但它关系着我们每个人的生活、学习和工作，对于社会、民族乃至国家的维持与发展，对于人类文明的积累与进步必不可少，且至关重要。

古希腊时期，地理学是当时最高深的学问之一。地理学对行政管理、农业生产、经商、移民或殖民、军队驻防与行军打仗等社会活动影响巨大。时至今日，地理学已发展得非常庞大，在解决当代重大资源和环境问题方面作用十分突出，对于塑造公众的世界观、价值观和人生观有不可替代的作用。

历史上，国家或政府一直主导着地理学的研究，但民间地理知识的传播与积累同样不可忽视。工业革命时期，政府在地理学知识积累和发展中的作用日益凸显，巨大的商业利益又使得商业机构也积极介入其中，民间地理学研究得以快速发展。正是由于地理学的重要社会作用，西方各国投入大量财力、人力和物力发展地理学，形成了官方和民间地理学共同繁荣的局面。

我国由于历史和传统文化的影响，特别是没有经历轰轰烈烈的地理大发现和工业革命，使得我国的业余和民间地理研究发展缓慢，难以满足旺盛的社会需求。因此，在基本实现工业化的今天，有必要扶持和引导民间地理学的发展，使其在新时期社会主义现代化建设，特别是生态文明建设方面做出应有的贡献。

出于这种考虑，我们将地理研究中涉及的地理学基础知识和基本技能，力图以轻松愉快的风格，以工具和手段为脉络，以初学者和业余爱好者为对象，编写了这本实用手册，以推动我国民间地理学的蓬勃发展。

本书共有 12 章，主要涉及地理学基础知识，户外定位、定向和定时的常识和操作方法、技巧，遥感技术和地理信息系统（GIS）概况及其实际操作步骤与方法，野外考察和定位观测的基本步骤与方法，城市和乡村户外调查和考察的步骤与方法，地理学经典名著作导读等内容。希望通过本实用手册的学习和练习，初学者和地理学业余爱好者能够自主、有效地开展各种地理研究，丰富自己的生活，助力自己的工作。为便于读者及时复习、巩固已学知识与技能，每章末尾设置了“思考题”“练习题”“推荐读物”“温馨提示”等栏目，旨在提供多角度的学习和应用机会。

本书编写人员有着多年的地理学研究和教学经历，在各自的研究领域学有所专，经验丰富。具体编写分工如下：韩广负责第1、8、9、12章，裴禾负责第2章，王家琪（湖南师范大学附属中学）和肖雄负责第3章，孙倩和韩广负责第4章，袁名欢负责第5章，胡顺石负责第6章，周亮负责第7章，刘春腊、尹林赛、江莉、王雨菲负责第10章，刘春腊、王雨菲、李敏、吴艳芳、徐醒时负责第11章。此外，刘窑军和聂晓东，以及湖南师范大学期刊社的朱珊莹参加了第9章部分节次的编写工作（除非特别标明，否则编写者均为湖南师范大学地理科学学院的在职教师）。本书由韩广、朱珊莹、杨文统稿、校核。

由于编写的时间比较仓促，书中不足之处在所难免，请广大读者不吝指正。书中图3-1图片未能联系到原作者，请原作者见书后与我社联系。

编著者

2022年 12月10日

于岳麓山下

目 录

第一章 地理学基础知识

本章提要

本章主要介绍地理学的含义与性质、地理研究的相关概念与问题、地理学的主要研究内容、学科体系、主要研究方法与技术，以及地理学发展简史。旨在让读者从中体验地理学的博大精深，体验它古老的传承，体验它巨大的实用性和贴近生活、工作的性质，以及它独特的思维和决策方式。

关键词

地理学，地表事物，空间分析，自然地理学，人文地理学，地理大发现，工业革命

地理学是一门非常古老的学科，内容丰富，体系庞大，因而有必要提纲挈领地了解其基本概念、理论体系框架、基本方法和发展历史。

第一节 地理学的含义与性质

一、含义

地理学是研究地表事物空间分布特征及其发生发展规律的科学。它是一门非常古老的学科，关乎人类社会的生存、稳定与发展。其主要涉及以下四个方面的内容：

第一，要弄明白地球表面地表事物的空间分布特征，就是要搞清楚某地有什么或某物在哪里。人类努力去利用地球表面有利的方面、规避不利的方面，在特定条件下对抗不利的事物或过程，人类的定居、迁徙、劳作都要充分考虑这些方面。例如，在采集渔猎时期，人们必须知道哪里有较多可食的植物果实或根茎，哪里有可供围猎或捕获的动物，以解决温饱问题，还要找到既适宜定居又不受洪水、旱灾、凶猛动物或敌对部落袭击的地方。

第二，要弄明白这些地表事物呈这种分布的原因，搞清楚某事物为何就分布在某处而不在其他地方。这是一个漫长的经验积累过程，前人有时不得不求助于神灵来解释，例如，旧时代的施法祈雨仪式。即使在科技非常昌明的今日，有些地表事物我们依然搞不清楚其具体原因，例如，地震或火山将在哪里和什么时候发生、台风的具体路径等现实问题。

第三，要搞清楚这种分布对人类和对整个地表自然界的意义，评价其利弊以及程度与范围。例如弄明白某次台风的路径，可以让我们提前做出应对措施，尽量减少生命和财产损失。再如，我们引以为荣的内蒙古毛乌素沙地的绿化。这些年当地气候的确好转了，沙尘暴天气减少了，人们可以安居乐业了，但从长期来看，这些树木需要大量水分，降水若不够用的话，就会大片死亡，绿化的效果难以长期维持。若要执意维持现有绿化效果，就要付出巨大代价，一个地区的人力、财力和物力能否支持就是个大问题。同时，这种绿化对气候肯定会产生明显影响，变化了的气候会对周边地区产生不同性质的影响，这种反馈有时是消极甚至是恶性的。试想，南水北调工程若过量调水，对长江中下游地区的自然环境和人类社会影响会小吗？

第四，努力搞清楚地表事物的未来发展趋势，也就是要想办法对未来的趋势和可能的结果进行预测。地表事物很多时候是错综复杂的，空间范围广大，历时较长，搞明白其演化规律并作出准确预测很困难，而且由于关乎人类的生死存亡和利弊得失，一般人也不敢贸然予以预测。我国人口迅速老龄化就是一个明显实例，即使预见到目前的结果，但也不敢轻率采取措施，以致该问题有些积重难返，解决起来困难重重。

这里需要明确上述地表事物的含义，它是指存在于地球表面与人类生存和发展息息相关的客观事物，如大气、水体、土壤、植被、城镇、交通、人口等。有些地表事物发生明显变化需要的时间很长，要数百年、数千年乃至数百万年，远远超出人类个体的寿命，甚至远超出人类作为一个物种产生的历史，这对于我们的思维方式构成了巨大挑战。有些则发生得很快，如地震、火山爆发、工厂排污、高铁经过某个地点等，这又要求我们要想办法尽快将相关信息搜集起来并加以处理、分析，研究其空间特征、变化规律、所造成的相关影响，进而制定对策。

有些地表事物是凭借感官能够感知的，是有形的，如下雨、刮风、河流流水、公路和铁路上的车辆及其货物状况等；而有些则是无形的，需要借助间接途径才能够知晓，如人口密度、性别比例、民族构成、职业构成等，需要通过人口调查与统计手段获得；还有些地表事物与我们的日常生活息息相关，如天气、交通、生活必需品的供应和价格状况等；有些则与我们略疏远些，如上述毛乌素沙地的绿化、南水北调工程和三峡工程等。

另有些地表事物完全是人类活动、人类智慧、人类文明的产物，如城市与村庄、农田、工厂、港口、机场、车站、交通线等；有些则是纯粹天然的事物，与人类存在与否无关，如岩石、山脉、大海、陆地、岛屿、河流、湖泊、沼泽等；还有些则是人类活动与大自然互相作用的结果，如工业革命之后的大气组成、城市的气候、山里的水库、自然保护区、水源保护区等。

二、性质

第一，地理学是一门非常古老的学科。古时人类的生产力比较落后，对大自然的依赖程度很高，特别是农业，而区域间物资的交流就产生了商业，防御和社会稳定的需要产生了军事部署和调度。大空间范围和大量人口需要强有力的行政管理，因而行政管理变得越来越重要。所以，古时的地理学在农业、商业、军事、行政管理方面有着广泛应用，因而受到普遍重视并得到不断发展。当时的地理学包含了与地球有关的所有知识，体系很庞杂。在古希腊，它是最高深的知识之一。值得指出的是，古时的地理学已经形成了完整的知识体系，有专人继承和发展，往往以书面形式存续，这与今日的现代地理学不能同日而语，更不能以今日的标准去评判古代地理学的优劣，而应当以是否满足当时民族或社会需求来评判其价值。

第二，地理学是一门关于空间差异的科学。狭小均一的地域是不需要发达的地理学来支撑的，反之则必须凭借地理学来实现其民族和睦、社会稳定与发展。而区域范围扩大了，空间差异必然随之出现并扩大，人们需要归纳概括其规律性，弄明白其发生原因，以便更好地利用或规避。这一点实际上很容易理解，只要我们走的地方多了，自然会产生这种认识或意识：地球表面各个不同部分确实充满差异。暂且不说大陆之间、不同纬度带之间的巨大差异，单单提及中国东部从南到北的气候、地形、城镇样式、当地人的生活方式，就可以明确这一点。即使在我们肉眼可及的范围内，地面也不是均匀一致的，不是有高低起伏就是有物质组成和性质的差异。相应地，这些差异的成因各不相同。比如我们熟知的贵州的多山和交通不便，就是因为石灰岩地区流水的喀斯特作用侵蚀所致，而太湖平原的地势低平、水系发达、土地肥沃、物阜民丰则是长江三角洲不断向海延伸的结果。相应地，这些差异对自然界和人类社会的意义也各不相同。随着自然保护事业的不断发展，生态学和全球气候变化的研究都表明，一个地区的环境变化会以不同方式和强度影响世界其他地区。因此，任何地表事物的存在与演变，都会对周边自然界和人类社会产生影响，故而我们的评价与预测工作的目标不能只针对人类社会，还要针对自然界，分析其对自然界运行和发展的影响。

第三，地理学是一门经验科学。它的理论更多的时候不是借助数理工具来建立和推进的，而是依靠大量的户外考察或调查来收集地表事物的资料，然后经过系统分析，归纳概括其空间特征、形成演化规律，即使是预测与评估也要将结果同实际情况相对照，借助大量的已有经验和方法，纯粹的理论推导、演绎和推理是行不通的，也没有实际价值。

以我们熟知的地带性规律而言，人们经历了数千年才最终构建起完整的理论体系。最初是古希腊人在埃及、地中海周边地区、黑海地区旅行和观察，概括出气候随纬度变化的规律。地理大发现和工业化时代，人们在征服和考察山地的景观变化过程中，总结出气候和植被随高度递变的规律，由此发现了垂直地带性。俄国的道库恰耶夫在考察中亚的草原土壤时，发现了土壤的南北向随纬度递变的规律，进而将其完善为景观的地带性规律。而经度地带性则需要在更大空间范围内搜集资料，通过地图才能发现，只有在国土辽阔的国度才成为可能。

第四，地理学是一门密切结合时间因素的学科。地球表面的空间差异不是现代短时间形成的，而是经历了长期甚至漫长时间演化的结果。有些过程是快速的，如股票、期货市场，似乎时刻在变化，有些则极其缓慢，如陆地或山脉的变迁，需要数十万年乃至数千万年、数亿年漫长的时间。有些在我们有生之年可以重复看到、体验到，有些则需要对人类代代相继积累下来的材料进行分析，才能理解数十年、数百年乃至数千年、数万年的过程。凡此种种大大超出了我们常规的思维方式和范围，对我们已建立的文明而言是一个巨大挑战。

既然地表事物是不断变化的、动态的，那么它们必然与时间紧密相关，需要我们时刻从时间的角度来观察、分析地表事物和地表过程。举一个在地学领域非常熟悉的例子。英国著名地质学家莱伊尔坚持地表的均变论，提出“过去是今天的钥匙”的格言，也就是说，要想理解眼前的地表事物（如寒武纪的岩层），弄清其发生发展的机理，就要系统观察今天发生在世界各地的相关事物，反过来逆推过去的过程。这是因为，超出人类书面历史或口头相传的事迹，我们没有任何可资利用的经验材料，只能依靠眼前的观察进行推断。

在我们分析、解释某种地表事物或过程中百思不得其解的时候，往往借助时间因素，便可以得到比较满意的解释。例如，一棵树如何过河的问题，这是一个传统的植物区系地理学问题，很让人费解，但是如果我们对河流的动态比较熟悉，这个问题就好解决了，即待河流侧向迁移改道时，树木自然而然地就过河了，只要这棵树能活到河流改道的那一天。其实在平原地区，河流改道尤其是裁弯取直的过程比较频繁，所谓“三十年河东，三十年河西”，说的就是这个道理，这里时间是个关键因素。

第五，地理学强调过程的综合、相互、同时起作用。前已述及，地表任何一个事物都会受到周围各种因素或过程的影响，那么它就不像在实验室或工厂里只受少数因素影响，至少地表各种自然要素肯定是同时、共同、相互起作用，不会一个结束了另一个再发挥作用。如果再叠加人类活动的各方面影响，这种作用会更加复杂。在这方面它是不以人们的意志为转移的，如三峡库区巨大的水面对太阳辐射的吸收与反射、大气湿度、局地降水与风等要素产生影响，肯定要对当地和周边地区产生综合影响，而且水体巨大的重量不可能不作用于下伏的岩层上，下泄的江水肯定会对中下游的河道，甚至长江口，以及沿岸城镇、交通等造成影响，而这些都是同时、综合和相互起作用的。也就是说，三峡水利工程不单单是一个库区的有限空间范围和单纯水文学的问题，而是一个综合的自然-社会-经济大系统，涉及周边至少数百千米范围内的各种地表事物。

地理学反对盲人摸象、坐井观天式地看待地表事物。尽管我们的智力和现有文明难以保证我们在考虑或处理跨区域、跨时代、跨学科的事物或工程项目时可以做到这一点，经常重复着盲人摸象的错误，但我们还是要努力去建立一种新式的思维方式，克服工业革命所带来的形而上学式的思维方式和科研模式。相对而言，地理学在这方面做得要比其他学科好很多。

第六，地理学立足于区域来统揽各种地表事物和过程。在这里，区域既是一种方法也是一种“容器”。众所周知，地球表面自然而然地存在区域差异，区域内则相对均匀一致，可作为一个独立的空间单元来对待或处理，一方面要分析内部各因素或过程的相互作用，另一方面要进一步分析它同周边区域的空间关系，无论是物质的还是精神的联系。

总体而言，地球表面的差异大于或多于一致和均匀，使得绝大多数地表事物都带有明显的区域性，即具有空间独特性，就像亚马孙热带雨林和刚果河流域的热带雨林，虽然可将其归属于统一的热带雨林这个术语之下，但具体空间范围、物种组成、森林的结构等都有明显差异。

人文事物的区域性也很强。同属一线超大城市，北上广深在经济总量和经济方式、社会状况、人口、城市建设等方面差异也很明显。北京的行政、科技、文化中心作用非常突出；上海的经济、科技和金融中心作用突出，同时近代工业化基础的优势依然明显；广州自近代以来一直是对外贸易的主要窗口和中心，还有海外华侨的助力，而深圳则充分发挥了面对香港的改革开放优惠政策和区位优势，发展成了国际性金融、科技和经济中心。

三、研究意义

第一，地理学能够为一个民族、一个国家、一个地区的存亡与兴衰提供参考意见和指导。只有对自己身边的地理状况了然于心，才能扬长避短，充分发挥地理优势，规避不利因素的影响，不断发展壮大自己。

以色列为什么非得在敌对民族环峙的中东建国？自从阿拉伯人和土耳其人征服中东之后，犹太人便迁徙到欧洲其他地区，其中在中欧、俄罗斯较为集中。第二次世界大战之后，在犹太大财团的推动下，在宗教信仰的引导下，大批犹太人返回中东，建立起犹太人的国家——以色列。为了生存，其不断加强武力，抗御周边阿拉伯国家为夺回圣地而发动的战争，因此这个民族基本上全民皆兵；为了在严重缺水的荒漠地区生存，他们研发出了世界上最先进的节水灌溉技术；为了保住宝贵的约旦河的水源，他们先下手为强夺取了至关重要的戈兰高地。

再如赫赫有名的大辽王朝，其在北方乃至中亚统治时间长达 200 多年，却在 10 多年的时间里迅速崩溃，原因何在？契丹民族是一个汉化非常深刻的民族，除传统的畜牧业外，还在东北西部的科尔沁草原大规模经营农业，过着定居生活，社会经济曾经达到非常发达的程度。虽然大辽灭亡的原因很多，但开发松散沙构成的科尔沁草原，加之后期北方大范围气候变冷变干，造成流沙遍布，农民流徙他处，生产力遭到严重破坏，立国的根本已经动摇和近于崩溃，这是主要原因，因而在外敌攻击和内乱双重打击下迅速崩溃。

下面我们以清军入关为例说明这个问题。就明朝自身而言，后期灾荒不断，内乱不止，立国的根本已开始动摇。清朝的前身后金，在明朝中后期已经崛起，入关前已平定了东北大部分地区，社会经济基础比较雄厚，加之明朝灭亡后社会动荡不稳，吴三桂投降致使长城防线失守，才使清军十万铁骑统一了整个中国。无论如何，长城防线失守是李自成短暂的大顺王朝迅速崩溃、清朝迅速统一中国的主要原因。实际上我们 14 年艰苦卓绝的抗日战争，如果当时的国民政府能够坚决抗战，将日本人挡在长城以外，以后伺机反攻将日本人赶出东北，日本人的野心或许就不会那么膨胀，我们的抗战也不会损失那么大，也许不会持续 14 年。可见，燕山及其长城是一道非常重要的战略屏障，系空间战略地带。

第二，地理学能够为区域社会经济发展提供强有力的支持。一个地区的社会经济发展，离不开当地的区位、资源、历史文化的优势，必然要规避不利的条件，甚至要付出较大努力去克服或抵御不利影响。周围的区域既是本区域的环境，同时也是其资源。这些都需要借助地理学从空间角度加以分析、判断，进而规划和决策未来的发展蓝图。

我们目前东中西三个地带的划分、“一带一路”倡议的提出，都非常清晰地说明了这方面的问题。三个地带间的互惠互利、互通有无、优势互补、共同发展已成定势，“一带一路”沿线各个地区、民族和国家间同样互通有无、互惠互利、共同繁荣。

可以说，地球上没有完全适合人类生存的地方，或多或少都会有不利条件和自然灾害，人们需要想办法避开或抵御。地理学可以从空间角度确定不同地区的生存适宜性，进而制定相应对策。

目前世界的政治版图基本固定，每个国家就不得不接受自身所具有的一切条件，那么规避灾害和危机就是经常的事。西亚的阿拉伯联合酋长国，地处荒漠环境中，曾经是世界上最贫穷的国家之一，但第二次世界大战之后因石油开发而一夜暴富，成为典型的土豪国家，但是干旱缺水的环境还是要面对，需要想办法解决这个问题。

我国所处的地理位置决定了我们经常要受到寒潮南下的危害和破坏力巨大的台风威胁，异常天气频发同样需要我们想办法应对。对于北京而言，西伯利亚寒流以前一直被人们当作不利因素，但曾有一段时间因它能够有效地吹散雾霾、净化大气而得到北京人的热捧与期待。

最大的人祸莫过于战争，而有些地区是战争频发地，人们只能尽可能规避开或想办法提前抵御，这些地区往往有其历史渊源。比如中东的耶路撒冷，三大宗教在此兴起和发展，基督徒、犹太教徒和穆斯林曾经为拥有圣地而混战不休，至今依然如此，只要三方力量有较大变动，就会爆发较大的武装冲突。

第三，地理学是公民的基本素质之一。当今世界处于人才、劳动力、物资、财富、信息快速流转的时代，我们需要及时了解各地的形势变化。很多时候我们还要到外地和外国出差或旅游，这就需要具备必要的地理学知识和理论。为了高效地取得预期的成果，还需要对地理学有关内容有一定的研究能力，从而能够自主地做出正确决策。

具体而言，完成学业后在哪里谋职或创业更有前景、生活更安定，这需要精细地分析和评价；具体选择哪种职业，需要对所在区域的优势产业、物产、历史、现状和趋势进行深入分析，结合自己的所长、兴趣和理想加以确定；接下来安家还要分析在城市或乡村的什么地方建房或购房，要适度考虑传统风水问题。这些都涉及一个人安身立命、安家立业、服务社会、报效国家的问题，是现代社会公民应具备的基本素质。

第二节　地理学研究的含义、类型与特点

地理学研究与地理学的学习明显不同，前者是后者的可能结果，而后者是前者的基础与前提。

一、含义

研究，就是人们对某一事物的来龙去脉感兴趣或感到疑惑而实施的探究活动。需要按照一定的程序和方法，很多时候还要运用仪器设备加以实施。而地理学研究就是针对特定的地表事物来探究其空间特征、发生发展规律，以满足我们的好奇心，解决疑惑，或为生产和生活实际提供解决方案与方法。

对于国家或地方政府而言，资源的有效利用、灾害的规避或预防都需要高强度投入来开展地理学研究。例如，“一带一路”倡议的提出，需要大量地理学家提前对沿途地理大势、历史、优势与劣势进行深入、系统的探究，最后给出相关意见和建议。

对于个人而言，对一个地点或地区的成功和失败的实例进行地理学探究，可以获得有益的经验和教训，进而指导自己的决策。除了个性和时代的机遇，几乎所有地表事物都是与特定空间紧密联系在一起的。因此，你若想成为一名科学家，可以系统分析一下牛顿的成长经历，搞清楚他是在什么样的具体环境中完成他的伟大创举的，尤其是家乡肯特郡那个小村子对他的影响；你若想成为一位成功的商人，可以花力气研究一下微软的创始人比尔·盖茨，看看他是如何在美国华盛顿州西雅图市特定环境下成长起来的。

工业革命和现代地理学是西方人建立起来的，我们现在基本仍沿袭其传统进行各种研究，同时也借此为我们的现代化建设添砖加瓦，但其中我们普通人对此介入不多。在工业革命时代，西方国家的民间地理学家非常活跃，许多发现和规律由其建立，但现在我们的民间（个人、社团等）地理学研究非常薄弱，与快速工业化成果很不匹配。这必然造成我们步人后尘，缺乏本土特色，对更多的地方性现象和过程无法及时有效地发现和深入探究，难以更好地为社会主义现代化建设提供强有力的支持，特别是县域发展方面。

二、类型

根据承担研究的主体性质不同，地理学研究可分为官方、民间地理学研究，在中国，以前者为主，而后者主要是一些地理发烧友或由商业性社团资助所进行的相关研究。

国家有关部委和各级政府投入大量资金进行地理学基础理论和实用项目的研究，并成

立相应的地理学研究机构。例如，中国科学院在各个大区都建有地理研究所，农业农村部直属单位中国农业科学院设有农业资源与农业区划研究所，国家林业和草原局直属的中国林业科学院设有荒漠化研究所等；又如在经济非常发达的广东省，其科学院下设广州地理研究所，湖南省建有经济地理研究所，河南省科学院设有河南地理所等。

我国综合性大学和师范院校往往都设有地理科学学院或系，开展较深入、广泛的研究和教学，研究课题和经费主要来自官方有关职能部门，但也有私人或企业资金投入。

虽然大部分省级行政区都建有民间组织性质的地理学会，但资金来源很有限，组织开展的地理学研究无论是规模还是成果水平，与上述官方专业机构差距明显。而在发达的西方国家，个人或大企业主办的私营性质地理研究机构较多也较有名，比如 Google 公司主办和资助的 Google Earth、英国富商 Warner Bros 创办的 Discovery Channel。由于有私人捐赠资助，西方国家的国家级地理研究学会经常组织全球性地理学研究、考察活动，如英国皇家地理学会（The Royal Geographical Society）、美国国家地理学会（The National Geographic Society）。

根据研究的内容及其方法，地理学研究可分为专项研究和综合研究两大类，前者往往针对某个具体问题展开探究，以单学科研究居多，而后者则多为多学科综合研究，需要用到多种和综合性的方法来实施。

根据研究对象的不同，地理研究又可分为自然地理研究、人文地理研究、人地关系研究和地理方法与技术研究等四大类，其中，后者主要涉及室内处理遥感影像、制图和利用地理信息系统（GIS）进行深入的空间分析。

三、特点

地理学研究较其他学科的研究而言，具有下述明显特点：

第一，如前文“地理学性质”部分所述，地理学的研究目的是具体明确的，针对地表具体事物，遵循“从现实中来，再回到现实中去”的宗旨，实用性极强，即便是自然地理学研究，也是针对某类地表自然现象或过程，不会像数学那样研究一些抽象的内容。同时，地理学研究的问题都是从现实世界中发现、领悟、感知的，无论是地表自然事物还是人文事物。

第二，即使是单学科问题，地理学也需要运用综合性方法与技术，单一方法很难获得预期的合理结果。比如研究某地的地形，我们要搞清楚它的形态特征、物质组成、动态特征和成因，而成因又要涉及气象学、气候学、水文学、地质学、植物学和土壤学等知识和理论，以及人为活动等诸多因素和过程。这需要运用多种方法，并且这些要素或过程是综合、相互起作用的。

第三，很多时候地理学研究是跨学科的。例如，自然地理学研究几乎离不开地质学和气象学的基础，人文地理学更是如此，除了自然地理学基础，还需要借助经济学、社会学、政治学、心理学等学科的理论和方法。很多时候还要充分考虑历史因素，历史学也是地理研究随时必备的工具。

第四，研究任何地表现象或过程都要坚持动态的观念，而其中的时间尺度是因地因人而异的，不同的时间尺度下我们的观点和视角明显不同。地表事物或过程是随着时间和环境变化的，本身就不是固定不变的。很多时候地表过程很难用静止的方法来分析，特别是水文过程和金融过程。就像克拉赫里特的名言所说的那样，“所有事物都是流动的”，但是，从辩证法的角度讲，当变化成为一种常态化的特征，那么它在这种意义上是稳定的、相对静止的，我们可以对其加以细致观察、描述和分析。

第三节　研究内容

现代地理学的大发展是建立在地理大发现和工业革命基础之上的，因而它明显不同于古典地理学，跟我们今日的地理学也有一定差异，但核心内容和方法依然如故，只是现代的研究领域和范围更为广泛深入而已。

一、基本内容

如前所述，区域是一个基本空间单元和一个很特殊的“容器”，因此区域的研究就成为地理学基本的研究内容。它主要包括以下四个方面内容：

（1）区域内各地理要素、空间格局与形成演化规律

这是地理学首先要解决的问题，虽然说我们现在对地球表面的认识已非常全面深入了，研究手段也非常现代化，但对于某地区之外的人而言，该地区四季的特征、多年的变化和其中人类活动的特点，了解得还远远不够，同时，由于知识基础更坚实和研究手段更先进，对资源和环境的要求也随之改变，因而需要经常开展该方面调查工作。

（2）区域内各地理要素的综合、相互作用

前已述及，某个区域内地理要素不是孤立单独起作用，而是综合、同时、交互起作用，这方面在工业化时代是被忽视的，而今在全球变化大背景下，这种作用方式就必须要加以深入研究。

（3）区域间的相互关系

搞明白一个区域的基本特征之后，接下来就要彻底搞清楚其机理和发展趋势，相应地就不可避免地涉及区域间的相互作用。可以说不研究区域间关系的地理学是死板的、毫无生气和难以符合实际的。新加坡的情况就很鲜明，没有对外交流，它的社会很难稳定、健康发展，它自身缺乏多种必需的资源，对外依赖性非常高。

（4）区域内部亚区间的相互关系

一个区域内部并非均匀一致难以分割，恰恰相反，它同样充满了差异，只不过这种差异的量值或幅度较之周围区域要小得多而已。存在差异，那么就存在特定的势和梯度，就会发生物质、能量、信息的流动，就会在很大程度上构成一个相互作用的整体。以我国东

北平原为例，不仅地势上不是一马平川，气候上也存在很大差异，各地植被类型也不尽相同，经济社会状况同样如此，各个亚区（如松嫩平原、西辽河平原、长白山地、辽东半岛、三江平原等）之间也存在自然、社会经济等方面的相互作用。

二、核心内容

地理学的核心研究内容主要包括以下五个方面：

（1）某地、某物的位置

要描述、分析、评价位置的特点、周边环境和对自然界及人类社会的意义，便涉及地理学研究中最基本的区位分析。由于海洋、河流、湖泊、山地、平原、植被、土壤和动物等自然要素，以及边界线、道路、城镇、电力和电信、管道等人造物对人类社会生活的影响广泛而深刻，因而分析某地或某物在这个网络或坐标体系中的位置就显得非常重要了。其中既涉及要素间的相互作用，也涉及区域间的相互作用，内容非常丰富，已有的理论和假说也很多，如著名的重力模式。

（2）某地或某物的空间形态、空间结构与空间分布格局特征

除少量点状地物或地表事物外，地表空间实体都占据一定的空间范围，呈现特定的外部轮廓，存在内部的空间差异，构成一定的结构。这些都需要仔细观察和描述。例如，长沙市区的岳麓山，根据山体的形态可以分为东坡、西坡和南坡三大部分。同时，很多地表实体并非以连续整体形式展布在地表，而是以群体形式或斑块状存在，这时就需要对其分布的空间格局进行分析和描述，最明显的例子就是水系、交通网形式，以及南方各省区春天的油菜田块的分布方式等。

（3）某地、某物的形成演化规律与发展趋势

地表事物是动态的，既要搞清楚其演化规律，也需要根据其现状分析其成因，而要做到这一点往往很难，要耗费较长的时间。同时，通过大量研究和概括、推理，搞清其演变规律，往往需要长时间的实地观测或监测，而做到这一点后，才可以对未来的结果和趋势进行较为扎实的科学预测。

（4）对特定区域内的地表事物进行分类和分级

当基本厘清一个区域自然和人文各方面的特征、成因、演变规律后，就可以进入分类环节。这是高级的思维阶段，也是科学研究的必要步骤与结果。以山脉为例，可以按照外表形态、物质组成、成因进行分类，也可以根据其空间规模，将山脉分级为巨型山系、大型山系、大型山脉、中型山脉和小型山脉。

（5）对一个区域内特定地表事物进行区划

区划即把一个区域根据内部主要差异分成相对均质的亚区。区划工作是地理研究工作的最后一步，是多年、综合研究工作的必然结果，不可避免地要把这种结果转绘到地图上形成区划图。一项地理研究工作最终的目标和结果是对区域进行区划，区划图和相应的研

究报告、附件是最终的结果，由此得到的结果、对策建议才能真正做到因地制宜、有的放矢。

这里需要指出的是，地理学研究目前只能就其中的某些内容展开研究，需要循序渐进，步步为营，切不可贪多贪大贪快。实际地理学研究时要“小题大做”，目标越明确、内容越具体越好，而综合研究往往采取团队合作的方式效率更高。

第四节　学科体系

地理学是一门非常古老的学科，内容丰富，内涵深刻，经过工业革命的洗礼，在其他成熟学科的推动下，其学科体系已变得很庞大，尤其是在当今纷繁复杂的世界局势和全球变化的背景下，这个体系更为庞杂，有时让人无所适从。

一、基础学科

数理化三大类基础学科都非常庞杂，在地理学研究中发挥着非常重要的作用，必须全面掌握，切不可偏废。虽然地表事物纷繁复杂，很难精确地定量，但很多现象和过程是可以而且也是必须定量的，如河流的流速与流量、气温、气压、风力，以及人口、经济总量、交通量等，这些方面都需要运用数学工具和理论来描述和分析，微积分、数理统计学、图论、数值模拟、随机过程理论等对地理学很重要。在地表实体都处于特定的物理状态和运动状况下，需要运用物理学的理论和方法来分析。许多地表过程需要简化为特定的物理过程，然后借助数学手段加以深入分析，例如，河流的动力学分析、降雨过程的模拟、重力模式的分析、时间序列数据的信号分析等。化学则对自然地理学的许多学科都非常必要，如土壤地理学中土壤的化学组成、土壤中物质的迁移转化规律、植物地理学中植被的大气和水文效应等，都需要化学知识来做深入分析。

除此之外，搞地理学研究的人至少要学习英语、法语、西班牙语这三种被广泛使用的外语，这样才能对全球主要国家和地区自主地了解和研究，有条件的话，掌握这些语言还可以顺畅地周游世界。我们都知道，外语是我们了解外国异域的独特而有效的窗口和工具，可以为我们增加必要的素材乃至启示。

二、专业基础学科

“高楼万丈平地起”，现代地理学的学科体系必须要有相关学科的支持，以专业基础学科作为基础。

1．自然科学

（1）天文学

天文学是地理学的必要基础学科之一。天文学学科体系也非常庞大，对于我们所生活的地球表面而言，更值得关注的是地球周围的银河系、太阳系和作为行星的地球自身。它们给我们提供了必要的能量、物质，使我们充分展开想象的翅膀，使我们的生活有依靠、有希望。太阳是地表的主要能量来源和光源，且使我们有了时间的观念；月亮除具有历法意义外，也是我们夜晚的光源之一；星星很多时候是我们定位与定时的辅助依据，如北极星和启明星。

（2）地球概论

地球概论是很多地理系和地理科学学院教学计划中的必修课，学习地球概论可以省去天文学课程，而不会对整个地理学的教育产生不利影响。这门学科主要涉及地球周边的宇宙环境、地球的外表形态特征、地球的运动特点和规律、地球的物理性质和内部结构、日—地和地—月关系等，其中的历法知识对我们的生产和生活具有重大意义。

（3）地质学

地质学是古典地理学中的主要内容之一，只是到了工业革命之后才逐渐脱离地理学而独立发展。它的学科体系也非常庞大，主要涉及地壳中的矿物、岩石、内力和外力地质作用、构造运动、大地构造体系、地壳的物理性质、地球的演化历史等。我们观察到的地震和火山喷发现象、岩石的出露及其形态、岩石的演变规律、矿产的分布与丰度、海陆分布形势、地球的演化历史等，都需要地质学提供答案，需要它提供分析手段和基础。

（4）气象学

气象学也曾是古典地理学的主要内容之一，但工业革命之后逐渐分化出来独立发展，学科体系也非常庞大。它主要涉及大气的组成与结构、热状况、水分状况、气压与大气的运动、天气系统等内容。我们每天都要与天气打交道，需要知道其温度、湿度、太阳辐射状况、是否有雨雪、风力状况、天气形势，需要及时了解天气状况来安排每日的日程。大气的性质和状况不仅影响着我们的日常生活，也无时无刻不作用于地表各种地物上，产生特定的地理后果。

（5）环境学

环境学对于现代地理学而言是必要的基础。众所周知，自从工业革命以来，人类活动为地球表面带来了过多的废弃物、能量，已明显影响了地表的大气、地表矿物质、水体、植被、土壤、动物，对人类自身的生活造成了不利影响，由此产生了环境科学这个综合性学科。环境科学主要涉及污染物对地表大气、水体、土壤、植被、动物等地表自然实体的组成、结构和习性或特征，以及对人体的健康和社会稳定发展构成明显干扰和破坏的基本特征与规律，环境评价方法与技术，被污染环境的修复或治理理论与技术，环境管理的理论和方法等内容。

（6）生物学

生物学是研究地球上各种生命形式的基本特征、结构与构造、机能、形成演化规律的科学，学科体系非常庞大，主要分支有植物学、动物学、微生物学、生理学、生态学、遗传学、进化论等。掌握这些基本内容，会对我们的地理学研究提供巨大助力，为我们的研究提供必要的基础，但同时也需要我们付出大量精力，需要长时间的实践来积累经验。

（7）博物学

博物学是关于地球表面各种自然要素的全面知识，包括地球、岩石与矿物、古生物化石、人种、动物等内容，力求对自然界作精确、详细、科学的描述和解释，但一般不做控制实验，仅做精致观察。博物学是地理大发现和工业革命时期的主要知识领域之一，当时非常活跃、非常发达，出现了一大批博物学家，如法国的布丰、英国的达尔文、瑞典的林耐等。就如同地理大发现和工业革命已经完成一样，博物学发展的主要时期已经过去，但我们中国却缺少了这个环节，使得我们对小空间尺度的区域自然状况了解不够全面、细致，难以更充分地利用各种资源，有效地抗御或规避自然灾害。

2. 人文科学

人文科学的范畴非常广泛，知识领域繁多。但对于人文地理学研究而言，以下学科要尽力了解得更深入一些。

（1）经济学

经济学是人文地理学必然要广泛且深入涉及的学科，其内容非常丰富。这个学科主要涉及从生产到消费的整个过程和环节，包括供给与需求、市场与消费、流通与分配、竞争与垄断、价格、成本与效益、经济增长模式、经济运行模式、货币与金融、失业、通货膨胀、公司、股票与债券、对外贸易、经济政策等内容。

（2）政治学

政治学主要研究以国家和政府为中心的各种政治现象、过程和关系及其发生发展规律，它以各种经济活动为核心，主要涉及公民、民族、阶级、政党、政权、政体、国家机构、行政区划、行政管理、革命与变革、选举制度、宗教信仰、民主制度、国际政治等内容。

（3）社会学

社会学是一门将社会作为整体，来研究其组成、结构、功能以及运行规律的科学，主要研究社会整体与个人的社会特征及社会行为、群体及其生活、社会组织与社会制度、社会关系、人口、民族、种族、家庭、文化、社区、社会保障、意识形态等内容。

（4）历史学

历史学是研究特定地区或时期的人类社会基本特征、主要事件、人物、政权更迭、社会与经济、文化特征的学科，需要借助史料和考古学成果来开展研究。相应地，我们不仅要学习中国历史，也要学习外国历史，同时要兼顾古代、近代和现代历史，并将其中的人物与特定的时间和空间联系起来。该学科对于我们解释一个地区的人文地理状况和特征必不可少。

（5）方志学

在中国古代，当社会经济状况良好，国家繁荣昌盛时，国家往往要组织各级地方政府编纂地方志。方志中包含各地自然、社会经济、文化、艺术、教育、人物、物产、事件、历史沿革等方面的事实材料。在经济、文化比较发达的地区，比如江浙一带的“江南”，地方志的编纂可以深入到县级行政区，而府和州一级的行政区则必须编修。该学科同地理学非常接近，其中包含大量地理事实、现象和过程，为人文地理学的研究提供了丰富的研究素材和证据，因此，在很大程度上讲，方志学也是人文地理学的一个主要分支。

三、主要分支学科与研究领域

1. 自然地理学

（1）气候学

气候是一个地方天气状况的多年平均状况。一般要求有30年的观测资料或感受经验来得出其整体特征，相对于每天的天气而言要稳定得多，一般也有季节性变化。气候对其他地表事物产生着基础性和广泛影响，同时也是地表地理状况的主要特征之一。

气候学主要研究某地或某时期的气候特征、演化规律，包括气候的各要素（如太阳辐射、温度、降水、风况）、气候的影响因素、大气环流模式、气候带、气候类型、气候变化等，主要分支有小气候学、山地气候学、农业气候学、季风气候学、应用气候学等。

（2）地貌学

地貌学主要研究地表起伏状况、物质组成和形成演化规律，旨在搞清楚地表的形态特征、物质基础、形成原因、演化规律、地貌类型。其分支学科包括气候地貌学、构造地貌学、河流地貌学、荒漠地貌学、喀斯特地貌学、侵蚀地貌学、堆积地貌学、火山地貌学、应用地貌学等，对气候、水文、土壤、聚落、交通等地表过程或实体产生直接影响。

（3）水文学

水文学主要研究地表各种水体和地下水的基本特征、形成演化规律，对于地球表面的水分平衡和水文循环过程有独特的理解和分析。水体对地表其他自然要素的影响深刻而广泛，对人类活动的影响也是基础性的。主要分支学科有陆地水文学、海洋水文学、森林水文学、河流水文学、湖泊水文学、地下水水文学、流域水文学、城市水文学、生态水文学、泉流水文学等。

（4）植物地理学

植物地理学主要研究地表各类植物和植被的空间分布特征、形成演化规律，包括个体和群体的空间分布、空间结构特征，植物区系的基本特征和形成演化规律，地带性规律、植被分类和区划等内容。植物对大气、岩石、水文、动物、土壤、人类活动影响深刻，是人类社会存在和发展的主要物质基础之一。主要分支学科有植物区系地理学、生态地理学、植被地理学、岛屿植物地理学、古植物地理学等，与植物学和植物生态学关系极其密切，是一门交叉学科。

（5）土壤地理学

土壤地理学是一门交叉学科，是地理学同土壤学的有机融合，主要研究各种土壤类型的基本特征、空间分布规律、形成演化规律等。土壤地理学对农业至关重要，是农业的基础，并且与植物地理学相辅相成。它主要研究不同地区的土壤剖面特征、主要成土过程、主要影响因素、区域分异规律、土壤分类和区划。

（6）动物地理学

动物地理学是动物学同地理学的交叉学科，主要研究各地、各类动物的空间分布特征、影响因素、发生发展规律。它同气候学、植物地理学、古地理学密切相关，对人类的生存与发展起着非常重要的作用。它的分支学科不多，主要有陆地动物地理学、海洋动物地理学、鸟类地理学、哺乳动物地理学等。

（7）海洋学

海洋学主要研究海水的物理和化学特征、运动变化规律，主要涉及海水的一般性质和特征、洋流、波浪、潮汐、水—气相互作用、海—陆相互作用、海洋生物、区域差异等。海洋学是经典地理学的保留领域，对于海岛和沿海民族来说至关重要，在古代和工业革命时期发挥着极其重要的作用，对人类文明的发展发挥过巨大作用。即使在陆路交通和航空业高度发达的今天，海洋学的交通、经济、军事和资源作用依然不可忽视。

2. 人文地理学

人文事物变化比较快，并且与人类的精神生活密切相关，所以，人文地理学的内容非常庞杂，分支众多，学说林立，研究方法多样。

（1）经济地理学

经济地理学以人类各种经济活动的地域系统为核心，主要研究经济活动的区位选择、空间组合类型和空间演化过程等。主要分支学科有工业地理、农业地理、交通运输地理、商业地理、国际贸易地理等。

（2）社会地理学

社会地理学是研究各种社会群体或集团的区域分布、空间利用类型与强度，以及地域类型形成的过程和原因的学科。社会地理学大致于 20 世纪初起源于法国，第二次世界大战结束后才快速发展起来，主要涉及民族、种族、人口、文化、习俗、艺术、宗教信仰、语言、社会制度等。主要分支领域有种族地理、民族地理、人口地理、文化地理、城市地理、社区地理、宗教地理、语言地理等。

（3）政治地理学

政治地理学是研究人类社会政治现象的空间分布特征、与地理环境的关系，以及其发生发展规律的学科。它着重分析政治区域的结构和功能，以及政治区域之间的相互关系，涉及领土与边界、首都、行政区划、选举区、国际关系、地缘政治关系、海洋权属等内容。主要分支领域有国际政治地理学、国家政治地理学、国内政治地理学、地缘政治学等。

3. 区域地理学

区域地理学是研究某一特定区域内各种地表事物的空间特征、结构、发生发展规律，以及内部分异和相互间联系的学科。它强调对特定空间内人地关系的研究，不仅要揭示其中地表事物的自然特征与形成演化规律，还要充分考虑政治、社会、经济、文化、历史等因素的特征与形成演化规律，研究事物间的综合、同时作用和影响。

根据据区域空间范围的不同，区域地理学可以分为世界地理、大洲地理、国别地理、区域地理等领域。根据区域特点，又可分出海洋地理、陆地地理、高原地理、山地地理、极地地理、荒漠地理、寒区地理等领域。

正如我们前面已经提到的那样，地理学的一个主要特征是其高度的综合性，而综合的最佳对象和载体就是区域，因此，区域地理学在整个地理学体系中居于核心位置。国际上，许多地理学家都主张区域在地理学中的核心地位，即所谓地理学的区域学派，尤其是德国的李希霍芬、赫特纳等人。

4. 通论地理学

通论地理学是工业革命时期成长起来的一门地理学分支学科，力图对整个人类社会及其周边环境进行系统、全面的描述、解释和概括。它涵盖地理学的方方面面，既包括自然地理学的各分支学科知识和理论，也包括人文地理学的各个分支学科，内容庞杂，具有博物学的性质。它对整个地球和特定地区有完整的描述与解释，对于工业革命的发展和殖民活动的开展起到了积极作用。

有时，人们也将其称为地理学通论，但由于自然地理学同人文地理学有明显差异，后来人们往往分化出自然地理学概论（或通论）和人文地理学通论，也有人提出地理学理论/概论等名词，性质上都属于通论地理学的范畴。

随着时代的发展和学科体系的分化，从事通论地理学研究和写作的人已寥寥无几。

5. 人地关系理论

人类与地球或自然界的关系是工业革命以来地理学家谈论非常多的一个话题，观点众多，莫衷一是。

（1）地理环境决定论

地理环境决定论认为人类的身心特征、民族特性、社会组织、文化发展等人文现象受自然环境，特别是气候条件的支配。受达尔文进化论的影响，该理论在 19 世纪下半叶到 20 世纪上半叶曾非常活跃，对世界学术界影响较大，第二次世界大战后逐渐衰落。其代表性人物有德国的拉采尔、美国的森普尔和亨廷顿。

（2）人类主人论

人类主人论主要是基督教世界的学者从《圣经》的教义出发提出的，认为上帝将人类始祖亚当和夏娃赶出伊甸园后，令其去征服蛮荒的大自然，使其成为大自然的主人，所以地球上的一切都应臣服于人类。在工业革命的成果极大地改变了自然界但还没有显著对人类产生消极或负面影响之前，西方世界基本持这种观点。

（3）人类托管论

19 世纪中期，人们发现环境破坏和环境污染已经开始严重影响人类的正常生活，影响人类的稳定发展，基督教世界对上述人类主人论产生了怀疑，经深刻反思，同样从《圣经》教义中寻找依据，认为上帝是把自然界托付给人类的始祖，令其成为他的管家，如果任其衰败下去，那么人类又会增加一条原罪。这种思想在美国最突出，所以在美国首先兴起托管思潮，要求善待大自然，实现对上帝的承诺。

（4）人地和谐友好论

这是 20 世纪下半叶环境问题日益严重的背景下，联合国环境规划署（UNEP）提出的理念，现已被世人广泛接受。UNEP 的许多国际性宣传和项目中贯穿了诸如“我们只有一个地球”“人类属于地球”等思想，将人类的统治地位改变为人类与地球环境和谐共存的平等关系。

（5）环境虚无论

人文地理学者较为普遍地持有这种观点，尤其是西方发达国家的人文地理学者。鉴于所在地区或国家空间范围有限，科技发达，对自然界的改造比较彻底，充分体现了人类的主导性，它主要表现在城市地理、人口地理、政治地理、社区地理等领域，自然界已经面目全非，已无从研究和甄别自然界对人类活动的显著影响。这种思想的存在是有其客观基础的，许多人文事物似乎与自然因素关系不是很密切，以致往往被人忽视。

6. 工具与技术

（1）地图学

地图既是我们开展地理研究的基础和起点，也是研究成果的集中体现。系统研究地图制作与应用的科学即地图学。它主要研究地图的组成和性质、投影、编制、清绘和整饰、制印以及地图分析与应用等。地图学有严格的数学基础、严格的编制和印刷流程与技术，与信息技术密切相关。

（2）地理信息系统（Geographical Information System，GIS）

GIS 是 20 世纪六七十年代伴随着计算机技术的发展而逐渐发展起来的一个研究领域，现在已变成一个非常复杂的技术体系，有坚实的理论基础，在一定意义上讲是地图的计算机化和信息化，它的空间信息存储、管理、处理、分析、显示与输出能力非常强，属于高科技产业与技术。它具有高度集成性，将数据库、地图、遥感分析、空间分析等有机整合在一起，使地理学的研究与应用如虎添翼。

（3）遥感技术

自 20 世纪初产生以来，遥感技术不断发展、完善，最初是航空遥感，后来发展到卫星遥感，目前航空遥感已被卫星遥感和无人机遥感所取代，其中无人机遥感大大便利了地理学的户外研究，相当于让人们从空中、在更大视野下观察、分析地表事物，使得人们观察地表事物的着眼点发生了巨大改变，突破了传统思维的局限。但这种视角也有其难以避免的缺陷，不容易同人们的传统观察和感知方式紧密结合，需要配合一定强度的专业训练才行。

第五节 主要研究方法与技术

一、野外/户外区域考察

地理学研究主要探究地球表面的空间差异，那么不可避免地需要深入实地去观察、调查、分析，反复考证某一地表事物。野外/户外考察是地理学研究的最主要方法和手段之一，可以就一个较大的区域开展，以把握宏观尺度地表事物的特征和形成演化规律，也可对小区域或重点地区进行深入调查，来认识特定地表事物的微观机理。同时，既可以实施专题性的考察，也可以进行多学科综合性的考察。

户外考察都有明确的目标、实施程序和日程安排，都要制订非常详细的工作计划，携带必要的仪器设备，配备合适的考察人员。

对于自然地理学研究来说，往往要尽可能避开人类活动的干扰，因此常常属于野外考察，而人文地理学研究往往要对地表人文事物开展实地观察、调查、考证，很少去荒野，故一般称为户外考察。

野外/户外考察一般不做定位性控制实验，主要采用肉眼观察、仪器设备观测，配合无人机空中观察与测量加以实施。大区域的综合考察往往需要数年时间才能完成，而小区域重点或专项考察，往往能够在数月之内完成。

二、野外/户外定位观测与调查

很多地表现象或过程需要实地全面观察、描述、量测、系统监测，以获取第一手的原始数据，供进一步的深入分析、推理、预测。在观测和调查过程中，要使用各类专用仪器设备、器具，很多时候还需要采集或搜集样品，以供室内深入分析之用。如此一来，就需要设置野外定位实验站或建立户外定位研究站来开展基础性或应用性研究。

人文地理学方面的户外调查同上述户外考察一样，是地理学研究的灵魂。不进行户外工作的地理研究如同无源之水，缺乏生命力，更没有太大的实用价值。地理学研究遵循的是“从实践中来，再到实践中去”的信条。

三、遥感和 GIS 分析

遥感技术使得我们能够在更大的时空尺度上观察、分析地表事物，尤其在那些没有精力亲往或难以接近的地方，优势更为明显。另外，现代计算机技术使得遥感分析高度自动化，开发的专业软件趋于易学易用，功能强大。如此一来，大大提高了调查和分析的效率和时效。

综上所述，GIS 的高度集成性和功能的强大与多样，使其成为地理学必要的研究工具，尤其在空间分析和成图方面更为便捷，尽管学习使用时需要付出较大努力和精力。

四、综合分析

综上所述，地理研究的特点之一就是综合性。一方面，它要求对单一要素进行分析时，应考虑其与周围其他要素的相互关系和相互作用，当对多要素间的关系进行综合分析时要密切结合时间因素。另一方面，在进行区域分析时，要从区域与周边区域的相互作用，以及区域内亚区域间的相互作用入手，进行深入的系统分析。这两个方面结合起来使得地理研究变得比较棘手，需要付出大量精力和智慧，因此，也呼唤新的研究方法与技术问世。

至于综合分析的程序，前面已有介绍，在此不再赘述。

五、历史分析

地表事物的现状是多因素长期综合作用的结果，并非一蹴而就，需要想办法追溯其历史过程。有时，这种追溯会非常困难，尤其是地质历史时期的过程。这里的历史过程，指的是至少经历了一代人时间的过程，即 30～50 年的过程，太短的过程我们将其归入现代过程。相应地，我们需要搜集和发现相关的历史证据或事实。

将现状分析与历史分析相结合，会使我们的研究在困境中找到脱困的良方，于“山重水复”中寻得“柳暗花明又一村”。

六、级联分析

地表事物间的相互作用，很多像多米诺骨牌一样，具有明显的因果关系和动力机理，这类分析需要从源头开始追溯，一直到最后的结果，这个过程就属于级联分析。但是，在实际生活中，追溯源头和预测或查找最终结果，往往是处于鸡和蛋孰先孰后的迷局中，而且要把这个链条构建完整也是很有挑战性的。在山谷中河流沿线急流/跌水与水潭相间分布的格局，以及河流逐级汇合最后由干流入海的整个水系全过程都具备这个属性。从一定意义上讲，中国经济的健康发展就是全球经济的发动机，可以引发一系列派生影响。

级联分析实施过程中要进行多尺度关联、多尺度转换，没有深入细致的前期工作，很难做到这一点。相应地，它的综合性也非常强，要求的专业知识也更广泛更深入。

级联可以是并联也可以是串联，或其组合。对于复杂过程或现象而言，并联的通路可以有很多，追溯和分析起来比较困难，但可以求助于线性规划或系统动力学技术途径加以解决。

七、区域分析

区域分析是地理研究的核心方法，它主要着重于以下五方面：

（1）区域内各自然要素或地表事物的空间基本特征及其属性；

（2）区域内各自然要素或地表事物之间的相互作用，厘清其性质、方式和强度；

（3）一个区域同周边区域之间的相互作用，包括积极的作用和消极的作用，注重相互间的物质、能量、精神、信息的交流特点、性质和定量关系；

（4）区域内各亚区间的相互作用，虽然在性质上同区域间的相互作用类似，但分区的标准、原则、目标等存在较大差异，不是一个层面上的事情；

（5）一个区域同整个地球表面之间的相互作用，即整体与局部、短期变化和长期演化之间的关系，因此要弄明白该区域在整个地表系统中的地位和作用。比如青藏高原，在整个北半球乃至整个地球表面发挥着非常重要的热力和动力作用，它的动态影响着整个地球的大气环流强度和运动方式，这方面可借用混沌理论中的蝴蝶效应来分析、理解。

第六节　地理学的发展历程

地理学是一门古老的知识体系与领域，具体的发轫年代已无从考证，因为地理知识对于远古时代的人类而言关乎生死存亡，所以它的产生一定非常古老，并伴随着人类的产生与进化全过程。然而从历史的角度分析，可以将其分为远古时期、古代（文字记载时期）、地理大发现时期、探险与殖民扩张时期、近代（工业革命时期）和现代（高科技时期）六个阶段里人们都从事其中绝大多数时间将地表的未知变为已知的工作。

一、远古时期（考古时期）

人类产生初期，生产力非常低下，主要以像动物那样采集现成的植物果实、可食的植物器官、打猎捕鱼等方式生活，群居于山洞或搭建简易房屋，所有这些活动都离不开地理知识的指导。试想，如果不知道什么地方、什么时候食物充足、鸟兽丰富、鱼虾活跃，那么觅食的效率要低得多，难以长期维持生存；如果不知道哪里有毒蛇猛兽和敌对部落，那么生命就会受到严重威胁；如果不知道在哪里修建房屋更安全，那么很可能会被洪水、狂风、火山、地震等自然灾害毁灭。所以说，这个时期的地理知识对于远古时期的人类而言是关乎生死存亡的头等大事。

古人经常要面对洪水、干旱、火灾、猛兽、蛇蝎、瘟疫、敌人的威胁，既要充分利用有利条件和资源，又要努力规避或抗御各种外来威胁，而这些考虑经常要涉及不同的地点、区域，涉及相应的地理知识，要用心地不断积累这方面知识，以满足生存和发展的需要。

如果凭借已有地理知识难以解决疑惑或恐惧，超出自身能力所及，当时的人们就要通过占卜、祭天、祈祷等方式，来确定去哪里采集、捕鱼、打猎，到哪里建房居住，向哪里迁徙以求得社会稳定和发展，决定是否同周边部落进行战争，由此产生了原始的风水思想。

20 世纪 60 年代之前，非洲南部的俾格米人和布须曼人基本上处于渔猎和采集的原始社会阶段，随着季节的变化而沿基本固定的路线迁移，旱季居住在泉水或水塘边，雨季则寻找可以避雨的山洞居住，生存所需地理知识很丰富。从西安东郊的半坡遗址考古结果来看，当时的人们已掌握了比较丰富实用的地理知识，房屋都建在河流阶地上，离河流有一定距离，屋门都朝南，半穴居，经营耕作业，同时也捕鱼、打猎，使用石器和陶器，原料就地取材。我国浙江省余姚市的河姆渡遗址，揭示出约 5 000 年前我们的祖先已经在水乡泽国摸索出生活和生产的独特方式，对周边环境已很了解，发明了“干栏式”房屋，以克服地面的濡湿和瘴气，已经学会将沼泽开垦成稻田的技术，知道如何规避河流泛滥。

二、古代（文字记载时期）

在这个时期，世界各地或处于奴隶社会或处于繁盛的封建社会，出于行政管理、经商、行军打仗、移民戍边的需要，人们搜集、整理了各地的地理知识，构成了当时的世界图景，指导人们的各种社会活动。这些系统化的地理知识，主要是通过官员公务、商人的贩运交易活动、私人兴趣性旅行、私人或团体的探险，以及宗教使命（取经、传教）获得，由此填补周围地区的空白。

（一）中国

我们通过《尚书·禹贡》知道，远在大禹时代，我们的先祖就对中国的山川大势和九州物产有了较详细的了解，已经开始实施有效的行政管理。到了秦代，根据各地自然和人文条件，设立郡县，修建驰道和直道，加强对全国的统治，由此为行政管理、商旅、军队布防和换防、国家储备物资的运输创造了便利条件，并提供了有效的定位框架。

到了汉代，对地理学促进最大的莫过于张骞出使西域。丝绸之路沟通了中亚和西亚，加强了中国同这些地区之间的经济和文化交流，也使我们对这些地区的地理状况有了较全面、深入的认识，大大开阔了中原人的视野，对于中国后来的发展，构建中国的现代版图发挥了关键作用。这一切都要归功于张骞，他意志坚定、学识渊博、反应敏捷、有勇有谋，历时 13 年，九死一生，艰苦卓绝，平安“满载”返回长安。

盛唐之时，地理学得到空前发展。玄奘天竺取经，历经艰辛，行经西域、中亚和南亚，对沿途的地理大势在《大唐西域记》中做了详细记载，大大丰富了中国对中亚、南亚地理特征的了解，进一步拓展了我们对世界的印象和观念，加强了中国同这些地区相互间的经贸和文化联系。之后文成公主入藏，又使得我们对青藏高原的地理大势和风土人情有了全面深入的了解，为此后中国版图的确定奠定了必要的基础。

明代时，两大事件大大丰富了当时国人的地理知识。其一是郑和七下西洋，再就是徐霞客对我国西南地区的探查。前者的航行经东南亚、南亚和西亚，远达东非，几乎耗尽国库，但却使我们对南洋群岛、南亚、西亚和东非的地理大势、人文状况的了解更为深入，填补了我们对世界观念的许多未知之处，加强了同这些地区的经贸和文化交流。明代末期，徐霞客受当时龙脉学说的影响，力图探寻南支龙脉的基本情况，跋山涉水，风餐露饮，不畏艰险，寻幽觅奇，大致沿南岭、贵州南部进入云南，后因贫病交加，无法前行，被当地官员派人送回江苏老家。他的旅行历时 4 年，行程 10 万里，使我们对西南地区的地理大势有了更为清晰的了解和认识。

（二）地中海地区

地中海及其周边地区是人类文明的发源地之一，这里孕育了古埃及、腓尼基、古希腊、罗马、希伯来、迦太基等文明，它们为人类文明进步做出了巨大贡献。

古埃及人通过上、下埃及的统一，对尼罗河中下游的地理大势、人文状况有了深入的了解。腓尼基人凭借发达的航海技术和经商天赋，探索了整个地中海地区，并建立了殖民地，将文明的种子播向地中海周边地区。

古希腊人对地中海及周边地区的探索也非常活跃。他们探索了黑海、多瑙河，并建立了殖民地；他们远征印度，极大地扩充了当时人们对整个世界的认识，加强了地中海地区同印度次大陆的联系。希伯来人创建了犹太教，后被改造成基督教，影响了整个世界，对扩大人们的世界图景居功至伟。罗马人继承了古希腊人的优秀遗产，征服了高卢、不列颠和日耳曼，将疆域扩充到莱茵河、多瑙河地区，并将基督教传向西欧。迦太基是腓尼基人在西北非建立的殖民地，经济和军事都曾非常强大，对北非文明的发展起到了积极作用。

到了中世纪，除了基督教在欧洲的不断传播，匈奴人西侵促使当时的欧洲人对遥远的中亚有了一定的了解；蒙古人西征使欧洲对中亚有了更深入的认识，虽然对西欧的文明造成了巨大的破坏，但它也将游牧民族的先进骑兵战术和战争艺术传播到了基督教世界。

北欧维京人的扩张和抢掠，将北欧同西欧和中欧有机联系起来，使人们对极北方的地理大势有了较全面的了解。

于此我们不得不提到马可·波罗这位意大利旅行家。他不辞艰辛到达中国内地，生活了较长时间，他的《马可·波罗游记》对后来的地理大发现发挥了不可磨灭的积极作用。通过这本书，西方人将地中海文明同中亚和中国文明建立起紧密联系，极大地开阔了人们的视野。

（三）阿拉伯世界

7 世纪时，伊斯兰教兴起并逐渐建立起强大的阿拉伯帝国。阿拉伯人在向南欧和东欧渗透的同时，沿北非海岸扩张到西北非和伊比利亚半岛，并且进而渗透到法国南部和意大利南部，势力范围空前辽阔。在这一过程中，地理知识极大地得以积累，建立了非常发达的地理学。阿拉伯帝国的建立和发展将阿拉伯半岛、西亚、南欧和北非紧密联系在一起，而伊斯兰教的广泛传播，使其在中亚乃至东欧都产生了广泛影响，尤其是成吉思汗的后代建立的几个罕国，皈依伊斯兰教后使得整个中亚、南亚、西亚、北非连成一体，极大地开阔了人们的视野，使人们对世界有了更全面的认识。

阿拉伯世界最伟大的旅行家伊本·巴图塔，比马可·波罗生活的时代稍晚些。他从家乡摩洛哥的丹吉尔出发，顺北非海岸东行，经西亚的圣地到达麦加朝圣，之后遍游欧洲南部、北非和东非、中亚和南亚，曾从海路到达我国的泉州、杭州等地，居住了半年多。他在国外旅行长达 25 年，几乎踏遍了当时伊斯兰世界的每一个国家。他使中国和阿拉伯世界建立起密切联系，使世界图景更为全面和完善。他的《伊本·巴图塔游记》当时仅在皇宫中当作消遣读物在小范围流传，与《马可·波罗游记》不可同日而语，直到 19 世纪下半叶，西欧才重新发现这本书的价值，得以大范围流传。

（四）奥斯曼帝国

自 14 世纪起，尊奉逊尼派伊斯兰教的奥斯曼土耳其人通过对基督徒的“圣战”，在小亚细亚和巴尔干半岛攻城略地，结束了拜占庭帝国的千年历史，降服了阿拉伯世界，成为中东地区举足轻重的政治力量。奥斯曼苏丹以麦加和麦地那两座伊斯兰教圣城的监护者自居，将东南欧与西亚、北非广大地区纳入自己的版图，红海和黑海俨然成为奥斯曼帝国的内湖，多瑙河、尼罗河以及底格里斯河与幼发拉底河则被视作奥斯曼帝国横跨三洲之辽阔疆域的象征。奥斯曼帝国的北部，即安纳托利亚半岛和巴尔干半岛，构成了苏丹统治的重心。

奥斯曼帝国鼎盛时期，甚至远在苏门答腊诸岛和伏尔加河流域的穆斯林亦将伊斯坦布尔的苏丹视作伊斯兰世界的保卫者。奥斯曼帝国从 18 世纪开始逐渐衰落，直至第一次世界大战后消亡。

庞大的统治疆域迫使帝国将境内的地理大势和人文特征进行了全面梳理和掌握，从而使地理学有了快速和深入发展。

三、“地理大发现”时期

“地理大发现”时期，也被称为“大航海”时代，发生于 15 世纪末至 16 世纪初，以葡萄牙人达·伽马开辟通往印度的新航路、意大利人哥伦布为西班牙发现美洲，以及葡萄牙人麦哲伦完成环球航行为标志。这是人类历史上非常辉煌、激动人心的一个伟大时代，它奠定了人类对地球这个“人类之家”的世界图景的基本框架，将人类视野由旧世界转移到新世界，空白的区域快速被填补，由此构建了全新的地球意识和地球观念。

（一）印度新航路的开辟

在葡萄牙亨利王子的领导下，葡萄牙向海外拓展，先后发现了马德拉群岛、亚速尔群岛。亨利王子去世后，葡萄牙航海家迪亚士沿非洲西海岸向南探索，1486 年抵达非洲最南端的好望角。接下来达·伽马继续探索，循已有航路通过好望角，之后沿非洲东海岸北上，在肯尼亚的马林迪转向，顺西南季风抵达印度西海岸的卡里卡特港，由此完成了印度新航路的开辟，为东西方的经济和文化交流开辟了新途径，极大地丰富了当时的地理知识和地理学内容。

（二）发现新大陆

几乎在葡萄牙开辟印度新航路的同时，哥伦布在西班牙女王伊莎贝拉一世的支持和资助下，向西航行，去寻找传说中遍地黄金的中国。他率领的船队历经千难万险，终于在两个多月后到达西印度群岛，后来又陆续探索了中美洲。

1497 年和 1498 年，意大利航海家卡波特受雇于英国，两次向西航行发现北美东北部，但未发现黄金和香料。1500 年，葡萄牙航海家卡布拉尔在去西印度的途中，由于风暴被吹到巴西，由此发现了南美洲。意大利探险家亚美利哥在 1499—1502 年先后循哥伦布开辟的航线进一步探险，他认为新发现的这片土地不是亚洲东部，而是一个新大陆，因此后人将其命名为亚美利加洲。

（三）麦哲伦的环球航行

1519 年，葡萄牙航海家麦哲伦受雇于西班牙国王，动身去探索经过美洲通达东亚的航路。他从西班牙南部的塞维利亚港扬帆起航，横渡大西洋到达巴西，然后沿巴西海岸南下，艰难而幸运地穿过南美最南端的麦哲伦海峡，进入太平洋，先后发现关岛和菲律宾群岛。但在同当地土著人的对战中中毒箭身亡，剩余的十几人循着葡萄牙人已开辟的到东南亚的航路，于 1522 年回到西班牙，由此完成了人类历史上第一次环球航行，证明了地球的球体假说，使人类对整个地球的面貌有了更全面的了解和认识。

四、探险与殖民扩张时期

恢宏壮丽、激动人心的大发现时代之后，世界进入了对新世界的探险、征服原住民和广泛殖民的时代。这一时代大致从 16 世纪中期一直持续到 18 世纪中期的工业革命前夕。在这个时期里，新兴列强开始角逐新航线和新大陆，争夺霸权，瓜分殖民地，血腥征服原住民，大量向殖民地移民，使得世界图景、版图不断更新，人种和民族发生大规模或和平或对抗性的接触，书写着人类历史的壮阔诗篇。

（一）葡萄牙对印度洋和东南亚的控制与殖民

为了有效控制和巩固新航路的巨大既得利益，葡萄牙人开始在印度洋沿岸的东非、印度西岸建立军事堡垒，以控制印度洋，并逐渐向东南亚和东亚渗透。由于葡萄牙国土狭小，人口有限，劳动力贫乏，所以他们以贸易为主，移民数量极其有限，无力深入大陆内部。

1509 年，葡萄牙人击败阿拉伯舰队，封锁了经过红海的传统商路，垄断了东方贸易，获利颇丰。他们控制了非洲东海岸的莫桑比克、波斯湾出口处的霍尔木兹，强占印度果阿、第乌等海港，并修建坚固要塞。1511 年，葡萄牙人侵占了马六甲，之后陆续到达今日的斯里兰卡、苏门答腊、爪哇、马鲁古群岛，最远到达中国广州，并强租澳门，随后在日本建立商站，建立了当时世界最庞大的商业网络。在统治印度西海岸时，葡萄牙人多次用残忍的暴力手段征服原住民和阿拉伯人。

葡萄牙人建立的唯一殖民地是巴西。他们以武力屠杀、驱赶印第安人，利用黑奴开发广大的内陆土地。18 世纪末，殖民地人口达到 300 万人，多于葡萄牙本土人口。

（二）西班牙人对美洲的征服与殖民

1519 年，西班牙大海盗科尔特斯率 600 多名士兵，携带先进武器，深入墨西哥内地征服阿兹特克人。由于内乱和其他原因，阿兹特克人战败，1521 年，科尔特斯建立了“新墨西哥”殖民地。

1531 年，西班牙的另一个大海盗皮萨罗率领 180 人，其中包括一些天主教的牧师，带着长枪大炮，从巴拿马侵入秘鲁。皮萨罗利用当时印加帝国的内乱，引兵长驱直入，攻占了印加帝国的首都库斯科，建立了殖民地。随后其部下先后征服了周边的厄瓜多尔、哥伦比亚、玻利维亚和智利。

1536 年，西班牙探险家蒙多萨在拉普拉塔河口建立布宜诺斯艾利斯城。次年他又在该河的中游营建亚森松城，这片地区后来发展为今日的阿根廷和巴拉圭。

与此同时，西班牙殖民者在 16 世纪 20—40 年代，开始殖民现在北美洲的佛罗里达、得克萨斯、新墨西哥、加利福尼亚一带。西班牙人在美洲的殖民地变得空前庞大。

（三）英国人对北美洲的探险与殖民

目睹葡萄牙人和西班牙人发现新航路的辉煌成果后，英国人也跃跃欲试，积极加入了对美洲的殖民竞争。

英国的罗利爵士经过数次探险和充分准备后，于 1585 年派遣了 108 个梦想发财致富的英国人，横跨大西洋，来到今日北卡罗来纳州东北部的罗阿诺克岛，开始建立殖民地，但由于食物短缺和与印第安人交恶而被迫撤离。1587 年，罗利爵士又派遣了 118 位移民准备在切萨皮克湾建立定居点，但由于突发原因，他们再次定居在罗阿诺克岛。可是，3 年后这批移民神秘消失了，不知所终。罗利爵士的移民尝试彻底失败了。

1607 年，伦敦的弗吉尼亚公司吸取了罗利爵士的教训，经过充分准备，105 位移民在弗吉尼亚东南部詹姆斯河下游的詹姆斯顿岛上安家，开始建立殖民地，这是英国在美洲成功建立的第一个殖民点。但由于不适应当地环境、疫病流行、农业发展缓慢、印第安人的敌视，殖民地的发展不尽如人意，直到种植烟草取得稳定收入后，社会经济状况才得到明显改善。之后，由于圈地运动的快速推行，大批破产农民被迫背井离乡移民北美，弗吉尼亚殖民地进入了稳定发展阶段。

1620 年，英国的一批清教徒辗转从荷兰搭乘“五月花号”帆船，意外登陆美国东北部波士顿附近的普利茅斯，艰难地建立房屋，但他们跟当地的印第安人关系融洽，得以度过严冬，艰难地存活下来。之后，清教徒越来越多，地盘也越来越大，经济和社会也越来越繁荣。

1630 年，又一批清教徒从英格兰本土迁到今日的波士顿，成立了国王特许的马萨诸塞湾贸易公司，开始大规模移民建立殖民地。后来，罗得岛、康涅狄格、马里兰、纽约、宾夕法尼亚等 13 个殖民地先后建立，人口大量增加，社会经济日渐繁荣。

（四）法国人对美洲的探险与殖民

地理大发现的辉煌收获让法国人也羡慕不已，他们也积极加入了对美洲的探险和殖民竞争。

1534 年和 1535 年，为寻找通向亚洲的西北航路，法国探险家卡蒂埃在法国国王的资助下，率探险队抵达纽芬兰岛，进而发现圣劳伦斯河，但并未完成使命就返回了法国。尽管如此，该地区丰富的渔产、陆地上印第安人的毛皮还是吸引了大量西欧渔民和商人，终于在 16 世纪末，法国人开始小规模移民圣劳伦斯河沿岸，可是并不很成功。

1604 年，法国人德蒙伯爵开始在今日加拿大东南部的阿卡迪亚地区和斯科舍省建立殖民点。1608 年，法国探险家尚普兰在圣劳伦斯河下游，即今日的魁北克建立了定居点，主要从事毛皮生意。这是现代加拿大最早的城市，也是法国“新法兰西”、现代加拿大的起点。1642 年，法国移民建立蒙特利尔城，后来法国耶稣会传教士深入五大湖区的圣玛丽，建立起传教定居点，在易洛魁人中间传教。之后法国移民逐渐增加，主要集中在魁北克、蒙特利尔、三河城，以及加斯佩、阿卡迪亚等地，主要是今日加拿大东南部的新斯科舍省、新不伦瑞克省和魁北克省。1763 年，新法兰西被英国军队攻占，根据《巴黎条约》，从此归入英国殖民地系列。

（五）荷兰人对美洲的探险与殖民

荷兰人也不甘心眼看着葡萄牙和西班牙暴富，也积极投身美洲的殖民竞争。

受雇于荷兰东印度公司的著名探险家哈德逊，1609 年抵达今日弗吉尼亚东岸的切萨皮克湾，然后向北进入今日的纽约港附近，溯哈德逊河深入内陆超过 200 km。

1611 年，荷兰商人兼探险家布洛克在哈德逊探险的基础上，带人探索了从新泽西州到康涅狄格州的海岸及哈德逊河，并宣布在此建立“新荷兰”。1613 年，荷兰人在哈德逊河中游建立了拿骚堡殖民地。1626 年，荷兰人用一笔小钱从印第安人手里购得哈德逊河口的曼哈顿岛，建立了新阿姆斯特丹，即后来的纽约城。由于人口有限，荷兰人主要在哈德逊河和康涅狄格河沿岸建立殖民地，同易洛魁人进行毛皮贸易。

1664 年，英国人驱逐了荷兰人，将新阿姆斯特丹改名纽约。荷兰人在美洲的殖民时代就此结束。

（六）东北航路和西北航路的探险

葡萄牙对新航路的垄断以及西班牙对中美洲和南美洲的控制，使得英国、法国和荷兰这三个西欧国家被迫另寻他途，力图从欧亚大陆北侧或北美大陆北部绕过去以到达中国和日本，获得黄金、白银和香料。在当时的地球观念指导下，他们认为向东北航行绕过欧亚大陆北部，或向西北航行绕过北美洲北部，可以走捷径达到这个目标，史称“东北航路”和“西北航路”。

1. 东北航路

1553 年，在受雇于英格兰的航海家和探险家卡波特的指挥下，由威罗比爵士和钱瑟勒船长率领的船队起航寻找东北航路。由于天气和运气不佳，最后只有钱瑟勒的一条船平安到达巴伦支海南部白海边的阿尔汉格尔斯克，然后受沙皇邀请经陆路前往莫斯科，同沙俄签订了贸易协定，开始英俄贸易。

1556 年，卡波特又组织了一次东北航路的探险。他们循钱瑟勒的航线来到喀拉半岛，然后向东进入喀拉海，但由于给养和浮冰原因，无功而返。

荷兰商人兼探险家布鲁内尔为了寻找东北航路，1565 年航行至俄罗斯西北部白海边的阿尔汉格尔斯克，建立商站，同俄罗斯建立商贸联系。1576 年，他从莫斯科出发经陆路到达西伯利亚的鄂毕河。1581 年乘船东进，但在伯朝拉湾因船舶搁浅受损而失利。1584 年，他在再次尝试探寻东北航路时，在伯朝拉河口因船倾覆溺水而亡。

1580 年，英国人又派了两艘船继续探险，但一艘船失踪，结果又一次无功而返。从此，英国放弃对东北航路的探险。

1594 年，荷兰航海家兼探险家巴伦支从阿姆斯特丹出发，到达新地岛西海岸，然后沿西海岸北上，但由于浮冰的阻挡而遗憾地在接近该岛北端处被迫返回。次年再次探索喀拉海，但仍未找到辽阔的大海。1596 年再次探索东北航路，发现了斯匹次卑尔根岛，但在绕航新地岛时因船被冰冻而寸步难行，被迫在此过冬，由于严寒和败血症，整个船队全军覆没。

之后沙俄开始探险东北航路。根据探险与征服计划，沙俄组织了庞大的“大北方探险队”，它分成几个分队，每个分队负责考察一段西伯利亚濒临的北冰洋海岸。1633 年，一支哥萨克探险队乘船从勒拿河驶入北冰洋，然后东航到亚纳河口。1734 年，第一分队奉命执行绕过亚马尔半岛和找到鄂毕河口的航行，可是一连 3 年都失利了，直到 1737 年，马雷金中尉才驶进这条大河巨大无比的河口。负责考察鄂毕河口至叶尼塞河口的第二分队在奥夫岑中尉的带领下，于 1734 年驶出鄂毕河口，3 年后终于驶进了叶尼塞河。叶尼塞河口与勒拿河口之间的海岸考察任务最为艰巨，因为中间的泰梅尔半岛伸向了遥远的北方，海水的无冰期极为短暂，负责探测这段海岸的第三分队在拉普捷夫的带领下水陆并进，探明了绝大部分海岸，半岛北端的工作是由谢苗•切柳斯金完成的。1642 年，另一支哥萨克队伍由亚纳河谷顺流而下抵达亚纳河口，然后沿北冰洋海岸来到了阿拉泽亚河口。第四分队在拉普捷夫的堂弟德米特里•拉普捷夫带领下勘查了勒拿河直至科雷马河口以东的一大段海岸线。1643 年夏，斯塔杜赫奉命率众来到因迪吉卡尔河谷，乘坐自己造的木船顺流驶进北冰洋，然后沿岸东航。用了两个夏季，斯塔杜赫到达极东部的科雷马河口。1648 年，哥萨克人杰日尼奥夫顺着科雷马河进入北冰洋，然后东行，穿过白令海峡。由此，俄国人经历千辛万苦，将东北航路探索完毕。

1725 年，效力于沙俄的丹麦航海家白令率探险队经陆路花了 3 年时间，到达堪察加半岛的堪察加斯克。1728 年，探险队由此启航向北航行，穿过白令海峡进入北冰洋，虽然由于天气原因未能看到北美大陆，但可以肯定它与欧亚大陆并未连在一起。1741 年，白令再次出航，探索了阿留申群岛和阿拉斯加湾，但在返航途中遇难。

最终，贯穿东北航路的创举由瑞典航海家诺登舍尔德完成。1878 年，他得到瑞典富商迪克森的资助，从叶尼塞河口的迪克森港启航，乘“维加号”一路向东顺利到达离白令海峡只有 200 km 的楚科奇海，在此，探险船被冰冻达 10 个月之久。1879 年 7 月 18 日，冻结船体的冰层终于融化，“维加号”几天后就到达了大陆东端的杰日尼奥夫角，从而完成了在万里冰海之上打通东北航道的历史性功绩。

2. 西北航路

1497—1498 年，意大利航海家卡波特受雇于英国两次探险该航路，曾到达纽芬兰岛。而法国航海家卡迪埃对加拿大东南部和圣劳伦斯河的探险，其主要目的也是寻找西北航路。

1576 年，英国航海家弗罗比舍率船队抵达格陵兰岛南端，进而向北到达巴芬岛南端并进入哈德孙海峡。1585 年，戴维斯率领船队到达格陵兰岛，并沿西海岸向北航行进入戴维斯海峡，最后抵达巴芬岛南部的坎伯兰湾。1587 年，戴维斯第三次探险西北航路，最远进入巴芬湾。

1610 年，英国探险家哈德孙代表荷兰发现哈德孙湾。1616 年，英国探险家巴芬循着戴维斯的航线深入巴芬湾，因浮冰阻挡返航。

1776—1778 年，英国著名探险家库克率船队绕过好望角，经新西兰、夏威夷，北上到达温哥华附近，沿着海岸线到达白令海峡，探索了西北航路的出口。

1818年，苏格兰海军军官罗斯爵士率舰队到达巴芬湾西侧的兰开斯特海峡。第二年，帕里带领船队通过兰开斯特海峡，继续前行发现帕里群岛。次年夏天，帕里继续西航到今天的班克斯岛附近，但未继续前行。1822年，帕里第三次探险西北航路，从哈德孙湾出发，经由弗里-赫克拉海峡进入布西亚湾，再向北进入兰开斯特海峡。1851年，爱尔兰人麦克-卢尔从太平洋经白令海峡航行到加拿大北极群岛。次年4月，麦克-卢尔自西向东航行到梅尔维尔岛。至此，英国人将西北航路基本探索完毕，西北航路全线贯通。但第一次完整、平安通过西北航路的人是挪威著名探险家阿蒙森，他花了3年多时间才在1906年完成这一壮举。

由于通航时间太短、气候恶劣、浮冰飘忽不定等原因，西北航路航运价值一直很低。但随着气候变暖，冰层融化并收缩，逐渐具备了通航条件。

（七）澳大利亚的发现与探险

据记载，最先发现并探索澳大利亚的是荷兰人威廉·詹森。1606年，受荷兰东印度公司派遣，詹森从爪哇岛的万丹城启程，前往新几内亚岛附近探索传说中的“南方大陆”。他先来到约克角半岛的西海岸，在韦帕登陆，测绘了海岸地带，又向南探索了320 km，之后就返航了，但他认为这是新几内亚岛的南部。

首次在澳大利亚登陆的欧洲人是荷兰东印度公司的官员兼商人贝尔萨特。1628年11月，他带着7艘帆船由荷兰出发前往爪哇，一路不顺，于1629年6月在东印度洋又遇到大风暴，船只偏离航线，被吹到澳大利亚西海岸的豪特曼群礁搁浅沉没，他带领船员和乘客无奈之下登上澳大利亚的土地。

1642年8月，荷兰东印度殖民地总督安东尼·范·迪门任命塔斯曼率领船队，对澳大利亚南方海域进行一次彻底的调查。塔斯曼从爪哇启程，先到毛里求斯，然后顺风抵达塔斯马尼亚岛南部并登陆，进而发现新西兰、汤加群岛、斐济群岛，之后经新几内亚返回位于爪哇的总部巴塔维亚（今日的雅加达）。

1688年，英国博物学家威廉·丹皮尔乘船前往澳大利亚探险考察，但由于台风影响偏航到了澳大利亚西海岸，登陆并与土著人接触。1699年7月，他再次来到大洋洲探险，沿西海岸向北考察，先到新不列颠岛修整，然后绕新几内亚岛北岸返航。返回英国后他写了一本书，认为澳大利亚是荒凉无价值之地。

之后，荷兰两位探险家弗拉明哈和迪尔夫特也探索了澳大利亚西海岸，观点也很悲观，都认为该地是不毛之地。由此导致西方人对“南方大陆”失去兴趣，再次激发探险兴趣是航海条件更好的工业革命时期了。

五、近代（工业革命时期）

工业革命发生于18世纪60年代至19世纪40年代的西欧，这一时期以机器大工业取代工场手工业为特征，以蒸汽机、煤、铁和钢的广泛应用为标志，是人类历史上一次重大社会、经济和文化变革。它创造的巨大财富，昌明的科学技术，造船技术、动力和导航技术的改善，工业发展对原料和市场的迫切需要，使得探险活动再次进入高潮。新的地理发现使已有的空间坐标系统极大地得到扩充和完善，而其中地理事实的广泛积累，使得近代地理学逐渐形成和蓬勃发展，世界图景更加清晰、完整。

（一）新的探险和发现

1. 澳大利亚的完全发现和内陆探险

在工业革命前，神秘的“南方大陆”仅仅被荷兰和英国探险家揭开了西侧和北侧海岸的面纱，南部海岸和东部海岸尚未被探索，更不用说广大荒凉的内陆了。而工业革命使得探索完整澳大利亚的使命落到了英国人的身上。

英国著名探险家库克船长于 1768 年受英国政府委派前往南太平洋的塔希提岛开展天文观测，然后探索传说中的“南方大陆”。他花了半年多的时间穿越南美南部的麦哲伦海峡，于 1769 年 4 月到达目的地。天文观测完成后，他的船队向西寻找“南方大陆”，首先发现并完整探索了新西兰，并进行了测绘和制图。1770 年到达澳大利亚东海岸并向北探索，穿过大堡礁，并进行了 3 次登陆考察。然后穿过托雷斯海峡，经巴达维亚、好望角回国，历时 3 年。

1772 年，库克再次受命前往太平洋探险。他穿过咆哮西风带，向南深入接近南极的冰山地区，推翻了南方大陆一直延伸到南极的说法。

由于圈地运动，大量农民破产而到处流浪，犯罪率居高不下。为了解决这个社会问题，英国开始向澳大利亚流放罪犯，借此开发澳大利亚广阔的土地。1788 年，第一批 759 名罪犯及其随行人员抵达今日的悉尼，开始殖民和建设。以后移民和罪犯源源不断地来到这块有待开发的土地，直到 1852 年才停止输入罪犯。为了安置更多的移民和罪犯，殖民地总督开始派人探索蓝岭以西的广大地区，其中乔治·巴斯和马修·弗林德斯对澳大利亚南部海岸和塔斯马尼亚岛、东海岸的探险，以及格雷戈里·布拉克斯兰、约翰·奥克斯利、亚伦·卡宁汉、汉密尔顿·修姆、查尔斯·斯德特、托马斯·米切尔、爱德华·艾尔、约翰·斯图尔特、罗伯特·伯克、路德维希·莱希哈特等人对大洋洲中西部的探险最为突出。由此澳大利亚全貌逐渐为人们所熟知。

2. 非洲内陆的探险与发现

工业革命对原材料和市场的追求，加之探险手段和工具的巨大进步，使得进入非洲内陆探险成为可能。

（1）序曲

德籍传教士约翰斯·雷普曼于 1848 年和路德维希·克拉普夫于 1850 年，作为欧洲人分别发现了非洲最高峰乞力马扎罗山和肯尼亚雪山。

（2）探索尼罗河源头

英国探险家詹姆斯·布鲁斯从1765年开始游历北非和中东，1769年从开罗动身到动乱的埃塞俄比亚，去探索尼罗河源头。他于1770年11月到达塔纳湖，并找到了青尼罗河的源头。而实际上，早在1618年，西班牙传教士彼得罗·帕伊斯就已经来过这里。

理查德·伯顿和约翰·斯皮克两人于1857年6月从桑给巴尔岛出发，经过8个月的艰苦跋涉，于1858年2月抵达坦噶尼喀湖。之后，他继续前行，到达维多利亚湖，宣称发现了尼罗河的源头。1860年，斯皮克再次来到维多利亚湖探险，到达湖北岸，看到了大瀑布，然后循尼罗河从开罗回国。

1863年，塞缪尔·贝克尔从苏丹首都喀吐穆出发，溯流而上，于1864年春季到达现在的艾伯特湖，即白尼罗河的另一源头。

（3）利文斯顿探险非洲内陆

1840年11月，戴维·利文斯顿受命前往非洲南部传教和探险。他于1841年3月到达开普敦，然后来到今日的博茨瓦纳传教，1849年7月抵达恩加米湖，1851年来到赞比西河中游地区传教、考察。1853年11月，利文斯顿率探险队从赞比西河支流宽多河下游的利尼扬蒂出发，溯流而上向西北进发，探索抵达西海岸的通路。1854年5月底，他到达今日的安哥拉首都卢安达，休整3个月后原路返回，1年后回到出发地。1855年11月，他又向东出发探索直通印度洋的通道，沿途考察了赞比西河，命名了维多利亚大瀑布，1856年5月到达莫桑比克沿海的赞比西河口城市克利马内，在年底非常荣耀地回到英国，受到了人们英雄般的欢迎。

1858年，利文斯顿受英国政府指派，再赴赞比西河探险，这次他发现了今日的马拉维湖。1866年年初，他第三次赴非洲探索尼罗河的源头。这一次，他从鲁伍马河口动身，直奔马拉维湖和坦噶尼喀湖，途中，他发现了姆韦鲁湖和班韦乌鲁湖，并认为姆韦鲁湖的排水河流卢阿拉巴河（刚果河的上源）是尼罗河的源头。后因病他在坦噶尼喀湖北端的乌吉吉休养，与世隔绝，音讯断绝。1869年，《纽约先驱报》记者亨利·斯坦利受命去寻找失踪的利文斯顿，两人会面后共同考察了坦噶尼喀湖，发现鲁济济河汇入该湖，明确了该湖不是尼罗河的源头。利文斯顿最远到达卢阿拉巴河右岸的尼扬韦镇。1873年，他病逝于赞比亚中央省东北部一个叫齐坦博的地方。

（4）斯坦利对刚果河的探险

1874年11月，斯坦利从桑给巴尔出发，环航了维多利亚湖，证明了坦噶尼喀湖与尼罗河毫无关系。随后，他到达卢阿拉巴河，顺流而下，将下游的瀑布群命名为利文斯顿瀑布群。1877年8月，他到达刚果河河口，由此完成了对刚果河的探险。

1879—1884年，斯坦利受比利时国王的指派，前往刚果河流域进行商业开发。他建了一条从河口到金沙萨的道路，为后来建立刚果自由州奠定了基础。

1887年1月，为了救助埃及赤道省总督穆哈莫德·阿明，斯坦利再次前往非洲。他逆尼罗河而上，然后走陆路到达艾伯特湖，找到穆哈莫德·阿明。之后，他们一起动身前往东海岸，途中见到了传说中的月亮山，即今日艾伯特湖和爱德华湖之间的鲁文佐里山。1889年，他们到达今日的达累斯萨拉姆北部的巴加莫约。

（5）蒙哥·帕克的西非探险

帕克出生于苏格兰，受皇家非洲协会的指派，前去探察尼日尔河的源头并到达北非的商业名城廷巴克图。1795 年 5 月，他从英国动身，经海路到达冈比亚，顺冈比亚河逆流而上，经历无数艰辛，考察了尼日尔河中游，然后返回冈比亚，之后取道西印度群岛于 1797 年年底返回英国。1805 年年初，帕克再次乘船来到冈比亚，溯流而上，后沿马里境内的尼日尔河探险，最后在廷巴克图以下的中游地区遭到土著人的攻击，不幸溺水而亡，年仅 35 岁。在所有西方探险家中，帕克是最具传奇色彩和大无畏英雄气概的探险家。

3．南极洲的发现与探险

澳大利亚的发现与殖民，并没有打消人们对寻找“南方大陆”的热情，人们在工业革命成就的鼓舞下，继续向辽阔的“南方大洋”探索，力图将整个未知世界纳入已知的文明世界体系中。

（1）库克船长的先驱性探险

1772 年 7 月中旬，英国探险家库克船长携带着先进航海仪器，率领两艘巡洋舰前往“南方大洋”，继续寻找传说中的“南方大陆”。他们闯过了咆哮西风带和浮冰，到达大西洋南部的布韦岛，该岛曾被认为是“未知的南方大陆”的一部分，库克发现它仅是个很小的荒岛。在越来越密的浮冰和冰山缝隙间，库克一行人继续南行，进入南极圈，接近南纬 67°，但由于危机四伏，库克不得不掉头返航，在新西兰越冬。第二年夏季，库克一行人再次南下，进入南纬 71°附近，但在密集的浮冰和巨大的冰山面前不得已掉头退出来，实际上他们离南极大陆已经非常接近了。之后，他们环航了高纬度的“南方大洋”，发现了南乔治亚岛和南桑维奇群岛。

在捕猎南极洲周边海域鲸和海豹的热潮中，人们陆续发现南设得兰群岛、南奥克尼群岛等南极洲周围岛屿和南极半岛。1841 年年初，英国极地探险家詹姆斯·罗斯爵士驶入后来以他的名字命名的罗斯海，并将海湾西边的多山海岸命名为维多利亚地，并在此发现了巨大的罗斯冰架。

随后，法国人杜蒙·迪尔维尔发现了名叫阿黛莉地的海岸，美国人查尔斯·威尔克斯发现了威尔克斯地。到了 19 世纪 40 年代，南极洲的轮廓基本被探明，但由于航海装备和科学技术的限制，登陆南极大陆并深入内陆还不现实。

1901 年 8 月，阿尔伯特·斯科特率领共 23 人的探险队，开始第一次南极远征。1902 年 2 月，他们几经周折，在罗斯岛西侧的冰架上建立了过冬的基地，并度过了极地严寒的冬季。当南极短暂的夏天来临时，斯科特和几名探险队员向南极点进发，于 12 月底到达南纬 82°11′。1909 年 1 月，英国探险家欧内斯特·谢克尔顿前进到离南极点只有 178 km

的地方，但是由于缺乏食物，体力不支，遗憾地返回。

（2）阿蒙森和斯科特的南极点探险竞争

阿蒙森和斯科特的南极点探险竞争是世界探险史上极具戏剧色彩的事件。罗阿德·阿蒙森于 1910 年 6 月从挪威出发前往南极，1911 年 1 月中旬到达罗斯海的鲸湾，并在罗斯冰架上建立了过冬基地；斯科特率领的南极探险队也于 1910 年 6 月从英国启程，路上遇上风暴而比原计划迟到了 10 多天。度过漫长的南极冬季后，阿蒙森于 1911 年 10 月 19 日动身，12 月 9 日到达南极点，1912 年 1 月 26 日顺利返回罗斯海边的基地。相对而言，斯科特就不那么幸运了，他们于 1911 年 11 月 1 日启程，由于运输工具选择不理想，前进路线艰难，加之运气不佳，1912 年 1 月 18 日才到达南极点，比阿蒙森晚了 1 个月，返回途中冬季来临，加之情绪低落，又遭遇暴风雪，最后全军覆没。

（二）近代地理学的产生与发展

古典地理学是在已知的旧世界空间坐标框架内建构起来的，主要以地中海为中心，由古希腊学者奠定其基础。然而，在地理大发现和随后的大探险和殖民过程中，以及在后来的工业革命时期，人们积累了非常丰富的有关新世界的地理知识和素材，这就为系统整理和发展新型地理学创造了坚实的基础。

1. 洪堡与自然地理学

德国著名地理学家、博物学家亚历山大·冯·洪堡（1769—1859）出生于普鲁士一个贵族家庭，自小就对自然界具有浓厚的兴趣和感情，对探索大自然充满了热情。大学时期受随同库克船长远航探险归来的乔治·福斯特的影响非常大。他游历了欧洲很多地方，后来与法国植物学家邦普朗一同远赴南美洲热带雨林和安第斯山区考察，对植被的垂直地带性做了系统总结和概括，发现了各自然地理要素间的相互作用和统一性的性质，对人地关系的观察和研究也很有成果。从美洲返回巴黎后，他系统地整理了搜集的各种材料，自费出版了 30 卷本的《新大陆热带地区旅行记》，后来返回德国出版了 5 卷本著作《宇宙》，由此奠定了地球物理学、植物地理学、动物地理学、气候学、水文学等理论基础。所以说，洪堡是现代自然地理学的奠基人。

2. 李特尔与人文地理学

德国著名学者卡尔·李特尔（1779—1859），尽管家庭不是很富裕，但还是顺利完成了从小学到大学的学校教育。早在儿童时期，他就受到地理学的熏陶，被灌输人与自然统一的观念，在做家庭教师期间对周围地区和欧洲许多地区进行了系统考察，但他的兴趣主要在人文地理方面。1820 年他担任柏林大学地理系主任，创办了柏林地理学会，有机会就到欧洲各地考察。他的学说强调区域内各要素的相互联系和因果关系，在其 19 卷巨著《地学通论》中有明确体现。他同洪堡不同，他用来做研究的材料都来自其他人，而非自己的观察，但丰富的知识基础和广泛的考察是两位地理大师的共同点。

3．道库恰耶夫与地带性理论

俄国伟大学者道库恰耶夫（1846—1908），1871 年毕业于圣彼得堡大学自然科学部物理化学系，1972 年起任圣彼得堡大学地质博物馆馆长。他 1883 年获博士学位，其论文题目为《俄罗斯黑钙土》，这是一本标志土壤发生学派奠基的经典著作。同年他担任圣彼得堡大学教授。他在《俄罗斯黑钙土》和《论自然地带学说》中阐述了他的学术思想，奠定了现代土壤学和景观地带学说的基础及理论框架，进而丰富和完善了自然地理学的理论。

4．戴维斯与地理循环理论

美国著名学者戴维斯（1850—1934），系哈佛大学地理学教授，美国地理学家协会的创建人之一，被尊为“美国地理学之父”。他通过大量野外考察，尤其是对于美国西部干旱和半干旱地区的考察，借鉴生命循环的理论，提出了“地理循环”或“侵蚀循环”理论。该理论认为，平原从被构造运动抬升成为高原的幼年期开始，经过持续不断的侵蚀，地表由平坦过渡到非常崎岖的壮年期，再到不断被侵蚀削低，再次转变成低平的准平原状态，此为老年期，之后再重复该过程。该理论将构造运动、坡面侵蚀、水系演化紧密结合在一起，为科学解释地表形态特征和形成演化规律奠定了雄厚的基础，为现代地理学的发展做出了卓越贡献。

5．麦金德的陆权论

英国著名地理学家麦金德（1861—1947），是地缘政治学的奠基人之一，陆权论的首倡者。他在《历史的地理枢纽》一文中系统地提出了陆权理论的基本框架，其名言是“谁控制了东欧，谁就能支配心脏地带；谁控制了心脏地带，谁就能支配世界岛；谁控制了世界岛，谁就能支配世界”。

他大学学习过自然科学，尤其是动物学，并到非洲从事过考察，后来专心研究历史，从历史的角度考察地理问题，从而将自然地理和人文地理有机结合在了一起。他的地缘政治学理论对当今世界政治格局和动态有很大影响。同时，他也为英国现代地理学的发展做出了不朽的贡献。

6．拉采尔的地理环境决定论

德国著名地理学家拉采尔（1844—1904），是人类地理学的先驱，政治地理学的奠基人，地缘政治学的奠基人之一。他主张地理环境决定论，提出了“生存空间”的概念，将达尔文的进化论应用到人类社会的研究上。他的思想对欧洲和美洲的地理学家影响非常大，美国著名地理环境决定论积极拥护者森普尔就是他的学生，不过，他的许多思想也被后期的纳粹充分利用。

拉采尔毕业于海德堡大学，学习过动物学、地质学和比较解剖学，作为记者游历过欧洲和美洲的很多国家和地区，考察和研究过其他地区日耳曼人的生活，当时的感受对其后来的学术观点影响很大。

7. 马什的人地关系观点

美国19世纪下半叶著名学者马什（1801—1882），做过国会议员，先后在土耳其、意大利担任大使，对欧洲、中东和埃及做过较广泛的游历与考察，学识渊博，对自然界怀有深厚感情。他从历史和新旧大陆人类活动的对比中体味到资源有限的观念，认为自然界是一个有机整体，各要素间相互作用；强调了森林同洪水的紧密关系，呼吁对森林加以保护；主张人类通过明智的努力可以恢复被破坏的自然界。他的著作《人与自然》促使美国和意大利制定了《森林法》，进而促使美国成立了森林署，建立了国家森林公园和森林保护区，实施自然保护。因此，他是美国自然保护的先驱、鼓动家、理论基础奠基人。同时，他的人地关系理论和观点，又构成了人文地理学的主要研究内容。

六、现代（高科技时期）

现代时期主要从第二次世界大战结束开始，持续到现在。第二次世界大战之后，西方发达国家经济快速恢复，科技迅猛发展，地区间的物质、能量、信息交流空前活跃，经济全球化，信息网络化，电子技术和计算机技术引领时代潮流，地理学的发展面临前所未有的机会和挑战。但同时，资源耗竭、环境污染、全球变暖、臭氧层空洞、极地冰雪加速融化等问题，也使地理学的优势得以充分发挥。

纵观70多年的发展，地理学呈现出欣欣向荣的喜人景象，主要表现在以下方面：

第一，地理研究的计量化和计算机化得以实现，许多研究领域得以深入、系统地发展，特别是地图学同计算机技术的融合，催生了地理信息系统科学，不仅使地理学在理论上向纵深发展，而且也促进了其产业化进程。

第二，遥感技术的广泛运用，特别是现代无人机遥感技术的快速发展，使地理学野外考察和研究进入一个全新的时代，大大提高了野外工作效率，使人们的感知能力进一步提升。

第三，多学科交叉融合更为普遍和深入，主要表现在地理学广泛参与甚至主导全球变化、可持续发展等方面的研究，它以其独特的研究手段和方法，为人类社会的稳定发展提供强大保障和助力。

第四，地理学理论的应用更为广泛深入，更为及时，这主要是由于当今世界区域间政治、经济、文化联系极其密切，许多现实问题需要尽快解决，由此促进了地理学实用化步伐的加快。

思考题

1. 英国工业革命完成得比较早，其殖民地曾遍布世界各地，但为什么在地理学主要理论方面建树有限，明显落后于德国和法国？

2. 为什么说地理学是一门决定一个民族或国家生死存亡的知识体系？

3. 地理学对我们个人有何实际意义？具体表现在哪些方面？

4. 工业革命时期，西方列强专注于原料和市场的开拓与维持，由此产生了近现代地理学的各种理论、方法和技术，那么到了现代信息革命时代，地理学的发展特点与趋势如何归纳？

练习题

1. 根据洪堡的生平和相关传记，在世界地图上标绘出他一生的地理考察足迹，并分析这些经历对于洪堡主要地理学思想形成的影响。

2. 试以自己所在的地区或区域为对象，搜集必要的信息，分析区域内部各要素间相互作用的特点与规律，由此划分亚区域，明确其优劣势所在，指出其未来发展方向。

3. 列一张表格，左边第一栏填上地理学主要研究内容（基本内容 4 项、核心内容 5 项），右侧分别列上工业革命时期和现代时期，试着根据两个时期社会经济发展特点（尤其是交通和通信技术的差异）分析两者的差异及其原因。

推荐读物

1. 根据自己的兴趣和需要，选择阅读本书最后一章列举的地理学经典著作。

2. 若有时间，可以认真阅读杨吾扬先生编著的《地理学思想简史》一书（高等教育出版社出版，1989 年），该书古今中外兼顾，叙述系统，观点明确，篇幅适中。

3. 若有耐心和兴趣，阅读丁笃本先生编著的《世界之发现：人类五千年探险旅游的历史》一书（湖南师范大学出版社出版，1997 年），会对地理学有更深刻的理解。该书对各种地理和历史事件的描述系统但不繁复，思路清晰，行文流畅，趣味横生。

温馨提示

1. 时至今日，地理学的应用已遍及日常生活的方方面面，出行涉及的导航与定位仅仅是最基本的运用，日常的生活和工作，乃至经商、从军、理政，都离不开地理学知识和理论的指导。因此，在日常生活和工作中，我们应仔细品味、揣摩空间差异和空间配置问题，让地理学助力我们的生活和事业。

2. 地理学在解决当今社会和世界诸多棘手问题方面优势突出，它不仅是一种独特的思维方式，也是一个有力的工具，我们应当拿起这个有力工具，解决我们面临的各种涉及空间的问题。

3. 若想在地理学方面有更深的造诣，建议大家手头准备中国地图出版社最近出版的《中国地图集》《世界地图集》及所在省、自治区、直辖市的分省地图集，在培育地理学兴趣的同时，也学会地理学思维。

第二章　户外定位

本章提要

把户外定位作为第二章的内容放在全书的前面，目的是让读者认识到，无论是进行地理考察还是游山玩水，户外活动总是充满了很多意想不到的意外和困难，所以不管我们是在正常活动中还是遇险求救时，都需要快速获取自身和感兴趣事物的准确位置。本章主要介绍与户外定位相关的一些概念、要素、技术与方法，软硬件设备的使用以及事故案例，以期能够引导读者在地理野外考察或户外工作中重视并完善相关准备工作。

关键词

户外定位，地理坐标，关键地物，全球定位系统（GPS）

人类是社会性动物，不仅会使用工具，还能够主动劳动以获得身心满足。为了生活和工作，为了与他人进行交流，人们必须走出自己的住宅，必须掌握户外定位的技能，并能安全返回。由此可见，户外定位对我们的生产和生活至关重要。

第一节　户外定位的重要性

一、户外定位的场合

地表位置是用来描述地表事物空间关系的重要概念。从古至今，人们摸索出了实用的定位方法和技能，保证了户外活动和必要交流的正常、有效进行。

在科学研究中，人们往往要确立不同的地表坐标系统，目的就是更好地描述和确定某个事物的空间位置及其同周边事物的相互关系，进而探索其发生发展规律。

在工程实施中，高精度的定位技术可以为施工作业提供强有力的支持和保障。在日常生活中，我们出行、购物、游玩甚至上网都会涉及地理位置的确定问题。此外，精准农业、航空和航海、探险、救援等领域也需要高精度的定位。所以，对“定位”的需求已经贯穿于人们现代社会生活的方方面面，而户外活动尤其如此。

二、户外定位的重要性

户外活动无论是在地球表面的哪个地点、地区或国家进行，及时定位都至关重要。

首先，通过定位获取基本空间信息是一切后续活动开展的前提，也是规避风险、保障安全的先决条件。其次，只有通过定位才能将一些工作目标点、观察点记录并绘制下来，为今后复查和进一步工作提供依据。最后，遇到危险和困难时，也只有先定位，才能明确自己的处境，并将自己的位置信息传送给其他人，以便得到及时帮助或救助。一条有效的定位信息，能够成千上万倍地降低发生险情时的搜救难度。

不管是游玩式的户外活动还是有明确目的的户外作业或野外考察，都需要定位来参与决策。我们想要到达的目的地，需要通过定位在工作计划或者地图中加以标识，这是目的地定位；我们在活动或者作业过程中，若想将实时位置串联起来构成活动轨迹，也需要不断定位来确定，这是过程定位。

即使是我们日常散心式的“随便走走，走累了就打道回府”这样模糊的计划，也有个出发点、目的地和过程路径，只不过出发点和目的地重合而已。那么，当我们打算“打道回府、原路返回”时，也需要不断定位自己是否在原路上，此路是否能回到“出发点”这个目的地。日常在公园、小区等熟悉的环境中，我们可以轻而易举地做出正确判断，但是在户外某些陌生、复杂的地形，恶劣的天气和环境以及突发状况下，定位就变得比较困难了。

三、户外定位与迷路

定位不准、错误或无法定位，会对我们的生产和生活造成不利影响，轻则导致事情办不成或办不好，重则可能损失惨重甚至付出生命代价。

迷路是户外活动中比较常见的现象。相比被困、滑坠、失踪、失温、溺水等状况，迷路更容易发生，因此也更容易导致户外事故。据中国登山协会登山户外运动事故调查研究小组的统计，2014—2020 年，迷路导致的事故占到户外事故总量的 45%以上，一直高居榜首。

通俗地说，迷路就是迷失了方向、迷失了目标、走错了路线，导致进入陌生的线路或者环境，陷入进退两难的境地，进而可能导致体力透支、食品和水等补给不足、身陷险境等，甚至引发更严重的事故。

迷路事故的发生原因多种多样，如行前没有很好地研究目标区域的地形和线路、个人食品和装备准备不足、盲目出行等。其直接原因就是无法确定自己的位置，找不到熟悉的参照点。

第二节　地理坐标

一、什么是地理坐标

地理坐标（geographical coordinate），是用经度、纬度表示地面点位置的球面坐标系统。

地理坐标系以地轴为极轴，所有通过地球南北极的平面均称为子午面。子午面与地球椭球面的交线称为子午线或经线。所有垂直于地轴的平面与地球椭球面的交线称为纬线。纬线是半径不同的圆，其中半径最大的纬线是赤道。

地球表面上一点的纬度是过该点的法线与赤道面的交角。纬度从赤道起算，赤道上纬度为 0°，向北至北极为 +90°，称为北纬；向南至南极为 –90°，称为南纬。

经度是地表某一点所在的子午面与本初子午面所夹的二面角。1884 年国际子午线会议决定，通过英国伦敦格林尼治天文台（原址，1953 年天文台已迁至新址）的子午线为本初子午线（或称首子午线），作为计算经度的起点，本初子午线的经度为 0°，向东从 0°到 +180°，称为东经；向西从 0°到 –180°，称为西经。

地面上点的经纬度须用测量方法求出，用天文测量方法测定的叫天文经纬度，用大地测量方法在参考椭球面上推算的叫大地经纬度。同一点的天文经纬度与大地经纬度存在微小差异。地图上所用的经纬度是大地经纬度。

一般在小比例地图上均绘有地理坐标网，并注明相应的经纬度。

二、绝对位置和相对位置

根据人们的不同需要，地表事物的地理坐标可以用不同的方法确定，从而有助于把握地表事物的时空属性和相关特征。

按照定位的参照点不同，地理位置一般分为绝对和相对两类。绝对地理位置是以整个地球为参考系，以经纬度为度量标准，而相对地理位置是根据特定的参考点对周围事物进行定位，往往是相对于局部地区而言的。

地球上每一个地点都有自身唯一的经纬度值。

（一）绝对位置

它是绝对地理位置的简称，一般是对地表事物的特殊性或者唯一性进行的定量刻画与描述。这种刻画采用精确确定地理位置的方法，以整个地球表面为坐标系，用经纬度为度量标准，具体刻画每一个地表事物的经纬度值。纬度以赤道为 0°纬线，相当于横坐标轴，而本初子午线则可看作纵坐标轴。这样，全球每一个地方都能找到自身的经纬度值。如此一来，由经线和纬线组成的经纬网，就能像确定坐标系当中的点一样，很容易确定每一个地表事物的地理坐标。我们熟悉的 GPS 导航系统就是基于这种知识的具体应用。

由于绝对位置是对应于特定地理坐标（如纬度和经度）而确定的地球表面上的一个地点，因此，可以根据一个已知地表实体的地理坐标来唯一地确定它的绝对位置。

以长沙市（区域）为例，长沙市的绝对位置位于东经 111°54′～114°15′、北纬 27°51′～28°40′。不过，通俗而言，也可以将地址作为绝对位置，例如，长沙市人民政府的绝对位置，可以表示为长沙市岳麓区岳麓大道 218 号。当然，也可以用长沙市区中心位置的地理坐标来表示长沙市绝对位置。

（二）相对位置

相对位置，类似于数学上的极坐标，仅用距离和方位来描述。相对位置是相对于某个参考点来确定某地某物的位置，它一般是对地表事物的时空关系进行定性描述。

在高速公路两旁，经常有距离指示牌，指示到下一个城市或者主要城市的距离，这就是用相对位置的表述方式来描述司机当前所处位置，以及同某个城市之间的距离。例如，当司机看到高速公路指示牌表明距离长沙市还有 89 km 的时候，他就知道他与长沙市之间的相对位置。

相对位置和绝对位置都是用来描述地球表面某个地方或地物在地球表面的位置，我们日常生活中使用相对位置更多，例如，“长沙在北京的南偏西约 12°，直线距离约 1 500 km 的地方”。

第三节　道路和居民点及显著地物的定位意义

在近代全球地理坐标系建立之前，人们普遍用相对位置来定位。人们习惯于用熟悉的人工事物（如居民点、铁塔、标志性建筑等）、地物（山峰、河流、峡谷、码头、十字路口等）来作为标志。道路也具备这样的作用，古时的道路系统相当于一个定位网络。我们把这些可以用来定位的地物称作关键地物。

如何在实践中根据关键地物定位呢？

首先，是战略层面的定位，即前期准备。战略层面的定位决定了这条路线是否安全可靠，是否有足够的可参照的关键地物使得我们可以在没有 GPS 的情况下实现定位。我们在出发之前的规划路线和准备资料阶段，需要对野外行进路线的风险区域、补给点、地标性地貌等关键地物进行专门的收集和整理，这使得我们在按照路线行进过程中，在不同的路段都能够有若干个关键地物作为参照，即使 GPS 不可用时，我们也能根据关键地物的方位和距离大概推测自身所处位置与预定位置的偏差情况，并进行及时合理的调整。

其次，我们还要在二维地图甚至三维模型中对整条路线进行若干次推演和模拟，对可能发生定位失准的困难区域提前熟悉，再制定应急预案和备用计划。这些措施可以帮助我们行进在实际线路上时，能提前对大部分的风险和困难做到心中有数。尽管这样做可能会降低一些户外爱好者所追求的冒险乐趣，但是不管出于何种目的的野外活动，充足的准备都是非常必要的。在确定了出行地点的范围或者行进路线之后，可以先用地图来观察是否有比较明显的路径（公路、林区道路、乡村道路、牧道或者小径等），然后圈出村镇、铁塔、河流、山峰等关键地物，再根据这些关键地物的分布情况与行进路线做比较，确定各个关键地物和路线之间的相对位置。但需要注意的是，地图通常都不是实时的，因为地图更新往往滞后一些时间，或者遥感地图拍摄的季节不同，还有诸如图像拉伸、投影畸变等情况，地图所显示的场景跟我们所看到的实景可能会有相当大差别。

最后，要明确在野外活动过程中如何根据关键地物进行定位，这是属于战术层面的内容。我们在行进过程中要不断地对自身所处位置进行定位，包括前期准备好的地图上所标注的关键地物与实际场景的关键地物的比对，实际路线与周围地物的相对关系，以及位置偏离后如何重新规划路线进行位置纠正。比如，之前已经明确的规划路线是沿着河谷或者山脊走，那么在行进途中遇到位置不太明确的情况时，就要根据河流或者其他山峰的相对位置来判断自己是不是在之前规划的河谷或者山脊之上。在翻越未被探查过的垭口时，如果发现局部地形较为陡峭需要绕行，那么就需要对地图中绕行方向上的关键地物不断进行方向和距离的对照，由此来确定自身在实地所处的位置，然后再继续前进或者进行修正。在把道路作为关键地物而沿其行进的时候，如果发现道路突然消失，这时就要考虑是否之前的准备工作中，在某个需要过河或者转弯的路口没有定位而忽略了某关键地物。在野外活动中，一个常见的错误就是在行走几个小时后才拿出地图进行定位，这样就有可能当我们发现自己迷路时，已经错过了最佳的定位时机。如果因为降雪导致路径被埋，仔细观察有凹槽的地形，道路的凹槽通常都是比较连续的。

总的来说，户外定位需要找到周围标志性的地标和地形，然后根据自身所处地点与关键地物的相对位置，在地图上确定对应地点。

第四节 仪器设备及其操作程序与方法

现如今，我们在野外使用最普遍的定位工具是手机或者 GPS 信号接收机。定位设备发出请求定位信号后，基站端收到请求就会返回设备所在的位置（包含设备所在的经度、纬度、海拔和速度）。

一、全球导航卫星系统

我们常见的全球定位系统（GPS）、北斗定位系统，都是属于全球导航卫星系统，也就是 GNSS（Global Navigation Satellite System）。它一般由空间部分（多颗卫星）、地面监控部分和用户部分（信号接收机）构成。

世界上正在全球范围提供定位服务的卫星导航系统一共有四个：美国的 GPS、俄罗斯的格洛纳斯（GLONASS）、欧盟的伽利略（Galileo）和中国的北斗（BDS）。其中，美国的 GPS 发展最早、成熟度最高、商业应用的开发也非常深入。

二、GPS

GPS 是英文 Global Positioning System 的简称，是在 20 世纪 70 年代由美国陆、海、空三军联合研制的新一代空间卫星导航定位系统，目前，它在 6 个轨道上发射了总计 31 颗卫星（原为 24 颗），这保证了在地球上的任意一点，地面的 GPS 接收器都能接收到至少 4 颗卫星的信号（图 2-1）。

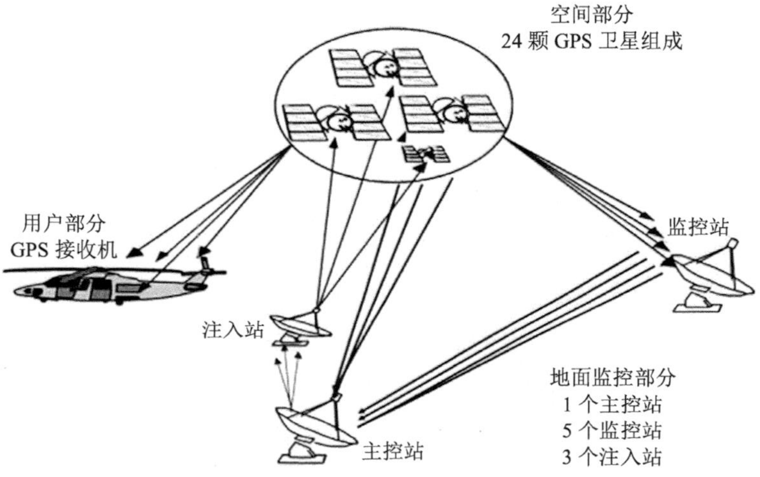

图 2-1 GPS 的构成

GPS 由三部分组成：空间部分——GPS 星座、地面监控部分——地面监控系统、用户设备部分——GPS 信号接收机，这三部分缺一不可。

三、BDS

北斗卫星导航系统（Bei Dou Navigation Satellite System，BDS），简称北斗系统，是中国正在实施的自主发展、独立运行的全球卫星导航系统。北斗卫星导航系统由空间段、地面段和用户段三部分组成，可在全球范围内全天候、全天时为各类用户提供高精度、高可靠度的定位、导航、授时服务，并且具备短报文通信能力，已经初步具备区域导航、定位和授时能力，定位精度为分米、厘米级别，测速精度为 0.2 m/s，授时精度为 10 ns。

北斗系统具有以下特点：

（1）空间段采用三种轨道卫星组成的混合星座，与其他卫星导航系统相比，高轨卫星更多，抗遮挡能力强，尤其低纬度地区性能更为优异。

（2）提供多个频点的导航信号，能够通过多频信号组合等方式提高服务精度。

（3）创新性地融合了导航与通信功能，具有实时导航、快速定位、精确授时、精准位置报告和短报文通信服务五大功能。

四、卫星定位系统定位的基本原理

当我们使用卫星定位系统进行定位时，我们必须处于能接收到足够多和足够好的卫星信号的区域，并持有智能手机、智能手表、车载或手持式终端设备。在设备的专用软件中，我们就能够知道自身当前所处位置的经度、纬度、海拔高度等信息。

在这个定位过程中，其实并不是卫星告知我们具体的位置，而是我们手中的设备找到卫星的位置。当我们打开定位模块后，设备便开始捕捉在我们上空的卫星信号。当接收到卫星信号后，设备除了获得该颗卫星的位置信息，还要测算出自己与这颗卫星的距离以及信号传输的时间差。当它获取到三颗卫星信号时，便能通过这三颗卫星的位置和自己与这些卫星的距离，根据三圆交会定位原理来计算自己的位置；当接收到的卫星信号多于三个时，分别以卫星的坐标为圆心画圆，圆的半径是终端设备与卫星之间的距离，三圆重叠处就是终端设备所处的位置（图 2-2）。

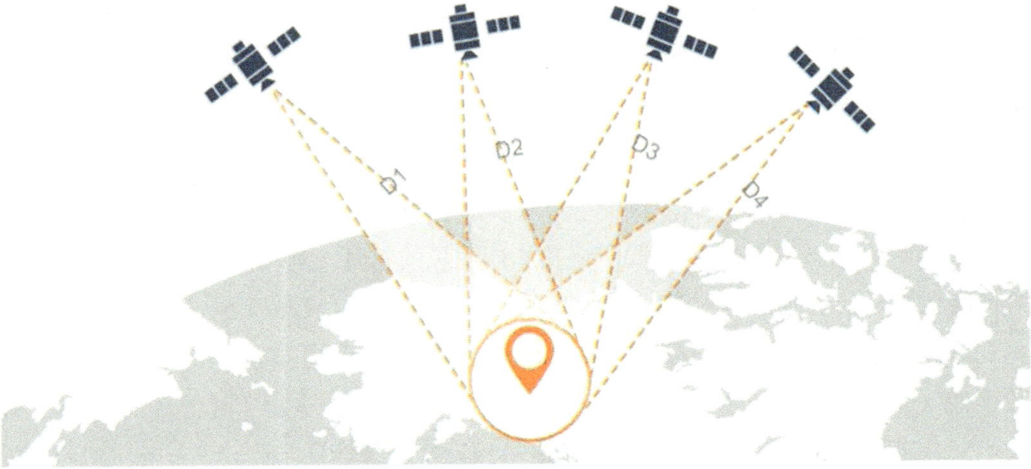

图 2-2 卫星定位系统的定位原理示意图

实现定位至少需要四颗可见卫星，其中三颗卫星分别用于测量其至用户的距离，以卫星为球心，距离为半径，所得到的三个球体的交点便是用户所处的位置（其中会排除一个不合理的点位）。余下一颗卫星用来计算卫星传输信号的时间差。收到的卫星信号越多，准确度也就会越高。

卫星定位系统设计的初衷是用于军事，主要是用于空军、海军等军事导航，这些使用场景通常不会有太多的遮掩物，信号能够很顺利地传输到接收器上。但在日常或者野外进行的民用活动中实施定位时，我们会发现卫星定位的精度其实并不高，平面精度是 10 m 左右，而海拔高度的误差甚至会达到上百米。这是因为，在一般情况下我们所处位置的海拔高度是相对海平面插算而来，而地球表面是凹凸不平的，各个地区的海平面也不尽相同。实际上影响每个地点海拔的变量非常多，所以以往单一的 GPS 在计算海拔高度时会将地球作为一个标准椭圆体来运算，于是也就出现了海拔高度上的误差。同时，卫星定位本身也存在误差，如卫星信号穿透电离层和对流层时产生的误差、卫星高速移动产生的多普勒效应引起的误差、地面环境中一些反射面会让原本直线传输的卫星信号在反射面间发生反复偏转、反射后被接收器接收所造成的误差，以及多径效应误差、通道误差、卫星钟误差、星历误差、内部噪声误差等。

五、RTK 定位技术

（一）原理

为了更好地消除误差、提高定位精度，基于 GPS 定位的原理，结合差分定位技术，测绘领域的专家提出了一个可将 GPS 米级定位误差提升到厘米级定位精度的方法，这就是实时动态定位系统（Real Time Kinematic，RTK）。

RTK 是一种以载波相位测量为根据的实时差分 GPS 测量方法，它能够实时提供测站点在指定坐标系中的厘米级精度的三维定位结果。RTK 测量系统通常由三部分组成，即 GPS 信号接收部分（GPS 接收机及天线）、实时数据传输部分（数据链，俗称电台） 和实时数据处理部分（GPS 控制器及其随机实时数据处理软件）。

根据 GPS 的相对定位理论，将一台接收机放置在已知点上（基准站），另一台或几台接收机放在待测点上（移动站），同步采集相同卫星的信号，基准站在接收 GPS 信号并进行载波相位测量的同时，通过数据链将其观测值、卫星跟踪状态和测站坐标信息一起传送给移动站。移动站通过数据链接收来自基准站的数据，然后利用 GPS 控制器内置的随机实时数据处理软件与本机采集的 GPS 观测数据组成差分观测值进行实时处理，实时给出待测点的坐标、高程及实测精度，并将实测精度与预设精度指标进行比较，一旦实测精度符合要求，手簿将提示测量人员记录该点的三维坐标及其精度。作业时，移动站可处于静止状态，也可处于运动状态；可在已知点上先进行初始化后再进入动态作业，也可在动态条件下直接开机，并在动态环境下完成整周模糊值的搜索求解。在整周模糊值固定后，即可进行每个历元（epoch）的实时处理，只要能保持对 4 颗以上卫星相位观测值的跟踪和必要的几何图形，移动站就可随时给出待测点的厘米级的三维坐标。

（二）缺点

RTK 技术以 GPS 技术为基础，因此 RTK 受到的限制条件也和 GPS 类似。

首先，RTK 要求基准站和移动站能同时接收至少 5 颗相同的卫星信号，卫星数量越多、分布情况越好，RTK 的信号越好，反之定位精度会很差，甚至不能解算。

其次，信号传输受对空通视环境影响。无线电的数据链信号在传输过程中容易被高山、密林阻挡，也有可能会受到其他电磁波的干扰产生异常，所以移动站的电台接收与 RTK 测量信号的稳定有很大关系。

六、基站定位及其他定位技术

（一）基站定位

基站定位也是很常见的定位方法，它是根据三大通信运营商建立的基站来定位的。那么它的优缺点就很明显了，邻近的基站点多，定位就准，基站站点少甚至没有，定位误差就大，甚至无法定位。一般来说，不论基站点多少，基站的定位误差通常在几十米左右，误差大的有几百米。

其定位原理在于，当手机或其他设备在定位时发现一个基站的信号，那么我们的位置一定在这个基站的信号覆盖范围内，进一步可以根据信号的强度估算离基站的距离，由此得到一个以基站为中心的环带，但我们并不知道自己在基站的哪个方向。然而，由于信号强弱不仅仅受到距离基站远近的影响，所以这种方法只能保证位置是在基站覆盖的范围之内，通过估算可以缩小这个范围，但有一定的错误概率。

如果设备在定位时发现多个基站的信号，那它的位置一定是在多个基站的信号覆盖范围之内，根据信号的强弱，可以估算离各个基站的距离，多个环带相交得到一个相对准确的距离。不过由于基站的信号强度受到多种因素的影响，可信度仍然不高。

（二）其他定位技术

城市里应用十分广泛的无线电定位技术有 Wi-Fi 定位技术、蓝牙定位技术等，它们在定位方面的基本原理同 GPS 定位与基站定位类似，都是根据终端设备接收到的信号强弱来计算终端设备与信号发射设备之间的距离，收到多个信号源时就可以根据三圆交汇的方法来推算距离和方位。

相较于拥有完善的基础设施和广泛信号源的城市而言，乡村和荒野往往不具备利用这些技术进行定位的条件，这里就不深入阐述了。

以上的定位技术，单独拿出来看都有各种各样的局限，会产生或大或小的误差，但是好在我们所使用的智能定位设备对各种技术都进行了集成，最后反馈给我们的数据都是综合了各种技术手段进行修正后的结果。即使真遇上信号稀少甚至没有的情况，设备内部的内置传感器，例如陀螺仪、重力感应器、指南针等，也会给我们带来较大的帮助。比如我们在爬山时，内置的陀螺仪能识别我们上坡的状态，在定位上呈现的就是海拔上升。

七、智能定位设备使用技巧

（一）预装专用软件

智能手机、智能手表等电子设备中往往会预装可以实现定位的软件，如谷歌地图、高德地图、百度地图等。智能手表还可能内置专门针对户外活动的越野模式等功能。

（二）下载离线地图

不管使用哪种应用软件，在出发前或者有信号的地方，务必记得先将野外活动目标区域的离线地图下载预存好。否则在野外环境中如果没有信号，开启软件中的地图，屏幕显示的只能是一片空白，甚至根本无法显示。

（三）上传规划路径

如果条件允许，可将规划好的路径上传到应用软件中，比如谷歌地图的 KML 格式文件、佳明手表的 GPX 文件等。专业软件开启越野模式后，就可以从地图上看到预设好要走的路线，并且在活动过程中也可以随时查看当下位置是否保持在正确路线上，在偏离路线时，软件还会及时通知和提醒用户。

（四）打开 GPS 功能

不同品牌的智能设备打开定位功能的方法都差不多，在设置里就可以找到，直接勾选相应开关就可以。

（五）开启流量辅助

如果身处室内或是比较偏远的地方，GPS 定位是很缓慢的，需要耗费很长时间。如果想要很快实现定位，那么就要打开流量，等到 GPS 定位后再关闭流量即可。

八、常用野外定位软件介绍

（一）两步路户外助手软件

两步路户外助手软件（以下简称“两步路”）可以为使用者提供运动记录、轨迹记录、户外路线推荐、地图查询、活动召集、商城购物、内容分享、活动直播以及户外社区等服务。

如果需要实时定位和导航，可以在地图界面点击“导航”按钮，然后根据自身情况在“地图选点”或者“指定轨迹”两个功能中选择一个合适自己需要的导航路线（图 2-3a）。

为了提高定位效率，我们可以导入在其他软件中规划好的路线，进行路线查看和实时控制（图 2-3b）。

（a）　　　　（b）

图 2-3　“两步路”的基本操作界面

“两步路”能让用户更加直观地了解线路的具体信息，为徒步、自驾、登山、溯溪等户外活动进行实时定位，对线路本身的难易程度和最佳出行月份也有更加具体的介绍。

此外，“两步路”软件还提供一些相对成熟的户外活动区域和其他用户已经完成并上传的线路。例如，要穿越郴州的八面山，就在“两步路”上搜“八面山”，会显示其他用户上传的轨迹，我们可以选择一条合适的轨迹，点击它，然后点“下载”（图 2-4）。

图 2-4 “两步路”采用他人路线的操作

（二）奥维互动地图

确定具体行动路线之后，我们可以提前在奥维实景地图上复核路线、分享位置轨迹、观看卫星地图。

奥维互动地图在定位方面主要有以下功能：

1．在线地图

可添加自定义地图，支持 SRTM3、ASTER-GDEM2 全球高程数据，结合卫星影像与高程数据，自动进行 3D 呈现，直接浏览地图，获取高程数据。可在地图上显示等高线，让我们在看卫星影像时直观了解海拔信息。

2．外业调查与图上规划

外业调查与图上规划功能可以为我们提供规划、设计的常用工具。我们可以在地图上直接编辑点、线、图形，可额外添加图表、照片、视频等信息，方便外业调查与数据采集。

3. 位置与轨迹分享

可以将位置和轨迹同好友分享，内置即时通信功能，且支持文本、语音、文件等消息类型。

（三）莉景天气和“晴天钟”

不同于传统的天气预报软件，莉景天气和“晴天钟”提供了更多的户外信息。如日出/日落时间、云海、朝霞/晚霞概率、彩虹、月出/月落时间等。这些信息可以为我们的野外活动和定位提供辅助（图 2-5）。

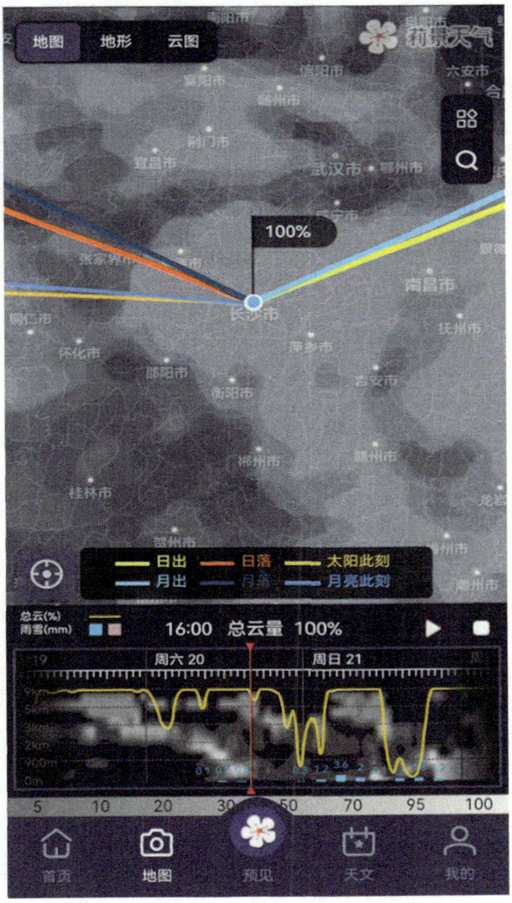

图 2-5 “晴天钟”使用界面

需要特别注意的是，在智能导航设备、手机导航软件流行的当下，我们获取地图和线路变得更加容易，但也让我们更容易忽略传统的地图和导航技能的准备。在很多人类活动罕至的地区，手机通信信号的覆盖率不如城市，而且野外活动过久会面临手机电量不足的情况，这会造成定位困难，存在无法查看手机 GPS 的风险，所以，我们在野外活动时不可将手机 GPS 作为唯一的定位手段。

（四）GPS 工具箱

GPS 工具箱是一款以手机 GPS 为基础的多功能位置服务软件集，包含“指南针”“GPS 测速”“标记位置”“线路追踪”“面积测量”“位置地图”“离线地图”“线路测量”“电磁探测”“云协作”等实用工具，可充分发挥手机的 GPS 模块功能，且支持离线地图的使用和 KML 文件的导入/导出、GPX 文件的导出（图 2-6）。

图 2-6 “GPS 工具箱”使用界面

工具箱功能如下：

1）指南针。利用磁阻传感器进行方向识别。

2）GPS 测速。包含速度表、里程表、经纬度、海拔、超速告警。

3）标记位置。记录当前 GPS 坐标位置。

4）位置搜索。根据记录的坐标进行位置搜索，雷达扫描视图。

5）线路追踪。实时追踪线路，计算路线长度。

6）经纬度位置查询、地图任意位置标注及拖动修改。

7）支持 2D 平面地图和卫星地图。

8）兼容 WGS84 和 BD09II 坐标系统，实现无偏移地图标记。

9）支持含地图标记的位置短串分享。

10）支持标记点开启线路导航。

11）支持 KML 文件的导入/导出、GPX 文件的导出。

12）面积测量。支持自动追踪测量和手动面积测量。

第五节　历史与经验教训

在野外，定位出现问题而导致的事故不仅会出现在普通人的日常生活中，在一些经常参加徒步、露营的爱好者，甚至野外工作者的户外活动中同样很常见。

一、深圳南澳半岛徒步旅行事故

2013 年，某俱乐部的 5 位徒步爱好者，相约前往深圳南澳半岛的海柴角马料河一带溯溪徒步。由于事先没有研究线路，仅参考他人在本地论坛发布的一篇作业帖就出发了。起初的行程还算顺利，到了下午却找不到路了，在四处乱窜中迷失了方向。

天逐渐黑了下来，5 个人没有办法，只能在溪谷中露宿一晚，当晚采摘野果充饥，第二天才获救出谷。后来当事人在回忆帖中描述，当晚他们又冷又怕，手机也没有信号，几个人只能背靠背蜷缩在一个石头窝里，担惊受怕地一夜都没有睡。第二天天亮才发现，他们避难的地方距离一处悬崖只有几米远。

此前，他们几个人也曾经多次参加过俱乐部组织的活动，该次迷路事故让他们心有余悸，再也不敢贸然出行。从他们的经历来分析，不熟悉线路，没有收集足够的路线地图信息，也没有详细研究地图和线路资料，出现迷路的险况也不足为奇。

从这次迷路事故中还可以看出，当事人对于地图的应用、指南针导航技能不熟悉，是导致走错路的关键因素。万幸的是，这次迷路事故是由学员担任领航员的一次模拟训练。

其实，迷路事故的主角也不乏户外领队或资深人士。在一次户外领队的培训中，某小组在丹霞山迷失了方向，没有进入计划中的行进线路，走错了路导致当晚没能到达计划营地。虽然他们携带了地图、指南针等导航装备，但是依然迷了路。

而在另一次户外领队培训中，4 位教练带队前往深圳红桂徒步线进行野外训练。当他们爬上第二个蜘蛛坡后，时间已经是晚上 7 点多，却还没有找到营地。很多学员情绪沮丧，走了那么长的时间，体能消耗都很大，前方丛林密布，已经看不见路径，有的学员精神濒临崩溃。

由于这条线路也是教练组第一次走，除了手上的一张地形图，没有更多的线路信息参考。教练组仔细研究了地图，结合走过的地形和线路，确认没有走错线路，也确认了团队距离营地已经不远。

基于这样的分析，教练鼓励学员们打起精神，继续行进。行进过程中，不断地进行方位角校正、站立点确定，终于顺利抵达营地。虽然这一路走得很艰难，但是团队始终行进在正确的线路上。

二、哀牢山野外考察悲剧

2021 年 11 月 13 日 9 时许，中国地质调查局昆明自然资源综合调查中心 4 名地质调查人员进入哀牢山开展野外作业，但他们没有在预定的计划时间内下山。2021 年 11 月 15 日，警方接到报警，镇沅县有关部门开始搜救。直到 2021 年 11 月 22 日早晨才找到 4 名失联人员，但均已遇难。

此次 4 名地质调查人员前往的 6134 号样地，海拔 2 691 m，属国家森林连续清查样地。10 月 23 日，他们聘请当地向导一同进行了前期路线踏勘。11 月 13 日，他们在聘请向导未参加调查的情况下，为尽快完成任务，根据作业需要，携带了 RTK、平板电脑、森林罗盘、工兵铲、砍刀、蛇药、防熊喷雾剂、皮尺、充电宝等 20 余种调查作业装备，上山开展工作。殉职时身边遗留的作业装备齐全，背包里尚有食物，配发的卫星电话遗留在车上，未随身携带。

经过几天的搜寻，搜救人员陆续发现了一些失联人员的活动迹象，初步判断造成这 4 人失联的原因如下：

（1）恶劣气候影响。2021 年 11 月 14 日到 16 日持续降雨，气温下降，且大雾弥漫，能见度非常低，可能导致失联人员出现方位判断失误。

（2）这一片区域属于哀牢山地形最为复杂的区域，山体坡度较大，多悬崖峭壁，即便是巡护人员在平时较少涉足的地方也会出现短时间的迷路现象。失联人员在迷失方向的情况下很难走出去，并且复杂的地形可能会导致失联人员有不同程度的受伤。

（3）也有专业人士推断是在下山途中经过高浓度二氧化碳沉积地段，也就是“二氧化碳湖”，意外中毒，瞬间丧失意识，导致失温身亡。也有人推测可能是遭遇森林瘴气而遇难。

三、自驾车队进罗布泊 4 人死亡事件

2023 年 7 月 28 日，新疆若羌县公安局通报：7 月 27 日 13 时许，若羌县公安局接敦煌市公安局转警，称一自驾车队于 7 月 22 日自敦煌市出发，未经批准穿越若羌境内国家

级野骆驼自然保护区，7 月 26 日 1 车 4 人失联。经搜救，7 月 27 日发现失联车辆，3 人已无生命体征，1 人失踪，后确认该失踪人员也已死亡。车队其余人员已安全返回敦煌市。

据称，此次穿越罗布泊无人区的大部分人员为四川籍，大多为“90 后”，他们并非相互熟识，而是通过网络途径私下联系，没有深入交流和充分准备就上路了。他们驾车从敦煌周边的阿克塞县进入，绕过自然保护区的卡子和敦煌雅丹景区公安检查站，偷偷进入罗布泊无人区。

在车队行驶过程中，前面的车辆拉开的距离较远，最后一辆车因抛锚困在了罗布泊无人区，前面的几辆车竟然一直未发现。前面的车辆在即将驶出无人区时，才发现后面的车辆没有跟上来，之后才找到敦煌雅丹景区公安检查站报警。

由于沙漠腹地白天地表温度超过了 70℃，天气异常炎热，他们带的饮用水可能不多，抛锚车辆中的 4 人被困，3 人死于车内，其中 1 人离开车，可能是无奈之下想徒步走出无人区，但最后消失在了茫茫沙漠之中。

网传他们带了 2 部卫星电话，实际上在遇难者身上和车上并未找到卫星电话，也就是说，在进入无人区前，他们没有做好相应的必要准备。

此次事故中，遇难者团队对穿越无人区沙漠地带没有经验和风险意识，贸然进入罗布泊无人区。在穿越过程中，团队没有保持互相之间的沟通联络，各自为营，缺乏团队精神。在遇险之后，互相之间无法定位，无法告知遇险位置，最后酿成悲剧。

如果在车辆遇险时能够及时使用卫星电话进行定位和通信，或利用支持双向北斗卫星消息的国产智能手机，在无地面网络信号时通过北斗卫星进行定位，并利用北斗短报文系统与外界取得联系，及时将求救信息传送出去，也许这次事故就不会发生了。

以上案例告诉我们，面对充满危险又富有诱惑的野外环境，我们必须以“安全第一”为准则，除准备好定位相关的工具和掌握相关知识、技能之外，还应了解自己的能力和极限，遵守各种规则和标准，准备好合适的装备并掌握正确的使用方式，做好备用方案和应急预案。这样我们才能在完成各种户外活动目标的同时，确保自身的安全。

思考题

1. 为什么要学习并且掌握多种不同的野外定位方法？

2. 从回顾的视角看，文中描述的几次事故中，哪几个步骤和什么措施，可以避免或者逆转最后的结局？

练习题

1. 用绝对位置和相对位置两种方法描述自己住宅的位置。

2. 使用文中介绍的定位 App 进行位置标记和轨迹分享。

推荐读物和视频

1. 爱德华多·班克里著（王丹译）、中国大百科全书出版社 2014 年出版的《地图与定位/野外探秘手册》。本书系统地讲述了有关地图与定位的知识，如果我们想了解如何正确快速地读取地图中的信息、使用指南针或利用周围环境中的其他标志物进行定位的方法，这本书是非常好的入门材料。

2.《荒野求生》，由贝尔·格里尔斯主持、Discovery 频道制作的一档野外求生类纪录片，在每集节目中，贝尔都置身于被困旅客的处境，利用自身的专业能力和求生技巧，介绍在各种真实的艰难环境下求生的方法。尽管节目内容都是团队拍摄，有制作的成分，但是作为了解自然、敬畏自然，提升野外活动技能的载体，该纪录片还是一档非常有趣的电视节目。

温馨提示

手机 GPS 在日常生活中非常普及且易于操作，但是在野外作业或者游玩时，千万不可对其过于依赖，要在思想上和技能上充分做好在某些情况下手机 GPS 不能发挥作用的准备，做好应急预案。

第三章　户外定向与定时

本章提要

本章主要介绍户外进行定向与定时的必要性、原理、方法、实际操作流程。通过此章，读者可以了解当今世界的时间系统及其由来，借助一些简单的工具确定具体的时间和方向（或方位），并在户外活动中得以灵活应用。

关键词

户外定向，户外定时，罗盘，陀螺仪，地图，太阳与恒星，时间系统

人类是求知欲和进取心极强的生物。自人类诞生以来，就没有停止过对周边世界的探索活动，而这种探索如阳光般向四面八方辐射，无限延伸。很早以前，人类就对茫茫天空感兴趣，如战国时期屈原就创作了《天问》，对天象提出了疑问。

人类探索的轨迹大致可分为两种方向：就空间而言，向无限大和无限小延伸；就时间而言，向起源和未来延伸。人类学家的研究表明，人类可能起源于非洲，之后探索的轨迹伸向欧洲、亚洲，继而到达美洲、大洋洲，进而遍及整个地球。然而，如果把宇宙比作一个世界，那么人类恐怕连自家的房子都没有完全探索清楚，只是把房子周边探索了一遍，把远方的地区大致看了一下而已，世界上的未知领域还有很多。人类对于世界的探索能力，很大程度上取决于我们准确确定方向和时间的能力。因此，本章主要介绍户外定向与户外定时的相关内容。

第一节　户外定向

一、定向的重要性

（一）“南辕北辙”故事的启示

大家耳熟能详的“南辕北辙”的故事，说的就是方向的重要性。“南辕北辙”的故事出自西汉刘向的《战国策·魏策四》，其中讲道：战国时期有个人要去楚国，他驾着马车

在大路上疾驰。在路上，他遇到一个同路人，当同路人得知他要去楚国时大吃一惊，问道："楚国在南方，你怎么朝北走啊？"这人回答说："没关系，我的马跑得快，不愁到不了楚国。"同路人提醒他："这样走会离楚国越来越远的。"这人指指自己的行李说："我带的路费、干粮很多，能用好多天，路远不要紧。"同路人着急地提醒他："你走错了，这样走你是到不了楚国的。"那人很自信地说："我的车夫驾车技术非常好，不用担心。"同路人见这人如此固执且糊涂，无可奈何地摇摇头不再言语了（图 3-1）。

图 3-1 "南辕北辙"的故事（来自百度图片库）

这个故事是魏国大臣季梁讲给魏安厘王听的。当时魏安厘王正准备攻打赵国，季梁用这个故事劝谏魏安厘王放弃这个打算。季梁认为，要成就霸业，应当通过诚信树立威望，取得天下人的拥护。如果试图用武力成就霸业，恰恰就像去楚国向北走的人一样，尽管条件非常优越，但只会离目标越来越远。

因此，我们做人和做事，首先要确定方向，如果方向错了，条件越好，花费的力气越大，离自己所要达到的目标就越远。所以，确定方向是非常重要的。

（二）确定方向的重要性

在野外迷失方向是非常危险的，如在森林、草原、沙漠中，不辨方向的话，在 1 天时间里可能向东走了 5 km，又向西走了 5 km，然后又向北走了 5 km。1 天走下来筋疲力尽，却很可能还在原地打转，没有走出去的希望。如果一个人进山后迷路了，那么只要他能够想办法爬到附近的山顶，就可以大致搞清楚来时的方向和路径，然后根据东西南北设定一个目标方向，就可以明确自己的位置和目的地了。林子里走起来是没有直线的，如果没有方向感，可能会一直围着某个地方转圈，白费力气，甚至可能危及生命。

二、定向的必要性

试想一下，通常在城市、乡村或有人生活的地区，人们要从A地去往B地是很容易的事情，更早的时候可以借助地图，现在可以使用手机定位导航，非常简单和方便。在地图还没有出现时，百姓出门往往是凭经验，即凭借已有的建筑、聚落、道路、河流、山峰等明显地物进行简单的定向，这些事物都有确定的位置和相对固定的方位或方向。无论是利用地图还是手机定向，或是根据简单地物定向，其实我们只需要搞明白两个问题：相对于目的地而言，我们应该朝哪个方向走？在此方向上，脚下有怎样的道路允许我们行进？

（一）地球表面的定向

在传统的纸质地图时代及其之前的时期，搞清楚这些问题还需要花一些时间和精力，而现在的电子定位和导航，借助更精确的数字地图和全球导航定位系统（GNSS），就变得非常简单，一目了然。

凭借地图，要去往某处就是要设法获取两个已知条件：自己所处的位置及目的地所在的位置，然后通过路径规划将两者联系起来。一般人是通过看地图、地标建筑、太阳等方式来确定当前方向或方位，或以目的地作参考来定向。但如果到了沙漠、海洋，或者无人区，人们要从A点到B点就变得很困难，且在非电子定位时代，要将自己此刻所处的地理位置与手里的地图正确对应，是非常困难的，而且容易出错。在有人生活的地区，会有许多的建筑、景物或其他可辨识地物作为参考，让我们可以轻易地在地图上找到自己所处的位置，而在交通闭塞的无人区，这些作为参考的地上景物或建筑就都没有了，因此会使定位和定向变得非常困难，有时几乎是不可能的。有过野外探险经历或相关知识的人很清楚这一点。

（二）宇宙太空中的定向

在地球上尚且如此，若是到了宇宙太空中又会如何呢？在地球上，即便没有导航，但只要我们的方向感好，又勤于询问打听，终归还是能够找到正确的道路，毕竟地球上的大多数道路都有着明显的特征，更何况还有路牌的指引。可太空之中却是太空旷了，令人恐惧。所以对于一个航行在宇宙中的航天器而言，周围是漆黑的，环境近乎不变，只有远处依稀可见的点点星光。在这样的环境下，如果没有导航，谁也无法准确找到自己的出发地和目的地，更不用说设法返回或到达了。

那么在宇宙中，航天器是依靠什么来进行定向和导航的呢？与在陆地上辨别方向一样，航天器飞行在宇宙中，需要随时知道自己的位置、航向、姿势和速度，如果不能准确地确定方向，那么航天器可能永远无法抵达设定的目的地。

1. 宇宙中的位置

在地球上，人类绘制了非常详细的地图，这些地图可以帮助人类到达任何想去的地方，但是宇宙中可没有地图这回事，想要绘制时刻变化的宇宙地图几乎不可能完成。地月之间隔了 38 万 km，那么人类是如何做到精确地将探测器送向月球的呢？如果向宇宙发射的探测器驶向了更远的宇宙深处，它们是如何辨别方向的？这是需要我们深入思考的问题。

迄今为止，人类制造的天体，距离人类最远的应该就是“旅行者一号”了（图 3-2），这是由美国宇航局于 1977 年 9 月 5 日发射的探测器，它的任务是探测太阳系各个行星，之后探测太阳系以外各种天体的信息。“旅行者一号”到达木星之后，开展了一系列的探测活动，之后又向土星进发，最关键的是，它非常精确地到达了土星，并且将土星的相关信息传回地球，在它完成土星的探测任务之后，又开始探测整个太阳系的环境。目前它的位置距离人类最远，也不断刷新着人类探索距离的极限。

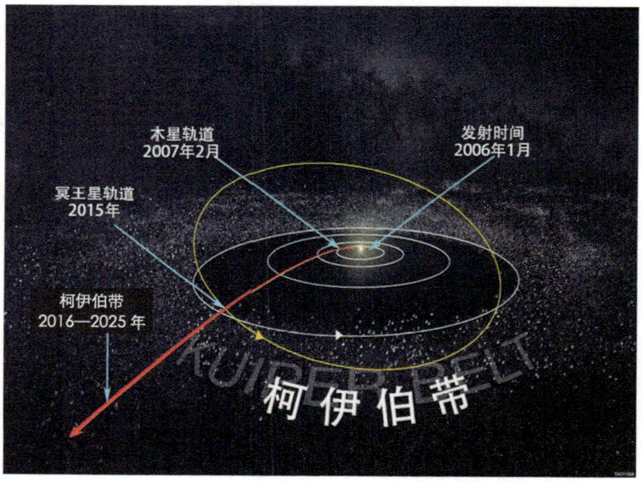

图 3-2 “旅行者一号”的轨迹与位置

2. 航天器在宇宙中确定方向的方法

航天器在前进过程中需要避开陨石，为自己找到一条安全和正确的路径。虽然我们没有太空地图，但是却拥有星图系统，类似地图的作用，因此航天器通过现有的天球坐标系统，具备了辨别方向的能力。

地球上的人类是如何辨别方向的？方法有很多种，但经常用到的是找参照物，特别是两个人约定在一个地点相见时，总是会找一个相互熟悉的参照物。其实这种办法在太空中同样适用。

太阳系中，找什么参照物最合适呢？那肯定是太阳了，只需知道太阳的位置，我们就可以推测出航天器所处的位置。我国发射的“天问一号”飞行器中有一项随时可以定位的技术，这就是我国自主研发的光学敏感器。简单来说，它可以通过光学和红外线两种方式探测某一颗恒星距离自己的距离和方位，在太阳系中一般选择的对象是太阳，那么就可以根据太阳和自身的位置，建立一个三维图像，从图像中判断自身的位置。其实在宇宙这一片浩瀚“海洋”中，也有类似于海洋上灯塔的天体，它们就是脉冲星。脉冲星也可以充当某一颗确定位置的恒星，进而探测器可以根据脉冲星来判断方向和位置，并且找到相应的途径。

三、传统定向方法

（一）根据太阳确定方向

太阳是天空中最显著的天体，太阳每天从东方升起，西方落下，这是最基本的辨识方向的方法。以太阳为观察对象，假如是朝阳，那么太阳所在的方向是东方；假如是夕阳，那么太阳所在的方向是西方。根据上北下南、左西右东的基本知识，我们就可以根据太阳的位置，用自己身体来判断方向了。假如太阳是朝阳，我们可以确定东方，接下来让我们身体右侧对着东方，我们的正前方即为北方，背后为南方，左侧为西方。反之亦然。

正常情况下，人们是利用正午的太阳来确定方向的，北半球的太阳正午在天顶偏南位置，南半球则在天顶靠北位置。

1. 借助太阳的两种测定方向的方法

自古以来人们用得最多的方法是日影定向。在晴朗的白天，我们用一根直杆，使其与地面垂直，插在地上，在太阳的照射下会形成一条影子，直杆的影子随太阳位置的变化而移动。以北半球为例，日出之后，将一枚钉子钉在影子的顶点处，之后每隔一段时间再插一枚钉子，直到日落西山。然后我们回头观察钉子距木杆的线段长度，其中最短的线段指的是南方，相反的方向是北方。直杆越高、越垂直于地面，测出的方向就越准。为了准确测定当地的正南方向，接近正午时，插钉子的时间间隔要尽可能短，如以 5 分钟为间隔，那么这样得到的正南方向会很精确。如此一来，其他方位也就好确定了。

利用太阳与机械手表定向。上午 9 时至下午 4 时之间按下面的方法去做，就能较快地辨别出较明确的正南方向：“时数折半对太阳，‘12’指的是正北方。”如在上午 9 时，应以 4 时 30 分的分针位置对向太阳；如在下午 2 时 40 分（14 时 40 分），则应以 7 时 20 分的位置对向太阳，此时“12”字的方向即为北方。为提高判定的准确性，可在“时数折半”的位置上竖一根细针，并使其阴影通过表盘中心。实际上，也可以用手表上时点同 12 时刻度线的夹角平分线，来确定正南方向。

2. 借助太阳的两种测量方向需要注意的事项

第一，“时数”是按一日 24 小时而言的，如下午 1时，就是 13 时。

第二，在判定方向时，表盘应平置（表面向上）。

第三，此方法在南纬、北纬 20°～30°地区的正午前后不宜使用。

第四，要注意时差的问题。即要以标准时的经线为准，采用每向东 15°加 1 小时、每向西 15°减 1 小时的方法，将标准时间换算为当地时间。一般对于住在北半球的人来说，可以根据当地时间和太阳的位置来灵活确定方位，日出在东方（夏季偏北，冬季偏南），中午在正南方，日落在西方（夏季偏北，冬季偏南）。

第五，季节不同，太阳的视位置略有变化。春分以后，太阳会稍向北移动；秋分以后，太阳稍向南移动。

第六，还与我们所处的地理经度有关。因为北京时间并不是北京（东经 116.4°）的地方时，而是东经 120°处的地方时，而东经 120°正好穿过杭州。因此，如果你的地理位置在杭州以西，在北京时间中午 12 点时，则太阳是在南偏东一点，反之是南偏西一点。

3．借助其他有升有落的恒星指示方向

在北半球的地面上竖直立起两根相互平行的木棍，并且把它们固定住，其中的一根木棍要短一些，这样，沿着两根木棍顶点的连线，你就可以观察到星星。沿着这两点间的连线，把你的视野向前延伸，观察任何一颗恒星（北极星除外），你都会看到它的移动。从恒星明显的运动轨迹，你可以推断出你面对的方向。当恒星明显上升，则你面对着东方；当恒星明显下降，则你面对着西方；当恒星沿着圆弧滑向右边，则你面对南方；当恒星沿着圆弧滑向左边，则你面对着北方，而在南半球，你面对的方向正好相反。不过，这些信息只是提供了大致的方向。

（二）根据月亮确定方向

夜间人们还可以根据月亮确定方向。相较于利用星星确定方向而言，寻找月亮比识别星星容易得多。对于地球而言，月亮是唯一的，它比星星更容易识别。利用月亮定向其实并不困难，你只要了解月相变化、出现时间、出现位置，就可以推算出正确的方向。像利用太阳定向一样，对月亮也可以用立杆成影法来确定方向：在农历每月十五、十六满月的时候，如果你不知道方向，可以利用木棍标记影子的位置，因为月亮也是由东向西移动的，其移动的方向就是西方。

1．月亮运行的规律

北回归线以北，太阳和月亮通常是东升西落。和太阳一样，月亮平均每小时向西移动约 15°，因此月相变化、农历日期、观月时间和月亮方位之间有相对确定的关系。

月亮“圆缺”的月相变化，也是有规律的。农历每月十五之前，月亮的亮部在西边，称为“上弦月”；农历十五以后，月亮的亮部在东边，称为“下弦月”。

月亮的起落是有规律的。月亮升起的时间，每天都比前一天晚 48～50 分钟。例如，农历每月十五的 18 时，月亮从东方升起。到农历的每月二十，相距 5 天，就迟升 4 小时左右，约 22 时于东方天空出现。

认识了上述事实，我们就可以根据月亮的月相、出现的时间来确定方向了，反之也是一样，根据月亮的月相，出现的方位，也可以推断出时间。如果你需要随时随地知道月亮与方位的关系，那就需要了解月相的变化周期。有一个简易的根据月相辨别方向的口诀：上上上西西，下下下东东，即上弦月出现在农历月的上半月的上半夜，月面朝西，位于西半天空；下弦月出现在农历月的下半月的下半夜，月面朝东，位于东半天空。

2．月相变化、农历日期与出现方位的关系

蛾眉月在农历初四左右出现，月出时间为黄昏；上弦月在农历初七或初八出现，月出时间为正午；满月在农历十五或十六出现，日落时从东方升起；下弦月在农历二十二或二十三出现，月出时间为午夜。

黄昏出现在西天的一定是新月，在南天的是上弦月，在东天升起的是满月，凌晨出现在东天的是下弦月，到达南天的是上弦月。

在北半球，弯月呈“C”字的必是残月，反“C”必是新月（图 3-3）。

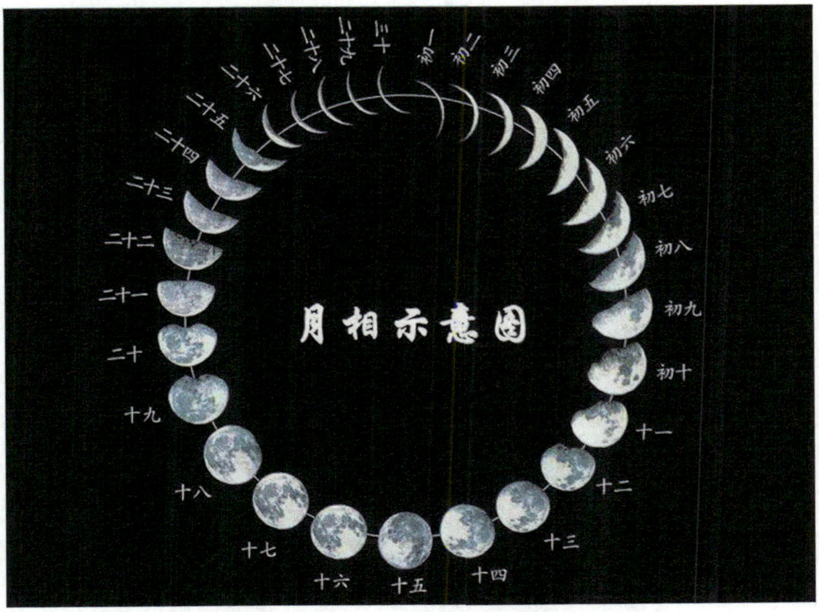

图 3-3　月相变化、农历日期与出现方位的关系

（三）根据北斗七星和北极星确定方向

1．北斗七星

北斗七星属大熊座的一部分，位于大熊座的尾巴，这 7 颗星中有 6 颗是 2 等星，1 颗是 3 等星。因为这 7 颗星的亮度较高，组成的勺子形状显眼，所以比较容易辨认。受地球自转影响，从地球上看去，所有的星星都近似于绕着北极星旋转，北斗七星也不例外。通过观测我们会发现，整夜中北斗七星都在旋转，但无论如何转动，北斗七星与北极星都保持着相同的相对位置，北斗七星斗口最外边的两颗星叫作天枢、天璇，被称为指极星，连接它们，并向北斗斗口方向延长约 5 倍距离，遇到的那颗不太亮的星，就是北极星（图 3-4），而北极星所在的位置就是正北方向，找到了北极星，我们就找到了北方。

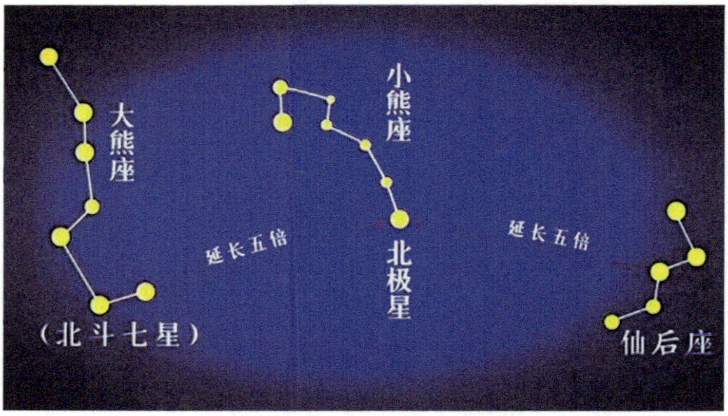

图 3-4 北极星定北的方法

北斗七星的斗柄在春夏秋冬四个季节里分别指向了东南西北，这意味着北斗七星的斗柄一年在天上转了一圈。然而无论北斗七星的斗柄指向哪里，斗口最末端的天璇和天枢连线的延长线 5 倍距离的地方都是北极星，这是不变的。不然我们也就无法准确地找到北极星了。这又意味着什么呢？这意味着北斗七星在“围绕”着北极星转动。如果我们整晚都在观察北斗七星的话，就会发现北斗七星总是在“围绕”着北极星转动。

2. 北极星

我们可以依靠夜空中的北极星来辨认方向，因为它始终出现在正北方。其实，不仅北斗七星“围绕”北极星在转动，所有北半球天空的星星都“围绕”北极星转动。北斗七星“围绕”北极星转动和地球围绕太阳转动是有本质区别的。地球是因为受到太阳引力的影响而围绕太阳转动，但北斗七星围绕北极星转动却是因为地球的自转引起的视运动。

北极星为什么会位于天空的正北方不动呢？这是由地球地轴的指向引起的。北极星正好位于地轴的延长线上。地球是围绕地轴转动的，所以北极星相对于其他恒星是静止不动的。而北斗七星的位置是偏离地球地轴的，所以它们在天空中的相对位置也会随着地球一起绕地轴转动。这样我们就会觉得它们在绕着北极星转动，但实际上它们在宇宙中却是毫无关联的恒星。

3. 北极星的性质和特点

北极星是一颗怎样的恒星呢？现在处于北极上空的北极星名叫勾陈一，它是一颗黄色超巨星，距离地球大约 433 光年（依巴谷卫星结果）或 448 光年（盖亚卫星结果），它的质量是太阳的 4 倍，直径约是太阳直径的 37 倍，体积是太阳的 5 万多倍。虽然从地球上看，北斗七星组成了一个勺子的形状，但是北斗七星也是由 7 颗毫无关联的恒星组成，它们到地球的距离远近和自身的大小都各不相同。

我们在介绍北极星勾陈一时，用到了“现在”一词，这是因为北极星并不是一颗固定的恒星。天上的恒星谁能成为北极星，由地球的地轴说了算，地轴指向谁，谁就是北极星。由于地球的地轴存在周期性的缓慢摆动，因此在不同的历史时期，北极星的位置分别由不同的恒星占据（图 3-5）。而现在的勾陈一也是在明清时期才成为北极星的。

科学家推算，到公元 14 000 年后织女星将会成为北极星。组成北斗星的 7 颗恒星都在以不同的速度朝着不同的方向运动，因此北斗七星在天空中的位置也是会发生变化的。图 3-5 描述了不同时期北斗七星的形态。10 万年前的原始人和 10 万年后的未来人看到的不是一个勺子形状的北斗七星，所以我们在地球上看北斗七星好像是在围绕着北极星转动，那是地球自转轴的指向造成的，其实宇宙中的它们是毫无关联的。

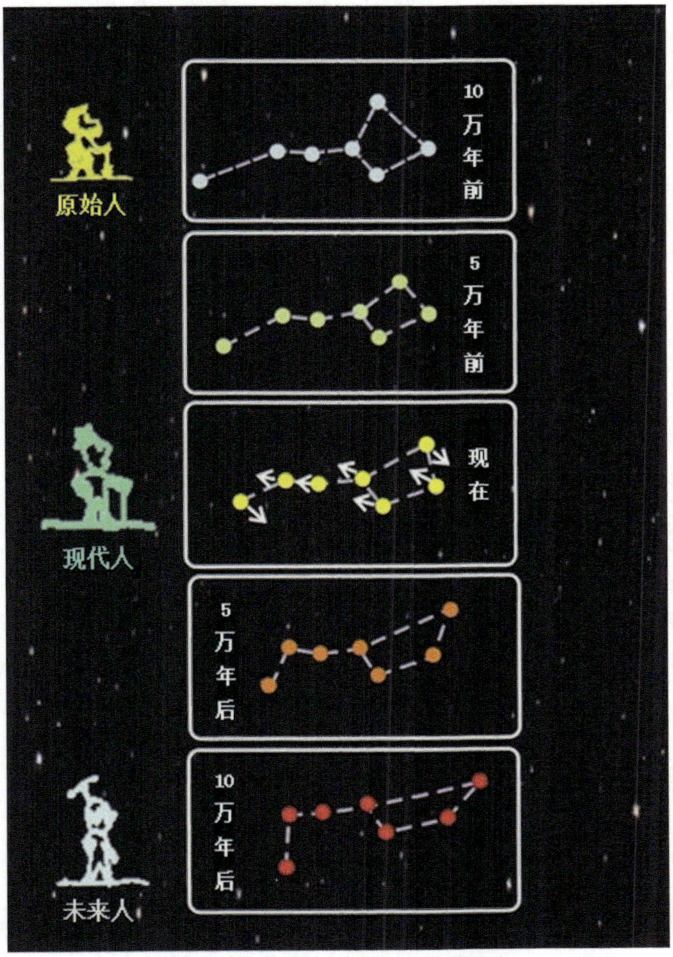

图 3-5　不同时期北斗七星的形态

第二节　户外定时

一、必要性和重要性

（一）时间的认识

时间和空间都是物质存在的形式，物质的运动和变化都是在时间和空间中进行的。要想计量时间，就必须观测物质的运动。

在生产生活中，时间的流逝和不可逆性是古往今来的共同话题，如“光阴似箭，日月如梭”。仰望天空，人们会发现最早的时间观念来自距离，时间就是光走过的距离。低头看地，最早的时间观念也来自流水。

对时间的价值判断在农业时代的时间观中是淡薄的，人们每天只需日出而作，日落而息，在一年中同样只需要适应春生夏长秋收冬藏的节律，其生产与生活都是舒缓的。

（二）古代对时间的感知

过去人们对时间的感知，主要是以日月星辰等天体的运动、植物的枯荣与动物的迁徙等大自然周期性的变化作为参照系。日晷、沙漏、香线等均是古人想方设法要捕捉住时间身影的智慧结晶，从而使时间成为人们可以度量的单位。

近代机械钟表的出现，使时间开始走进日常生活的每个角落，从年、月、日，再到时、分、秒。在基本的时间观念中，对小于日的时间单位进行划分是不可能完全以大自然的节律变化来确定的，一般是人为划分的结果。即使像时辰这样的时间单位，在民间运用过程中因为依靠太阳的位置、鸡鸣等进行判断，只能说是一个大致的时间。人类经过漫长的时间，选择地球作为人类的时钟，太阳作为时钟的指针，其最明显的特征是每天正午太阳在天空中达到最高点。

（三）近现代对于时间的感知

对于大多数人来说，“准确的时间”依然是当地的“太阳时间”。近代开埠，机械时钟随之输入。约在 1884 年，上海外滩建造了木结构的气象信号台，它通过悬挂不同的旗帜，公布每天最新的气象预报和核对时钟，这是江南地区最早的气象预报台及标准时间授时机构。

交通运输是最需要时间约束以维持工作效率的现代经济部门。1927 年 9 月，中国第一家官办广播电台——交通运输部北平广播电台成立，排定每天 20:14—20:16 为“时刻象象”节目时间，规定以北平市政府标准时刻为准，每天 20:15 为校对时刻时间。近代以钟表表示的时间制度，其最大特征就是标准化，它意味着人们能够用一致的单位来调整社会的作息步调。

二、时间系统

（一）时间的定义和单位

1. 时间与空间

时间（time）是物质的永恒运动、变化的持续性、顺序性的表现，是人类用以描述物质运动、变化过程或事件发生过程的一个参数。确定时间，需要靠不受外界影响的物质的周期性变化规律。要想计量时间，人们就必须观测物质的运动和变化，而这两者都是在时间和空间中进行的。

天文观测的时间主要是依据地球的运动，即按自转和绕太阳公转的运动规律来计量的，例如，月球绕地球的周期、地球绕太阳的周期、地球自转周期、原子振荡周期等。我们把地球绕太阳一周的运动过程确定为一年，地球自转一圈的运动过程确定为一日，这样的划分便于人们使用数字符号来计算。

爱因斯坦在其相对论中认为不能把时间、空间、物质三者分开解释。时间与空间一起组成四维时空，构成宇宙的基本结构。时间与空间在测量上都不是绝对的，观察者在不同相对速度或不同时空结构的测量点所测量到的时间的流逝是不同的。如果你不是生活在地球上，绝对不会以地球的运动过程来分割时间。所以，时间不过是人类为了便于思考、认识这个宇宙而对物质运动进行的一种划分，是人定的规则，而并非什么自然规则。时间是人为的划分，怎么分都可以，只要有利于人类的生产和生活，有利于人类的发展即可。

2. 世界时系统

以地球自转为基础的时间计量系统称为世界时系统，包括秒、分、时、日、月、年、世纪等。时间是物理学中的 7 个基本物理量之一，符号为 t。在国际单位制（SI）中，时间的基本单位是秒，符号为 s。时、分、秒是时间的计量单位，其中，秒是时间的国际单位制基本单位；分（minute），原意是“微小”的意思，单位符号为 min（多见于数学用语），换算方法为 1 日等于 1 440 min，1 小时等于 60 min，1 min 等于 60 s。小时（hour）是与国际单位制基本单位相协调的辅助性时间单位，单位符号为 h，1 h 等于 3 600 s，或者 60 min，或者 1/24 天（d）。人类日常生活中的时间度量一般是以小时为单位进行的，例如一天中的时刻，如早晨 8 点就是一天中的第 8 个小时。

其实还有小于秒的时间单位，例如，国际单位制词头经常与秒结合以做更细微的划分，如 ms（毫秒，千分之一秒）、μs（微秒，百万分之一秒）和 ns（纳秒，十亿分之一秒）。2018 年 11 月 16 日召开的第 26 届国际度量衡大会将秒定义为未受干扰的铯-133 的原子基态的两个超精细能阶间跃迁所对应辐射的 9 192 631 771 个周期的持续时间。这个定义提到的铯原子必须在绝对零度（0 K）时是静止的，而且在地面上的环境是零磁场。在这样的情况下被定义的秒，与天文学上历书时所定义的秒是等效的。

3．时间的概念

时间是一个较为抽象的概念，是物质的运动、变化的持续性、顺序性和周期性。爱因斯坦说时间和空间是人们认知的一种错觉。就像一个物体，如石头、石块、石头分子、原子、质子、量子等，时间正同于此，不同的是，石头是可以看得见、摸得着的，而时间则是无色、无味、无形的，但却存在于我们身边每一处、每一个角落。

时间体系是随事件和物质的发展来发展的，事件和物质也是由时间体系来限定的，没有什么事件和物质能离开时间体系。在无形的时间体系中，任何物质、事件都是无条件、自动遵循时间规律的。如果说时间是一个系统，那么它便是一个最完美的系统，不存在所谓的漏洞、升级。这个时间体系没有头、没有尾，即使人类全都灭亡了，所有生物都消失了，时间依然存在于每个角落。

4．古代定义时间的方法和十二时辰计时

大约西周之前，古人就把一昼夜均分为 100 刻，在漏壶的箭杆上刻 100 格。折合成现代计时单位，则 1 刻等于 14 分 24 秒。“百刻制”是中国最古老、使用时间最长的计时制。到了汉代，在使用“百刻制”的同时，又采用以圭表测量太阳阴影长短来判断时间的“太阳方位计时”法。圭表由两部分组成：一是直立于平地上的测日影的标杆或石柱，叫作表，二是正南正北方向平放的测定表影长度的刻板，叫作圭。日影可以用长度单位计量，所以才有“一寸光阴一寸金”的俗语。圭表所测得的每一太阳方位，渐渐有了一个固定的名称，这就是时辰的来历。到了隋唐，“太阳方位计时”正式演变为“十二时辰计时”。“百刻制”与“十二时辰计时”并用，使得中国古代的计时制趋于完善。

“十二时辰计时”是我们最为熟悉的计时制度，即将一天分为 12 个时辰，采用地支作为时辰名称，并有古代的习惯称法。时辰的起点是午夜。顾炎武在《日知录》中讲：“自汉以下，历法渐密，于是以一日分为十二时，盖不知始于何人，而至今遵而不废……然其（指杜元凯注）曰夜半者即今之所谓子时也，鸡鸣者丑也，平旦者寅也，日出者卯也，食时者辰也，隅中者巳也，日中者午也，日昳者未也，哺时者申也，日入者酉也，黄昏者戌也，人定者亥也。一日分为十二，始见于此。”

北宋时开始将每个时辰分为“初”“正”两个部分，分十二时辰为二十四份，称“小时”。汉代皇宫中值班人员分五个班次，按时更换，叫“五更”，由此便把一夜分为五更，每更为一个时辰。戌时（19—21 点）为一更，亥时（21—23 点）为二更，子时（23—1 点）为三更，丑时（1—3 点）为四更，寅时（3—5 点）为五更。

（二）太阳时和恒星时

1．太阳时

我们现在使用的时间系统是太阳时，也就是一天 24 个小时，即太阳在天空环绕完整

一圈并回到起点所需要的时间。太阳时又分真太阳时和平太阳时。

以真正的太阳为参考点，以真太阳的视运动来计量地球自转一周的时间，即太阳视圆面中心连续两次上中天的时间间隔叫作一个真太阳日。真太阳时在日常生活中的应用很不方便，因为地球自转的同时还在绕太阳公转，而公转的速度是不均匀的，在近日点附近运动较快，在远日点附近运动较慢。因此，天文学家引入一个天球上的假想点——平太阳，它在天球上的视运动（周日视运动和周年视运动的统称）是均匀的。以假想平太阳为参考点，来计量地球自转一周的时间，相应的时间叫作一个平太阳日，相应地，一个平太阳日的时、分、秒就是平太阳时的时、分、秒，平太阳时也可简称为平时。

严格来说，我们所用的民用时间和时区的划分都是基于平太阳时的，日常生活中使用的时钟和手表都是用的平太阳时。一个平太阳日分为 24 小时，一个平太阳小时分为 60 分，一个平太阳分分为 60 秒，也就是我们日常中所感知的天、小时、分和秒的概念。平太阳时与真太阳时通过时差来联系，真太阳时和平太阳时之差，叫作时差。由于真太阳的周年视运动是不均匀的，而平太阳时的周年视运动是均匀的，所以时差不是一个固定值，时差随时间的变化曲线叫作时差曲线，在中国天文历的太阳表中载有每天的时差数值。

2. 恒星时

恒星时是根据天空中恒星的位置来测量的。一个恒星日是指一颗特定的恒星在天空中环绕完整一圈并回到起点所需要的时间，一个恒星日要比我们日常用的平太阳日稍短一些，为 23 小时 56 分钟 4.1 秒。一个恒星日同样被划分为 24 个恒星时，每个恒星时又被划分为 60 个恒星分钟，以此类推。

恒星日之所以比民间使用的太阳日更短，是因为地球在自转的同时绕着太阳公转，使得太阳日在自转一周的基础上还要多转约 1°。有一个更容易理解的办法是如图 3-6 所示，我们假设在地球上的观察者处于中午时间，那么就画一个火柴棍小人站在地球上并且头顶朝向太阳（A 点），因为在中午的时候太阳处于我们的正上空。

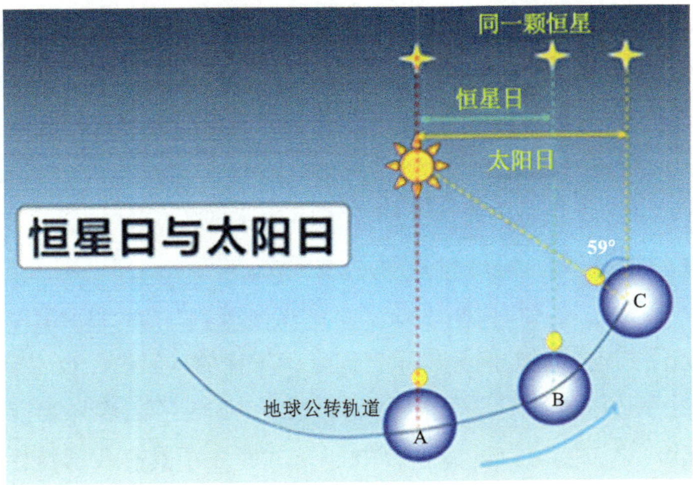

图 3-6 恒星日和太阳日的关系

从地球画一条线指向太阳，并且穿过太阳一直延伸向远方，然后在这条延伸线上画一颗星星。那么从地球上观察者的角度来说，这颗星星（恒星）也在他的正上方，只不过藏在太阳的后面罢了。

那么，现在我们来想象这样一种情况，当地球上的观察者经历了一个平太阳日，也就是地球在自转的同时还在宇宙里移动了一点（公转）。在图 3-6 上标出地球在公转轨道上的新位置（C 点），可以注意到当我们把地球上指向太阳的小人再画上去的时候，他并没有继续指向那颗恒星了，也就是说已经过去了不止一个太阳日了。你可能会问，恒星的距离是否会影响一个恒星日的长短呢？我们试着把那颗恒星移得远一点，当恒星的距离很远的时候，距离所带来的影响就很小了。而现实情况是离我们最近的恒星也远到足够让恒星日的长短不受影响，所以使用不同的恒星作为参照可能会有极其微小的影响，但在实际应用中可忽略不计。

（三）时间基准和授时系统

1. 授时系统的重要性

每当整点钟时，收音机或电视机里便会出现“嘟、嘟……刚才最后一响是×××点”的播报声，人们便以此校对自己钟表的快慢。广播电台或电视里的正确时间是哪里来的呢？它是由天文台精密的时钟去测定的。那么天文台又是怎样知道这些精确的时间呢？

我们知道，地球每天均匀转动一周，因此天上的星星每天东升西落一次。如果把地球当作一个大钟，天空的星星就好比钟面上表示钟点的数字。天文学家已经精确地测定过某颗星星的位置，也就是说这只天然钟面上的钟点数已经精确知道了。天文学家的望远镜就好比钟面上的指针，当星星对准望远镜时，天文学家就知道正确的时间，并用这个时间去校正天文台的时钟。这样天文学家就可随时从天文台的钟面知道正确的时间。然后在每天一定时间，如整点时或晚间 7 点，通过电台和电视台播发出去，由此我们就可以去校对自己的钟表，或供其他工作的需要。

2. 我国授时系统的发展

中国的现代授时工作始于 1902 年，中国海关曾制定海岸时，以东经 120°之时刻为标准。位于北京的中央观象台将全国分为 5 个时区，1939 年 3 月 9 日中华民国内政部召集标准时间会议，确认 1912 年划分的时区为中华民国标准时区。

20 世纪 50 年代，美国、苏联、日本等发达国家都陆续建立了本国的标准时间和频率授时系统。那时，中华人民共和国刚刚成立，百业待兴。当时，我国的时间发播（授时）是由上海天文台租用邮电部真如国际电讯台向全国发播的，但由于技术设备以及上海在全国的地理位置不是很适中等原因，发播效果欠佳。1966 年经国家科委批准筹建，1970 年经周恩来总理批准，短波授时台试播，1970 年正式建立了具有我国特色的时间授时服务系统，在选址上遵循了一定要尽量靠近中国大地原点、地势必须开阔、必须有利于备战的三大原则。1981 年经国务院批准正式发布标准时间和频率信号。

20 世纪 70 年代初，我国开始建立长波授时系统，1979 年试运营呼号为长波授时系统（BPL）的长波授时台，1983 年正式运营。2008 年完成现代化改造，新的长波授时系统将为用户提供全天 24 小时连续服务。按照国际惯例，各国的标准时间一般都以本国首都所处的时区来确定。我国首都北京处于国际时区划分中的东八区，同格林尼治时间整整相差 8 小时，而我国本身又地域辽阔，东西相跨 5 个时区，授时台又必须建在我国中心地带，从而也就产生了长短波授“北京时间”的发播不在北京而在陕西的状况。也就是说，中央人民广播电台发出的标准时间是由位于陕西的中国科学院国家授时中心发播的。

3．授时系统在各个领域中的应用

精确的时间同步对于涉及国家经济社会安全的诸多关键基础设施至关重要，通信领域、机场系统、高铁调度系统、工业系统、金融系统、教学和科研机构的有效运行都依赖于高精度的时间同步。

在移动通信中需要精密授时以确保基站的同步运行，电网系统为有效传输和分配电力，对时间和频率提出了严格的要求。

在机场系统，时钟系统可以为进/出港旅客及机场工作人员提供准确的时间服务，同时为计算机系统及其他弱电子系统提供统一、准确的时间源，确保整个机场系统运行的准时、安全。

在广电领域，时钟系统主要是为全台提供统一的时钟信号源，保证播控室机房、演播室机房以及各子系统保持统一时间，同时也为现场工作人员提供准确的时间信息，亦可远程为转播车系统提供校准时间。

在生产领域，时钟系统主要功能是向工作人员提供准确、统一的时间信息，同时也为自动化设备、智能化网络与办公系统提供安全、标准、统一的时间源，以使各部门、各车间的工作井然有序、协调一致，各生产环节密切配合，确保各项业务高速、有序、精确运行。时钟系统的安全性与准确性，为各事件的发生提供了时间追溯依据，是安全生产、质量管控的基础。

在金融领域，通过授时系统实现金融计算网络时间基准统一，保障金融系统安全稳定。

在医疗和楼宇领域，时钟系统主要功能是为医院各类工作人员提供准确、统一的时间信息，同时也为自动化设备、智能化网络与办公系统提供安全、标准、统一的时间源，从而使各部门、各车间的工作井然有序、协调一致，各生产环节密切配合，各项业务高速、有序、精确地运行。

在学校和教学领域，时钟系统主要功能是为教学活动的安排、考试时间的准确把控及校园内各类活动的有序开展提供准确的时间信息，同时也为自动化设备、智能化网络与办公系统提供安全、标准、统一的时间源。

三、经典的定时方法

（一）日晷定时

利用日晷定时与计时是人类在天文计时领域的重大发明，这项发明被人类沿用达数千年之久。

日晷，本义是指太阳的影子，现一般指人类古代利用日影测定时刻的一种计时仪器，又称“日规”。其原理就是利用太阳的投影方向来测定并划分时刻，通常由晷针（表）和晷面（带刻度的表座）组成（图 3-7）。晷针垂直穿过圆盘中心，起着圭表中立竿的作用，因此，晷针又叫“表”；石制的晷面安放在石台上，呈南高北低，使晷面平行于天球赤道面，这样，晷针的上端正好指向北天极，下端正好指向南天极。晷面上有刻度，分子、丑、寅、卯、辰、巳、午、未、申、酉、戌、亥十二时辰，每个时辰又等分为“时初”“时正”两个部分，这构成了 1 日 24 小时的体制。绝大部分的日晷显示的是真太阳时。当然，它的缺点也是显而易见的——笨重而且看不到阳光的时候不能用，如阴天和晚上。

图 3-7　日晷的形态和构成

古人没有钟表，白天可以利用“日晷”，那么到了晚上，没有了太阳，人们如何来确定时间呢？如前所述，人们只能根据月相、金星和木星、北斗星的位置变化来确定夜晚的大致时刻。当然，雄鸡报晓也不失为一种实用的定时方法。

此外，在非洲有一种专门的报时虫，每 4 个小时它就会变一次体色，可通过颜色来推算出时间。而南美洲有一种报时鸟，每隔半个小时叫一次，由此用来报时。

（二）漏刻定时

漏刻是古代的一种计时工具，漏刻最早的记载于《周礼》。不仅古代中国使用，古埃及、古巴比伦等也都使用过。漏刻的发明年代已无可考证。

刻是指划分一天的时间单位，它通过漏壶的浮箭来计量一昼夜的时刻。漏刻的计时方法可分为两类：泄水型和受水型。漏刻是一种独立的计时系统，它借助水的运动来计时。后来古人发现漏壶内的水多时，流水较快，水少时流水就慢，这样显然会影响计量时间的精度。古人对此进行了改进，制成了多级漏刻，也称为复式漏刻。多级漏刻是将漏壶增加到 4 个，从上到下依次阶梯式摆放，最上面的两个壶是补偿壶，其实就是为了保持第 3 个壶的液面恒定。此外，第三个壶还在固定液面之上再增加一个分水壶，当上面两个壶流速快于第三壶时，分水壶可以进行分流，使液面保持恒定，这样计时的精度就得到了很大的提升（图 3-8）。

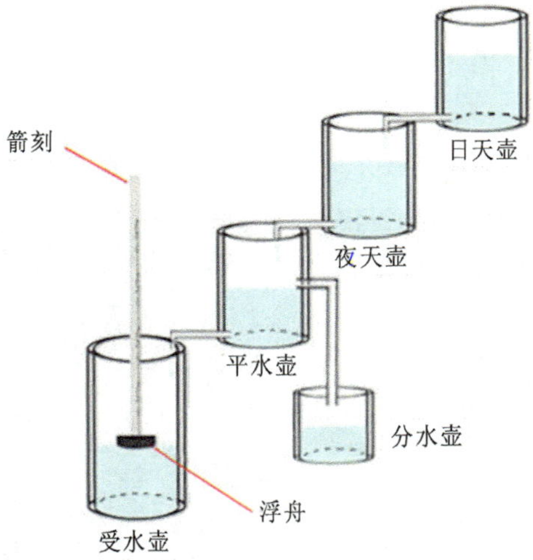

图 3-8　多级漏刻计时方法

只要确定好起始时间，漏刻就能以正常的速度计时。在我国，漏刻一直使用到清朝，直到钟表引入才逐渐被弃用。虽然与现在各类钟表在使用方便性上相去甚远，精准度也没那么高，但是，漏刻的发明和设计充分体现出了古代中国人掌握并利用自然规律的高超智慧。已出土的最古老的漏刻为西汉遗物，共 3 件，分别出土于河北满城、内蒙古伊克昭盟（今日的鄂尔多斯市）和陕西兴平。比较完整的传世漏刻有两件，均为受水型，藏于北京中国历史博物馆的漏刻是元代延祐三年（1316 年）制造的，藏于北京故宫博物院的铜壶漏刻是公元 1745 年制造的，最上面漏壶的水从雕刻精致的龙口流出，依次流向下壶，箭壶盖上有个铜人仿佛抱着箭刻，箭刻上刻有 96 格，每格为 15 分钟，人们根据铜人手握箭杆处的标志来报告时间。

（三）根据北斗七星辨别季节

北斗七星之间并没有直接的关系，它们分别属于不同的恒星系统。虽然北斗七星距离地球非常遥远，但它们对人类的生活起着非常重要的作用。在“时间”概念未曾全面普及的古代，人们常用北斗七星来预测各种季节的来临。随着地球的自转和公转，北斗七星在北极星周围转动，斗柄的指向可以指示季节，如古书《鹖冠子》上所说的，“斗柄东指，天下皆春；斗柄南指，天下皆夏；斗柄西指，天下皆秋；斗柄北指，天下皆冬”。

为什么北斗七星能指示季节呢？这就要从恒星公转与自转的原理来解释了。我们知道，宇宙星辰并非静止不动，它们无时无刻不在做着旋转运动。恒星围绕银河系旋转，行星围绕恒星系统转动，而行星本身除了公转外还会自转。就拿地球来说，潮起潮落、昼夜更替都和地球自转密切相关，但我们会发现，小到卫星、行星，大到恒星、星团乃至星系，它们在运动时都遵循一定的规律。对于地球来说，它在围绕太阳公转时就遵循着固定的规律，它一定会在每年 1 月 3 日左右到达近日点，在 7 月 4 日左右到达远日点。各大星系之间的相对位置会因这种规律而固定，北斗七星也是如此，它们会在不同季节、不同时间出现在天空的不同位置。日复一日，年复一年，聪明的古人发现了这一规律，所以，每当北斗七星的斗柄位置发生改变时，就意味着地球上相对应的季节发生了变化（图 3-9）。

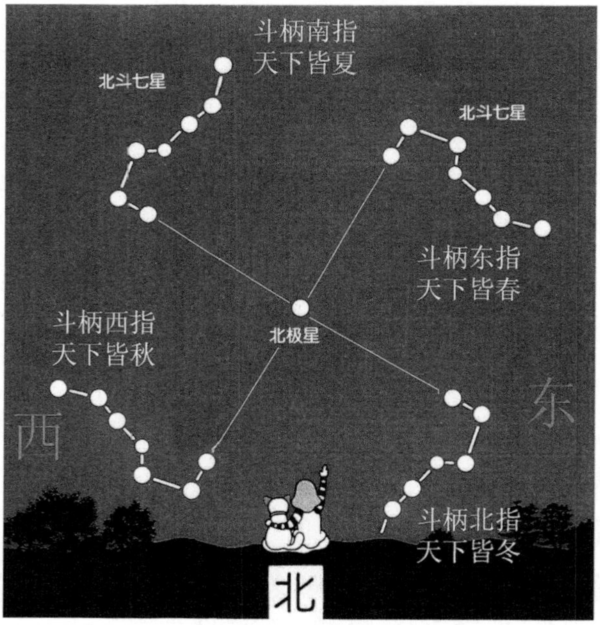

图 3-9　北斗七星随季节的变化

（四）根据金星确定时间

金星是地球的近邻，因为它的大气层浓密，光线反照率很高，金星浓厚的云层把大部分阳光都反射回太空，所以金星表面接收到的太阳光比较少，大部分阳光不能直接到达金星表面。在太阳系八大行星中，金星与地球相距最近，其视亮度是除日月外最明亮的天体，甚至在白天也可目睹到金星与日争辉，只要它出现在夜空中，便堪称“夜空中最亮的星”。

关注夜空的人可能会注意到，每天日落后，西方都会出现一颗非常明亮的星星，它正是金星。因此，金星自古就有“太白金星”、“长庚”（日落时所见）与“启明”（日出前所见）等称呼。具体而言，当金星运行到太阳的西侧时，它会在日出前升起，这时我们称之为“启明星”。所以，我们在地球上可以根据金星出现的位置来确定大致的时间（图 3-10）。

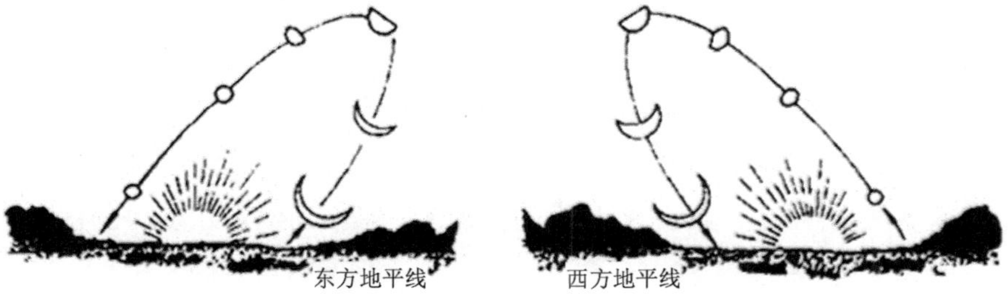

启明星（左）和长庚星（右）

图 3-10 金星的出没规律

四、根据石英钟和原子钟精确定时

在 20 世纪 30 年代之前，世界各天文台主要用精密的天文摆钟来进行时间的计量（称为守时），从而连续地发布时间标准。但是，天文摆钟受气温、湿度、气压等条件变化的影响，每天的误差约为千分之一秒，经常需要用光学望远镜观测恒星的方法来校正这种误差。之后，人们发明了石英钟和原子钟，这使得时间的测定与授时变得更为精密、可靠。

（一）石英钟

1929 年，霍顿和玛利森在美国贝尔实验室发明了晶体石英钟，20 世纪三四十年代开始普及。石英钟使用的石英晶体具有一种非常特殊的性质：在它的两侧交替导入正负电流，就会产生 32 768 次/s 的振荡，然后通过除频装置与动力装置的配合，使得连接石英晶体的指针每秒钟移动一次，这样就可以得到一个石英钟表。

石英振荡器的振荡频率比摆钟稳定，它的发明使计时精度提高了一个量级，但石英钟仍然受气温变化的影响，以及石英振荡器存在老化和长期变化的问题。此外，由于石英晶体本身的性质不稳定，在计时上容易出现误差。以英国格林尼治天文台使用的石英钟为例，每天会有千分之一秒的误差。这样的误差看似不起眼，对于普通人而言可能无关紧要，但是对于科学研究而言，毫秒之差可能产生重大影响。

（二）原子钟

20世纪50年代出现了原子钟。原子钟的基本原理是原子具有一系列确定的能级，其中最低的能级称为基态，其他能级称为激发态。当原子从一个能级跃迁到另一个能级时，会以电磁波形式向外辐射或吸收电磁能量。原子在具有相应频率的外界磁场作用下，会从高能级跃迁到低能级，并向外辐射能量，使外界入射的电磁能量得以放大，产生感应辐射。原子跃迁的频率非常稳定，目前人们把铯原子的跃迁频率作为标准。原子钟的起始时刻被定位在1958年1月1日世界时零点，这时原子时秒长等于世界时（平太阳时）秒长。

铯原子钟的准确度能达到 10^{-12} 量级，也就是说，铯原子钟每天误差只有一亿分之一秒，或者说，铯原子钟大约需要30万年才会出现1 s的误差。放眼元素周期表上100多种元素，适合研制原子钟的元素只有10余种，而这些原子又有着不同的“脾气”与“秉性”，需要小心翼翼地区别对待。因此，找到适合的原子之后，科学家还要保证它们不被外界磁场、电场、温度变化等因素干扰。一台原子钟的复杂程度超出人们的想象，可能会用到数十颗螺丝钉，数百个电子元器件，并经过上千次测试验证，凝结着无数科研工作者的心血。

目前除铯原子钟之外，还有铷原子钟，它的体积较小，但精确度稍差。氢原子钟的准确度最高，达到 10^{-15} 量级，也就是说比铯原子钟还精确1 000倍，但它的体积很庞大。

第三节 历史教训和轶事

一、时区和国际日期变更线

（一）时区

地球是个球体，每时每刻都在不停地自西向东旋转，东边比西边先看到太阳，东边的时间也比西边的早。由于不同地区见到太阳的时刻不同，所以每个地方都有着自己的黎明、正午、黄昏和午夜。在人类经济活动还不发达的时候，这种时间差异并没有带来太多不便。不同国家的日出和日落时间一定是不同的，这些偏差称为时差。东边和西边的时间差不仅要以小时计，有时还需要精确到分钟和秒，这给人们带来不便。为解决这个问题，人们划分了时区，为每个地区设置了一个标准时间。

1. 时区的由来

总的来说，在时区概念产生之前，人们是根据各地不同的日出日落时间来确定自己的时间表，因为这样更适合安排农业生产和日常活动。一个有趣的问题是，在我国古代是否存在时区概念呢？答案是不存在。原因在于，当时的交通工具主要是马，即使是跑得最快的千里马，一天也只能跑过4个经度，也就是400 km左右。而一个时区通常涵盖15个经度，时差为 1 h。所以，一匹千里马没日没夜地跑一天，时差也就只有 16 min 左右，相信古人在当时还感觉不到这样的差异。

古代之所以不需要时区的概念，是因为当时的交通工具的速度，或者说信息交换速度都太慢，还不足以感受到时区的变化。真正带来时区概念的，是 1850 年左右的火车。随着名为“克莱姆普顿火车头”（clampton locomotive）的发明，火车的时速达到了 110 km/h，这意味着一列火车全速跑一整天已经能够产生 1.5 h 的时差。为了更准确地制定火车时间表，1847 年，英国的铁路公司首先提出了时区的概念，当时时区也被称为“铁路时间”。

2. 时区的划分

1884 年在华盛顿召开了国际子午线会议，规定全球划分为 24 个时区，英国（格林尼治天文台）为中时区，也就是零时区，往东划分东 1～12 区，往西划分西 1～12 区，每一时区各有经度 15°，时间正好是 1 h，以东/西经 180°为界，每个时区的中央经线上的时间就是这个时区内采用的统一时间，称为区时，相邻两个时区的时间相差 1 h。

凡向东走，每过一个时区就加 1 h，凡向西走，每过一个时区就减 1 h。例如，中国虽然跨 5 个时区，但是为了使用方便，实际上只用东八区的标准时，即以北京时间为准。中国东八区的时间总比泰国东七区的时间早 1 h，比日本东九区的时间晚 1 h。

英国、法国、荷兰和比利时位于中时区，但为了与欧洲大多数国家的时间保持一致，他们使用东一区的时间。美国时间一般被认为是美国本土的时间，美国本土横跨西五区至西八区，共 4 个时区，每个时区对应一个标准时间（图 3-11），从东向西分别为东部时间（EST，西五区时间）、中部时间（CST，西六区时间）、山地时间（MST，西七区时间）、太平洋时间（PST，西八区时间）。另外，还包括阿拉斯加时间（AKST，西九区时间）和夏威夷时间（HST，西十区时间）。这些时区按照“东早西晚”的规律，从东到西依次递减 1 h。美国西部与中部相比慢 2 h，与东部相比慢 3 h，而美国西部时间与北京时间相比，夏季慢 15 h，冬季慢 16 h，因为美国从每年 3 月的第二个星期日至 11 月的第一个星期日采用夏令时，夏令时比正常时间快 1 h。

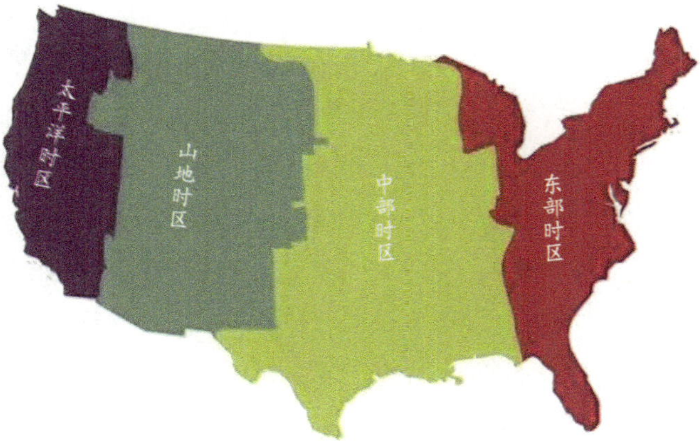

图 3-11 美国本土时区的划分

（二）夏令时

夏令时（Daylight Saving Time，DST），也叫夏时制，又称“日光节约时制”和“夏令时间”，是一种为节约能源而人为规定地方时间的制度，在这一制度实行期间所采用的统一时间称为“夏令时间”。一般在天亮早的夏季，人为将时间拨快 1 h，可以使人早睡早起，减少照明量，以充分利用光照资源，从而节约照明用电。各个采纳夏时制的国家具体规定不同。全世界有近 110 个国家每年要实行夏令时。

1．我国夏令时的沿革

1986 年 4 月，国务院有关部门发出《在全国范围内实行夏时制的通知》，具体做法：每年从 4 月中旬第 1 个星期日的凌晨 2 时整（北京时间）开始，将时钟拨快 1 h，即将表针从 2 时拨至 3 时，进入夏令时；到 9 月中旬第 1 个星期日的凌晨 2 时整（北京夏令时），再将时钟拨回 1 h，即将表针从 2 时拨至 1 时，夏令时结束。从 1986 年到 1991 年的 6 个年度，除 1986 年因是实行夏时制的第 1 年，从 5 月 4 日开始到 9 月 14 日结束外，其他年份均按规定的时段施行。在夏令时开始和结束前几天，新闻媒体均刊登有关部门的通告。

2．夏令时的优点

推行夏令时的目的是节约资源，当时实行的夏令时开始于 4 月中旬，其目的就是要把人们的休息时间向前调整，这样就可以实现早睡早起，不仅有利于人们身体健康，同时也会减少一些资源的浪费，如果早睡的话，就能够减少用水和用电。

不少西方国家因为这一制度得到了实实在在的益处，比如说德国，在“二战”之后，国家的经济本来一片低迷，但是在实施了夏令时之后，节省了不少资源，这些资源被迅速地投入国家的工业发展当中，使得德国的工业水平快速提升。由此，很多国家也纷纷开始效仿。对于一些欧洲国家来说，仅凭这项政策，可以节约出 15%的资源，这个数字还是非常了不起的，毕竟当时的开采技术也不是特别先进，节省资源就相当于增加了资源的生产。

我国也看到了夏时制有这么多的好处，决定尝试实施这一制度。有人算了一笔账，我国如果每人每天因实施夏时制而节约 1 kW·h 电，那么夏时制 153 天每人每年因此可节约 153 kW·h 电，全国 14 亿人口中如果有 10 亿人能够因实际参与实施夏时制而做出贡献，那么每天全国可节约 10 亿 kW·h 电，每年全国可节约 1 530 亿 kW·h 电。如果每人每天能节约 2 kW·h 电，那么全国每天可节约 20 亿 kW·h 电，每年全国可节约 3 060 亿 kW·h 电，相当于三峡大坝年发电量（846.8 亿 kW·h 电）的 3.61 倍。

最开始执行的时候，国家还专门做了一个调查，最后得出了一个结论：在实施夏时制之后，我们一年所消耗的资源和之前相比，节约下了 3 个三峡大坝提供的电能，也就是说，仅仅在 1986 年一年，通过这个政策就节约了 6 亿多 kW·h 的电量。虽然和最开始预计的数据存在一定差距，但毕竟还是得到了好处，这一点让人很满意。

3．夏令时的弊端

夏令时的弊端也逐渐表现出来。

首先，夏令时是在夏天的时候使用的，而这个时候正是一年中最炎热的时候，在如此燥热的天气下，人们夜晚往往难以入睡。在过去，人们通常会等到凌晨，温度慢慢下降之后，觉得不那么热了再去休息。如果强行把时间调早，人们的休息状态反而会变得非常差。这一政策的推行，使得人们在晚上睡不好觉，早上又得早起工作，很多人很难将自己的生活习惯调整过来，因此这一政策也引发了众多不满。

其次，夏令时开始之后，人们都必须将时间人为地调快或者调慢，操作起来非常麻烦，每到夏天，都要这样做。而到了9月夏令时结束，人们又得再把时间调整回去，同样是一件特别麻烦的事情。

最后，夏令时的推行还引发了日期的混乱。本来在每年年初，一整年的日历就会制定出来，但是到了夏令时突然调节，把人们的生活直接打乱了，尤其是在夏令时刚刚开始施行的那一天，如果有出生的孩子，他们还得调整自己的生日时间，非常不方便。

其实对于时间的调整，首先需要考虑的是季节的问题，以及人们的生活习惯是否能够适应。夏令时的实施，正好让人休息的时间对应到了非常炎热的时段，人们根本无法适应这种生活习惯。本意是为了节约资源，或者是希望人们早睡早起，结果反而影响到了很多人的正常生活，所以民众对这一政策越来越不满。实施了6年之后，政府不得不废除这一政策，夏令时停止实行。

（三）国际日期变更线

1．国际日期变更线的逸闻

随着人类活动范围的扩大，一系列难以解决的问题出现了。在这里我们先讲个小故事。

1519年9月，一支船队在麦哲伦的率领下从西班牙出发了。他们向西跨过大西洋，横渡太平洋，穿越印度洋，历尽千辛万苦，用了近3年时间，围绕地球航行一周，回到了西班牙。水手们在回到祖国这一天，发现了一件怪事：他们的航行日记上记载着这一天是1522年9月6日，而西班牙的日历上这一天却写着“9月7日”。水手们怎么也不明白，他们为什么会丢了一天。这一天去哪儿了呢？原来，他们的的确确在船上度过了1 023天，迎来了1 023个日出，而不是1 024个。

道理很简单，由于他们每天都在追着太阳向西航行，所以，他们每天的黄昏总要来得晚些，也就是他们度过一天所用的时间比别人要长些，大约1天平均要长1分钟多。这1分钟多的时间对船上的人几乎没有什么影响，他们也根本感觉不出来，但是，3年积累起来，船上的人就比别人少过了1昼夜。如果船是自西向东航行，在绕行地球1周以后，他们还要比别人多过1昼夜呢。现代人懂得地球自转的道理，对这个现象不会感到太惊奇，但对于500多年前的人来说，怎么也弄不明白这到底是怎么回事。

2. 国际日期变更线的规定

从以上事例可以看出来，地球上的人有必要规定一个新的一天开始的地方。新的一天从哪儿开始呢？天文学家在 1884 年的国际会议上规定了一个界线，作为地球上新一天的起点，并且命名这个界线叫“国际日期变更线”（也叫日界线）。“国际日期变更线”大体与东西经 180°经线一致。为了不使一个国家出现两个日期，这条线在穿过俄罗斯和美国阿拉斯加之间的地区以及穿过太平洋上一些岛屿时，有些曲折。当国际日期变更线上到零点时，就宣告地球上新的一天开始了。

国际日期变更线，还必须遵守一个规定，才能使地球上各地的日期不致出现混乱，即轮船或飞机从东向西越过国际日期变更线时，日期要增加 1 天，也就是要多撕一页日历，从西向东越过国际日期变更线时，日期要减 1 天。我们来举一个例子，当英国伦敦（0°经线）是 1 月 1 日中午 12 点的时候，国际日期变更线（东、西经 180°）上正是午夜。但是，国际日期变更线两侧的日期是不同的。国际日期变更线以西，由于它在 0°经线的东面，时间与 0°经线处相比差 12 h，这时已经度过了 1 月 1 日，正是 1 月 2 日零点；而国际日期变更线以东，由于它在 0°经线西面，时间与 0°经线处相比也是差 12 h，这时刚刚是 1 月 1 日零点。因此，国际日期变更线上这时虽然都是午夜 12 点，但它正好是 1 月 1 日零点和 1 月 2 日零点的分界线，线以西是 1 月 2 日，线以东是 1 月 1 日。这样，当你旅行经过这条界线时，必然是自西向东减 1 天，自东向西加 1 天。如果麦哲伦航海时已经有了国际日期变更线，那他们在太平洋上跨过 180°经线时，就会在航海日历上增加 1 天，这样当他们回到西班牙时，日期就是 9 月 7 日而不是 9 月 6 日了。

二、准确定时/定向的历史教训和轶事

（一）时间观念在社交活动中的地位

1. 守时在日常生活中的重要性

守时在日常生活中非常重要。时间是不可逆的，每个人的一天都是 24 小时。时间就是金钱，时间也可以跟礼仪挂钩，即时间礼仪。如果你和朋友有约会，请准时赴约，这是对他人和自己的尊重。如果双方约定了某个时间碰头，无论男女，请准时赴约，以便给对方留下好印象。

在生活中，人们往往会因时间上的失礼而错过机会或受到教训。在很多情况下，我们要提前行动。与人会面时，提倡早到几分钟。提前几分钟到，表明你非常重视对方。准时到场，虽不算失礼，但如果行动不及时，可能会导致迟到。参加会议或正式场合则更要提前到场。如果你的领导都坐好了，此时你却冒冒失失地进来，显然有些不妥。乘坐公共交通工具时，更要提前到达。如果很晚才出发，要么是急急忙忙地赶车显得不雅，要么就是错过了时间，从而造成时间和金钱上的浪费。

2. 守时在工作中的重要性

有时候短短的时间差距就会产生较大的影响。有的人早上爱赖床，迟了 10 分钟起，一出门发现公交车刚好走了；路上塞了好一会儿车，终于到公司楼下，却发现早餐店排起了长长的队伍；买完早餐，踩着点回到办公室，才发现前面还有好多同事在等着打卡。赖床的时候我们无法预想到，那短短的 10 分钟竟会给工作造成如此大的影响。这并不是个例，人们经常会因为错过了重要的几分钟而懊悔不已。不要小看这几分钟，如果不管做什么事情都能够提前 10 分钟，去应对可能出现的小意外，那我们的工作便会应付裕如、得心应手。

或许你觉得早几分钟、晚几分钟无所谓，但别人却十分看重这几分钟，这几分钟足以让对方看清你，迟到给别人的感觉，就是你不重视他/她。迟到了几分钟，损失时间和金钱是小事，重要的是你可能失去一个本来属于你的机会。人们看事情时，许多时候只能看到结果。凡事提前 10 分钟，给自己一个缓冲的时间，哪怕突发意外，也有时间从容处理，不会耽误正事。

有些工作，只需要再细心一点就可以完成；有些过错，只需要再守时一点就可以避免。不管是做人还是做事，不管是对待自己还是对待他人，不管是处理时间还是处理约定，有时候只需要多想几步，提前做好准备，工作便可以从容不迫开展了。

3. 养成守时的好习惯

其实不管是在生活中，还是在职场中，时间观念都非常重要，没有时间观念或时间观念特别差的人，会给别人留下很不好的印象，并且这样的人比较耽误事情，会让人不愿意与这样的人相处，毕竟没有人喜欢和不守时的人打交道。一个人的能力不仅体现在他的工作成绩上，还体现在他的工作效率和日常工作表现上。作为下属，守时能给领导留下好印象，并可以展现出你的行动能力，而作为一名上司，守时显示了你的品质和对下属的尊重，也是你树立良好形象的一个条件。

守时应该是任何时候都要保持的好习惯，有些人在与地位比自己高的人相处时能保持良好的时间观念，然而，在遇到了一个职位较低的人时，就保持不了较好的时间观念，这样无疑会给人奸猾的感觉。如果你仔细观察身边的人就会发现，经常迟到的同事，在工作上往往也更容易出错；经常迟到的伴侣，相处过程中也更容易引发争吵。不懂得给时间留余地的人，往往也不懂得给生活留余地。

（二）准时在交通运输中的作用

交通运输，从最早的徒步行走到现在的高铁和飞机，速度越来越快。现在，环绕地球是轻而易举的事情，现代交通将整个地球变成了地球村。交通工具的速度不断提高，极大改变了人们对时间的要求和认识，也改变了时间的观念。同样，时间精度的提高也推动了交通运输的进步。

1．准确定时在出行中的意义

过去人们对时间的认识主要是以日月星辰等天体的运动、植物的枯荣与动物的迁徙等大自然周期性的变化作为参照系。日晷、沙漏、香线等均是古人想方设法捕捉住时间身影的智慧结晶，它们使时间成为人们可以度量的单位。在基本的时间观念中，划分小于日的时间单位不可能完全以大自然的变化来确定，一般是人为划分的结果。出远门的原始人要认识到太阳最高的时候需要返回，否则，他在太阳落山以前就可能回不到家，这种情况下，民间只能依靠太阳、鸡鸣等进行时间的判断，从而得到一个大致的时间。

随着社会的发展与进步，封建社会时期，马车等交通工具大量使用，加快了人们旅行的节奏和距离，一天的划分已经不能满足人们的需要，这时就出现了将一天划分为更小间隔的时辰。中国古代也出现过百刻制的划分，人们由此将会面的时间、城门开关的时间、制定宵禁的时间精确到时辰，后来每个时辰又划分为三段（头、中、末），这就是更准确的划分。但是，随着近代汽车、轮船和火车、飞机等快速交通工具的出现，人们旅行的节奏大幅度加快，这就需要将社会活动精确到小时、分钟，甚至秒。

2．交通运输中的准确定时

今天，时间在交通运输中的应用主要体现在交通管理方面，从这个角度上说，时间在控制着交通运输的秩序。时间与人们的生产生活息息相关，交通是物质生活中最重要的内容。轮船、火车等现代交通工具出现以后，出现了时刻表，准确到分的钟表也开始盛行，这对人们的时间意识、观念产生了巨大影响，也对时间的发展产生了深远的影响。例如，高铁列车的准时正点是建立在严格的时间控制上的，区间运行时分、站停时分、技术作业时分、旅客上下时分都有严格的标准，由专业人员根据实际情况编制列车运行图，提前安排好每列车在其运行区段的所有时间节点与次序，相关工作人员严格执行标准，保证列车正点。如果一趟列车延误，其他车也会跟着延误。

3．定时不准确在交通运输中的隐患

交通运输使人们的出行更加便捷，同时也为经济发展提供了强劲动力，但安全问题也是如今交通运输行业普遍存在的问题。据世界卫生组织统计，进入 21 世纪以来，全世界每年死于道路交通事故的人数高达 120 万，其中很大一部分就是不准确的定时所导致的。

英国伦敦的《标准报》曾经在 1889 年 3 月报道过一起发生在中国的重大火车交通事故：一辆客运火车与一辆货运火车在津沽铁路上迎面而撞，客运火车翻车并引发大火，车上总共载有 28 位乘客，绝大多数乘客因此丧命。据推测，该事故就是由于列车时刻表的实施出现偏差所致。

此次事故的发生地点是当时的津沽铁路，起点为天津，终点为塘沽，中间有一个军粮城站，该站是往返火车进行错车（会车）的地点。发生事故当日，按照安排好的列车时刻表，客运火车与货运列车需要在规定时间内到达军粮城站进行错车，错车后才能继续行驶。

当日早晨 5:30，客运列车按时到达军粮城站，但货运列车却未在规定时间内出现。经过调查后才得知，货运列车迟到竟是因为货运列车司机一时心血来潮，带着猎枪去打鸟，而且该玩忽职守的司机还把自己的手弄伤了，这种情况下只能把他送往医院医治。在原定司机出现意外情况时，应及时通知代班司机并按时发车，但因原定司机耽误的时间过久，尽管代班司机快速赶到并发车，货运火车仍未按时到达错车地点。货运火车迟到，车站的工作人员必须马上给军粮城站发电报，以免出现大差错。但祸不单行，由于种种原因军粮城站当日并未顺利收到电报。一直在军粮城站等待错车的客运司机等了 3 个多小时，已经焦躁不已，烦乱之下，他喝了许多酒，一时冲动便擅自载着 28 位乘客驶离了军粮城站，将火车开往塘沽。

客运列车才行驶了片刻，姗姗来迟的货运列车便出现在了同一条铁路线上，如果两列火车不及时停下，将迎面相撞，后果不堪设想。眼见着两列火车即将相撞，货运列车司机眼疾手快，及时刹住了车。但客运列车司机发车前喝过酒，整个人迷迷糊糊，并没有及时反应过来。客运列车上的锅炉工发现了意外情况，当即告知司机，让司机马上停车，但司机因酒精麻醉作用而反应迟钝，并没有成功停车。两列火车随后迎面相撞，瞬间发出巨大的声响。

火车翻车了，此时火车车门已经无法打开，车内乘客已被火车相撞发出的巨响与车厢的翻转吓得慌乱不已，一时间火车内乱作一团，哀嚎尖叫的声音此起彼伏。在两列火车相撞之时，客运火车内的锅炉已经爆炸，且火车上有煤油灯，大量木质物品发生燃烧，未过多久整列火车即被熊熊大火吞噬掉，仅有极少数人跳窗得以生还，其余的人都不幸葬身火海。

毫无疑问，这是一场人为事故，也是因为不遵守列车时刻表所导致的。先是货运列车司机玩忽职守，罔顾车站安全规定，耽误了大量时间，导致货运列车无法按时到达军粮城站与客运列车进行错车。再者，客运列车司机竟在发车前饮酒，且对整车乘客生命安全不管不顾，未经错车便擅自驶离军粮城站，不仅在火车即将相撞时未能及时制动火车使其停下，还在相撞之前独自跳车逃生。车站工作人员也未做好相应管理工作，让客运列车未错车便驶离车站。他们不负责任、不守时间的行为酿成了此次重大事故，导致许多无辜的人丧生，尸骨难寻。

（三）准时对战争的影响

1. 准确定时在古代战争中的意义

古人虽然没有精确的定时方法，但丝毫不影响他们对时间的重视。古代穰苴立表的故事，就说明了古人对时间的重视程度。

田穰苴是齐景公时的主兵大司马，也是春秋时期著名的军事家。司马迁在《史记》中为司马穰苴立传，其中就记述了他辕门立表斩庄贾的事情。春秋时期，晋国和燕国趁机入侵、扰乱齐国边境，这可吓坏了齐景公。经正卿晏婴推荐，景公请穰苴入朝，拜为大将，发给兵车五百乘，以抵抗晋燕之兵。田穰苴出身卑微，人微言轻，担心将士不肯听命，故向景公请求派一监军，这样庄贾被任命为监军。庄贾问穰苴出征之期，穰苴告之翌日日中会齐军门。

第二天上午，穰苴先到军门，让士兵立木为表，以察日影，并让人去催促庄贾。庄贾自恃景公之宠，素来骄横，全然没把军令当回事，也没把穰苴放在眼里，直到“日影移西军吏已报未牌”，庄贾才醉醺醺地来到军门。穰苴问他为什么迟到了，他说亲戚朋友设宴送行耽搁了。穰苴非常生气，就问军法官不守时应定何罪，军法官回答斩首。就这样，穰苴当众将监军庄贾斩首。齐景公遣使者希望穰苴能够放过庄贾，穰苴说：“将在外，君令有所不受。”

三日后出兵，晋、燕之师听说了穰苴斩首监军，都不战而退，齐军奋勇追击，收复了全部失地，取得了辉煌的战果。从用兵作战的角度来说，穰苴立表还有一层意思，即树立将帅和部属的时间观念，这是关系战场胜败的大事。用兵作战的时间问题，实际上是战机问题。在施计用谋的战争中，要实现出其不意攻其不备，关键在于要抓住战机。没有时间观念，也就说不上战机。很多时候，由于没有时间观念而错过战机，可能会导致整场战役满盘皆输。

2. 准时在现代战争中的重要作用

信息化战争以远程、快速和精确打击为显著特征，要求陆、海、空、天、电、磁实现多军兵种一体化，以有效达成精确指挥、精确控制、精确协同、攻防兼备的目的。信息化条件下的高技术战争，特别强调诸军兵种联合作战，而统一时间是实施联合作战的重要基础，没有统一的时间，就不可能实现真正意义上的联合作战。如今，高精度时频已成为当代世界武器装备系统中的核心技术之一，可以说，所有信息化武器装备系统都必须有高精度的频率源作支撑，而时频的准确性和稳定度将会直接影响通信、侦察、电子对抗、敌我识别及联合作战系统的有效性。

实战表明，从侦察预警到信息传输，从导航定位到精确打击，每一个环节都需要精准的时频作为强力支撑。频率是电磁信号的基本特征，几乎所有信息都是以电磁波的形式在空间传播。导航定位其实就是空间的测量，而精确的空间测量实际上也是时间测量，如 1 μs 时间误差就相当于 300 m 的距离误差。所以各国专家都强调：“高精度时间频率是信息化建设的基础，高精度的时钟和频率源对于国防具有生死攸关的意义。”无论是统一的时间还是精准的时频，都必须建立在高精度、高稳定度的时间标准基础之上。

（四）准确定向/定位在战争中的意义

1. 神话故事带来的启示

准确定位在战争中意义重大。早在硝烟弥漫的古代战场，人们就已经知道左右战争胜败的关键是天时、地利、人和。知晓天时，在很多时候起到了决定性作用。

传说中的炎黄大战，规模非常大，战斗也十分激烈。双方开战之初，蚩尤凭借良好的武器和勇猛的士兵，连连取胜。后来，黄帝请来龙和其他猛兽助战，蚩尤败逃。黄帝领兵乘胜追杀，忽然天昏地暗、狂风大作、雷电交加、暴雨如注，黄帝的兵士无法继续追赶。原来蚩尤请来了“风伯”和“雨师”助战，黄帝的兵士在恶劣天气中寸步难行。不过，“魔高一尺，道高一丈”，黄帝也不甘示弱，立即请来天上的“女魃”帮忙，制服了“风伯”和“雨师”。顷刻之间，风止雨停，晴空万里。不料，蚩尤又用法术制造了一场大雾，使黄帝的兵士再次迷失了方向，寸步难行。黄帝通过天上的北斗七星找到北极星，确定了南北方向，迅速制造了一辆“指南车”，指引兵士冲出迷雾。黄帝与蚩尤的“气象之战”虽然是个神话故事，但是从中反映出了确定方向在战争中的重要作用。

2. 准确定向/定位在军事上的意义

准确定向/定位在现代战争中更是非常重要。从第一次海湾战争开始，美军正式将全球卫星导航定位系统用于实战，并取得良好效果，以致现代军事领域似乎出现了一种“卫星综合依赖症”，好像没有卫星作技术支撑，仗就没法打了。到阿富汗战争和第二次海湾战争时，美军使用精确制导导弹和炸弹的比例比第一次海湾战争增加了近 100 倍，而它们全部或部分依靠 GPS 卫星导航定位系统进行目标引导。GPS 在步兵战术作战中也成了标准军事装备中不可或缺的组成部分，曾在多山的阿富汗执行任务的联军士兵若是没有 GPS，战损率会更高。

3. 卫星在定向/定位中的应用

卫星应用于军事上并不是什么新鲜事，因为“冷战”时期第一颗人造卫星发射升空，首先就是服务于军事用途的，其次才用于气象预报、广播通信、地球动力学研究、地震监测、环境监测、城市规划、水利建设、精细农业、林业保护等民用领域。但是卫星能够在实战中发挥如此不可替代的作用，以至于改变了现代战争的作战样式，则是在于它发展出了可靠、高效的导航定位功能。

1957 年 10 月苏联率先成功发射第一颗人造地球卫星时，美国霍普金斯大学的研究人员在监听卫星发射的无线电信号时发现，在卫星通过其视野的时间内，接收信号的多普勒频移曲线与卫星轨道有一一对应的关系。那么，根据接收站测到的多普勒频移曲线，便能确定接收站的地面位置。这便是卫星定位的原理。现代的卫星全球导航定位系统，是使用装备原子钟或具有一定精度的石英钟的多颗卫星在精确的轨道上围绕地球运行，不断发送卫星位置和时间的信息，接收端则根据时间信号的延迟和轨道数据，以此精确得出自己的当前方位。

在 20 世纪 90 年代初海湾战争中，美军对伊拉克国防部大楼进行轰炸时，其制导弹头从大楼的通风口穿入并爆炸，显示了卫星定位导航系统精确制导的威力。我国军界和科技界有识之士在惊叹之余，亦深感要建设现代化强国，必须拥有卫星定位导航系统。1993 年

7月下旬，美国无端指控中国“银河号”货轮向伊朗运输化学武器原料，关闭了“银河号”驶航地区的GPS导航信号（当时我国使用美国的GPS），出动两艘军舰和5架直升机，限制和监视“银河号”航行，并派人强行登轮检查。这让我们进一步认识到没有自己的卫星导航系统，行动就会受限，国家的安全与发展就难以保障，更加坚定了迫切立项建设卫星导航系统来进行定向和定位的决心。经过数十年的努力，我国已建成了迄今为止规模最大、覆盖范围最广、服务性能最高、与人民生活关联最紧密的巨型复杂航天导航系统，即北斗全球卫星导航系统。

第四节　实际操作练习

一、简易方法确定方向

（一）根据建筑物判断方向

在一些自然村落，房屋的门和窗子一般是向南开的，这在我国北方地区尤其明显。朝南开门窗，主要是为了冬季最大限度地采光保暖，避开寒冷北风的侵袭，而面向太阳，屋内升温也快。

黄土高原地区的窑洞洞口通常也是朝南的。庙宇通常也是向南开门，尤其庙宇群中的主体建筑。但是，也有例外情况，比如西北地区伊斯兰教清真寺的门则朝向东方，那是要求信徒们在礼拜时面向西方的缘故。

不过，我国是个多山的国家，尤其是南方地区，热量条件较好，平原范围有限，更多的是丘陵和山地。为了方便起见，房屋建筑往往依山就势，朝向很不规则，特别是在科技发达、经济繁荣的今天，照明和空调设备已非常普遍，自然采光已变得不那么重要了。这种情况下，我们就不能根据房屋的朝向来确定方向或方位了。

（二）根据自然界的风判断方向

在常年盛行单一风向的地区，高大树木（空旷地带的孤立树最明显）迎风一侧的芽体和枝条受盛行风的吹拂，往往生长较慢或容易被扼杀或折断，因此迎风侧枝条很难延展开来，而背风面的芽体因受风的影响较小而生长得较快，经过较长时间，树枝呈现出向背风一侧旺盛生长的现象，好像一面迎风飘扬的旗子，这就是旗形树冠。我们在野外看到这种树的时候，根据树冠伸长的方向就可以判断出当地盛行风的风向。当然判断方向的前提是熟悉当地的盛行风向。

例如在英国，由于盛行西风，空旷地带的树木向东侧生长较为顺利，西侧树枝生长则较慢，据此可以判断出东西方向，东西方向知道了，其他方向也就明确了。再如，在夏威夷群岛上旗形树冠伸长的方向一般是西南方向，这是因为夏威夷群岛位于北半球的东北信风带，常年受东北信风的影响。在我国宁夏贺兰山地区的山谷中，由于常年受西北风的影响，树的枝条多朝向东方或东偏南的方向。

我国广大的西北内陆地区，由于干旱缺水，风成为这些地区塑造地表形态的重要自然因素，在风力和风化作用共同影响下，较高处的大石块的迎风面一般较为光滑，而背风面相对粗糙，所以相对光滑的一侧是西北方向，相对粗糙的一侧就是东南方向，尤其在山口地带更为明显。

另外，沙漠地区的沙丘和沙垄的迎风面，坡度较缓，因此缓坡的一侧朝向西北方；而在背风面，坡度则较陡，陡坡的一侧则朝向东南方。沙漠地区的植物，如柽柳、梭梭、骆驼刺等，枝叶的方向也大多向东南方向倾斜，这也是受西北风影响的结果。

（三）根据植物生长情况判断方向

有时野外的植物生长特征是良好的方向标志，增加这方面的知识可以帮助我们快速地辨别方向。比如，对大自然里的树木而言，通常朝南的一侧枝叶接收的阳光较多，光合作用较强，生长得比较茂盛，树皮也相对光滑些，而朝北的一侧就逊色得多。

在较为湿润的地区，开阔平地上的岩石受水分的影响，长着浓密苔藓的一面是北侧，较为光秃的一面为南侧，这是因为苔藓性喜潮湿，不耐阳光，因而通常生长在石头背阳的一面，对我国大多数地区来讲就是北面。

通过观察树木横断面年轮的疏密情况也可以辨明方向，受光照的影响，树木南面木质部生长较快，形成的年轮往往较宽，因此年轮纹路稀疏的一侧是面向南方，而纹路密集的一侧则指向北方。

另外，就树木的习性来讲，冷杉、云杉等耐荫树种在山地北坡生长得好，而马尾松、桦树、杨树等阳生植物则多生长于南面的向阳坡。我国秦岭-淮河以北地区，适合生长落叶阔叶林，在山地、丘陵地区，高大的落叶乔木多生长在阴坡，即山的北面，而灌木多生长在阳坡，即山的南面。这主要是因为阴坡土壤的水分蒸发慢，水分条件好，易形成森林。

另外，我国南方地区的夏天，一些松柏或杉树的树干上流出的树脂，通常南面的比北面的要多，而且结块大。向日葵在开花季节，头上的圆盘总是追着太阳转动，一般上午向东，正午向南，下午向西。这是因为在向日葵花盘下的茎秆里有一种特殊的化学成分（光敏素或植物激素），这种物质成分比较喜阴，每当阳光照射到葵花上时，这种喜阴的成分就会转移到背光的一面，使背光一面总比向阳一面长得快，时间久了就会使花盘向着太阳一侧弯曲。根据这个现象，我们也可以大致判断出方向。

（四）其他简单判断方向的方法

1. 根据积雪判断方向

根据积雪的融化情况可以判断方向。例如我国北方地区的积雪，由于南坡向阳，接收热量多，所以南坡的积雪比北坡融化得快些，故春季积雪先融化的一面是朝向南方，后融化的一面是朝向北方。

2. 根据动物习性判断方向

根据动物的生活习性也可以判断方向。如大雁、燕子等属于候鸟，秋天向南飞，而春天则向北飞。

再如，蚂蚁有把蚁穴筑在树干南面的习性，因此，在野外树木上，找到了蚁穴就可知道其所在的一侧是南面，而且蚁穴的洞口一般也是朝南开的，同时还可以观察蚂蚁洞穴周围的积土，因为蚂蚁总是把挖出来的土放在洞口的北面，因此洞口周围有土或土层堆积较多的一侧就是北面。

另外，野蜂也喜欢把蜂巢筑在树的南面，便于采光而保持蜂巢的干燥。因此，看到树干有蜂窝的一面就是南面。

3. 根据地转偏向力判断方向

北半球规模稍大的河流，受地转偏向力的影响明显，左边的河岸较缓，右边的河岸较陡，所以北半球自西向东流动的河流，河岸陡的一侧是南方，缓的一侧是北方。

需要强调的是，判断方向的方法远不止这些，我们平时可以注意观察与积累，不断丰富自己的知识，在外出旅行或野外考察时可以帮助自己和大家辨认方向。另外，对于这些方法要具体问题具体分析，综合运用，互相补充与验证，才能得出正确的判断。

二、依靠机械手表确定方向

在荒郊野外，我们无法预知会遇到什么困难，若不小心迷失方向，只要懂得用手表辨认方向，就能穿出丛林，走出困境。但是，野外磁场强弱我们无法预料，倘若走进了磁场较强的高原地区，我们的手表会因磁场的影响而停走或紊乱，失去走时准确性和方向定位功能。有一块防磁性能较好的手表，即使走到高磁场范围内的地区，也不用担心会失去时间与方向。而使用手机的模拟手表表盘或电子手表表盘，这个问题就可以迎刃而解。

众所周知，地球一天会旋转 360°，而手表每天却会转 720°。手表定方向的原理，与地球的东升西落是一样的，把手表上 6 点钟的方向指为东方，那么 9 点钟和 12 点钟的方向，那就是南方和西方。在手表定位中，如果以地球上的观察者为参照物，那么从手表上 6 点钟位置向前走过的角度就是太阳实际走过角度的 2 倍。有兴趣的同学可以通过画图来理解，如早上 6 点时太阳在东方，影子指向西方，此时手表上的时针指向太阳，那么表盘上显示的 12 点就指的是西方。

三、依靠指南针确定方向

（一）指南针的组成、结构

指南针的设计虽然千差万别，但是都有共同之处，所有指南针都有指向地球磁场南极和北极的磁针。最基本的野外用指南针也叫作底座式指南针。这种指南针的基本组成部分由基板、指针和罗盘罩构成。基板是嵌着指南针指针的塑料或铁质底盘（图 3-12），刻度盘是围绕罗盘罩、标有 360°方向刻度的圆形仪器部件，磁针是在罗盘罩内可旋转的指针，定向箭头是罗盘罩内没有磁性的那根指针标记，定向线是罗盘罩内和导航箭头平行的线，罗盘罩是容纳指南针磁针的塑料（或铁质、铝合金）圆壳。

图 3-12　指南针的外观和结构

（二）指南针的使用方法

首先校准磁北方向。如果你在野外，要时不时观察周围的情况，查看指南针，确定自己的方位，确保前进的方向正确。除非你的前方是北方，否则磁针一定会跳转。旋转刻度盘，直到定向箭头和磁针北边那一端成一条直线。这时指向箭头就会告诉你磁北方向。观察磁针和盘面指向线之间的重合情况，若有偏差则需要设法校正。

接下来确定目的地的方向。将大比例尺地形图放在平坦的地表面或平整的石头上，在你所在的位置和目的地之间用铅笔画一条直线。旋转刻度盘，直到定向箭头指向地图上的目的地。这时候，箭头方位或度数就是目的地方向。

最后，用后方交汇法确定自己所处位置。将实地自己面前的两个明显地物的方位角用指南针量出来，再在地图上找到这两个明显地物，依照方位角画出两条直线，延伸后的交点即为自己的位置。

四、依靠手机确定方位

依靠手机确定方位，与依靠指南针确定方位的原理类似，只是工具从罗盘变成了手机。

首先，在手机应用商店中搜索“指南针”，然后点击下载并安装，打开指南针程序，进入指南针界面的时候要注意，周围不能有磁铁，或者大功率电器、输电线路等物，那样容易产生干扰。其次，按照提示以 8 字形转动手机，多转动几次，以校正方向。指南针上的方向标注用的是 N、S、E、W 4 个字母，分别代表北方、南方、东方和西方。具体的定向方法与上文描述的指南针使用方法类似。

智能手机可以通过获取卫星或网络信号进行定位与定向：在三维空间中，建立坐标系，当已知 3 个点的坐标及第 4 个未知点分别与已知点之间的距离，那么未知点的坐标就可以确定下来。同理，当我们在地球上仰望天空，至少能够同时看到 3 颗卫星，卫星运行在各自的轨道上，其运行轨迹被编入星历，地面接收端同时接收 3 颗卫星发来的星历，经过解算，可以知道卫星的位置。此外，还需要知道我们与卫星之间的距离。物理学知识告诉我们，距离 = 速度 × 时间，光传播速度是 30 万 km/s，所以只要知道信号传播的时间长短即可。由此可见，定位和定向的关键在于对时间的准确测量。

五、依靠陀螺仪确定方向

（一）陀螺仪的原理

陀螺仪不仅可以作为指示仪表，更重要的是它可以作为自动控制系统中的一个敏感元件。为什么陀螺仪能定向呢？

这要从陀螺仪的结构来说。陀螺仪主要由高速转动的陀螺和灵活的万向支架组成，其中，三轴陀螺仪的原理和结构如图 3-13 所示。陀螺用摩擦力很小的轴承支撑在内环上，内环又用轴承支撑在外环上，外环又通过轴承支撑在基座上。陀螺的转速极高，所以稳定性极好，总能保持原定的方向。同时，由于万向支架的摩擦力很小，向哪个方向都能转动，大大减少了外力对陀螺的影响。

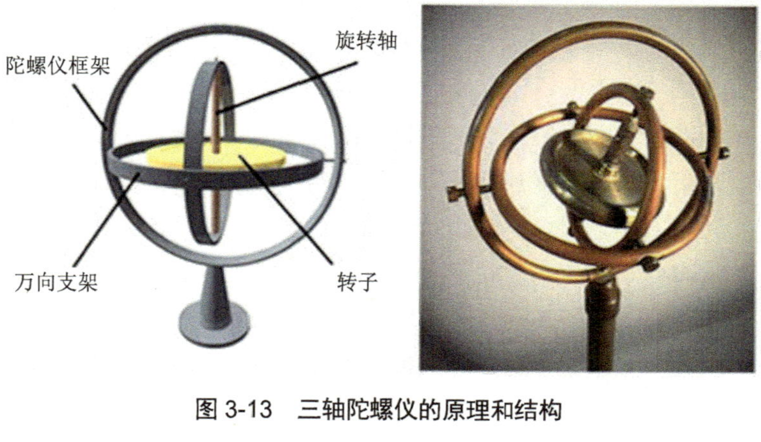

图 3-13　三轴陀螺仪的原理和结构

陀螺仪旋转时可以确定方向，这个旋转轴的方向就是旋转物体稳定旋转时，垂直于旋转面的旋转轴所指方向。这个方向并不是特指的，而是稳定旋转时特有的。如果该旋转物体可以控制，那么旋转轴是确定的，比如陀螺在地面上稳定旋转时是指向垂直于地面的方向，再如，骑自行车在直路上走，车轴是平行于地面的。如果是不可控的物体，比如地球这个大陀螺，它的旋转轴总是指向北极星。这样一来，不管怎样航行，基座随着轮船变动，但陀螺总能够指向原来的方向，稳定地绕旋转轴高速旋转。驾驶员通过陀螺仪表盘就可以了解航行的方向，这被称作陀螺导航与定向。

（二）陀螺仪在航海、航空和航天中的应用

陀螺仪器最早用于航海导航，但随着科学技术的发展，它在航空和航天事业中也得到了广泛的应用。根据需要，陀螺仪能提供准确的方位、水平、位置、速度和加速度等信号，人们在飞机、导弹、人造卫星、宇宙飞船里安上陀螺仪，让它带动自动控制系统，就能实现自动导航与定向，以便驾驶员用自动导航仪来控制飞机、舰船等航行体按一定的航线或方向飞行，而在导弹、卫星或空间探测火箭等航行体的制导中，则直接利用这些信号完成航行体的姿态控制和轨道控制。作为稳定器，陀螺仪能使列车在单轨上行驶，能减小船舶在风浪中的摇摆，能使安装在飞机或卫星上的照相机相对地面稳定等。

通信卫星上天后，不能东倒西歪，任意翻滚，应使之保持确定的姿态，要保证天线总是对准地面，这也可以利用陀螺的稳定性原理。办法是让人造卫星绕着规定的轴自转，使它变成一个陀螺，从而使旋转轴总是指向规定的方向，就可以保持特定的姿态了，同时，让天线和必要的部分沿着同一轴反向旋转，天线就总是对准地球了，这就是被称作人造地球卫星的双旋稳定技术。

（三）陀螺仪在汽车领域的应用

因为道路的特有属性，汽车一般不安装指南针，而现在配置好的轿车/私家车前面板往往会安装一个指示车辆倾斜状况的仪表，可以显示左右、前后的倾斜状况，其实这就是一种根据陀螺仪制造的定向装置。

陀螺仪在汽车领域的应用主要有以下几个方面：

首先，测量汽车是否侧翻。一般汽车发生侧翻事故时，车辆的侧翻检测系统需要通过读取车辆的翻滚角度和翻滚速度来确定汽车是否处于侧翻状态，这时就需要陀螺仪这种测量角速度的传感器。当汽车行驶时，陀螺仪可以对车辆的角速度和加速度进行监测，并通过特定的算法进行数据融合，最终得到汽车实时侧倾角。如果监测到的侧倾角超过限定值，系统会发出预警并提醒驾驶人员采取相应措施，从而预防汽车侧翻事故的发生。

其次，测量车辆的转弯角度和转弯角速度。汽车在转弯时，车轮以轮轴为中心做旋转

运动，此过程会产生离心力，在相同时间内，汽车转弯的速度越快，角速度就越大，离心力也越大，一旦离心力过大，车辆极易冲出弯道或侧滑。因此，为提高车辆在转弯时的安全性，陀螺仪通过计算得出 4 个车轮的转弯角和转弯角速度，一旦超过规定的转弯角度或转弯角速度，系统就会提醒驾驶员在行车的过程中及时减速，确保弯道中行车安全。

思考题

1. 为什么 20 世纪许多国家开始推行夏令时？又为什么许多国家（如我们国家）在实行了一段时间后又废止了夏令时？夏令时的利和弊是什么？

2. 利用太阳、其他恒星和行星辨别方向和定时的基本原理是什么？

3. 为什么在经过国际日期变更线的时候，时间需要相应地减少或增加一天？

4. 有些阿尔茨海默症患者，为什么找不到回家的路？他们大脑中的定向系统为何会失灵？

练习题

1. 自行购买或借用罗盘和带有等高线的地形图，到自己熟悉或不容易迷失方向的地方利用罗盘和地图，并根据本章介绍的方法来确定方向。

2. 可以在不同季节尝试利用北斗七星、月亮、金星等明亮天星来尝试确定时间和方向。

3. 在晴朗的白天，尝试利用一根直杆和日影来确定正南方向。

推荐读物

1. 想要补充定时与定向的基础知识，可以阅读大学课本《地球概论》。

2. 想要了解宇宙中时间的定义与含义，可以阅读霍金主编的《时间简史》一书。

3. 想要了解我国有关在定时与定向方面的进展，可以阅读《中国定位、导航与定时 2035 发展战略》一书。

温馨提示

1. 在野外进行定时与定向实操时，需要综合考虑当地所处的环境、天气、季节、时间、经纬度和气候带等条件，选择适合当地时间和季节的方法来进行。

2. 本章所阐述的定时与定向的方法，既不是万能的，也不是绝对的，需要对各种方法加以对比、交叉验证，综合权衡后方可确定正确的方向和时间。如果发现所确定的方向和时间不正确，需要及时进行纠正并重新判断。

第四章　距离和方位角的测量

本章提要

地理学户外研究经常会涉及对不同地物的空间尺度进行测度或测量，或是用便捷的工具，如钢卷尺、直尺、皮尺、卡尺等，或是利用自动化程度很高的测量仪器，如经纬仪、全站仪、激光测距仪、激光测高仪、声呐测深仪等，以便我们对其有较深入的了解和认识。本章简明扼要地介绍了距离/长度、角度/方位测量的主要工具、仪器设备，以及相应的程序和方法，其中既有简捷工具和仪器，也有先进而复杂的电子仪器设备。

关键词

距离测量，方位和朝向，角度测量，测量仪器，测量方法

随着科学技术的飞速发展，测量距离和方位的仪器设备日新月异，便捷性和精度大大提高，但同时对于操作者素质的要求也大大提高，操作者需要接受专门的培训和较大强度的实践。

第一节　距离的简易测量

用工具测量距离是地理学户外或野外工作的基础性工作之一。测量距离的任务主要是利用现成的测量工具来确定各类地物的定量指标，往往涉及直线或曲线长度、三维地物的长宽高、圆形或球体的半径、圆柱体的半径和高度、平板样地物的厚度、洼地和水体的深度、高起地物的高度等。

众所周知，地表各种事物形态各异，有规则的也有不规则的，相应地，需要针对性地运用不同的工具实施测量。

一、概述

（一）距离的单位制

由于各民族、各国家在历史、文化、科技水平等方面的差异，人们对于距离的测度使

用了不同的单位。尽管国际标准化组织做出了积极努力来统一距离方面的单位制，但由于习惯的原因，测度标准或单位却因地、因时、因对象而有所不同。

最初的距离或长度单位往往以人体的特定器官或部位作为标准。

1. 中国的传统单位制

直到民国中期，我国一直在使用里、丈、尺、寸等距离和长度单位。

这些距离长度单位在不同的时代有不同的数值，随社会经济发展水平而变动。自从秦始皇统一了测量衡后，不同单位有了相对固定的数值。

长期以来，我国多以北方所产黍的中等大小籽粒 1 粒横向宽度作为 1 分，10 分为 1 寸，10 寸为 1 尺，10 尺为 1 丈，150 丈为 1 里；而分以下尚有忽、秒、毫、厘、程等单位，分别以头发、蚕丝、马尾等作为最基本单位。

民国时期，为了使我国的测量衡同英、美国家的公制单位建立对应关系，确立了 1 km 相当于市制单位 2 里、1 米等于 3 尺的制度。

实际上，随着中国现代化的不断发展，我们使用的测量衡已基本同国际制接轨，旧时的市制单位已越来越少见。但日常生活中，人们还会用到诸如指（衡量猪肉肥膘的厚度）、拃（大致衡量长度用，为张开的大拇指和食指间的间距）等民间长度单位。

2. 英语国家的传统单位制

英语国家中，很多人很多场合还在使用英里、英尺、英寸和码等长度单位。

英里（mile）源自罗马人的 1 000 步（mille passus），1 英里等于 5 280 英尺（foot，复数为 feet）或 1 760 码（yard），而 1 英尺相当于 30.48 厘米、等于 12 英寸（inch）或 1/3 码，1 码等于 0.914 4 米。据说是 12 世纪时，英国国王亨利一世将他的鼻子尖到平举起的手臂大拇指尖之间的距离指定为 1 码，将他的脚掌长度定为 1 英尺；1 英寸等于 2.54 厘米，最初是指成人大拇指上指甲盖根部的宽度，后来到了 14 世纪英国国王爱德华二世时，指定英寸为 3 粒大麦种子纵向相接的长度。

3. 国际单位制

为了便于国际交流和商贸往来，国际标准化组织制定并推行了国际单位制，长度方面主要使用米（m）和千米（km），再小的单位有分米（dm）、厘米（cm）、毫米（mm）。

当地物或现象的尺度超出我们身体的尺度，特别是超出我们视力所及范围时，米这个尺度就明显不适宜了，要采用千米这个长度单位，而天文学上我们常常用到光年、天文单位来衡量天体的体量和距离。相反，比毫米还小的长度单位有微米（μm）、纳米（nm），都需要用特殊的器具才能测量和表达。

（二）距离和长度的测量指标

综上所述，三维规则地物的体量要用到长、宽、高，或厚度、直径、高度等指标。

对于高起地物或空中的云层，我们要设法确定其高度，对低下的地物或水体要测算其深度。对于岩层、沉积层、土层，要测定其厚度。有明确外形的地物要测算其周长，对球体和圆需要测量其半径，对于树木要测算其直径和高度。

但无论如何，高度、深度、宽度、厚度、直径、周长等虽然不是严格意义上的长度指标，但本质却是一样的，都是用来测量不同路径上两点间的距离。

当地物的体量或空间范围太大时，简易的测量工具无法发挥其作用，这时可以经过精密制图过程将其标绘到地图或平面图上，再利用常规简易工具进行测量，然后通过比例尺求算其实际数值。

（三）测量的主要工具

常用的简易长度和距离测量工具主要有木质米尺、三角尺、钢直尺和钢卷尺、两脚规、皮卷尺、测绳、软尺（量衣尺）、卡尺等。

1. 近距离测量工具

（1）木质米尺

木质米尺容易加工制作，携带和使用方便，常用于对精度要求不高的距离测量工作。上面刻有分米（10 cm）、厘米（cm）和半厘米刻度线。

（2）三角尺

三角尺也叫三角板，是我们非常熟悉的测量距离、长度的测量和绘图工具，中小学、大学相关专业学生经常会用到，一般有直角三角板和等角三角板两类。

三角尺可以用木头、有机玻璃制作，三个边上都有厘米和毫米刻度，有时还带有比例尺，用来量算图面距离，以及量角器。除了教学用三角尺较大外，一般都不大，至多30 cm长。

（3）直尺

直尺一般用钢和有机玻璃制成，刻有厘米和毫米标线。不易变形、耐磨等优点使其在很多需要较精密结果的场合得到广泛运用。其精度为毫米，再高的精度只能目估。

直尺一般都不长，30 cm和50 cm的最为多见，太长就容易在悬空条件下发生弯曲。

（4）小钢卷尺

小钢卷尺是短尺寸钢制的带状尺，用于测量手头小体量物体的长度指标。常用的小钢卷尺有1 m、1.5 m、3 m和5 m等规格。

小钢卷尺携带方便，比较耐磨，操作简易。上面有米、厘米、毫米刻线或印刷标记。精度为毫米。

（5）两脚规

两脚规也叫圆规，除了画圆的功能外，还可以测量平面上或图纸上两点间的距离。它本身不显示距离，需要同直尺配合使用，用直尺量出两个规脚的间距即可测算出相应距离。两脚规还有一个优点，它可以像人用步长测量距离一样，连续测量某个线状地物或线条的长度，即步长乘上所经历的步数，再加上不足一步的剩余长度（需用直尺去测量）。

（6）卡尺

为了快速测定尺寸较大的球体、柱体、各类管子的直径，人们发明制作出了卡尺，也被称为轮尺，在林业的测树实践里常用来测定树木的直径。卡尺由两部分构成，主尺类似丁字尺，横木上有刻度，侧方木柱用于抵住物体一侧，便于手的握持；附尺是可自由沿主尺横木移动的机件。可以用木头，也可以用透明有机玻璃制作。横臂上印有或刻有厘米和毫米标记。

卡尺横臂长度一般不会超过成人两手臂平举的长度，否则就无法灵活操作了。对于非常粗的物体或地物，可以利用皮尺或钢卷尺测其周长，然后根据周长公式求算其直径。

（7）游标卡尺

它是一种精确测量物体长度、内外径、厚度、深度等指标的量具。一般认为，现代意义的游标卡尺是由法国人约尼尔·比尔发明的。

游标卡尺由主尺和附在主尺上能滑动的游标两部分构成，主尺一般以毫米为单位，同时两者头端上下各有一个量爪，分别用于测定外径和内径。此外，游标尺另一端还有一个深度测量杆。游标尺上有一紧固螺丝，可以固定某次测量的游标位置。

根据游标上分格的不同，游标卡尺可分为十分度游标卡尺、二十分度游标卡尺和五十分度游标卡尺，游标尺上的分度值分别为 0.9 mm、0.95 mm 和 0.98 mm，刻度总长分别为 9 mm、19 mm 和 49 mm，精度分别为 0.1 mm、0.05 mm 和 0.02 mm。

2. 中距离测量工具

（1）皮卷尺

一般用玻璃纤维和 PVC 塑料混合制成，外部用硬塑料包封，中央有一卷轴，圆盘边缘设有皮尺出口。轻便易用。

长度不一，一般为 30 m 和 50 m。用于测量较大的距离和长度。软尺上面印有米、厘米、毫米标记。

（2）测绳

农林业、水利、工程、科研等外业调查和施工人员，经常使用测绳来测定各种场合的距离和范围。测绳类似电线，内有钢丝支撑，不会轻易磨断或拉断，外套为用线制作的织物，上面印有或箍有铁质或铝质米、厘米标签。长度多为 50 m、100 m，卷成一圈后可跨在肩头搬运，使用较为方便。

（3）长钢卷尺

它是钢制的带状尺，如图 4-1 所示，用于较高精度的量距工作。常用的长钢卷尺长度有 10 m、20 m、30 m 和 50 m 等。

图 4-1 钢卷尺

长钢卷尺的基本分划为毫米，在厘米分划上有数字注记，全长均刻划毫米分划。根据零点位置的不同，可分为端点尺和刻线尺两种。

钢卷尺量距具有设备简单、作业直观方便、精度较高（相对精度 1/10 000～1/25 000）等优点。

二、长度的量算与测定

（一）实地量算

1. 直线的测量

在地球表面，可以在水平面和倾斜面上直接测量两点间的直线距离，如规整农田的边长、笔直道路或河流的长度与宽度、野外岩石露头的长和宽、建筑的长与宽、不同等级公路的宽度等。

测量时需运用上述适宜的工具，按照特定程序和规范实施。一般需要两个人同时实施测量，只需将测量工具两端对准两个特征地物点或地点，准确读数并及时记录即可。否则，需要在一个端点处设置固定工具的器具，如铁钉、竹签和铁签等，人在另一端点处读数。实测时要保证尺子或测绳呈绷紧直线状，否则会使误差增大。

如果欲测量的间距大于工具的最大量程，则需要分段实测，然后逐段累加求和。

2. 曲线的量算

如果欲测量的地物并非直线而是折线或曲线时，如一段不规则道路、河流的长度，此时就需要分段设置插签实测或用微分法量算。前者是在地物或边界线上明显转折处设置竹签或铁签，然后将皮尺或测绳绕过每个签子，这时直接读末端的对应数字即可，但当距离超出尺长时，要用分段测量的方法。

微分法是指用尽可能短的步长（用适宜的测量工具来确定），以近乎短直线的方式从起点“走”到终点，然后将步长乘以步数就可得到实际长度。一般常用的钢卷尺都有一个锁紧装置，可以借此设置特定的步长。不过，该方法比较费力，效率低。

旧时农村丈量土地面积，是用一种木制两脚规（称为叉尺或木规）来量算长度和宽度，然后推算出具体地积。

3. 技巧与注意事项

首先，测量间距时要保证测量工具水平，否则会产生一定误差。对于成年人，将尺子或测绳置于腰部或胸部的高度即可大致保持水平，但坡地上要想办法找水平来量算，便捷的方法是凭经验目估。

其次，用钢卷尺施测时，测量完回收卷尺时切忌直接令其凭弹性自动缩回，因为钢卷尺在快速回缩中性质同刀刃相仿，会将人手指、皮肤划伤。因此，回收时一定要用手控制回收速度，缓缓收回。

最后，用分段和步长法测量距离时，一定要严格沿着线状地物或边界“走”，尽力保证直线的同时，还要注意转换处的位置确认，使其既不重叠也不断开，确保测量的精度。

（二）图面量算

1. 必要性

在电子地图和数字地图普及之前，在地图上实施各种测量操作是地理研究的一项必要的工作和能力，即使在现代，这项工作依然有其存在价值，因为电子或数字地图也存在质量高低的区别，尤其是在影像地图或遥感影像上直接实施图面测量，会因为液晶屏的显示误差、前处理算法不同和对应的空间数据库不够完善，所得结果往往误差较大，需要通过图面测量来估算其误差。

其次，有些地物的空间尺度很大，实地直接测量存在一定困难，或成本较高，耗时较长，这时在精度很高的地图上作业就方便得多，快捷得多。

2. 主要工具

现代还在用的工具主要是三角尺、钢直尺、两脚规。前两者主要用来测量两点间直线距离、直线形地物长度和宽度、圆形地物的半径和直径等，后者主要用步长法量算折线、曲线的长度，以及通过直接测量坡面上线段来根据坡度尺直接测算坡度。

地图的图面作业中，还有一种直接测量曲线长度的地图测距仪（也叫量距计）。测距仪是较精密的机械式仪器，下部为一个沿线状地物滚动的小转轮，上部为一带指针的表盘，直接指示距离，上部为手柄。使用时首先要回零或记录当前指针数值，然后将小转轮正中央对准起点，用手徐徐、均匀地推动仪器沿线条移动直到终点。线条长度即为表盘上的指针所指数值，或将末端读数减去起点读数，就得到了所要测量的长度。

3. 注意事项

首先，由于地图是缩小很多倍的实地状况，图面测量产生的微小误差就会产生很大的实际偏差，所以，在测量时要特别注意对准起止点的位置，保证眼睛垂直向下观察是否对正，步长转换时要匀速、力度均一，尽力减少操作误差。

其次，要保证地图平整而没有皱褶，桌面平整，尽力保持水平，房间温度和湿度适中，不能吹过强的风扇或较大的空调风速。

最后，测量长度时要特别注意地图投影的类型，选择长度变形最小的地图投影，从而使系统误差尽力降低。

三、高度的量算与测定

（一）直接量算

1．场合与对象

在野外考察或户外调查过程中，我们经常会遇到高起的地物或物体，如山丘、悬崖、围墙、堤坝、防护林、古树名木、灯塔、房屋和楼宇、桥梁、车辆、牌坊等，需要知道它们的高度。

还有些场合需要知道特定时间内高度的变化，如河流洪枯水之间的水位差，以及特定地表过程或现象的高度，如逆温层的高度、云底高度、海洋中的浪高和波高等。

2．主要工具

如果待测对象尺度或体量不大，可以直接用小钢卷尺、大钢卷尺、测绳、铅锤、测杆或伸缩式测杆等施测，否则需要其他间接途径和方法测定。

3．注意事项

（1）实测时要保持测具的端正或垂直，为此可以在其下端系或挂一重锤，使其自然下垂。

（2）使用测绳或皮尺从地物顶部凭重力自然下垂测高时，要防止中间有突出部位的阻隔，可以找一根横木条作辅助尽力避开地物突出部位。

（3）实测者不能离树木太近，最好同树高差不多的距离实测精度更高。

（4）至少从 3 个方位测定树高，然后将平均后的数值作为实测值。

（5）地面倾斜时，实测者最好站在树木中部位置对应的位置上操作仪器。

（二）间接量算

1．高度表/计

主要是利用正常情况下气压随高度增加按比例下降的原理，由于内部真空铝盒受不同压力会造成不同的形变，故可以通过杠杆系统带动指针来测度高度。但在多变的天气条件下或高度太小时该装置误差较大。

2．测高器

以前林业上使用树高测量仪来测量树高，但现在已经被激光测高仪取代。

其中视距测高器的主要工作原理是相似三角形对应边成比例或直角三角形的三角函数关系。林业上常用的有克里斯登（Christen）测高器、布鲁姆-莱斯（Blume-Liess）测高器和圆筒测高器，前者为一很简单的金属片，上有刻度，操作简捷，其他两类结构较复杂，但操作也比较简单。

随着高科技仪器设备的发展，机械式测高器已基本被淘汰了。

四、深度的量算

（一）水深

1．场合

当我们想要知道运河、河流、湖泊、海湾、沟渠、水塘等水体的深度时，就要利用相关测具、辅助用具施测。

2．用具

当测量渠道、井、地下水等深度有限的地物时，可以利用测杆或水深尺，或通过划船双人配合，利用铅锤测绳直接实测。

以前水文站或水文考察中对河流、湖泊等水体的深度进行测定时，往往要驾驶船舶从船舷处施放铅锤来测深。一般 36 m 长的测深绳配有 3.5 kg 重锤，50 m 的测深绳配 5 kg 重锤，230 m 的测深绳配 12.7 kg 重锤。

3．注意事项

静水区域可以利用测具直接实测，只要能感知到测具一端到底即可；而当水体是流动的，特别是流速很大的情形下，就要采用更重的铅锤，而且要适度纠正因为水流造成的测绳倾斜。

在陡崖边和水边、水中实测时要注意人身安全，要做必要的防护。

（二）土壤和第四纪沉积物剖面的测量

1．场合

土壤剖面往往存在不同的发生层或诊断层，需要测量其深度和厚度，了解土壤成土过程的特点，然后分层次采集土壤样品。

第四纪松散沉积物往往能够反映第四纪期间地表各种过程的特点和历史，所以在野外采用向地下挖断面的方式以观察沉积过程及其特点，然后根据需要采集不同深度和部位的样品以分析其基本属性、年代特点。

2．工具

一般用测杆、小卷尺、皮尺即可。

3．注意事项

由于土壤或第四纪沉积物剖面不是很深，所以一个人可以用测杆或皮尺直接测量，也可以两人合作完成，数据要及时记录，断面特征要拍照或画图。

较深的样坑或样槽，开挖时要留有足够的回身空间，还要修整出进出的台阶。

此外，开挖过程中要注意土体的紧实性和抗剪性能，防止坍塌和滑坡。

（三）洼地与沟谷

1. 场合

户外调查和考察过程中，经常在地表遇到沟槽、小型凹坑、小型山谷、陡崖，需要了解其深度。

2. 工具

可以利用常规的小卷尺、皮尺、大钢卷尺、铅锤测绳等直接实测。

3. 注意事项

洼地或沟谷边缘较陡时，可以用带铅锤的测绳直接量算，或双人配合利用皮尺、测绳施测。

当沟谷两坡较缓和时，可以先在较窄的沟谷两侧打上木桩或钢钎，将较粗的尼龙绳或麻绳拴牢拉紧，然后人在沟谷底部利用测杆或竹竿施测。

超出 10 m 的宽度，则需要用间接的仪器测量方法施测。

五、直径和周长的量算

无论是自然事物还是人文事物，经常涉及获得圆形、球体、圆锥和圆柱等地物的直径和周长，以了解其空间属性与特征。

（一）周长

1. 场合

我们在户外或野外，经常会遇到树木、柱形地物需要测量其周长。

2. 工具

一般用小卷尺、皮尺、测绳直接测量周长。

3. 注意事项

要紧贴树木或地物，而且要保证围成的圆圈垂直于树木或柱体的纵轴。

当树木或柱体比较高大时，一般只测胸高处周长，否则需要利用仪器进行间接测量和求算。

（二）直径

1. 卡尺/轮尺

测定树木直径时使用该类器具，操作灵活便捷。但一般不要超出 1 m 的直径，否则需要用间接方法求算。

2. 卷尺或皮尺

先测定其周长，然后依据周长同半径的定量关系公式加以求算。

3．注意事项

实际上，只要测定一个指标，另一个指标可以按圆周公式计算而得。

测算高大古树或成年树木时，也可在树木前后紧贴树木各画一条直线并使其平行，直接用卷尺或皮尺测量其间距，即得直径数值。

第二节　距离的精密测量

上述利用简便的量具测定距离，只适用于体量相对较小的地物或较近两点间距离，超出人的视力范围或两点间不能通视时，就必须要用精密的测量仪器进行测量。测量距离的仪器很多，我们这里仅介绍最常用的类型。

一、视距测量

视距测量是根据几何光学原理，利用仪器望远镜筒内的视距丝在标尺上截取读数，应用三角公式计算两点距离，它是可同时测定地面上两点间水平距离和高差的测量方法。

视距测量的优点是，操作方便、观测快捷，一般不受地形影响。缺点是测量视距和高差的精度较低，测距相对误差为1/300～1/200。尽管视距测量的精度较低，但还是能满足测量地形图碎部点的要求，所以在测绘地形图时，常采用视距测量的方法测量距离和高差。

（一）视线水平时的视距测量

在经纬仪、水准仪等仪器的望远镜十字丝分划板上，有两条平行于横丝并与横丝等距的短线，称为视距丝，也叫上下丝。

如图4-2所示，要测出地面上 A、B 两点的水平距离和高差，在 A 点安置仪器，在 B 点竖立视距尺，当望远镜调至视线水平时，视线与视距尺垂直，用上、下丝分别在尺上读得 M、N，M、N 之差称为视距间隔或尺间隔，用 l 表示。

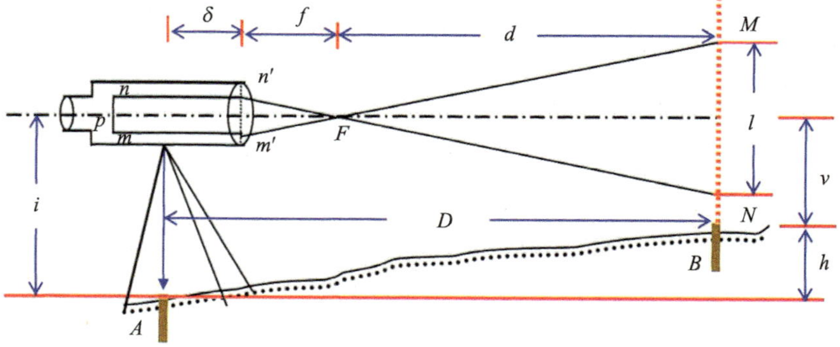

图4-2　视线水平时视距测量原理

设视距丝间距 $mn = p$，物镜焦距为 f，物镜中心至仪器中心的距离为 δ，由三角形相似原理可得：

$$d/f = l/p$$

因此

$$d = \left(f/p\right)l$$

故，A、B 两点间的水平距离为

$$D = d + f + \delta = \left(f/p\right)l + f + \delta \qquad (4\text{-}1)$$

令 $K = f/p$，$C = f + \delta$，则：

$$D = Kn + C \qquad (4\text{-}2)$$

式中：K——视距乘常数；

C——视距加常数。

在设计仪器时，通常使 K=100，C=0，因此视线水平时的水平距离计算公式为

$$D = Kl \qquad (4\text{-}3)$$

从图 4-2 可以看出，在量取仪器高 i 之后，便可根据视线水平时的中丝读数 v，计算两点间的高差：

$$h = i - l \qquad (4\text{-}4)$$

（二）视线倾斜时的视距测量

1．基本原理

当地面上 A、B 两点的高差较大时，必须使视线倾斜一个竖直角 α，才能在标尺上进行读数，这时视线不垂直于视距尺，不能用式（4-3）和式（4-4）计算水平距离和高差。

如图 4-3 所示，设想将视距尺绕点 E 旋转 α 角，使视距尺与视线垂直。由于通过视距丝的两条光线的夹角 φ 很小，因此 $\angle MM'E$ 和 $\angle NN'E$ 可近似看作直角，此时的尺间隔为

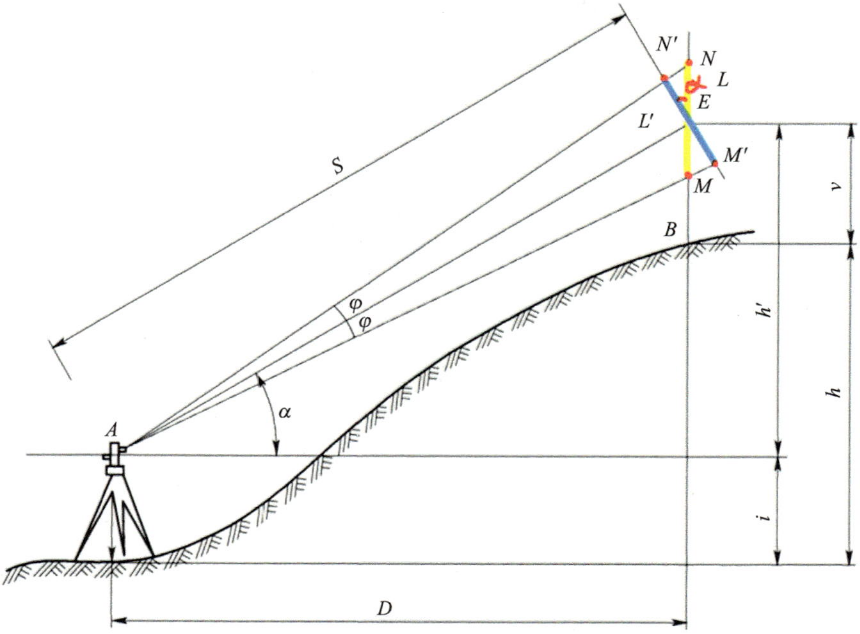

图 4-3 视线倾斜时视距测量原理

$$L' = M'N' = MN\cos\alpha = L\cos\alpha$$

倾斜距离为

$$D' = KL' = KL\cos\alpha$$

故，A、B 两点间的水平距离为

$$D = D'\cos\alpha = KL\cos^2\alpha \tag{4-5}$$

由图 4-3 可得，A、B 两点间的高差为

$$h = D'\sin\alpha + i - v = \frac{1}{2}KL\sin 2\alpha + i - v \tag{4-6}$$

2. 视距测量的实施

（1）观测

1）安置仪器于测站，量取仪器高 i（从地面点量至仪器横轴中心）；

2）在目标点竖立视距尺，瞄准视距尺，并读取上、中、下三丝读数；

3）读取竖盘读数，一般读至整分数即可。

（2）计算

一般在专门的表格中进行。

3. 视距测量的注意事项

1）作业前需对仪器的乘常数 K 值进行检验，K 值应在 100 ± 0.1 以内，否则应加入改正值；

2）作业时要将视距尺竖直，最好采用装有水准器的视距尺；

3）为减少垂直折光的影响，观测时应使视线离开地面 1 m 以上；

4）观测时应仔细对光消除视差，使成像清晰，读数时尽量不变动眼睛位置，要估读到毫米；

5）严格按照规范要求控制视距，在距离较远或竖直角较大时，要注意指标水准管气泡居中，这里需注意，视距测量的精度较低，有一定的适用范围。

二、电磁波测距

钢尺量距是一项十分繁重的工作，在山区或沼泽地区使用钢尺更为困难，而视距测量精度又不高。为了提高测距速度和精度，人们开发出了电磁波测距仪，并且得到了越来越广泛的应用。

（一）概述

以电磁波在两点间往返的传播时间确定两点间距离的测量方法称为电磁波测距。采用电磁波为载波测量距离的仪器称为电磁波测距仪。

电磁波测距仪分为以微波作为载波的微波测距仪、以激光为载波的激光测距仪、以砷化镓（GaAS）发光二极管发出的不可见红外光为载波的红外测距仪。以光波（激光和红外光）为载波的又称为光电测距仪。

电磁波测距仪按测程可分为远程、中程、短程三种，测程在 15 km 以上的为远程，测程在 3～15 km 的为中程，测程在 3 km 以下的为短程。目前所用的中、短程测距仪大多为红外测距仪。

电磁波测距仪的精度按标称精度分为高（Ⅰ级）、中（Ⅱ级）、低（Ⅲ级）3 个级别。一般的标称精度表达式为

$$m_D = a + bD \tag{4-7}$$

式中：m_D——测距中误差，mm；

a——固定误差，mm；

b——比例误差系数，mm/km；

D——测距长度，km。

当测距长度为 1 km 时，仪器精度分别为

Ⅰ级，$|m_D| \leqslant 5$

Ⅱ级，$5 \leqslant |m_D| \leqslant 10$

Ⅲ级，$10 \leqslant |m_D| \leqslant 20$

在工程测量中，将测距长度为 1 km 时由电磁波测距仪的标称精度公式计算的测距中误差为 5 mm 的仪器也称为 5 mm 级仪器，包括测距仪、全站仪。1 mm 级仪器和 10 mm 级仪器的定义方法类似。

（二）基本原理

电磁波测距是以电磁波为载波，经调制后由测线一端发射出去，由另一端反射或传送回来，通过测定电磁波在待测距离两点之间往返传播的时间 t，来测定测站至目标的距离。

电磁波测距基本公式为

$$D=\frac{1}{2}ct_{2D} \tag{4-8}$$

式中：c ——光波在电器中的传播速度。

因为

$$c=C_0/p \tag{4-9}$$

故

$$D=\left(C_0/2p\right)\cdot t \tag{4-10}$$

式中：C_0 ——光波在真空中的传播速度；

p ——大气的折射率。

任何波长的光波在真空中的传播速度为常数 C_0 =（299 792 458±1.2）m/s。大气折射率 p 是温度、气压和工作波长的函数，即

$$n=f(t,p,\lambda) \tag{4-11}$$

电磁波测距的精度主要取决于测定光波往返传播时间的精度。根据测定时间的方式不同，电磁波测距又分为脉冲法与相位法两种。

1. 脉冲法测距

脉冲式光电测距是通过直接测定光脉冲在待测距离上往返的时间，即测量发射光脉冲与接收光脉冲的时间差，从而测得距离。

脉冲式光电测距仪一般用固体激光器作光源，它能发射高频的脉冲光波。向目标瞄准后，可以不用反射器（如反光棱镜）而接收目标体产生的激光漫反射进行测距，因此特别适用于地形测量和目标难以到达时的测距。但不用反射器的测距精度会略低于用反射器时的测距精度。

2. 相位法测距

相位法测距是将发射的光波调制成正弦波的形式，通过测量正弦光波在待测距离上往返传播的相位移来解算距离，即通过测量光波传播了多少个周期来解算距离。

图 4-4 是从反射镜发射的光波经反射棱镜反射后再由接收镜接收后所展开的图形。因为正弦光波一个周期的相位移为 2π，假设正弦光波经过发射和接收（2D 距离）后的相位

移为φ，则φ可分解为N个（整数个）2π周期和不足一个周期的相位移$\Delta\varphi$，即

$$\varphi = 2\pi N + \Delta\varphi \tag{4-12}$$

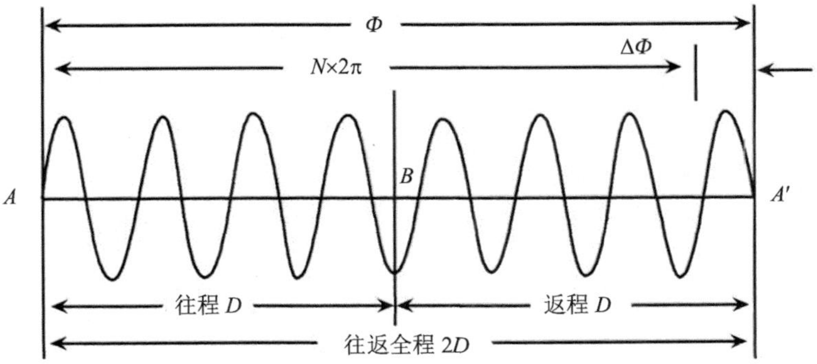

图 4-4 相位式电磁波测距原理图

假设正弦光波传播的时间为t_{2D}秒，振荡频率为f，由于频率的定义是光波一秒钟振荡的次数，因此t_{2D}秒内光波振荡的次数为ft_{2D}，而光波每振荡一次的相位移为2π，因此正弦光波经过t_{2D}秒后相位移为

$$\varphi = 2\pi f t_{2D} \tag{4-13}$$

由式（4-12）、式（4-13）可得

$$t_{2D} = \frac{2\pi N + \Delta\varphi}{2\pi f} = \frac{1}{f}\left(N + \frac{\Delta\varphi}{2\pi}\right) = \frac{1}{f}(N + \Delta N) \tag{4-14}$$

式中，$\Delta N = \dfrac{\Delta\varphi}{2\pi}$，为不足一周期的部分（$0 \leqslant \Delta N \leqslant 1$）。

将式（4-14）代入计算电磁波测距的式（4-8），得

$$D = \frac{c}{2f}(N + \Delta N) = \frac{\lambda}{2}(N + \Delta N) = u(N + \Delta N) \tag{4-15}$$

式中，$\lambda = c/f$，为光波的波长。$u = \lambda/2$，称为光尺（或测尺），可见光尺为半个波长。正弦光波的频率越大，则光波的波长越短，从而光尺的长度越短。例如，当光波的调制频率f=75 kHz 时，光尺u=2 km；当f=15 MHz 时，u=10 m。

由于光尺的长度是已知的（光尺的长度在制造仪器时就已经确定），那么如果我们能够测出正弦光波在待测距离上往返传播的整周期相位移的数目N以及不足一个周期的小数ΔN，就可以根据式（4-15）求出待测距离D。实际上，我们也可以将光尺想象成一把尺子，用这把尺子去量距，那么一段距离就应该是整数倍的尺子的长度与不足一个长度的部分相加而成。

在相位式光电测距仪中有一个点子原件，叫相位计。利用它可以测出不足一个周期的

小数ΔN，测量误差一般为1/1 000。光尺越长，测距精度越低。如光尺长度为1 km，则精度为米级；光尺长度为10 km，则精度为10 m级。为了提高精度，可以将光尺变短一些，但光尺短又会出现其他问题。由于相位计只能测出不足一个周期的小数ΔN，不能测出整数周期N，如果待测长度小于光尺长度还好，如果待测距离大于光尺，那么这段距离就测不出，就出现了测距长度（测程）与精度难以兼顾的问题。为了解决这个问题，人们采用多个光尺来配合测距：用短的光尺保证精度，称为精尺；用长的光尺保证测程，称为粗尺。这样就解决了测程和精度的矛盾。

精、粗尺测距结果的组合过程由测距仪内部的微处理器自动完成，并输送到显示窗口显示，无须用户干涉。

（三）主要误差来源及注意事项

1. 电磁波测距误差来源

一部分由仪器本身产生，一部分与观测者的操作以及测距环境有关。按照各种误差的性质，电磁波测距误差可以分为两类：一类是与待测距离成比例的误差，如乘常数误差，温度和气压等外界环境引起的误差；另一类是与待测距离无关的误差，如加常数误差。

2. 电磁波测距仪的使用注意事项

1）测线两侧或镜站反面应避开发热物体和反射物体；

2）若能见度低或测程较长，可增加反射镜块数，以增强回光信号强度；

3）电池要注意及时充电，不用时，电池要充电后存放。

（四）小型便携式仪器

主要指常用的激光测距/测高仪、超声波测距仪、红外测距仪、声呐测深仪等。由于超声波测距仪和红外测距仪的测量精度、测量距离受到很大限制，现在已基本停止生产，被激光测距仪取代。

1. 激光测距/测高仪

（1）原理

激光（laser）是原子受激辐射而发射出来的光，具有亮度高、颜色纯、方向性强、能量大的特点。激光测距或测高仪就是利用激光的优良特性和直角三角形的边角关系，借助内置芯片完成中间计算过程，操作简单、快捷。

（2）主要品牌

博世（Bosch，德国）、图雅得（Trueyard，美国）、徕卡（Leica，德国）、博士能（Bushnell，美国）、奥尔法（Orpha，美国）、尼康（NIKON，日本）、蔡司（ZEISS，德国）、基恩士（Keyence，日本）等。

（3）操作步骤

我们以德国博世 GLM80 专业级激光测距仪来说明使用步骤（图 4-5）。

图 4-5　博世 GLM80 激光测距仪

该仪器结构简单，操作方便，易于维护，在国内使用很广泛。具体程序如下：

a．利用充电器为蓄电池充电。

b．在仪器正面显示屏下方按键区找到中间最下端的开关按钮，其上标记有开关符号，用手指轻按将其启动。

c．连续点按按键区左上的测量模式键，选择“单一长度测量”，屏幕左上方会出现大写字母 I 形的标志，然后按一下屏幕下方红色的测量按钮，启动激光束，将仪器对准待测物体表面，再次点按测量键，结果会显示在屏幕下方，数值是以仪器底部边作为 0 点，是仪器的默认值，该模式可以测任意两点间距离，不管是否倾斜。

d．点按按键区红色测量键下方的功能转换键，直到屏幕左侧出现单点测高标志（直角三角形斜边和水平边为虚线，垂直边为实线，斜边上标记有 1 的字样），然后将仪器对准目标顶点，点按测量键，则屏幕下方会显示对象的高度，另外加上仪器的高度就构成了真正的物体高度；屏幕上方会显示斜边长和仪器仰角。

e．同上步骤选择两点测高标志，此时屏幕左侧会显示一个三角形，仪器作为三角形的顶点（左侧），对边为垂线，两条斜边为虚线，分别标记 1 和 2 字样，此时 1 是闪烁的，之后将仪器对准目标顶点，点按测量键一次，此时 2 开始闪烁，这时将仪器对准目标底部，点按测量键，屏幕下方马上会显示对象的高度。注意，两次测量的基准点/起算点要一致。

f. 同上模式选择间接长度测量功能，此时屏幕左侧会显示类似上述 d. 显示的三角形，只不过水平边变为实线，此时将仪器对准目标顶点，轻按测量键，测量结果会显示在屏幕下方；此时屏幕上方会显示斜边长和仪器仰角。

（4）注意事项

在测定较远目标、目标反射性能不好、阳光过强的情况下，我们需要借助三脚架来固定仪器，安放激光瞄准靶增加反射性能，佩戴特制的激光辨识镜来观察激光点并瞄准目标，以获得准确数据。

在测定树高时，一定要保证激光信号能够返回来，否则会因瞄不准树梢而得不到数据，这时需要利用激光辨识镜来精准地瞄准树顶。

2．超声波测距仪

（1）原理

超声波指向性强，能量消耗缓慢，在介质中传播的距离较远，所以经常用超声波来测量距离。超声波测距仪由超声波发生电路、超声波接收放大电路、计数和显示电路组成。

超声波发射器向某一方向发射超声波，在发射的同时开始计时，超声波在空气中传播，途中碰到障碍物就立即返回来，超声波接收器收到反射波就立即停止计时。超声波在空气中的传播速度为 340 m/s，根据计时器记录的时间 t，就可以计算出发射点距障碍物的距离（s），即 s=340t/2。这就是所谓的时间差测距法。

（2）主要品牌

博世（Bosch，德国）、图雅得（Trueyard，美国）、徕卡（Leica，德国）、博士能（Bushnell，美国）、奥尔法（Orpha，美国）、尼康（NIKON，日本）、蔡司（ZEISS，德国）、基恩士（Keyence，日本）等。

（3）操作步骤

超声波测距仪上有设置瞄点装置。该类仪器操作很简单，只要把仪器对准要测量的目标，记录就会出现在测距仪的显示屏幕上。

（4）注意事项

现在其功能已融汇到激光测距仪的功能中，应用已不是很普遍了。

一般来说，通过大量练习掌握实用技巧，积累足够的经验是必要的。

3．便携式声呐测深仪

便携式声呐测深仪是一种适用于江河湖泊、水库航道、港口码头、沿海、深海的水下断面和水下地形测量以及导航、水下物探、追踪鱼群等诸多水域的水深测量仪器。

（1）原理

它由便携式机箱、传感器、微型打印机、支架和信号电缆以及上位机软件等部分组成。它是根据超声波能在均匀介质中匀速直线传播，遇不同介质面产生反射的原理设计而成的。超声波测深仪是以水体为超声波媒介，测深时将超声波换能器放置于水下一定位置，换能器到水底的深度可以根据超声波在水中的传播速度和超声波信号发射出去到接收回来的时间间隔计算出来。

（2）主要品牌

Lowrance（美国）、HawkEye（美国）、Humminbird（美国）、Raymarine（美国）、Garmin（美国）、Speedtech（美国）等国外品牌，同时国内品牌也很多，技术都很成熟。

（3）操作步骤

先将主机充足电；使用时将探头及传输线同主机连接好；通过屏幕检测仪器各部件是否运行正常；选择适宜的测量模式；将探头平稳放置到水面或水下一定深度；可以设定固定频率自动存储，也可手动存储。

一般测深仪都支持多点数据回看功能，也支持 USB 或通过 RS232 转换头下载数据。

（4）注意事项

由于水流的影响或仪器本身的电平波动，一个点要多测几组数据求其平均值；水体底部不均匀时，也要多测几组数据以求其平均值。

三、全站仪

目前国内外全站仪有多种品牌和型号，但原理、构造和功能基本相似。图 4-6 是南方仪器公司生产的 NTS-350 全站仪外观及各部件名称。

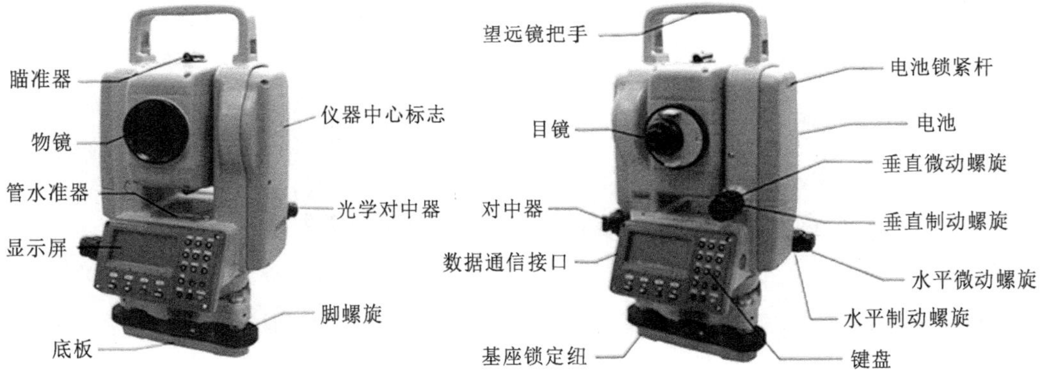

图 4-6 NTS-350 全站仪结构图

（一）全站仪的基本结构

与全站仪配套使用的主要测量器材就是反射棱镜，特别是在进行测量距离等作业时，须在目标处放置反射棱镜。棱镜的作用就是将全站仪发射的电磁波反射回全站仪，由全站仪接收装置接收，其内置计时器可记录电磁波从发射到被接收的时间差，从而解算出全站仪与棱镜之间的距离。发射棱镜有单棱镜、三棱镜、九棱镜等形式，常用的主要是单棱镜和三棱镜两种（图 4-7）。单棱镜主要用于测量短距离，三棱镜主要用于测量长距离。可通过基座连接器将棱镜连接在基座上，再安置到三脚架上，也可直接安置在对中杆上。

不同型号的全站仪，其具体操作方法有较大差异，使用时应认真阅读使用手册。

图 4-7　全站仪反射棱镜和三脚架及其基座连接器

（二）全站仪的基本功能和使用方法

1．水平角测量

1）按角度测量键，使全站仪处于角度测量模式，照准第一个目标 A；

2）设置 A 方向的水平度盘读数为 0°00′00″；

3）照准第二个目标 B，此时显示的水平度盘读数即为两方向间的水平夹角。

2．距离测量

1）设置棱镜常数。测距前须将棱镜常数输入仪器中，仪器会自动对所测距离进行改正。

2）设置大气改正值或气温、气压值。光在大气中的传播速度会随大气的温度和气压变化，15℃和 1.013×10^{5} Pa 是仪器设置的标准值，此时大气改正值为 0。实测时，可输入温度和气压值，全站仪会自动计算大气改正值（也可直接查表输入大气改正值）并对测距结果进行改正。

3）量取仪器高、棱镜高并输入全站仪。

4）距离测量。照准目标棱镜中心，按测距键，距离测量开始，测距完成时显示斜距、平距、高差。

全站仪的测距模式有精测模式、跟踪模式、粗测模式等。在距离测量或坐标测量时，可按测距模式键选择不同的测距模式。

3．坐标测量

1）设定测站点的三维坐标。

2）设定后视点的坐标或设定后视方向的水平度盘读数为其方位角。当设定后视点的坐标时，全站仪会自动计算后视方向的方位角，并设定后视方向的水平度盘读数为其方位角。

3）设置棱镜常数。

4）设置大气改正值或气温、气压值。

5）量取仪器高、棱镜高，并输入全站仪。

6）照准目标棱镜，按坐标测量键，全站仪开始测距并计算，显示测点的三维坐标。

（三）全站仪的新技术

1. 无反射棱镜全站仪

对不易安置棱镜或根本无法安置棱镜的目标点，无棱镜全站仪大有用武之地。无棱镜全站仪有红外激光与可见激光两种测距模式。测量时可通过一次按键在常规有棱镜测距模式和无棱镜测距模式之间切换。

2. 自动目标识别

应用自动目标识别（ATR）模式，粗略照准目标后按键，仪器发出一束激光，内置相机立即对返回信号加以分析，并通过伺服马达驱动仪器自动照准棱镜中心，照准、测量、记录同步完成，也可进行自动正倒镜观测，无须进行人工调焦和精确照准。

3. 自动跟踪

在自动跟踪模式下，仪器自动锁定目标棱镜并对移动目标进行自动跟踪测量。

4. 镜站测量

在镜站利用遥控测量装备进行测量，镜站操作控制器与仪器面板布局相同。在镜站上操作时，由于作业人员在目标点上，更容易获得目标处的信息。在镜站上进行放样测量时，放样数据和当前位置会直接显示在控制器上，使放样更加方便容易。

四、距离的归化处理

由于地球是一个球体，同一段距离投影到不同高度的投影面上，长度是不等的。在工程测量中，要保证测区内投影长度变形值不大于 2.5 cm/km，应选择合适的平面控制网的坐标系统。不同的坐标系统有不同的投影面，实测长度归算到不同投影面上的长度称为距离归化。

控制测量的平差计算通常是在高斯投影面上进行的，要将地面的实测长度归算到高斯投影面上，需要进行两次投影：先归算到参考椭球面上，再从参考椭球面归算到高斯投影面上。

（一）测距边长度

按式（4-16）计算：

$$D_{\mathrm{H}} = D_{\mathrm{P}}\left(1 + \frac{H_{\mathrm{P}} - H_{\mathrm{m}}}{R_{\mathrm{A}}}\right) \tag{4-16}$$

式中：D_H——测区平均高程面上的测距边长度，m；

D_P——测线的水平距离，m；

H_P——测区的平均高程，m；

H_m——测距边端点的平均高程，m；

R_A——参考椭球体在测距边方向法截弧的曲率半径，m。

（二）归算到参考椭球面上的测距边长度

按式（4-17）计算：

$$D_0 = D_P\left(1-\frac{H_m+h_m}{R_A+H_m+h_m}\right) \tag{4-17}$$

式中：D_0——归算到参考椭球面上的测距边长度，m；

h_m——测区大地水准面高出参考椭球面的高差，m。

（三）测距边在高斯投影面上的长度

按式（4-18）计算：

$$\mathrm{D}_g = D_0\left(1+\frac{y_m^2}{2R_m^2}+\frac{\Delta y^2}{24R_m^2}\right) \tag{4-18}$$

式中：D_g——测距边在高斯投影面上的长度，m；

y_m——测距边两端点横坐标的平均值，m；

R_m——测距边中点处在参考椭球面上的平均曲率半径，m；

Δy——测距边两端点横坐标的增量，m。

第三节 方位和朝向的确定

在日常生活和户外工作过程中，我们经常会用到方位和朝向的概念，如某地、某物在我们居住地或办公地的哪个方向，某座山脉、建筑、海岸面向哪个方向等，都需要我们快速做出反应，以更好地完成既定目标或工作。

一、方位的确定

1．方位的概念

方位可以通俗地理解成方向，指具体的方向在我们的定向体系中的位置。东西南北四个方位为基本方位，东北、东南、西南和西北为中间方位，同基本方位合起来构成八方位系统，还可再细分出 16、32 方位系统。如果需要更为细致的、精确的方位信息，则需要利用仪器测定其方位角。

确定方位在日常生活中和户外工作中具有十分重要的作用。如在陌生地方旅游观光、探亲访友，或工作、出差等，都是在寻找目标的过程中不断进行定位和确定目的地的方位。同样，在户外开展农林、水利、矿产、建筑等工程时，确定方位是常规、必要的工作，比如在确定土地的适宜性和确定作物类型及结构时，一定要区分出南向阳坡、北向阴坡和半阴坡（东坡和西坡）；购买或建设房屋时一定要区分出西晒面和阳面；建筑道路、桥梁时，一定要考虑盛行风、洪水的方向，做到扬长避短。

2. 基本方位的确定

各种陆地动物对方向均有一定的感知能力，在运动过程中可以确定自己的位置在巢穴的哪个方位，而我们人类则更为智慧，在很古老的时候就学会了如何确定基本方位。

我们的祖先经过长期的观察和反复实践，把握了确定正南的方法，就是根据太阳的中天位置先确定南北，利用日晷或一根直立的木杆，将影子在白天最短的时刻所对应的方向定为正南和正北方向，其中面向太阳的方向为正南，背离太阳的方向为正北。相应地，春分或秋分时太阳升起和降落的方位分别为正东和正西。实际上，随着科技的发展和经验的积累，人们往往绘一条与南北方向连线的垂线，日出一端为东，日落一端为西。

3. 其他方位体系的确定

（1）8 方位

人们在长期生活和生产过程中，很快会发现 4 个基本方位并不能满足出行、商旅、行军打仗、农作、行政管理的需要，因此又将 4 个基本方位之间的中间方位分划出来，构成 8 方位定向体系。在封建时代 8 方位体系基本可以满足农作和经济社会活动的需要。

8 方位具体标记为 N、NE、E、SE、S、SW、W、NW。该定向系统有着统一的四至，属于绝对方位系统。

然而在空中或高处时，我们还在使用一套相对的定向系统，它是根据人的面向来确定方位，即前与后、左与右、上与下，总共 6 个方位，有时人们还会再细分为左前上与左前下、前上与前下、右前上与右前下、左上和左下、右上和右下、左后上和左后下、右后上和右后下、后上和后下等 16 个方位。

（2）16 方位

有了 8 方位定向体系，人们自然而然地在更为复杂的社会经济活动中建立起了 16 方位定向体系，这就使得出行、导航更为精确。工业革命开始，16 方位体系运用更为广泛，逐渐形成统一的表示方式，即北（N）、东北偏北（NNE）、东北（NE）、东北偏东（NEE）、东（E）、东南偏东（SEE）、东南（SE）、东南偏南（SSE）、南（S）、西南偏南（SSW）、西南（SW）、西南偏西（SWW）、西（W）、西北偏西（NWW）、西北（NW）、西北偏北（NNW）等，即对 8 个方位再进一步均分。而在交通更为发达的今天，16 方位系统运用更为广泛。

(3) 32 方位

为了更为精确地描述风的来向、航海和飞行物体或器具的方位，人们进一步建立起了32方位系统，但在日常生活和一般性社会经济活动中用得不是很普遍，主要用于科研和技术方面。

32 方位体系的表示也更为复杂，北（N）、北微东（NbE）、东北偏北（NNE）、东北微北（NEbN）、东北（NE）、东北微东（NEbE）、东北偏东（NEE）、东微北（EbN）、东（E）、东微南（EbS）、东南偏东（SEE）、东南微东（SEbE）、东南（SE）、东南微南（SEbS）、东南偏南（SSE）、南微东（SbE）、南（S）、南微西（SbW）、西南偏南（SSW）、西南微南（SWbS）、西南（WS）、西南微西（SWbW）、西南偏西（SWW）、西微南（WbS）、西（W）、西微北（WbN）、西北偏西（NWW）、西北微西（NWbW）、西北（NW）、西北微北（NWbN）、西北偏北（NNW）、北微西（NbW）等，即对16个方位再进一步均分。

(4) 时钟方位

在航空行业中，人们还在用着一种时钟方位系统，就是根据手表表盘上的钟点来标示方位，它包括12个正点方位，也可细化为时点+分钟，如10点半方向、15点一刻方向等。相应地，9点—15点之间的方位代表前方，反之为后方。

在空中飞行过程中，成员同航天器之间、航天器同塔台之间的联络，用这种定向方式更为便捷，在空战中同伴间的呼应与配合也是如此，如长机和僚机间的通信。

二、朝向的确定与测量

（一）概述

1. 概念

朝向（aspect）初始意义是指人的面部所对应的方向，现今广泛用于坡面、建筑正面、出口或正门等所指向的方位。

朝向同方位密切相关。当我们熟悉方位系统后，理解和描述朝向则变得轻车熟路了。我们日常生活中一般使用8方位系统，在科学研究和测绘上会使用16方位系统，甚至是32方位系统。

2. 重要性

(1) 对农业耕作而言，坡地的朝向对农作物布局和经营非常重要。我们知道，阳坡往往阳光充足，气温较高，日照时间也长，适宜播种喜温或喜热、生长期较长的作物。阴坡则适宜播种喜凉耐荫，生长期较短的作物。而西坡和东坡则介于两者之间，但西坡西晒明显，热量比东坡要高。

(2) 对建筑而言，朝向不同也会面临偏热或偏凉、明亮与昏暗、能耗高低的差异问题。中国是个受季风影响深刻的国家，冬季遭受来自蒙古高原和西伯利亚冷空气的强烈作用，夏季受太平洋暖湿气流影响，冬冷夏热，因此我们的祖先选择坐北朝南的建筑朝向，在增加生活舒适度的同时，尽量减少对烧柴的过度需求。

不过，随着科技的进步和人民生活质量的提高，空调已成为住宅和办公楼必备的设施，因此人们在一定程度上已不太关注朝向问题了，尤其是面向街道、道路的商品房，额外的部分成本住户已完全有能力承担。在我国南方丘陵山区，房屋朝向往往随地势、道路而变化，并不完全遵循坐北朝南的建筑格局了。

（3）风水术对房屋、墓地的朝向非常注重。从字面意思看，风水的意思就是宅地或基地周围风向和水流的形势。风水术士认为宅地或祖宗基地吉凶，在某种程度上可以导致住家或葬者一家以及子孙的祸福。因此，通过仔细观察人家住宅或墓地周围自然环境，在很大程度上可以推知住家或葬者一家的吉凶，这就是风水术或堪舆术。

风水师往往利用风水罗盘探测某房舍的朝向，评判其吉凶。在住宅中，床的排列方向、床头的位置、门窗的朝向、梳妆台和镜子的朝向、冰箱门的朝向、电视的朝向、沙发和桌椅的朝向、电梯口、雕塑和饰物的摆放等，都要遵循一定的定制，确定与天干地支、阴阳五行、八卦的方位对应关系。当然，这其中有封建迷信的成分，但也有一定科学依据。

（二）简易判定

初来乍到一个新地方，我们对当地环境和区位不甚熟悉，需要根据经验和技巧确定特定地物和建筑的朝向，以确定我们的打算和计划。

一般来说，在阴雨天或夜晚，我们很难直观地判定方向和方位。虽然在晴朗的夜晚我们可以根据常见的星辰来大致判断方向，但更多的时候是靠经验来硬性确定方位，这样做的风险较大，却又是无奈和不得已的选择，聊胜于茫然无措。

有太阳出没的白天，我们可以根据正午时分太阳的位置来判断正南方向，由此再获得其他 3 个基本方位；或者在春分和秋分当日或前后几天，可以根据太阳的初升方向或日落方向来确定正东或正西，由此也可以确定其他 3 个基本方位。

如果我们熟悉某个天体、星座或天象在特定季节和时刻的出没方向，也可以大致确定方位。比如“启明星”，启明星即金星，是天亮或黄昏时分会出现在地平线上的明亮天体，当看到地平线附近出现金星时，天就快亮了，反之天黑时它会出现在西方地平线上，由此来确定方位。再如猎户座，主体是由 4 颗亮星组成的一个大四边形，最佳观测日期为 12 月上旬至 4 月上旬，它自东南方升起，经天顶后由西南方落下。北纬 30°地区的启明星在 2 月 1 日 21 点会出现在天顶偏南位置（高度角 60°～90°），由此确定正南，其他时间只能大致地确定正南位置。

如果是在自己非常熟悉的地方，我们则会根据谙熟的地物与建筑来快速确定方位。

（三）罗盘测定

1．简单测定

自从指南针发明出来之后，人们基本上都是根据磁罗盘来确定方位。在常用的罗盘上，磁针的南端往往会缠上几道红色铜丝，既用于表示南向，也用来平衡北半球磁力的不均衡。为了保证磁针的平稳转动，需要在罗盘上精确安置一个水准气泡，以使盘面处于水平状态。当盘面水平时，磁针会处于颤动状态，此时可以读取具体度数，判断相应的方位，如果磁针围绕某个方位摆动不止，我们可以读取其摆动的轴线方向，快速确定方位。

由于地球上的磁极与地轴的两极不一致，有一定偏角，该偏角因地而异。为了获得正北方位，我们需要了解当地的磁偏角，搞清楚是左偏还是右偏，然后在罗盘读数的基础上，求出真正的北向来。

当地的磁偏角可以通过查阅文献获得，也可以利用正午太阳的影子，通过将罗盘南北向边缘对正太阳影子的方式，直接读取磁针的偏角。

2．普通罗盘的结构和使用方法

普通罗盘一般会有一个盛托磁针的底盘，磁针中央的圆形凹坑支在底盘的支柱上，支柱顶端为针状，由硬度高且耐磨的材料制作而成，顶部再安装一个玻璃或有机玻璃的盖子，内部表盘上标示有 4 个基本方位和度数刻度。

正品罗盘都经过精密校准，一般南北向为纵向，东西向为横向。测方位时将罗盘纵线瞄准目标物或垂直欲测的立面，上下左右微调罗盘位置，使圆气泡居中，然后观察指北针指向的方位与度数。

一般罗盘调整水平是有技巧的。先将罗盘左右升降，使气泡位于纵线上，然后再前后俯仰调整盘面，使圆气泡居中。换句话说，就是先调节左右的倾斜，使其保持水平，然后调节前后的俯仰，使其再次保持水平，这样一来盘面就保持水平了，因为从立体几何角度讲，当两条水平直线直交时，肯定会使整个平面保持水平。

此外尚有方位罗盘、地质罗盘、风水罗盘等。

（四）经验与技巧

（1）风向即风的来向，需要应用经验或仪器确定其方位。由于罗盘方位都是从磁北开始顺时针标记方位与度数，因此，我们最好用磁针北端指向目标或垂直立面，这样可以直接读出方位和具体读数，否则需要根据具体象限加以求算。

（2）调整罗盘的水平需要大量、反复练习，以把握流程和技巧，为以后操作水准仪、经纬仪、全站仪、RTK 等先进仪器打下坚实基础。

（3）风、流水等是矢量，有单一的方向，但岩层走向、山谷延伸方向、道路的延伸方向则是双向的，一般要把一个方向及其反方向用连字符连在一起表示，比如某含银岩层走向为 NW-SE 或 NNE-SSW 等。

（4）罗盘上支撑磁针的针尖用久了会被磨秃，造成指示不准。因此，为了避免这根针尖在运输过程中发生不必要的磨损，也为了能更准确地读取方位角，罗盘边缘都有一个锁定装置，压下后就使磁针脱离支撑针。应当经常检查该环节是否正常发挥作用。

（5）现在配置较好的智能手机都预装了指南针和水准仪小插件（App），完全可以取代机械式罗盘，使用起来更为便捷、轻松。但是有一点需要注意，测方位时要尽最大努力保证手机保持水平状态，这同样需要大量实践，努力把握其技巧，提高其精度。

第四节　角度的精密测量

地面点的平面位置是通过测量其相对于某条基线的水平角度和相对于某基点的距离，经计算加以确定。地面点的高程，除了用水准测量的方法确定外，还可以通过测定竖直角，用三角高程测量方法确定。两点间的水平距离，除了直接用电磁波测距法测定外，还可以通过测定竖直角，利用视距测量的方法确定。因此，测量水平角和竖直角，都是测量的基本工作，统称为角度测量。

测量角度的仪器主要是经纬仪和全站仪。

一、概述

（一）角度的单位制

角度是我们日常生活和工作中经常要用到的测量单位，它同时间、地理坐标一样，都采用 60 进位制。而 60 进位制是由两河流域的古巴比伦人创制出来的，在现代几何学、信号分析学、天文学的发展中起着非常重要的作用，在当今世界的国际交往、科学研究、工程设计与施工等方面也发挥着极其重要的作用。

1．常规角度制

目前世界上使用的角度制主要有两种，一种是 60 分制，它将整个圆周划分为 360 份，每一份为 1°，1°又可分为 60′，1′再划分成 60″；另一种是弧度制，整个圆周确定为 2π，即单位圆的周长，那么 1 弧度=1/2π≈0.159 2°，或者 1 弧度=360/2π≈57.295 8°。

2．军用角度制

在炮兵和火箭、导弹部队中，还使用着另外一种角度制，即密位制。密位（mil）是一种军用的角度计量法，是以密位为单位来测量角的制度。密位是指两条直线一端相交，另一端延伸出去 1 000 m 且两条直线的远端相距 1 m，那么这两条线之间的夹角就是 1 密位。实际上，它是把一个完整圆周等分为 6 000 份，则 1 mil=0.06°=3.6′，相当于 1/1 000 弧度。

密位的记法很特别，末两位和高两位之间要用短线隔开，如 1 密位记为 0-01，450 密位记为 4-50，6 000 密位记为 60-00。

密位制除了在炮兵、火箭、导弹等兵种中应用很广泛外，在军事测绘、狙击步枪瞄准系统中也有很广泛的应用。

需要注意的是，英美等英语国家将 1 密位定义为圆周的 1/6 400，而不是 1/6 000。

（二）角度的简易确定

首先，我们可以借鉴 4 方位、8 方位和 16 方位定向系统的方法，直接确定常用的规则方位的角度。以正北为零，顺时针计数，东北向为 45°，正东为 90°，东南方为 135°，正南为 180°，正西为 270°，西北偏北为 348°45″。这些进而可以根据弧度定义换算成相应规则方位的弧度。

其次，对于空间尺度有限的对象而言，可以利用量角器直接实测两直线间夹角而获得角度具体数值。量角器一般用透明塑料（有机玻璃）或不锈钢制作而成，有 90°、半圆和整圆 3 种形制。刻度一般为度，但精密的量角器可以再细分出半度甚至更小的分划刻度。

对于较远距离的地物，确定其偏离某个方位的角度，可以利用罗盘通过两次读数，然后求算其夹角的方式获得。但这种方法存在一定误差，取决于操作者的经验和技巧。

此外，对于坡度而言，我们可以利用坡度尺或水平仪直接测定。这些器具一般在中部安装一个长条形气泡管，管上标记有对应的角度，气泡正中央对应的角度即为坡度。

如果精度要求不是很高，那么凭经验利用 16 方位或 32 方位定向体系估算具体角度，也不失为一种实用方法。

（三）角度测量仪器的发展简史

角度测量离不开仪器，仪器的发展是角度测量发展的直接体现。这里简单介绍一下常用的经纬仪和全站仪的发展历史。

1．经纬仪

经纬仪最初的发明与航海有着密切的关系，因为航海和战争的原因，人们需要绘制地图和海图，而传统的三角测量法因为没有合适的仪器，导致角度测量手段有限，精度不高。

（1）光学经纬仪

大约在 1730 年，英国机械师西森（Sisson）首先研制出了经纬仪，后经改进成型，正式用于英国大地测量中；1904 年，德国开始生产玻璃度盘经纬仪；1920 年，瑞士人威特（Wild H.）等研制成了世界上第一台 Th1 型光学经纬仪。光学经纬仪的水平度盘和竖直度盘用玻璃制成，读数设备由比较复杂的光学系统组成（图 4-8）。

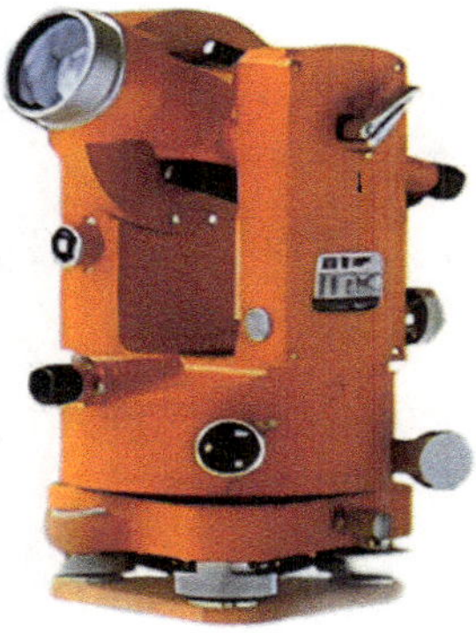

图 4-8　光学经纬仪

一般来说，光学经纬仪在结构上的主要特点是：

a．角度标准设备，其度盘及其读数系统都由光学玻璃组成；

b．目标照准设备，其望远镜均为消色差的或经过消色差矫正过的、尺寸较短的内调焦望远镜；

c．强制归心机构，如对点器、对中杆、快速安平、补偿器等。

光学经纬仪的优点是体积小、重量轻、作业方便且精度高；缺点是工作量大，效率低，不能实现测绘作业的自动化。

（2）电子经纬仪

基于光学经纬仪的缺点和不足，随着电子技术的发展，20 世纪 60 年代电子经纬仪应运而生。电子经纬仪是一种精密测角仪器，装有电子扫描度盘，在微处理机控制下能实现自动化数字测角（图 4-9）。

图 4-9　电子经纬仪

比起光学经纬仪，电子经纬仪的优势主要在于：

a．度盘和读数系统有本质区别，电子经纬仪为了进行自动化数字式电子测角，采用了角（模）-码（数）的光电转换系统，读数更加精确；

b．电子经纬仪有微处理机作为中央处理单元 CPU，用以实现电子测角、电子测距和计算，并将观测值及计算结果显示在显示器上；

c．随着技术的发展，电子经纬仪也朝着更高的自动化和多功能化方向发展。

2．全站仪

20 世纪 70 年代，在电子经纬仪的基础上，结合电子测距技术的发展，人们发明了电子速测仪。

根据测角方法的不同，电子速测仪可分为半站型电子速测仪和全站型电子速测仪。半站型电子速测仪是指用光学方法测角的电子速测仪，也称“测距经纬仪”；全站型电子速测仪则是由电子测角、电子测距、电子计算和数据存储单元等组成的三维坐标测量系统，测量结果能自动显示，并能与外围设备交换信息。由于全站型电子速测仪较完善地实现了测量和处理过程的电子化和一体化，所以人们也通常称为“全站型电子速测仪”或简称“全站仪”（图 4-10）。

图 4-10　全站仪

全站仪的发展经历了从组合式即光电测距仪与光学经纬仪组合，或光电测距仪与电子经纬仪组合，到整体式即将光电测距仪的光波发射/接收系统的光轴和经纬仪的视准轴组合为同轴的整体式全站仪等几个阶段。

目前的测绘仪器市场上，瑞士徕卡公司的全站仪可以说是业内标杆。

二、角度测量的基本原理

（一）概念

1．水平角

水平角是指空间两条相交直线在某一水平面上投影之间的夹角，常用字母 β 表示，数值范围为 0°～360°。

为了测量水平角，可设想将一个有顺时针角度分划的度盘（圆盘）置于站点上，使其圆心与站点重合或位于同一铅垂线上，并安置水平。在度盘的中心上方，设置一个既可以水平转动，又可以铅垂俯仰的望远镜照准装置，以及与其水平转动联动的位于度盘上的读数指标线，这样望远镜分别照准两个目标点，即可得到度盘上指标线处的目标读数 a、b，显然水平角为

$$\beta = b - a \tag{4-19}$$

2. 竖直角

竖直角是指在竖直平面内，目标方向线与水平视线的夹角，也称为“竖直角”或“高度角”，一般用字母 α 表示。目标方向线在水平线以上为正，叫仰角，在水平线以下为负，叫俯角。角值范围是 0°～±90°。

为了测量竖直角，可以设想在测量水平角仪器的望远镜旋转轴的一端安装一个度盘，称为竖直度盘。竖直度盘中心与望远镜旋转轴中心重合，且与望远镜旋转轴一同固定在仪器上。当望远镜上下转动时，竖直度盘连同望远镜一起转动。再于竖直度盘上设置一个不随望远镜转动的竖直度盘读数指标，并使视线水平时的竖直度盘读数为某一固定整数。同水平角观测相似，用望远镜照准目标点，读出目标点对应的竖直度盘读数，根据该读数与望远镜水平时的竖直度盘读数就可以计算出竖直角的值。另外，测量上有时也用到天顶距，它是指从天顶方向（定义为铅垂线的反方向）顺时针量至目标方向之间的夹角，一般用 Z 表示，角值范围是 0°～180°，无正负之分。显然天顶距 Z 与竖直角 α 的关系为

$$\alpha = 90° - Z \tag{4-20}$$

实际使用时，可使用竖直角也可使用天顶距。

经纬仪就是根据上述角度测量的原理和要求而制造的角度测量仪器，它既可用于测量水平角，也可用于测量竖直角。

（二）基本原理

1. J6 光学经纬仪

根据测角精度不同，经纬仪分为 DJ07、DJ1、DJ2、DJ6 和 DJ15，一般 D 可以省略。其中 07、1、2、6 等表示该类仪器的精度等级，其含义为一测回的测角中误差分别为 ±0.7″、±1.0″、±2.0″、±6.0″和 ±15″。一测回的测角中误差为 2″及 2″以内的经纬仪属于精密经纬仪，一测回的测角中误差为 6″及 6″以上的经纬仪属于普通经纬仪。

在一般工程测量中最常用的是 J2 经纬仪和 J6 经纬仪。J2 经纬仪主要用于控制测量，J6 经纬仪主要用于图根控制测量和碎部测量。两种经纬仪的结构大致相同，这里主要介绍 J6 经纬仪的结构、原理和使用方法。

（1）基本结构

J6 光学经纬仪由基座、水平度盘和照准部 3 部分组成。图 4-11 为 J6 光学经纬仪的外形示意图。

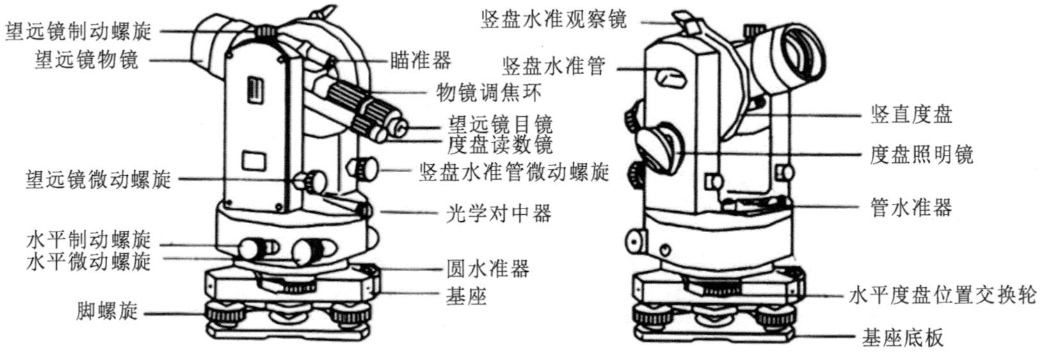

图 4-11　J6 光学经纬仪外形示意图

a．基座。基座位于仪器的下部，由轴座、脚螺旋和底板等部件组成。基座的中间为基座轴座，仪器的竖轴轴套可以插入基座轴座内旋转，基座上还设有轴座固定螺旋，拧紧轴座固定螺旋可以将照准部固定在基座上。基座上的三个脚螺旋，用于整平仪器。基座底板的中央有螺孔，将三脚架头上的连接螺旋旋进螺孔内，可以将仪器固定在三脚架上。

b．水平度盘。水平度盘是一个光学玻璃圆盘，其边缘按顺时针方向刻有 0°～360°的刻划。水平度盘的轴套套在竖轴轴套的外面，可以绕竖轴轴套旋转。照准部旋转时，水平度盘并不随之转动。如要改变某方向的水平度盘读数，可以转动换盘手轮，使水平度盘上的某刻度对准读数指标。

c．照准部。照准部是基座之上能绕竖轴旋转的整体装置的总称，它由望远镜、竖直度盘、水准器、光学读数设备、横轴、支架、水平制动与微动螺旋、望远镜制动与微动螺旋等部件组成。照准部的旋转轴即为仪器的竖轴。

望远镜通过横轴安置在照准部两侧的支架上，由物镜、目镜、十字丝分划板和调焦透镜组成。为了便于照准目标，经纬仪望远镜十字丝的竖丝一般设计为一半为单丝、一半为双丝的形式，有些仪器横丝亦如此。竖直度盘安装在横轴的一侧，望远镜旋转时，竖直度盘随之一起转动。与竖直度盘配套的还有竖直度盘指标、水准管及其调节螺旋。

照准部上安装有水准管，它是安置平面或轴线处于水平或竖直位置的一种装有液体（通常为有较好流动性的液体，如乙醚，液体未装满，留有真空气泡）的玻璃器皿。它的作用是精确整平仪器，使仪器的竖轴处于铅垂位置，并根据仪器内部应具备的几何关系使水平度盘和横轴处于水平位置。照准部上还设有光学对中器，用于光学对中。

反光镜的作用是将外部光线反射进入仪器，通过一系列透镜和棱镜，将度盘和分微尺的影像反映到读数显微镜内，以便读出水平度盘或竖直度盘的读数。

照准部在水平方向的转动由水平制动螺旋和水平微动螺旋控制，望远镜在竖直面内的转动由望远镜制动螺旋和望远镜微动螺旋控制。观测时，用粗瞄准器瞄准远方的目标，拧紧照准部和望远镜制动螺旋。然后转动望远镜的调焦螺旋，将目标清晰成像在十字丝分划板平面上，通过照准部和望远镜微动螺旋精确照准目标。

（2）读数系统

经纬仪测读角度的一系列装置，称为经纬仪的读数系统。通常包括度盘、光路系统和测微装置。J6 光学经纬仪型号不同，光学系统和读数方法也不尽相同。

a．度盘。度盘一般为优质玻璃或金属刻制而成，度盘的直径和最小刻度值的大小，取决于经纬仪的精度等级。地形测量使用的经纬仪，其度盘直径多为 60～90 mm，最小刻划值为 20′～1°。

b．光路系统。传递度盘分划影像，使之成像、放大和进行测微读数的光线路径，称为光路。

c．测微装置。用于测读度盘上不足一个分划间隔相应角度的装置称为测微装置，不同类型的经纬仪有不同测微原理和结构的测微装置。但采用较多的是测微尺和双平板玻璃测微器。

2．电子经纬仪

随着微电子技术和计算机技术的发展及综合应用，新一代具有数字显示、自动记录、自动传输数据功能的电子经纬仪在国内外已经被大量生产和使用。由于电子经纬仪能自动显示并记录角度值，因而大大减轻了测量工作人员的劳动强度，也提高了工作效率。

电子经纬仪与光学经纬仪的外形结构相似，但测角系统有很大区别。电子经纬仪的型号很多，但其测角原理和方法却有很多相似之处。概括地讲，主要有以下三种：编码度盘测角、光栅度盘测角和光栅动态度盘测角。目前大部分电子经纬仪都采用后两者，这里仅介绍光栅度盘测角系统的测角原理。

（1）概述

光栅度盘是在光学圆盘上刻划出由圆心向外辐射的等角距细线构成的、相邻两条刻划线间的距离，称为栅距。栅距所对应的圆心角称为栅距分划值。

光栅度盘的栅距分划值越小，测角精度越高。光栅度盘的栅距很小，而分划值仍然较大。例如在直径 80 mm 的度盘上刻有 12 500 条细线（刻线密度为 50 线/mm），栅距分划值仍有 1′44″，仍不能满足精确测角要求。为了提高测角精度，光栅测角系统采用了莫尔条纹技术，即取栅距和大小均相同的两块光栅，并以微小角度错开，所出现的明暗相间的条纹即称为莫尔条纹。

设 d 是两光栅之间的相对移动量，w 是莫尔条纹的径向移动量，两光栅夹角为 θ，则其关系为

$$w = d\cot\theta \tag{4-21}$$

可见，两光栅之间很小的相对移动将会产生很大的条纹移动量。

光栅度盘下面是一个发光管，上面是一个可与光栅度盘形成莫尔条纹的指示光栅，指示光栅上面是感光器。测角时，发光管、感光管和光栅度盘固定不动，指示光栅随照准部的移动而沿度盘横向移动，由发光管发出的光信号透过莫尔条纹落到感光器上，进而转化为电信号，指示光栅转动一个栅距，莫尔条纹变化一个周期，感光器输出的电流也变化一个周期。因此，度盘转动时，接收元件可以累计出条纹的移动量，经转化得出转动的角值。

（2）JD2 型电子经纬仪

图 4-12 是 JD2 型电子经纬仪的外形示意图，主要特点如下：

图 4-12　JD2 型电子经纬仪的外形

a．它采用光栅度盘测角系统，测角精度为±2″；竖直度盘指标采用自动补偿器，可实现竖直度盘指标自动归零；

b．可单次测量，也可多次重复测量；

c．设有 360°、400 gon* 两种不同的度制，可以根据测量的需求选择角度显示单位；

d．竖直角测量模式有天顶距、竖直角、高度角、坡度角 4 种，可根据作业需要在功能设置中选择；

e．仪器可以自动显示错误信息，如仪器的充电电池用完、操作者操作错误、仪器竖轴倾斜超过自动补偿器的补偿范围等，从而使操作者可以及时纠正，保证操作的正常进行；

f．配有 RS-232C 串行通信口，方便与电子计算机或电子手簿连接；另外还设有 EDM 数据通信口，可以与测距仪组合成全站仪使用。

三、水平角的测定

（一）经纬仪的操作程序

经纬仪的使用包括对中、整平、瞄准和读数 4 个操作步骤。

* 百分度制角度单位，用 G 表示。与其他角度单位制换算关系：角度制，1 G=0.9°；弧度制，1 G=0.005π。

1．对中

对中就是使水平度盘的中心与地面测站点的标志中心位于同一铅垂线上。对中的方法有垂球对中、光学对中和激光对中三种。

（1）垂球对中

在三脚架的连接螺旋上悬挂垂球，通过移动脚架腿使垂球尖对准测站点中心，垂球对中误差一般不大于 3 mm，由于该方法操作复杂，目前已较少使用。

（2）光学对中

张开三脚架，目测使三脚架架头大致水平，通过连接螺旋将经纬仪固定在三脚架上，踩实一个脚架腿；调整对中器目镜焦距，使测站点位影像清晰；两手架起另外两条脚架腿，来回移动，使对中器的圆圈标志对准地面点标志，再将两架腿踩实即可。光学对中器对中误差小于 1 mm。

（3）激光对中

目前大部分厂家生产的全站仪、电子经纬仪都可以进行激光对中，安置仪器时仪器会向地面发射一束红色的激光线，在地面形成激光斑点，通过移动两脚架腿，使激光斑点位于测站点标志中心即可，操作较简单。

2．整平

整平的目的是使仪器的竖轴处于铅垂方向。整平的操作步骤如下：

1）转动仪器照准部，使照准部水准管平行于任意两个脚螺旋的连线，用双手同时向内或向外等量转动两个与照准部水准管平行的脚螺旋，使气泡居中，气泡移动方向与左手大拇指移动方向一致；

2）将照准部转动 90°，使照准部水准管竖直于原来两个脚螺旋的连线，调整第三只脚螺旋使水准管气泡居中。

整平一般需要反复多次进行，直至照准部转到任何位置水准管气泡都居中。在观测水平角过程中，一般气泡偏离中心位置不超过 1 格。

3．瞄准

瞄准就是用望远镜十字丝交点与被测目标精确对准，其操作步骤如下：

1）松开仪器水平制动螺旋和望远镜制动螺旋，将望远镜对向明亮背景，转动目镜调焦螺旋，直至十字丝最为清晰；

2）用望远镜上方的粗瞄准器对准目标，然后拧紧水平制动螺旋和望远镜制动螺旋；

3）转动物镜调焦螺旋，使目标成像清晰，并注意消除视差；

4）转动水平微动螺旋和望远镜微动螺旋，使十字丝交点对准目标点。观测水平角时，将目标影像夹在双竖丝内且与双竖丝对称，或用单竖丝平分目标；观测竖直角时，则应用十字丝中丝与目标顶部相切。

4．读数

当精确瞄准目标后，即可读数。读数以前，要调节显微镜目镜，消除视差，待显微镜内分划线和注记数字都十分清晰时，才能读数。

（二）水平角的测回法

水平角的观测方法，一般根据观测目标的多少和测角精度要求确定。常用的观测水平角的方法有测回法和方向观测法。这里仅介绍测回法。

测回法适用于观测两个方向之间的夹角，是水平角观测的基本方法。采用测回法观测时，先进行盘左位置观测（上半测回观测），再进行盘右位置观测（下半测回观测），最后取盘左、盘右两次测得角度的平均值作为观测结果。

1．观测

如图 4-13 所示，要测出 OM、ON 两方向之间的水平角，在 O 点安置好仪器后，一测回法操作步骤如下：

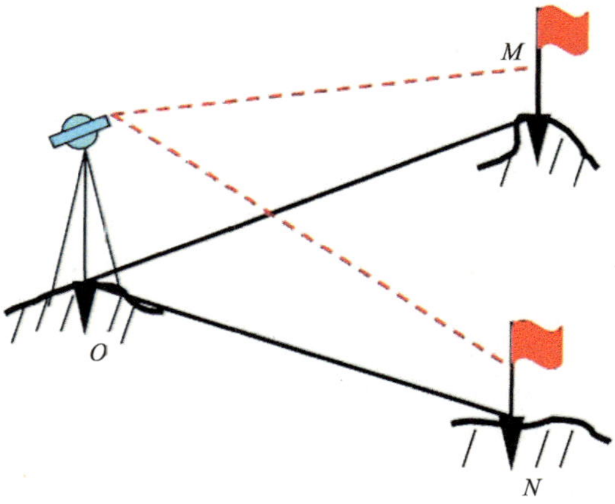

图 4-13　测回法观测水平角

1）盘左位置（使竖直度盘位于望远镜的左侧）照准观测目标 M，将水平度盘读数设置为略大于零，读取水平度盘读数 $a_{左}$。

2）顺时针转动照准部，照准目标 N，读取水平度盘读数 $b_{左}$。则上半测回水平角值为

$$\beta_{左}=b_{左}-a_{左} \tag{4-22}$$

3）倒转望远镜到盘右位置（使竖直度盘位于望远镜的右侧），仍照准目标 N，读取水平度盘度数 $b_{右}$。

4）逆时针转动照准部，照准目标 M，读取水平度盘读数 $a_{右}$，则下半测回水平角值为

$$\beta_{右}=b_{右}-a_{右} \tag{4-23}$$

上、下半测回合称为一测回。采用盘左、盘右两个位置观测水平角，可以抵消某些仪器构造误差对测角的影响，同时可以检核观测中有无错误。

对于 J6 光学经纬仪，如果 $\beta_{左}$、$\beta_{右}$ 的差值不大于 40″，则取盘左、盘右的平均值作为最后结果：

$$\beta = \frac{1}{2}(\beta_{左} + \beta_{右}) \tag{4-24}$$

如果 $\beta_{左}$、$\beta_{右}$ 的差值大于 40″，应找出原因并重测。

为了提高测量精度，往往需要对某个角度观测多个测回，这时，为了减少度盘的刻划不均匀误差，各测回起始方向的度盘读数应均匀变换，其预定值可按下式计算：

$$\delta = (i-1)\frac{180°}{n} \tag{4-25}$$

式中：δ 为总测回数；i=1，2，…，n 为测回序数。

不论 n 为何值，第一个测回预定值都是零，若 n=2，则第二个测回预定值为 90°，若 n=4，则各测回预定值依次为 0°、45°、90°、135°。

2. 记录与计算

测回法观测记录举例见表 4-1。

表 4-1　测回法观测手簿

观测日期：2022 年 7 月 10 日　　天气：晴　　观测者：王海

仪器：J6-200106　　记录者：张奇

测站	测回	竖直度盘位置	目标	度盘读数	半测回角值	一测回角值	各测回平均角值	备注
O	1	盘左	M	0°01′00″	35°30′12″	35°30′15″	35°30′24″	
			N	35°31′12″				
		盘右	M	180°01′06″	35°30′18″			
			N	215°31′24″				
	2	盘左	M	90°00′24″	35°30′30″	35°30′33″		
			N	125°30′54″				
		盘右	M	270°01′00″	35°30′36″			
			N	305°31′36″				

四、竖直角的测定

（一）经纬仪竖直度盘的构造

光学经纬仪竖直度盘的构造包括竖直度盘、竖盘指标、竖盘指标水准管和竖盘指标水准管微动螺旋。

竖直度盘固定在横轴的一端，当望远镜在竖直面内转动时，竖直度盘也随之转动，而用于读数的竖盘指标则不动。当竖盘指标水准管气泡居中时，竖盘指标所处的位置称为正确位置。

光学经纬仪的竖直度盘也是一个玻璃圆环，分划与水平度盘相似，度盘刻度 0°～360° 的注记有顺时针方向和逆时针方向两种。图 4-14（a）所示为顺时针方向注记，图 4-14（b）所示为逆时针方向注记。

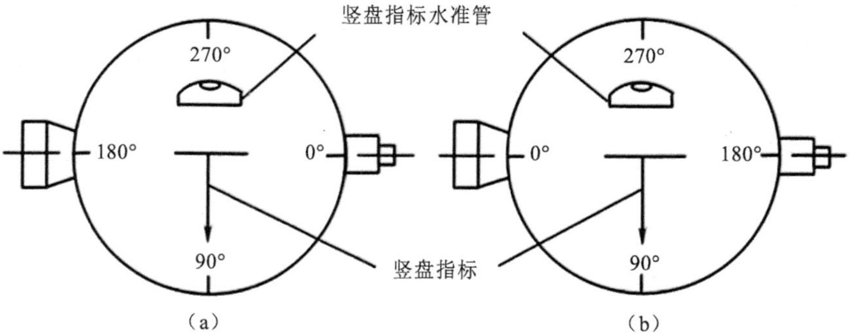

图 4-14 竖直度盘刻度注记（盘左位置）

竖直度盘构造的特点是：当望远镜视线水平，竖盘指标水准管气泡居中时，盘左位置的竖盘读数为 90°，盘右位置的竖盘读数为 270°。

（二）竖直角的计算

由于竖盘注记形式不同，竖直角计算的公式也不一样。现在以顺时针注记的竖盘为例，推导竖直角计算的公式。

如图 4-15 所示，盘左位置是当视线水平时，竖盘读数为 90°。当瞄准一目标时，竖盘读数为 L，则盘左竖直角 α_L 为

$$\alpha_L = 90° - L \tag{4-26}$$

盘右位置则是当视线水平时，竖盘读数为 270°。当瞄准原目标时，竖盘读数为 R，则盘右竖直角 α_R 为

$$\alpha_R = R - 270° \tag{4-27}$$

将盘左、盘右位置的两个竖直角取平均值，即得竖直角 α 的计算公式为

$$\alpha = \frac{1}{2}(\alpha_L + \alpha_R) \tag{4-28}$$

对于逆时针注记的竖盘，用类似的方法推得竖直角的计算公式为

$$\alpha_L = 90° - L;\quad \alpha_R = R - 270° \tag{4-29}$$

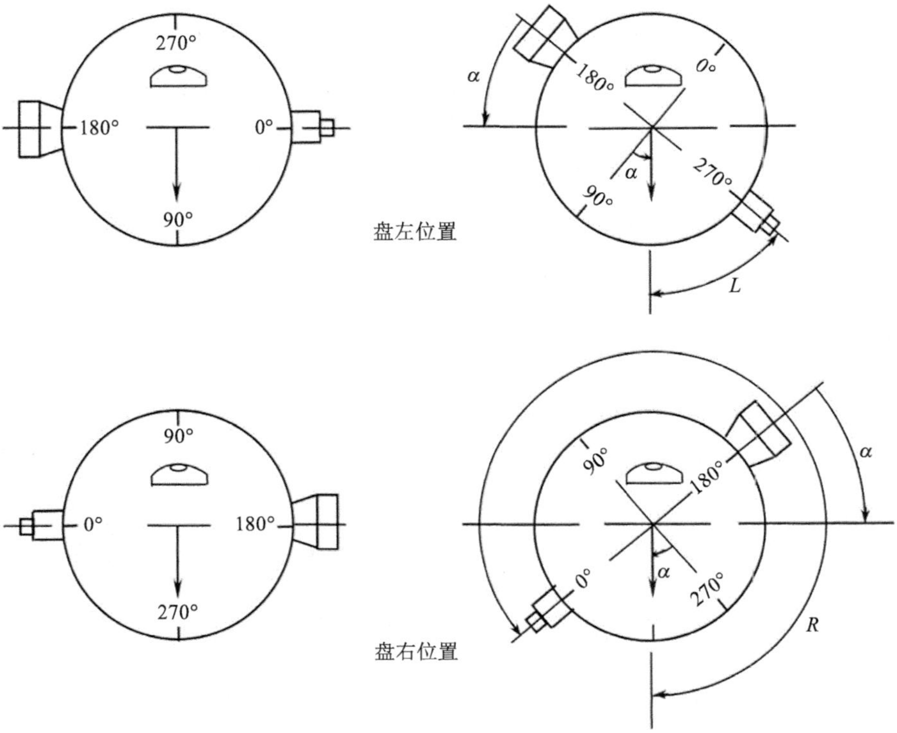

图 4-15　竖盘读数与竖直角计算

（三）竖直度盘指标差的计算

在竖直角计算公式中，人们认为当视准轴水平、竖盘指标水准管气泡居中时，竖盘读数应是 90°的整数倍。但实际上这个条件往往不能满足，竖盘指标常常偏离正确位置，这个偏离的差值 x 角，称为竖盘指标差。竖盘指标差 x 本身有正负号，一般规定当竖盘指标偏移方向与竖盘注记方向一致时，x 取正号，反之 x 取负号。

盘左位置时，由于存在指标差，其正确的竖直角计算公式为

$$\alpha = 90° - L + x = \alpha_L + x \tag{4-30}$$

相应地，盘右位置时，其正确的竖直角计算公式为

$$\alpha = R - 270° - x = \alpha_R - x \tag{4-31}$$

将式（4-30）和式（4-31）相加并除以 2，得：

$$\alpha = \frac{1}{2}(\alpha_L + \alpha_R) = \frac{1}{2}(R - L - 180°) \tag{4-32}$$

由此可见，在竖直角测量时，用盘左、盘右观测，取平均值作为竖直角的观测结果，可以消除竖盘指标差的影响。

将式（4-30）和式（4-31）相减并除以 2，得：

$$x=\frac{1}{2}(\alpha_R-\alpha_L)=\frac{1}{2}(L+R-360°) \tag{4-33}$$

式（4-33）为竖盘指标差的计算公式。指标差互差（所求指标差之间的差值）可以反映观测成果的精度。有关规范规定：竖直角观测时，指标差互差的限差，J2 型仪器不得超过±15″，J6 型仪器不得超过±25″。

（四）竖直角的观测

竖直角观测时利用横丝瞄准目标的特定位置，如觇标的顶部或标尺上的某一位置。竖直角的观测步骤如下。

1. 观测

1）将仪器安置于测站点，对中、整平后，用钢尺量出仪器高（从地面桩顶量到横轴中心的高度）。

2）盘左位置瞄准目标。如果仪器竖直度盘指标为自动归零装置，则直接读取盘左读数 L；如果采用竖盘指标水准管，调整竖盘指标水准管的微动螺旋使水准气泡居中，读取读数 L。

3）盘右照准目标同一位置，同样读取盘右读数 R。

2. 竖直角的记录与计算

竖直角观测记录举例见表 4-2。

表 4-2 竖直角观测手簿

观测日期：2022 年 8 月 12 日　　天气：晴　　观测者：李雷

仪器：J6-200106　　记录者：王欢

测站	目标	竖盘位置	竖盘读数	半测回竖直角	指标差	一测回竖直角	备注
O	M	盘左	78°28′42″	11°31′18″	−3″	11°31′15″	
		盘右	281°31′12″	11°31′12″			
	N	盘左	85°20′36″	4°39′24″	−6″	4°39′18″	
		盘右	274°39′12″	4°39′12″			

（五）角度测量的误差来源及注意事项

角度测量的误差主要来源于仪器误差、观测误差以及外界条件的影响等。认真分析这些误差，找出消除或减小误差的方法，从而提高观测精度。由于竖直角主要用于三角高程测量和视距测量，在测量竖直角时，只要严格按照操作规程作业，采用测回法消除竖盘指标差对竖直角的影响，测得的竖直角即能满足对高程和水平距离的计算。故而，我们只分析水平角的测量误差。

1. 仪器误差

（1）仪器制造加工不完善引起的误差

如照准部偏心误差、度盘分划误差等。经纬仪照准部旋转中心应与水平度盘中心重合，如果两者不重合，即存在照准部偏心差，在水平角测量中，此项误差影响也可通过盘左、盘右观测取平均值的方法加以消除。水平度盘分划误差的影响一般较小，当测量精度要求较高时，可采用各测回间变换水平度盘位置的方法进行观测，以减弱这一项误差影响。

（2）仪器校正不完善引起的误差

如望远镜视准轴并未严格垂直于横轴、横轴不严格垂直于竖轴所引起的误差。可以采用盘左、盘右观测取平均的方法来消除，而竖轴不垂直于水准管轴引起的误差则不能通过盘左、盘右观测取平均或其他观测方法来消除，因此，必须针对仪器认真做好此项检验、校正。

2. 观测误差

（1）对中误差

仪器对中不准确，使仪器中心偏离测站中心的位移叫偏心距，偏心距将使所观测的水平角值偏大或偏小。经研究已经知道，对中引起的水平角观测误差与偏心距成正比，并与测站到观测点的距离成反比。因此，在进行水平角观测时，仪器的对中误差不应超出相应规范规定的范围。

（2）整平误差

若仪器未能精确整平或在观测过程中气泡不再居中，竖轴就会偏离铅垂位置。整平误差不能用观测方法来消除，此项误差的影响与观测目标时视线竖直角的大小有关，当观测目标与仪器视线大致同高时，影响较小；当观测目标时，视线竖直角较大，则整平误差的影响明显增大，此时，应特别注意认真整平仪器。当发现水准管气泡偏离零点超过一格以上时，应重新整平仪器，重新观测。

（3）目标偏心误差

由于测点上的标杆倾斜而使照准目标偏离测点中心所产生的偏心差称为目标偏心误差。目标偏心是由于目标点的标志倾斜引起的。观测点上一般都是竖立标杆，当标杆倾斜而又瞄准其顶部时，标杆越长，瞄准点越高，则产生的角度值误差越大；标杆短时误差的影响更大。为了减少目标偏心对水平角观测的影响，观测时标杆要准确而竖直地立在测点上，且尽量瞄准标杆的底部。

（4）瞄准误差

引起瞄准误差的因素很多，如望远镜孔径的大小、分辨率、放大率、十字丝粗细、清晰度等，人眼的分辨能力，目标的形状、大小、颜色、亮度和背景，以及周围的环境，空气透明度，大气的湍流、温度等，其中同望远镜放大率的关系最大。经计算，DJ6 级经纬仪的瞄准误差为 ±2″～±2.4″，观测时应注意消除视差，调清十字丝。

（5）读数误差

读数误差与读数设备、照明情况和观测者的经验有关。一般来说，主要取决于读数设备。对于 2″级光学经纬仪其误差不超过 ±2″。如果照明情况不佳，读数显微镜存在视差，以及读数不熟练，估读误差还会增大。

3. 外界条件的影响

影响角度测量的外界因素很多，大风、松软泥土会影响仪器的稳定；地面辐射热会影响大气稳定性而引起物像的跳动；空气的透明度会影响照准的精度；温度的变化会影响仪器的正常状态等。这些因素都会在不同程度上影响测角的精度，完全避免这些影响是不可能的，观测者只能采取措施及选择有利的观测条件和时间，使这些外界因素的影响降低到最小的程度，从而保证测角的精度。

思考题

1. 本章中介绍了哪几种距离测量的方法？各种方法在什么情况下使用？试比较各种方法的优、缺点。

2. 简述全站仪光电测距的基本原理，写出相位法测距的基本公式，说明公式中各符号的含义。

3. 分析产生水平角观测误差的主要原因。

练习题

1. 想办法亲手操作经纬仪，列出经纬仪对中、整平的全过程。

2. 亲手画出图示，说明视距测量的原理，根据公式解释两点间的水平距离和高差的测量步骤。

推荐读物

根据自己的兴趣和需要，选择以下推荐的专业教材作为参考：

1. 王侬，过静珺主编，《现代普通测量学》（第 2 版），清华大学出版社，2009.

2. 陈丽华主编，《测量学》，浙江大学出版社，2009.

3. 李天文等编著，《现代地籍测量》，科学出版社，2012.

温馨提示

测量是一种常见的地理学技术，它用来测量地理空间的特征，如地面的高程、海水的深度以及城市的面积等。测量的客观数据，为其他研究领域提供重要的空间信息，有利于帮助和支持其他地理学研究的理论发展，推动地理学研究的整体进展。因此我们在日常工作和生活中要认识到测量的重要性，学会利用测量获得的具体地物的精确信息，来支持相关的理论和分析。

第五章　地图的阅读与使用*

本章提要

地图既是社会发展迫切需求的产物，也是人类智慧的结晶，为人类社会的文明进步做出了不可磨灭的贡献。它既是地理学研究的开始，也是其最终成果的展示媒介。本章主要介绍地图的发展史、地图的构成、地图的主要内容及其表示方法、地图的实际运用技巧等内容。

关键词

地图，地图投影，地形图，等高线，比例尺，地理要素，注记，地图阅读，图面作业，电子地图

地图是一种用来描述和展示地球表面特征的工具，通常通过各种符号、颜色和标注来表示不同的地理信息，如地形、水系、道路、建筑物等。它可以采用不同的投影方式将三维的地球表面展示在二维平面上，可用于导航、规划、地理研究和教育等领域。学习地图的阅读和使用对于人们了解世界、认识地理环境、规划旅行都至关重要。它帮助我们在陌生环境中找到方向，了解目的地的地理特征和文化背景，规划最佳路线和交通方式。此外，通过学习地图，我们也可以更好地了解自然环境和人类活动的关系，掌握地理信息与各种社会、经济、政治、文化等因素的联系，从而更好地适应和应对变化和挑战。

第一节　地图发展简史

当今这个时代，我们想去某个地方，只要打开手机应用，找到地图搜索就能轻松获得路线，地图对于我们来说已经成了生活必备品。它简单、快捷，而且很准确。无论是想去旅游，还是想寻找美食，通过地图导航都可以轻松搞定。地图这么多的用途，也是随着历史发展而发展的。那么，地图究竟是如何诞生的？

---

* 除另外标注外，本章图表、公式均源自章末“推荐读物”1 的“第九章　地形图应用”。

一、古代的地图

地图的雏形，最早诞生于人类生产生活的需要之中。为了记录猎物分布、族群迁徙及行进路线等，人们将所认识的地理信息主要凭借印象，将其刻画于载体之上，这就产生了地图的萌芽。此后地图随着人类生产、生活范围的扩大和实际需要而不断变化，随着人类对空间信息的认识、加工、利用水平的提高以及科学技术的整体进步与创新而不断发展。

最早的地图制作材料是陶片、纸草、铜版、石块、兽皮等。影响西方达 1 000 年之久的地图是公元 2 世纪托勒密编著的《地理学指南》，附有 27 幅世界地图。在中国，影响了近千年的地图是公元 3 世纪裴秀编制的《禹贡地域图》（图 5-1）（中国最早的历史地图集）和《地形方丈图》，其提出的“制图六体”，形成了东方独特的地图技术途径。

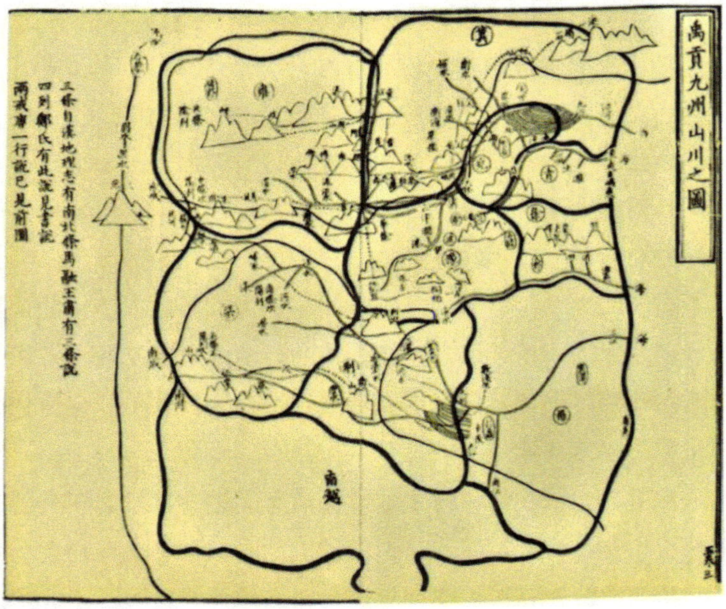

图 5-1　《禹贡》九州山川之图（《禹贡地域图》今已失传）

1405—1433 年中国的《郑和航海图》在世界上开创了航海图的先河。随后，航海图由于葡萄牙、西班牙、荷兰和英国等航海探险和海上霸权的争夺而迅速发展。1569 年，墨卡托设计正轴等角圆柱投影，第一次把东、西半球已知范围展现在一幅地图上，被誉为 16 世纪欧洲地图学的里程碑。

二、近代地图

17 世纪以后，欧洲各国陆续经历了工业革命，社会经济有了很大发展。为了探寻海上通商航路、扩大殖民地、满足开发工矿资源和土地资源，以及军事战争的需要，各国都很重视地形图测绘。西欧各国相继建立了研究编制地图的国家机构，形成了大规模的专业队伍和规范化的技术体系，并陆续完成了本土大比例尺地形图的测绘。

1909 年，国际地理大会对地图分幅、地形表示、城镇分级、地名拼写等做出了统一规定。此后又对分层设色、公制单位等标准做了修订，并拟定了独特的地图投影和全球统一的分幅编号，对地图的国际化和标准化产生了深远影响，推动了地图进入工业化大生产和社会商品化阶段。而且，随着自然科学的分化和内陆探险的深入，专题地图的新领域不断得到开拓。如 19 世纪末德国再版的自然地图集，包括地质、海洋、气象、地磁、植物、动物以及人种的分布图；中国清末的杨守敬费时 15 年，在前人基础上编制了《历史与地图》，集中反映了中国历史地理学的丰富遗产，解决了许多有关水道变迁、州郡迁移的争论。

三、现代地图

20 世纪，地图的内容强调反映自然综合体和社会经济环境的相互作用，着重反映人地关系和环境的生态效应。航空摄影、卫星遥感及计算机制图的问世，使综合制图得到了强有力的技术保障。1932 年第一次运用航空摄影制图，从根本上改变了近 300 年形成的地形图测绘生产过程，为系列地图编制提供了统一的信息源，并反映了各种自然和人文地理要素在同一空间内的分布和相互联系。陆地卫星、气象卫星和海洋卫星作为新型的地图信息源，具有快速、准同步和大面积覆盖的显著特点，更提供了空前巨大的信息量，使地图学呈现出了新的发展。20 世纪 70 年代，计算机辅助制图的迅速发展，实现了地图编辑的自动化、数字化，地图开始出现数字信息的新形式。地图概括理论和定量化研究，也从本质上解决了地图容量和清晰度问题。

在地形图数据库基础上，欧美和日本等发达国家又进一步发展了具备多维信息复合功能的地理信息系统，包括社会经济统计、地面观测站网记录、地球物理场数据、多时相的遥感数据，以及多种专业数学分析模型或地图专家系统，并具有进行数学模拟实验和预测预报的功能。地图已不仅是描述和表达地理现象分布规律的信息载体，还是进行区域性、综合性研究和分析的智能工具。

进入 21 世纪以来，根据国民经济建设、国防建设和社会发展的客观需要，人们设计和制作了各种地图或地图集，建立了各种地图数据库和地理信息系统，在环境模拟、信息载负、信息传输、空间认知和空间辅助决策等方面发挥作用，成为国民经济和社会信息化中不可或缺的决策依据和手段。

第二节　地图的构成

随着地图在各个领域的广泛使用，地图的种类五花八门，为了便于制作、使用和管理地图，有必要对地图加以分类。按其内容可分为普通地图和专题地图两大类。

一、普通地图

普通地图是以相对平衡的详细程度表示地球表面各种自然现象和社会经济现象的地图，即是表达地表的各种基本要素——水系、地貌、土质、植被、居民地、交通网、境界等为主要制图对象的地图。因其比例尺的不同，所表达内容的详略程度也有很大的差别。

1∶10万及更大比例尺的地图系大比例尺地图，介于1∶10万和1∶100万之间的地图为中比例尺地图，1∶100万及更小比例尺的地图为小比例尺地图。由于小比例尺地图普遍反映的是一个较大的区域中地理事物的基本轮廓及其分布规律，又称其为地理图或一览图。中比例尺的普通地图介于详细表示各种地理要素的大比例尺地图和概略表示地理特征的地理图之间，称为地形地理图或地形一览图。

我国的地形图（国家基本比例尺地图）是按照国家制定的统一规范、用指定的方法测制或根据可靠的资料编制的详细表达普通地理要素的地图。包括1∶5 000、1∶1万、1∶2.5万、1∶5万、1∶10万、1∶25万（原来是1∶20万）、1∶50万和1∶100万等8种比例尺的普通地图。其中1∶5万及更小比例尺的地图覆盖整个国土，1∶2.5万地图覆盖发达地区，1∶1万及更大比例尺地图则分布在重点地区。地形图多是实测的或根据实测地形图编绘而成，具有统一的大地控制基础、统一的地图投影和统一的分幅编号，严格按照测图规范、编图规范和图式符号进行作业。由于地图内容详细，精度很高，所以可以进行图上测量和野外实地使用，也能作为军事指挥、国家各项建设的基础资料和制作其他地图的基本依据。

按照地图比例尺的划分只是一种相对的习惯做法，而对于不同的使用对象又有不同的分法。例如，在城市规划中，把1∶1 000及更大比例尺的地图称为大比例尺地图，1∶1万的比例尺被认为是小比例尺；在房地产行业和地籍管理中，使用的地图比例尺更大。

二、专题地图

专题地图是根据专业方面的需要，突出反映一种或几种主题要素或现象的地图，其中作为主题的要素表示得很详细，而其他要素则视反映主题的需要，作为地图基础选绘。作为主题的专题内容，可以是普通地图上固有的要素，例如行政区划图的主题是居民点的行政等级及境界，它们都是普遍地图上固有的内容，但更多的是普通地图上所没有的而属于专业部门特殊需要的内容，例如土地资源图、土地利用图等所表示的诸如土地类型、面积、等级等，都不是普通地图的内容。

专题地图按内容分为三大类：

（1）自然地图

自然地图是以自然要素为主题的地图。根据所表达的具体内容分为地质图、地貌图、地势图、地球物理图、气象图、水文图、土壤图、植被图、动物地理图、景观地图等。

（2）人文地图

人文地图是以人文要素为主题的地图。根据其表达的具体内容分为政区图、人口图、经济图、文化图、历史图、商业图等。

（3）其他专题地图

不能归属于上述类型而为特定需要编制的地图，如航空图、航海图、城市地图等，它们是既包含自然要素，也包含人文要素的地图。

第三节　地图的内容

由地图定义可知，凡具有空间分布的物体或现象，无论是自然要素，还是社会经济要素，也无论是具体的现实事物，还是抽象、假设的概念，都可以用地图的形式来表现，因而出现了种类繁多、形式各异的地图。但是，归纳起来，所有地图的内容可分成 3 部分：数学要素、地理要素和辅助要素。

一、数学要素

任何科学的地图都应包含数学要素，它们在地图上表现为控制点、坐标网、比例尺和地图定向（图 5-2）。

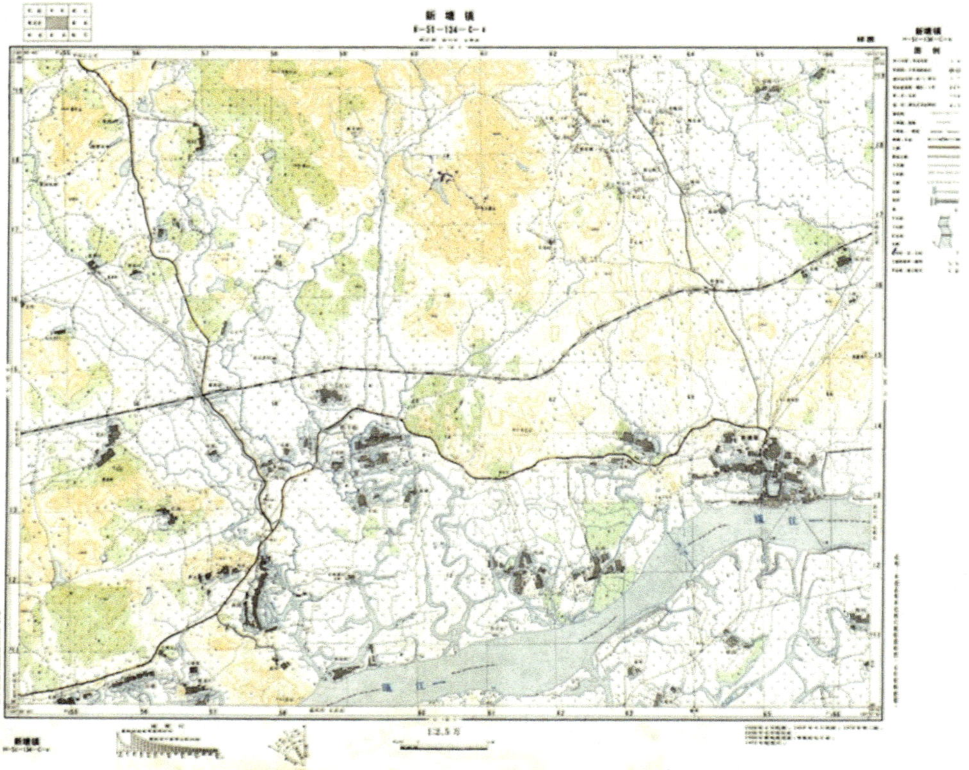

图 5-2　某地 1：2.5 万比例尺的地形图

控制点分为平面控制点和高程控制点。前者又分为天文点和三角点，其中三角点是最重要的，在测图时，它们是图根控制的基础。编图时，它们是地图内容转绘和投影变换的控制点。高程控制点指有埋石的水准点。

坐标网分为地理坐标网（经纬线网）和直角坐标网（方里网），它们都同地图投影有密切联系，是地图投影的具体表现形式。

比例尺指示地图内容的缩小程度，它虽然只在整饰要素中标出，但在地图制作过程和使用中其作用无处不在。

地图定向通过坐标网的方向来体现。通常地图均以北方定向，标有指北箭头。

二、地理要素

地理要素是地图的主体，普通地图和专题地图表达地理要素的种类有所区别。

专题地图上的地理要素分为地理基础要素和主题要素。地理基础要素是为了承载作为主题的专题要素而选绘的、同专题要素相关的普通地理要素，它们通常比同比例尺的普通地图简略。要素种类根据专题要素的需要进行选择，不一定要包含普通地图上的 7 种要素。主题要素指作为专题地图主题的专题内容，它们通常使用特殊的表示方法详细描述事物的数量和质量指标。

普通地图上的地理要素是地球表面上最基本的自然和人文要素，分为水系、地貌、土质和植被、居民点、交通网（主要是陆地上的道路网）、境界线、独立地物等。

（一）水系

在地图制图学中通常把陆地上各种水体的总和称为陆地水系，简称水系。水系是地理环境中最基本的要素之一，它对自然环境及人类的社会经济活动有重大影响。

水系对地貌的发育、土壤的形成、植被的分布和气候的变化等都有不同程度的影响，对居民点、道路的分布、工农业生产的配置等也有极大的影响。在军事上，水系通常可作为防守的屏障、进攻的障碍，也是空中和地面判定方位的重要目标。因此，水系在地图上的表示具有很重要的意义。

水系包括下列水体：井、泉及贮水池，河流、运河及沟渠，湖泊、水库及池塘，水系的附属物等。

1. 井、泉及贮水池

这些水体形态都很小，在地图上一般只能用记号性（蓝色）符号表示其分布位置，有的还会加上有关的说明注记。

2. 河流、运河及沟渠

河流、运河及沟渠在地图上都用线状符号配合注记来表示。地图上通常要表示河流的大小（长度及宽度）、形状和水流状况。当河流较宽或地图比例尺较大时，只需用蓝色水涯线符号正确地描绘河流的两条岸线，其水部多用与岸线同色的网点（或网线）表示就大体上能满足这些要求。河流的岸线是指常水位（一年中大部分时间的平稳水位）所形成的岸线（制图上称水涯线），如果雨季的高水位与常水位相差很大，在大比例尺地图上还要求同时用棕色虚线表示高水位岸线。时令河是季节性有水的河流，用蓝色虚线表示；消失河段用蓝色点线表示；干河床属于一种地貌形态，用棕色虚线符号表示。

由于地图比例尺的关系，地图上大多数河流只能用单线来表示。用单线表示河流时，符号由细自然地过渡到粗，可以反映出河流的流向，同时还能反映河流的形状，区分主支流，但其宽度无法直接反映出来。因此，地形图上在必要时会用加注记的方法指明河宽。根据绘图的可能，一般图上宽于 0.4 mm，即可用双线表示。现实中往往为了与单线河衔接及美观的需要，常用 0.4 mm 不依比例尺的双线符号过渡到依比例尺的双线表示。

运河及沟渠在地图上都用平行双线（水部浅蓝）或等粗的实线表示，并根据地图比例尺和实地宽度的不同分级使用不同粗细的线状符号。

3．湖泊、水库及池塘

湖泊、水库及池塘都属于面状分布的水体。地图上用蓝色水涯线配合浅蓝色水部来区分陆地和水域；季节性有水的时令湖的岸线不固定，常用蓝色虚线配合浅蓝色水部来表示。湖水的性质往往是借助水部的颜色来区分，如用浅蓝色和浅紫色分别表示淡水和咸水。水库在地图上通常是根据其库容量大小用依比例真形符号或不依比例的记号性符号表示。

4．水系的附属物

水系的附属物包括两类：一类是自然形成的，如瀑布、石滩、急流等，另一类是附属建筑物，如渡口、徒涉场、跳墩、水闸、水堰、滚水坝、拦水坝、加固岸、码头、轮船停泊场、防波堤、制水坝等。

这些水体在地形图上，有的能用半依比例尺或不依比例尺的符号表示，在较小比例尺图上则多数不表示。

（二）地貌

地貌是指地面高低起伏的自然形态，地貌要素是地理环境中的重要组成部分，是地形图上最主要的要素之一（图 5-3）。它能造成地表其他自然地理要素在垂直方向和水平方向产生局部差异，如地貌结构在很大程度上影响着水系的发育和空间结构特征，对社会、经济要素的空间分布与发展具有明显的影响，如居民点、交通网、工农业生产的布局；在军事也有极重要的意义，如部队运动、阵地选择、工事构筑、火器配置、隐蔽伪装等都受地形的影响。

图上表示地貌的方法有多种，常用表示方法主要有以下 3 种：等高线法、分层设色法、晕渲法。对于大、中比例尺地形图主要采用等高线法，对于特殊地貌将采用特殊符号表示。

图 5-3　常见的地貌要素

1. 等高线法

这是用高程等值线，即等高线定址表示地貌起伏的一种方法，它通过等高线的组合来具体反映地面的起伏大小和形态变化。用等高线表示地貌的定位精度，取决于等高线的获取方法及地图比例尺。运用航测方法获得的真实连续的等高线定位精度高，野外测得高程点后再用插绘方法获得等高线的定位精度就较前者低；地图比例尺大，概括程度低，等高线的定位精度就高，反之比例尺小，概括程度高，等高线的定位精度就低。用等高线法表示地貌形态的详细程度，主要取决于比例尺或等高距的大小。

用等高线表示地貌，等高距选择过大，就不能精确显示地貌；反之，选择过小，等高线密集，会失去图面的清晰度。因此，应根据地形和比例尺参照表 5-1 选用等高距。

表 5-1　大比例尺地形图的基本等高距

比例尺	平地/m	丘陵地/m	山地/m	高山/m
1∶500	0.5	0.5	1	2
1∶1 000	0.5	1	2	5
1∶2 000	1	1	2	5
1∶5 000	1	2	2	5

按表 5-1 选定的等高距称为基本等高距，同一幅图只能采用一种基本等高距。等高线的高程应为基本等高距的整倍数。按基本等高距描绘的等高线称首曲线，用细实线描绘；为了读图方便，高程为 5 倍基本等高距的等高线用粗实线描绘并注记高程，称为计曲线；在基本等高线不能反映出地面局部地貌的变化时，可用 1/2 基本等高距用长虚线加密的等高线，称为间曲线；更加细小的变化还可用 1/4 基本等高距用短虚线加密的等高线，称为助曲线。

2．分层设色法

分层设色法是在等高线的基础上根据地图的用途、比例尺和区域特征，将等高线划分一些层级，并在每一层级的面积内普染不同的颜色，以色相、色调的差异表示地势高低的方法。这种方法加强了高程分布的直观印象，更容易判读地势状况，特别是有了色彩的正确配合，使地图增强了立体感。

分层设色法在设色时要遵循地貌表示的直观性、连续性和自然感等原则。如以目前普遍采用的绿褐色系列为例，平原用绿色，丘陵用黄色，山地用褐色；在平原中又以深绿、绿、浅绿等三种浓淡不同的绿色调显示平原上的高度变化；高山（5 000 m 以上）为白色或紫色；海洋部分采用浅蓝到深蓝，海水越深，色调越浓（图 5-4）。这种设色系列将色相与色调结合起来，层次丰富，能引起对自然界色彩的联想，效果较好。

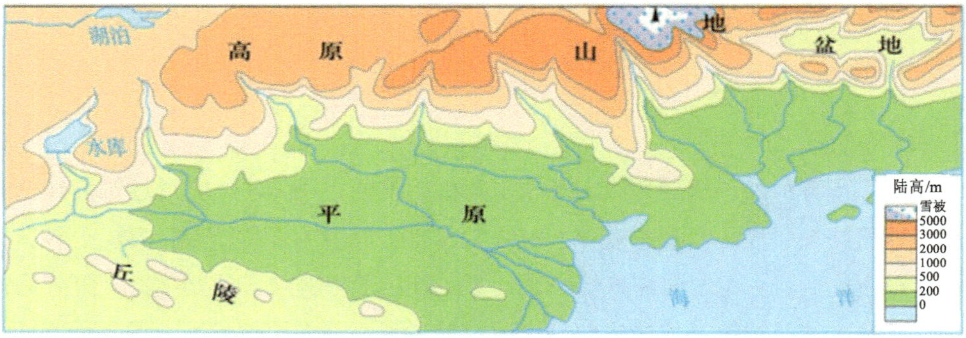

图 5-4　分层设色法示意图

由于分层设色法使地图图面上普染了底色，因此底色上某些要素的色彩会发生变化或不够清晰，深色层面上的名称注记不易阅读。

3．晕渲法

晕渲法也叫阴影法，是用深浅不同的色调表示地形起伏形态的方法（图 5-5）。按光源的位置可分为直照晕渲、斜照晕渲和综合光照晕渲；按色调可分为墨渲和彩色晕渲。晕渲法由于具有较好的立体效果，应用范围很广，在一些需要突出显示地形要素的中小比例尺地图上，如政区图、交通图、航空图等常采用晕渲法表示地形。有些国家（如德国、瑞士等）还将晕渲法用于中比例尺地形图上，或供科研用的地理基础底图上（如 1∶150 万自然地理基础底图）。晕渲法也常与等高线法、分层设色法联合使用。

4．地貌符号与地貌注记

（1）地貌符号与地貌注记作为等高线显示地貌的辅助方法而被广泛地应用于地图上。地表是一个连续而完整的表面，等高线法是一种不连续的分级法，用等高线表示地貌时仍有许多小地貌无法表示，或受地图比例尺的限制，需用地貌符号予以补充表示。这些微小地貌形态可归纳为独立微地貌、激变地貌和区域微地貌等。

图 5-5　ArcMap 生成的彩色晕渲图

独立微地貌是指微小且独立分布的地貌形态，包括坑穴、土堆、溶斗、独立峰、隘口、火山口、山洞等。

激变地貌是指较小范围内产生急剧变化的地貌形态，包括冲沟、陡崖、冰陡崖、陡石山、崩崖、滑坡等。

区域微地貌是指实地上高差较小但成片分布的地貌形态，如小草丘、残丘等，或仅表明地面性质和状况的地貌形态，如沙地、石块地、龟裂地等。

（2）地貌注记分为高程注记、说明注记和地貌名称注记。

高程注记包括高程点注记和等高线高程注记。高程点注记用来表示等高线不能显示的山头、凹地等，以加强等高线的量读性能；等高线高程注记则是为了迅速判明等高线的高程而加注的，应选择在平直斜坡进行，以便于阅读的方便。

说明注记用以说明物体的比高、宽度、性质等，按图式规定与符号配合使用。

地貌名称注记包括山峰、山脉注记等。山峰名称多与高程注记配合注出。山脉名称沿山脊中心线注出，过长的山脉应重复注出其名称。在不表示地貌的地图上，可借用名称注记大致表明山脉的伸展、山体的位置等。山峰名称通常用中长等线或中长宋体注出，用水平字列；山脉名称则通常用屈曲字列的右耸肩等线体注出。

普通地图上有一些特殊地貌现象，如冰川、沙地、火山、石灰岩等，必须借助地貌符号和注记来表示。

（三）土质和植被

土质泛指地表覆盖层的表面性质；植被则是指地表植物覆盖层的简称。

图上土质（土地利用类型、土地资源类别等）和植被是一种面状分布的地物，地形图、土地利用图、土地资源图等常用地类界、说明符号、底色和说明注记相配合来表示。地类界指不同类别的地面覆盖物体的界线，图上用点线符号绘出其分布范围。说明符号指在植被分布范围内用符号说明其种类和性质。底色指在森林、草原等植被分布范围内套印不同颜色（网点、网线或平色）。说明注记指在大面积土质和植被范围内加注文字和数字注记（树种、平均的高等），以说明其质量和数量特征。

（四）居民地

居民地是人类居住和进行各种活动的中心场所。在普通地图上应表示出居民地的形状、建筑物的质量特征、行政等级和人口数等。

1．居民地的形状

居民地的形状包括内部结构和外部轮廓，在普通地图上都应尽可能地按比例尺描绘出居民地的真实形状。

居民地的内部结构主要依靠街道网图形、街区形状、水域、种植地、绿化地、空旷地等配合显示，其中街道网图形是显示居民地内部结构的主要内容。

居民地的外部形状也取决于街道网、街区和其他各种建筑物的分布范围。随着地图比例尺的缩小，有些较大的居民地（特别是城市）往往还可用很概括的外围轮廓来表示其形状，而许多中小居民地就只能用圈形符号来表示。

2．居民地建筑物质量特征

在大比例尺地形图上，由于地图比例尺大，可以详尽区分各种建筑物的质量特征。例如，可以区分表示出独立房屋、突出房屋、街区（主要指建筑物）、破坏的房屋及街区、棚房等。新图式规定原“独立房屋”改名为“普通房屋”，并且增加 10 层楼以上高层建筑区的表示方法。

地图比例尺的缩小，表示建筑物质量特征的细节随之减少。例如，在 1∶10 万地形图上开始不区分街区的性质，在中小比例尺地图上，居民地用套色或套网线等方法表示居民地的轮廓图形或用圈形符号表示居民地，当然更无法区分居民地建筑物的质量特征了。

3．居民地的行政等级

居民地的行政等级是国家规定的“法定”标志，表示居民地驻有某一级行政机构。

我国居民地的行政等级分为：首都，省、自治区、直辖市人民政府驻地，自治州、省辖市人民政府及地区行政公署、盟行政公署驻地，县（市）、自治县（旗、自治旗）人民政府驻地，区、乡、镇人民政府驻地。

我国编制地图时，对于外国领土范围，通常只区分出首都和一级行政中心。

地形图上表示行政等级的方法很多。如用地名注记的字体、字号大小来表示，或用居民地图形符号的图形和尺寸的变化来区分，用地名注记下方加绘“辅助线”的方法来表示。用注记的字体区分行政等级是一种较好的方法。例如，从高级到低级，采用粗等线→中等线→细等线，利用注记的大小及黑度变化来加以区分。

圈形符号的图形和大小的变化也常用来表示居民地的行政等级，这种方法特别适用于不需要表示人口数的地图。当居民地的行政等级和人口数需要同时表示时，往往把最重要的用注记来区分，第二重要的用圈形符号来表示。当地图比例尺较大，有些居民地还可用平面轮廓图形来表示时，仍可用圈形符号表示其相应的行政等级。居民地轮廓图形很大时，可将圈形符号绘于行政机关所在位置；居民地轮廓范围较小时，可将圈形符号绘于轮廓图形的中心位置或轮廓图形主要部分的中心位置上。

当两个行政中心位于同一居民地（如湖北孝感市是地、县级政府驻地）的时候，一般是用不同字体注出两个等级的名称。若三个行政中心位于同一个居民地（如湖北的襄阳，地、市、县三级同在一个地方），这时除了采用注记字体（及字号大小）区分外，还要采用加辅助线的方法，即在图上除注出“襄阳市”和“襄阳”两个注记外，还需在“襄阳市”下面加辅助线表示它同时还是地区行署的所在地。辅助线有两种形式：一种是利用粗、细、实、虚的变化区分行政等级，另一种是在地名下加绘同级境界符号。

4．居民地的人口数

地图上表示居民地的人口数（绝对值或间隔分级指标），能够反映居民地的规模大小及经济发展状况。

居民地的人口数量通常是通过注记字体、字号大小或圈形符号的变化来表示的。在小比例尺地图上，绝大多数居民地都用图形符号来表示，这时人口分级多以圈形符号图形和大小变化来表示，并同时配合字号大小来区分。

（五）交通网

交通网是各种交通运输设施的总称。它包括陆地交通、水路交通、空中交通和管线运输等。在地图上应正确表示交通网的类型和等级、位置和形状、通行程度和运输能力，以及与其他要素的关系等。

1．陆地交通

地图上应表示铁路、公路和其他道路 3 类。

在大比例尺地图上，应区分单线铁路和复线铁路、普通铁路和窄轨铁路、普通牵引铁路和电气化铁路、现用铁路和建筑中铁路、一般铁路与高速铁路等。而在小比例尺地图上，铁路只分为主要（干线）铁路和次要（支线）铁路两类。

我国大中比例尺地图上，铁路皆用传统的黑白相间的所谓“花线”符号来表示。其他的一些技术指标，如单、双轨用加辅助线来区分、标准轨和窄轨以符号的尺寸（主要是宽窄）来区分、已成和未成的用不同符号来区分。小比例尺地图上，铁路多采用黑色实线来表示。

在地形图上，以前分为主要公路、铺装公路、普通公路和简易公路等几类，现增加了高速公路类别。后改为公路和简易公路两类。主要以双线符号表示，再配合符号宽窄、线号的粗细、色彩的变化和说明注记等反映其他各项技术指标。例如，注明路面的性质、路面的（路基）宽度。

在我国大比例尺地图上，还详细表示了涵洞、路堤、路堑、隧道等多种道路的附属建筑物。

新图式将公路的名称和分类依据交通运输部的标准来划分，即公路分为汽车专用公路和一般公路两大类。汽车专用公路包括高速公路、一级公路和部分专用的二级公路；一般公路包括二、三、四级公路。另外还把原“道路附属建筑物”的名称改为“道路附属设施”，并且将桥梁符号从水系要素中移到“道路附属设施”中表示。

其他道路是指公路以下的低级道路。这些道路在地形图上也根据其主次分别用实线、虚线、点线并配合线号的粗细来区分。

在小比例尺地图上，公路以下的其他道路，通常表示得更为概略，往往只分为大路和小路。

2. 水路交通

水路交通主要分为内河航线和海洋航线两种，地图上常用短线（有的带箭头）表示河流通航的起讫点。在小比例尺地图上，有时还标明定期和不定期通航河段，以区分河流航线的性质。

3. 空中交通

在普通地图上，空中交通主要表示航空站，一般不表示航空线。

4. 管线运输

主要包括运输管道和高压输电线两种，它是交通运输的另一种形式。管道运输有地面和地下两种，我国地形图上目前只表示地面上的运输管道，一般用线状符号加说明注记来表示。在大比例尺地图上，高压输电线是作为专门的电力运输标志，用线状符号加电压等说明注记来表示的。另外，作为交通网内容的通信线亦是用线状符号来表示的，并同时表示出有方位意义的线杆。在比例尺小于 1∶20 万的地图上，一般都不表示这些内容。

（六）境界

地形图上，境界区分为政区境界和其他境界。政区境界包括国界（已定、未定），省、自治区、中央直辖市界，自治州、盟、省辖市界，县、自治县、旗界等。其他境界包括地区界、停火线界、禁区界、自然保护区界等。地图上所有境界线都是用不同结构、不同粗细与不同颜色的点线符号来表示的。

在图上应十分重视境界描绘的正确性，以免引起各种领属的纠纷，尤其是国界线的描绘，特别是我国南海的十段线，更应慎重、精确，要按有关规定并经过有关部门的审批，才能出版发行。

除上述六大基本要素外，地形图上还要详细地表示其他地物，如管线、垣栅以及具有控制意义的各种测量标志和具有方位意义的各种独立地物等内容。

（七）独立地物

在实地形体较小，无法按比例表示的一些地物，统称为独立地物。地图上表示的独立地物主要包括工业、农业、历史文化、地形等方面的标志。

独立地物一般高出于其他建筑物，具有比较明显的方位意义，对于地图定向、判定方位等意义较大。在 1∶2.5 万～1∶10 万地形图上独立地物表示得较为详细（表 5-2）。随着地图比例尺的缩小，表示的内容逐渐减少，在小比例尺地图上，主要以表示历史文化方面的独立地物为主。

独立地物由于实地形体较小，无法以真实形态显示，所以大多用侧视的象形符号来表示。

表 5-2　1∶2.5 万～1∶10 万地形图上独立地物的表示

独立地物类型	具体名称
工业标志	烟囱、石油井、盐井、天然气井、油库、煤气库、发电厂（站）、变电所、无线电杆、塔、矿井、露天矿、采掘场、窑等
农业标志	水车、风车、水轮泵、饲养场、打谷场、贮藏室等
历史文化标志	革命烈士纪念碑、彩门、牌坊、气象台/站、钟楼、鼓楼、城楼、古关塞、庙、古塔、碑及其他类似物体、独立大坟、坟地等
地形方面的标志	独立石、土堆、土坑等
其他标志	旧碉堡、旧地堡、水塔、塔形建筑物等

在地形图上，独立地物必须精确地表示其实地位置，所以符号都规定了符号的主点，便于定位。当独立地物符号与其他符号绘制位置有冲突时，一般保持独立地物符号位置的准确，其他物体移位绘出。街区中的独立地物符号，一般可以中断街道线、街区留空绘出。

三、辅助要素

辅助要素又称整饰要素，指便于识图和用图的注记、辅助图表、说明资料等，用以增强图的表现力和提高其使用价值。

（一）图上注记

地形图上的文字和数字称为地形图注记，用来补充说明地形图各基本要素尚不能显示的内容，配合地形图符号进行信息传输，是阅读地形图的重要依据。图上注记可分为名称注记、说明注记、数字注记 3 种。注记多用黑体字。

名称注记是注释物体地理名称的文字注记。注记采用的字体、大小、位置、方向、排列、间隔等，均按《地形图图式》规定操作。

居民地的名称一般采用水平排列，间隔依居民地符号轮廓的形状和大小而定，以能概括整个图形为准，单位用全名或简名注出。

道路名称一般不注记，只在道路符号被内图廓线截断时，在截断处图廓间加注通达注记，在公路符号上，每隔 15～20 cm，注出铺面材料、铺面宽度和路宽等。

河流、渠道一般顺水流方向注记，间隔注记在相应符号近旁方便处。

植被的注记是在植被的地类界符号范围内的中央和重心位置，山岭、山脉的名称间隔注记在其走向的中心线上，山顶的名称注记在山顶的右边或上方；高程和比高注记在高程点或比高测定点符号的右边。

（二）图外要素

一般指地图的说明资料，是不属于地图主题内容，而为便于阅读和使用地图提供的具有一定参考意义的说明性内容或工具性内容。属此范围的有：图名、图号、接图表、图廓、分度带、图例、比例尺、坡度尺、各种附图、资料及成图说明等。

1. 图名、图号、接图表和密级

为了充分反映地形图上的特性和用图方便而布置在图廓外的各种说明注记和数字注记，统称为说明资料，它们是地形图的辅助要素之一（图 5-6）。

图名以本幅图内最著名的地名、最大的村庄或突出的地物、地貌的名称来命名，写于北（上）图廓外中央。图号用以说明本幅图的编号，注在图名下方。接图表由 9 个小方格组成，中间有斜线的代表本图幅，用以说明本幅图与其相邻图幅的拼接关系。密级作用是按保密等级保管和使用地形图。

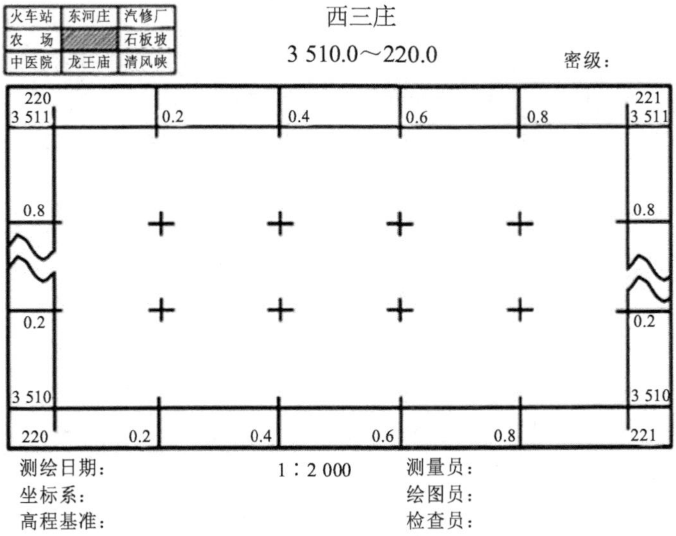

图 5-6　图名、图号、接图表和密级

2. 行政区域资料

行政区域资料用以说明本图幅范围内的行政归属，注在北图廓外图号的下面。

3. 图廓和坐标格网线

图廓是图幅四周的范围线，它有内图廓和外图廓之分。内图廓是地形图分幅时的坐标格网或经纬线。外图廓是距内图廓以外一定距离绘制的加粗平行线，仅起装饰作用。

（1）内图廓以内的内容是地形图的主体信息，包括坐标格网或经纬网、地物符号、地貌符号和注记。比例尺大于 1∶10 万只绘制坐标格网。

（2）外图廓以外的内容是为了充分反映地形图特性和用图的方便而布置在外图廓以外的各种说明、注记，统称为说明资料。在外图廓以外，还有一些内容，如图示比例尺、三北方向、坡度尺等，是为了便于在地形图上进行量算而设置的各种图解，称为量图图解。

在内图廓和分度带之间的注记为高斯平面直角坐标系的坐标值（以千米为单位），由此形成该平面直角坐标系的千米格网。

坐标格网的内图廓为直角坐标格网线，也是图幅的边界线，线粗为 0.1 mm，外图廓线为图幅的最外围边线，用 0.5 mm 的实线描绘。外图廓与内图廓之间，用来标记以千米为单位的平面直角坐标值。如图 5-6 所示，左下角的纵坐标为 3 510.0 km，横坐标为 220.0 km。并在内廓线内侧，每隔 10 cm 绘有 5 mm 的短线，表示坐标格网线的位置。在图幅内每隔 10 cm 绘有坐标格网交叉点。

经纬线分幅的地形图，内图廓呈梯形，如图 5-7 所示。西/左图廓经线为东经 128°45′，南/下图廓纬线为北纬 46°50′，两线的交点为图廓点。内图廓与外图廓之间绘有黑白相间的分度带（又称分图廓），每段黑白线长表示实地经差或纬差为 1′。图廓与坐标格网连接东西、南北相对应的分度带值便得到大地坐标格网，可供图解点位的地理坐标用。分度带与内图廓之间注记了以“km”为单位的高斯直角坐标值。图中左下角从赤道起算的 5 189 km 为纵坐标，其余的 90、91 等是省去了前面两位数“51”的纵坐标值。横坐标为 22 482 km，其中“22”为该图所在的投影带号，482 km 为该纵线的横坐标值。纵横线构成了千米格网。在四边的外图廓与分度带之间注有相邻接图号，供接边查用。

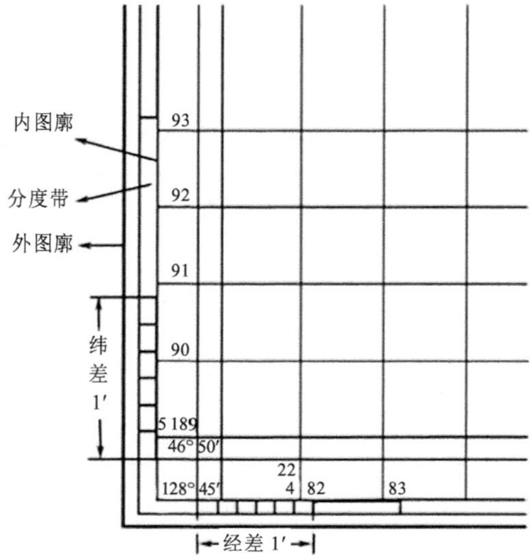

图 5-7 图廓和坐标格网

4. 三北方向线及坡度尺

（1）三北方向线。在中、小比例尺的南图廓线的右下方，还绘有真子午线、磁子午线和坐标纵轴（中央子午线）三个方向之间的角度关系，称为三北方向图，如图 5-8 所示。在高斯-克吕格投影中，除中央经线投影成直线以外，其他所有的经线都投影成向极点收敛的弧线。因此，除中央经线之外，其他所有经线的投影同坐标纵线都有一个夹角（过某点的经线弧的切线与坐标纵线的夹角），这个夹角即子午线收敛角。子午线收敛角的正负是根据坐标纵线与真子午线的相对位置来区分的。坐标纵线在真子午线的东边，即图幅位于投影带的中央经线以东，称为东偏，收敛角为正；坐标纵线在真子午线的西边，即图幅位于投影带的中央经线以西，称为西偏，收敛角为负。

过某点的磁子午线与真子午线之间的夹角称为磁偏角，磁子午线在真子午线以东，称为东偏，角值为正，在真子午线以西，称为西偏，角值为负（图 5-8）。在我国范围内，正常情况下磁偏角都是西偏，只有某些磁力异常的区域才会表现为东偏。

磁偏角的值是会发生变化的，地形图上标出的磁偏角的数值是测图时的情况，但是由于磁偏角的变化比较小，而且变动有规律，一般用图时仍可使用图上标注的磁偏角值，需精密量算时，则应根据年变率和标定值推算用图时的磁偏角值。

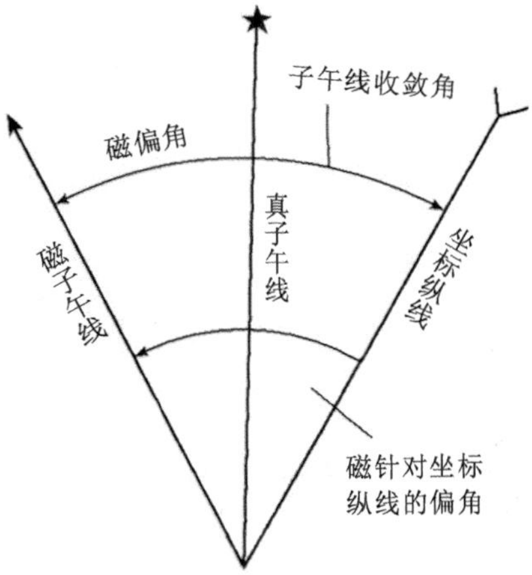

图 5-8　三北方向示意图

我国地形图都是以北方定向，即图幅的真子午线同图纸的南、北图廓垂直，图幅的中央经线（真子午线）与南北图廓垂直。其他方向线按实际关系绘制，实际偏角值通过注记表明。

（2）图解坡度尺。为了便于在地形图上测量两条等高线（首曲线或计曲线）间的坡度，通常在中、小比例尺地形图的南图廓外绘有图解坡度尺，如图 5-9 所示。它按下列关系式制成：

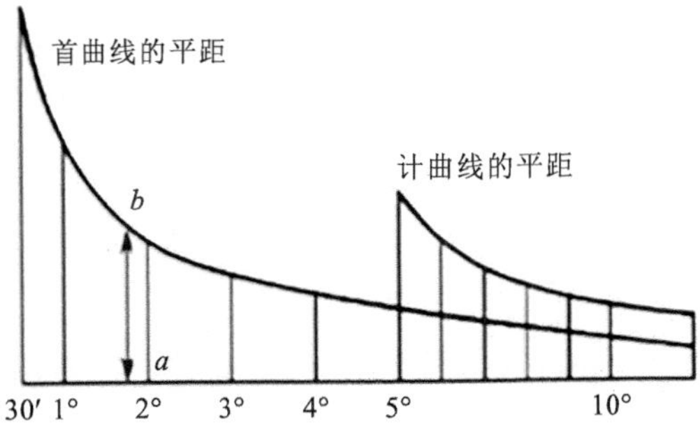

图 5-9　坡度比例尺

$$i = \tan\alpha = \frac{h}{d} \tag{5-1}$$

式中：i——地面坡度；

α——地面倾角；

h——等高距；

d——相邻等高线平距。

坡度尺是按等高距与水平距的关系式（5-1）制成的。先在底线上以适当比例定出 0.5°、1°、2° 等各点，并在点上绘垂线；然后将相邻等高线平距与各点角度值按关系式求出相应平距，接下来在相应点垂线上按地形图比例尺截取平值定出垂线顶点；最后再用光滑曲线连接各顶点而成。应用时，用卡规在地形图上量取等高线 *a*、*b* 点平距 *ab*，在坡度尺上比较，即可查得 *ab* 的角值约为 1°45′。

5. 直线比例尺

直线比例尺又称图示比例尺，它是将图上的线段用实际的长度值来表示。因此，可以用分规或直尺在地形图上量出两点之间的长度，然后与直线比例尺进行比较，就能直接得出该两点间的实际长度值。三棱比例尺也属于直线比例尺。

6. 投影方式、坐标系统、高程系统

每幅地形图测绘完成后，都要在图上标注本图的投影方式、坐标系统和高程系统，以备日后使用时参考。地形图均是采用正投影的方式完成。

坐标系统指该幅图是采用以下哪种坐标系完成的：1980 年国家大地坐标系、CGCS2000 坐标系、城市坐标系、独立平面直角坐标系。

高程系统指本图所采用的高程基准。有两种基准，即 1985 年国家高程基准系统和自主设置的相对高程。

以上内容均应标注在地形图外图廓左下方。

7. 成图方法和测绘单位

地形图成图的方法主要有三种：航空摄影成图、平板仪测量成图和野外数字测量成图。成图方法应标注在外图廓右下方。

此外，地形图还应标注测绘单位、成图日期等，供日后用图时参考。

第四节　地形图的应用

地形图一个突出的特点是具有可测量性和可定向性。人们可以在地形图上对地物、地貌做定量分析，如可以确定图上某点的平面坐标及高程，量算图上两点的距离和方位；确定图上某部分的面积、体积，了解地面的坡度、坡向，绘制某方向线上的断面图，确定汇水区域面积、场地平整填挖土石方量等。地形图的另一个特点是综合性和易读性。地形图上所提供的信息非常丰富，如居民地、交通网、境界线等各种社会经济要素，以及水系、地貌、土壤和植被等自然地理要素，还有控制点、坐标格网、比例尺等数字要素，此外还有文字、数字和符号等各种注记。

大比例尺地图是建筑工程规划设计和施工中的重要地形资料，特别是在规划设计阶段，不仅要以地形图为底图进行总平面的布设，而且还要根据需要在地形图上进行一定的量算工作，以便因地制宜地进行合理的规划和设计。因此，正确的识读和应用地形图，是各类相关专业人员必须具备的基本技能。

一、地形图的识读

地形图反映了地物的位置、形状、大小和地物间的相互位置关系，以及地貌的起伏形态。为了能正确地应用地形图，必须读懂地形图（识图），并能根据地形图上各种符号和注记，在头脑中建立起相应的立体模型。地形图的识读是正确应用地形图的基础。地形图是用各种规定的符号和注记表示地物、地貌及其他有关资料，通过对这些符号和注记含义的准确判读，可使地形图成为展现在人们面前的实地立体模型，以判断其相互关系和自然形态，这就是地形图识读的主要目的。地形图的识读，可按先图外后图内、先地物后地貌、先主要后次要、先注记后符号的基本顺序，并参照相应的《地形图图式》逐一阅读。

（一）图廓外要素的阅读

图廓外要素是指地形图内图廓之外的要素。通过图廓外要素的阅读，可以了解测图时间，从而判断地形图的新旧和适用程度，以及地形图的比例尺、坐标系统、高程系统、基本等高距、图幅范围和接图表等内容。

（二）地物和地貌的识读

地物和地貌的识读也被称为图廓内要素的判读。图廓内要素是指地物、地貌符号及相关注记等。

1. 了解地物的大小、种类、位置和分布情况

通常按先主后次的顺序，并顾及取舍的内容与标准进行。按照地物符号先识别大的居民点、主要的道路、水系和其他必需的地物，然后再扩大到识别小的居民点、次要道路、植被和其他地物。

通过分析，对主、次地物的分布情况、主要地物的位置和大小获得较全面的了解。要注意地物符号的主次让位问题，例如，铁路和公路并行，图上是以铁路中心位置绘制铁路符号，而公路符号让位，地物符号不准重叠。

2. 了解各种地貌的分布和地面的高低起伏状况

在地貌判读时，先看计曲线再看首曲线的分布情况，了解等高线所表示出的地性线及典型地貌，进而了解该图幅范围内总体地貌特征及某地区的特殊地貌类型。

识别时，主要根据基本地貌的等高线特征和特殊地貌（如陡崖、冲沟等）符号进行。山区坡陡，地貌形态复杂，尤其是山脊和山谷等高线犬牙交错，不易识别。可先根据水系（江河、溪流）找出山谷、山脊，无河流时可根据相邻山头找出山脊；再按照两山谷间必有一山脊、两山脊间必有一山谷的地貌特征，即可识别山脊、山谷地貌的分布情况（图 5-10）。结合特殊地貌符号和等高线的疏密进行分析，就可以较清楚地了解地貌的分布和高低起伏情况。

同时，通过对居民地、交通网、电力线、输油管线等重要地物的判读，可以了解该地区的社会经济发展情况。最后将地物、地貌综合在一起，整幅地形图就像立体模型一样展现在眼前。

在识读地形图时，还应注意地面上的地物和地貌不是一成不变的。由于城乡建设事业的迅速发展，地面上的地物、地貌也随之发生变化，因此，在应用地形图进行规划以及解决工程设计和施工中的各种问题时，除了细致地识读地形图外，还需进行实地勘察，以便对建设用地做全面正确的了解。

地形图上的地物、地貌是用不同的地物符号和地貌符号表示的（图 5-10）。比例尺不同，地物、地貌的取舍标准也不同，随着城市化的不断发展，地物、地貌也在不断改变。要正确识别地物、地貌，阅读前应先熟悉测图所用的地形图图式、规范和测图日期。

（a）景观图

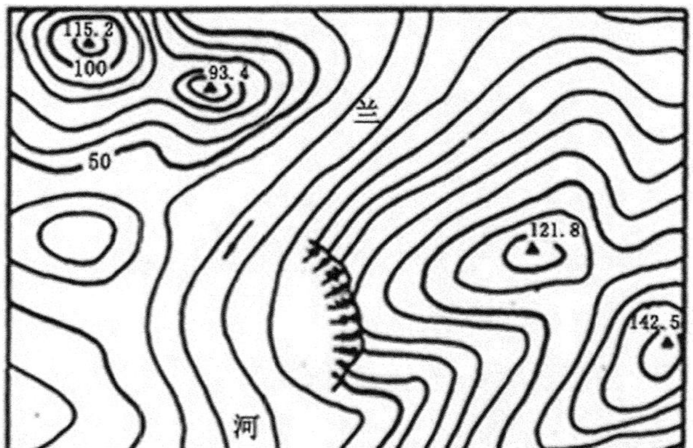

（b）地形图

图 5-10　某地区地貌

二、地形图的野外使用

在野外使用地形图时，经常要进行地形图的定向、在图上确定站立点位置、地形图与实地对照，以及野外填图等工作。当使用的地形图图幅数较多时，为了使用方便则须进行地形图的拼接和粘贴，方法是根据接图表所表示的相邻图幅的图名和图号，将各幅图按其位置关系排列好，按左压右、上压下的顺序进行拼贴，构成一张范围更大的地形图。

（一）地形图的野外定向

地形图的野外定向就是使图上表示的地形与实地地形一致。常用的方法有以下两种：

1. 罗盘定向

根据地形图上的三北关系图，将罗盘刻度盘的北字指向北图廓，并使刻度盘上的南北线与地形图上的真子午线（或坐标纵线）方向重合，然后转动地形图，使磁针北端指到磁偏角（或磁坐偏角）值，完成地形图的定向。

2. 地物定向

首先，在地形图上和实地分别找出相对应的两个位置点，例如，本人站立点、房角点、道路或河流转弯点、山顶、独立树等，然后，转动地形图，使图上位置与实地位置一致。

（二）在地形图上确定站立点位置

当站立点附近有明显地貌和地物时，可利用它们确定站立点在图上的位置。例如，站立点的位置是在图上道路或河流的转弯点、房屋角点、桥梁一端，以及在山脊的一个平台上等。

当站立点附近没有明显地物或地貌特征时，可以采用交会方法来确定站立点在图上的位置。

（三）对图面内容和实地地物进行比对

定向和确定了站立点的位置后，就可以根据图上站立点周围的地物和地貌的符号，找出与实地相对应的地物和地貌，或者观察实地地物和地貌来识别其在地图上所表示的位置。地图和实地通常是先识别主要和明显的地物、地貌，再按位置关系识别其他地物、地貌。通过地形图和实地对照，了解和熟悉周围地形情况，比较出地形图上内容与实地相应地形是否发生了变化。

（四）野外填图

野外填图是指把土壤普查、土地利用、矿产资源分布、植被调查等情况填绘于地形图上的过程。野外填图时，应注意沿途具有方位意义的地物，随时确定本人站立点在图上的位置，同时，站立点要选择视线良好的地点，便于观察较大范围的填图对象，确定其边界并填绘在地形图上。通常用罗盘或目估方法确定填图对象的方向，用目估、步测或皮尺确定距离。

三、地形图的基本应用

采用一定的方法，在地形图上可以获取多种、大量的所需信息。并且，从地形图上确定地物的位置、相互关系和地貌的起伏形态等情况，比实地更准确、更全面、更方便、更迅速。

（一）确定图上某点的平面坐标、直线的长度、坐标方位角和坡度

1．确定图上某点的平面坐标

点的坐标是根据地形图上标注的坐标格网的坐标值插算的。

如图 5-11 所示，欲求 A 点坐标，先将 A 点所在方格网 $abcd$ 用直线连接，过 A 点作格网线的平行线，交格网边于 g、e 点。再按测图比例尺量出 ag=84.3 m，ae=72.6 m，则 A 点坐标为（图格坐标以 km 为单位）。

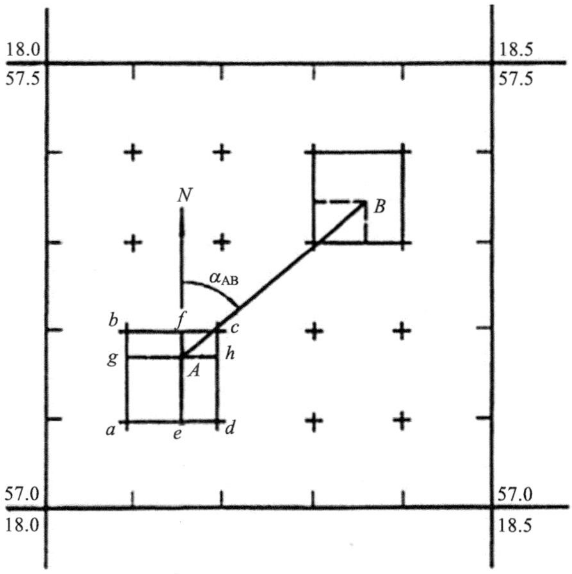

图 5-11　求图上某点坐标

$$X_A = x_a + ag = 57\,100 + 84.3 = 57\,184.3 \text{ m}$$

$$Y_A = y_a + ae = 18\,100 + 72.6 = 18\,172.6 \text{ m}$$

如考虑图纸变形，则 A 点坐标按下式计算：

$$\left.\begin{aligned} x_A &= x_a + \frac{10}{ab} \cdot ag \cdot M \\ y_A &= y_a + \frac{10}{ab} \cdot ae \cdot M \end{aligned}\right\} \tag{5-2}$$

式中：ab、ad、ag、ae——图上量取的长度（以 cm 为单位）；

M——比例尺分母；

x_a、y_a——a 点的坐标。

2. 确定图上直线的长度、坐标方位角和坡度

如图 5-11 所示，欲求 A、B 两点间的距离、坐标方位角及坡度，必须先用式（5-2）和式（5-3）求出 A、B 两点的坐标和高程，则 A、B 两点水平距离为

$$D_{AB}=\sqrt{(x_B-x_A)^2+(y_B-y_A)^2} \tag{5-3}$$

AB 直线的坐标方位角为

$$\alpha_{AB}=\arctan\frac{y_B-y_A}{x_B-x_A} \tag{5-4}$$

AB 直线的平均坡度为

$$i=\frac{h}{D}=\frac{H_B-H_A}{Md} \tag{5-5}$$

式中：h——A、B 两点间的高差；

D——A、B 两点间实地水平距离；

d——A、B 两点间在图上的距离；

M——比例尺分母。

坡度一般用千分率或百分率表示。当 A、B 两点在同一幅图中时，可用比例尺或量角器，直接在图上量取距离或坐标方位角，但量得的结果比计算结果的精度低。

（二）确定图上某点的高程

图上点的高程可通过等高线求得。若所求点恰好位于某等高线上，那么该点高程就等于该等高线的高程。

如图 5-12 所示，A 点高程为 50 m。若所求点在两等高线之间，如图中 B 点，可通过 B 作一条大致垂直两相邻等高线的线段 mn，在图上量出 mn 和 mB 的长度，则 B 点高程为

$$H_B=H_m+\frac{mB}{mn}h \tag{5-6}$$

式中：H_m——m 点的高程；

h——等高距。

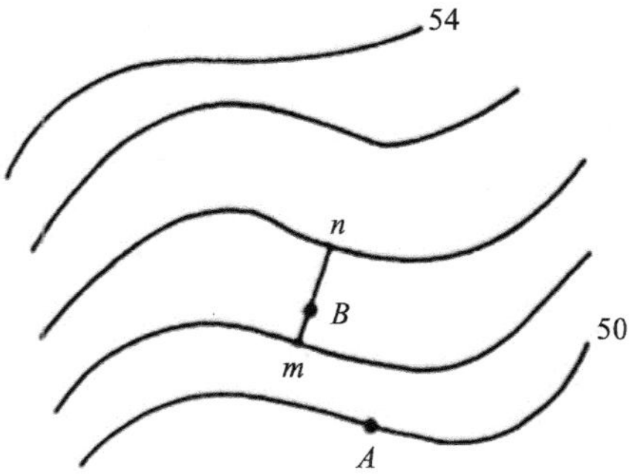

图 5-12　求点的高程

实际求图上的 B 点高程时，一般都是目估 mB 与 mn 的比例来确定 B 点的高程，精度要求高时，用两脚规量取相应距离。

（三）图形面积的量算

在地形图上量算面积的方法较多，应根据不同的目的、用途和精度要求而定。规则的多边形通常可以采用几何图形法和坐标解析量算法，不规则的图形可以采用透明方格纸法、平行线法及求积仪法。

1．几何图形法

可将多边形划分为若干个几何图形来计算。

如图 5-13 所示，将所求多边形 12345 的面积分解为三角形 Ⅰ、Ⅱ、Ⅲ，求出各三角形面积，其面积总和即为整个多边形的面积。

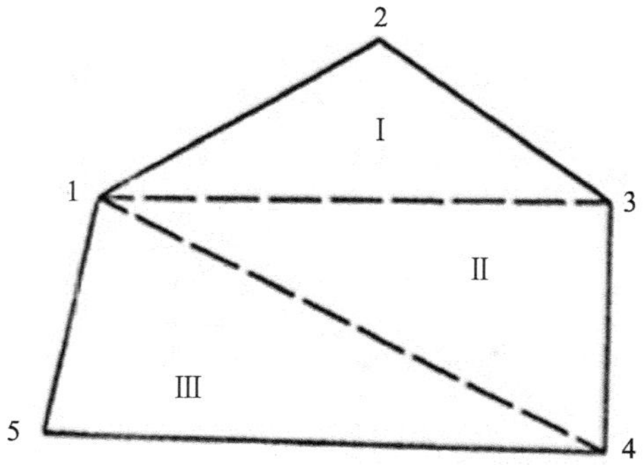

图 5-13　几何图形求面积

各三角形的面积可直接用比例尺或两脚规量出 Ⅰ、Ⅱ、Ⅲ每个三角形底边长 c 及其高 h，按公式 $A=ch/2$ 计算得到。

也可用边长和坐标方位角来计算每个三角形面积。在图 5-13 中，先求出多边形各顶点 1、2、3、4、5 的坐标，按式（5-3）分别求出 12、13、14、15 的长度 D_1、D_2、D_3、D_4

和坐标方位角α_{12}、α_{13}、α_{14}、α_{15}。则各三角形的面积为

$$S_{\mathrm{I}}=\frac{1}{2}D_1D_2\sin(\alpha_{13}-\alpha_{12})$$
$$S_{\mathrm{II}}=\frac{1}{2}D_2D_3\sin(\alpha_{14}-\alpha_{13}) \tag{5-7}$$
$$S_{\mathrm{III}}=\frac{1}{2}D_3D_4\sin(\alpha_{15}-\alpha_{14})$$

图形总面积为

$$A=S_{\mathrm{I}}+S_{\mathrm{II}}+S_{\mathrm{III}}$$

2．坐标解析量算法

多边形图形面积很大时，可在地形图上求出各顶点的坐标（或全站仪测得），直接用坐标计算面积。

如图 5-14 所示，将任意四边形各顶点按顺时针编号为 1、2、3、4，各点坐标分别为（x_1，y_1）、（x_2，y_2）、（x_3，y_3）、（x_4，y_4）。由图可知，四边形 1234 的面积等于梯形 3′344′加梯形 4′411′的面积再减去梯形 3′322′与梯形 2′211′的面积。

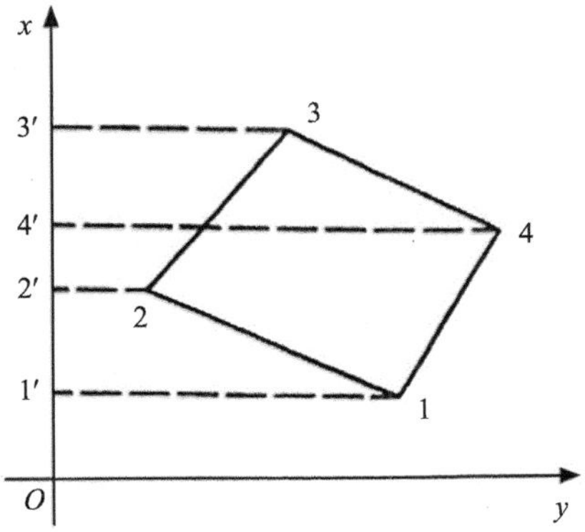

图 5-14　坐标计算法求面积

若四边形各顶点投影于 y 轴，则为

$$A=\frac{1}{2}[y_1(x_4-x_2)+y_2(x_1-x_3)+y_3(x_2-x_4)+y_4(x_3-x_1)] \tag{5-8}$$

若图形为 n 边形，则一般形式为

$$A=\frac{1}{2}\sum_{i=1}^{n}x_i(y_{i+1}-y_{i-1}) \tag{5-9}$$

$$A=\frac{1}{2}\sum_{i=1}^{n}y_i(x_{i-1}-x_{i+1}) \tag{5-10}$$

式中，n 为多边形边数。当 i=1 时，y_{i-1} 和 x_{i-1} 分别用 y_n 和 x_n 代入。当 i=n 时，y_{i+1} 和 x_{i+1} 分别用 y_1 和 x_1 代入。此两公式算出的结果可互相检验核实。

3．透明方格纸法

如图 5-15 所示，要计算曲线内的面积，可将一张透明方格纸覆盖在图形上，数出曲线内的整方格数 n_1 和不足一整格的方格数 n_2。设每个方格的面积为 a（当为毫米方格时，a=1 mm^2），则曲线围成的图形实地面积为

$$A=(n_1+\frac{1}{2}n_2)aM^2 \tag{5-11}$$

式中，M 为比例尺分母。计算时应注意 a 的单位。

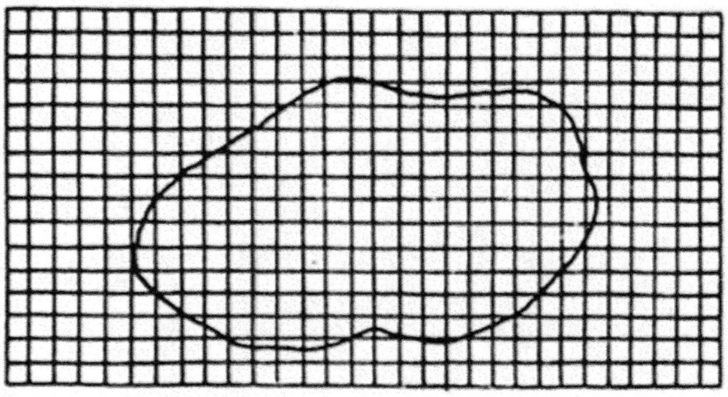

图 5-15　方格纸法求面积

4．平行线法

如图 5-16 所示，在曲线围成的图形上绘出间隔相等的一组平行线，并使上下两条平行线与曲线图形边缘相切，将这两条平行线间隔等分，得相邻平行线间距为 h。每相邻平行线之间的图形近似为梯形。

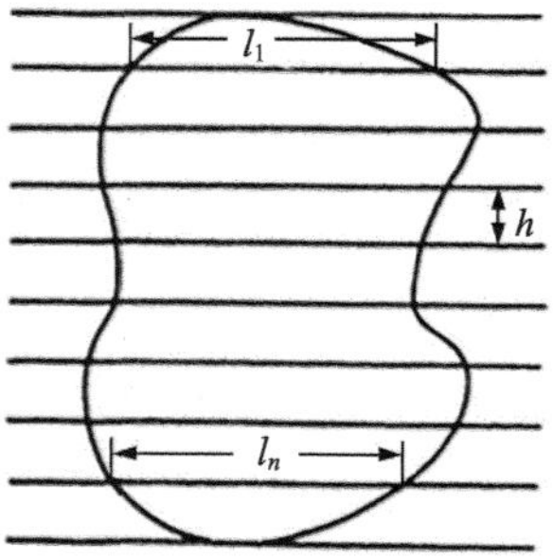

图 5-16　平行线法求面积

用比例尺量出各平行线在曲线内的长度 l_1、l_2、…、l_n，则各梯形面积为

$$A_1=\frac{1}{2}h\,(0+l_1)$$

$$A_2=\frac{1}{2}h\,(l_1+l_2)$$

$$\cdots$$

$$A_n = \frac{1}{2} h\,(l_{n-1} + l_n)$$

$$A_{n+1} = \frac{1}{2} h\,(l_n + 0)$$

图形总面积为

$$A = A_1 + A_2 + \cdots + A_n + 1 = h\,(l_1 + l_2 + \cdots + l_n) \tag{5-12}$$

除上述方法外，还可用电子求积仪来测定图形面积。此仪器设定图形比例尺和计量单位后，将描迹镜中心点沿曲线匀速推移一周后，显示窗会自动显示图形面积和周长。

（四）按设计线路绘制纵断面图

在道路、管线等工程设计中，为确定线路的坡度和里程，要按设计线路绘制纵断面图。如图 5-17 所示，*ABCD* 为一条越岭线路，需沿此方向绘纵断面图。

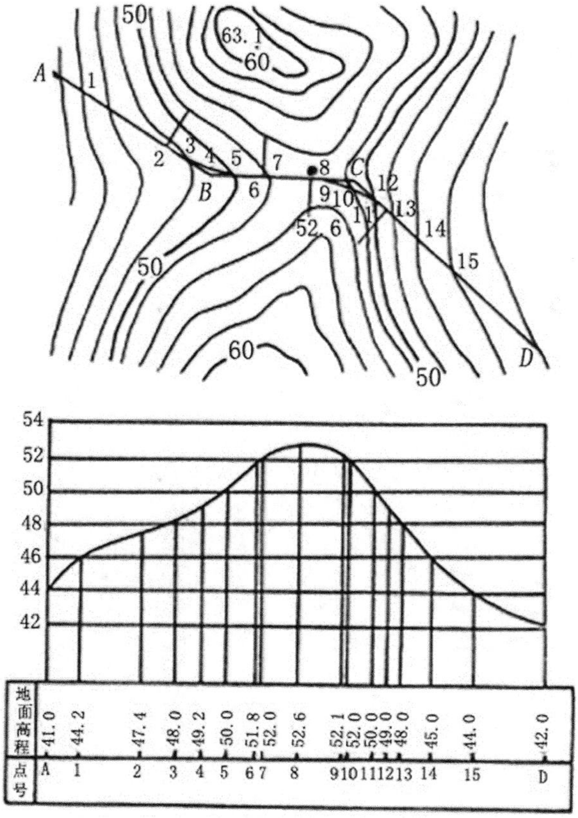

图 5-17　绘制纵断面图

首先，在图纸下方或方格纸上绘出两垂直的直线，横轴表示距离，纵轴表示高程。然后在地形图上，从 *A* 点开始，沿线路方向量取两相邻等高线间的平距（图中点 2、6 和点 8、12 分别为 *B* 点、*C* 点处缓和曲线的起点和终点，在图中也应表示出来），按一定比例尺（可以是地形图比例尺，也可另定一个比例尺）将各点依次绘在横轴上，得 *A*、1、2、…、15、*D* 点的位置。再从地形图上求出各点高程，按一定比例尺（一般比水平比例尺大 10 或 20 倍）绘在横轴相应各点句上的垂线上。最后，将相邻垂线上的高程点用平滑的曲线（或折线）连接起来，即得路线 *ABCD* 方向的纵断面图。

（五）确定两地面点间是否通视

要确定地面上两点之间是否通视，可以根据地形图来判断。地面两点间的地形比较平坦时，通过在地形图上观看两点之间是否有阻挡视线的建筑物就可以进行判断。但在两点间地形起伏变化较复杂的情况下，则可以绘制简略断面图来确定其是否通视，如图 5-17，可以判断 *AD* 两点是否通视。

（六）按限制坡度在地形图上选线

在线路方案设计时，往往要根据地形图选择某一限制坡度的线路，以确定最佳方案。

如图 5-18 所示，地形图比例尺为 1∶2 000，等高距为 1 m，欲在山下 *A* 点与山上 *D* 点之间设计一条公路，指定坡度不大于 5%，要求选择最短线路。先按指定坡度计算相邻两等高线间在图上的最短距离为

$$d=\frac{h}{iM}=\frac{1}{0.05\times 2\,000}=0.010\ \text{m}$$

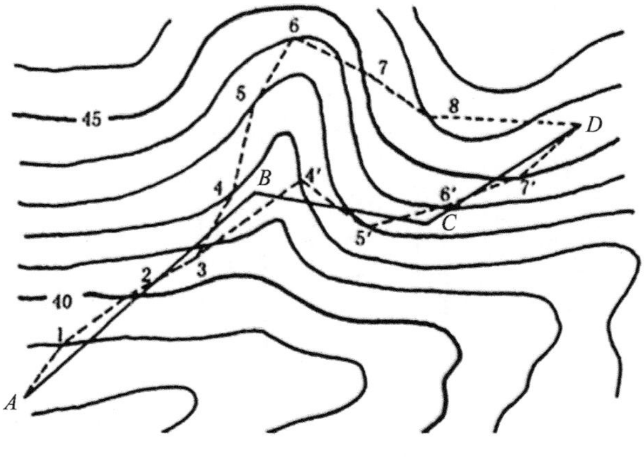

图 5-18　确定限制坡度线路

然后以 *A* 为圆心，以 1 cm 为半径画弧，与 39 m 等高线交于 1 点；再以 1 为圆心，以 1 cm 为半径画弧，与 40 m 等高线交于 2 点；依此类推，到 *D* 点为止，将各点连接即得

A-1-2-3-4-5-6-7-8-*D* 限制坡度的最短路线。还有另一条路线，即在交点 3 之后，将 23 直线延长，与 42 m 等高线交于 4′点，3、4′两点距离大于 1 cm，故其坡度不会大于指定坡度 5%，再从 4′点开始按上述方法选出 *A*-1-2-3-4′-5′-6′-7′-*D* 的路线。

最后线路的确定要根据地形图综合考虑各种因素对工程的影响，如少占耕地、避开滑坡地带、使土石方工程量小等，以获得最佳方案。图 5-18 中，设最后选择 *A*-1-2-3-4′-5′-6′-7′-*D* 为设计线路。按线路设计要求，将其去弯取直后，设计出图上线路导线 *ABCD*。根据地形图求出各导线点 *A*、*B*、*C*、*D* 坐标后，可用全站仪在实地将线路标定出来。

（七）确定汇水区面积

在修筑桥梁、涵洞或修建水坝等工程建设中，需要知道有多大面积的雨水往这个河流或谷地汇集。地面上某区域内雨水汇入同一山谷或河流，并通过某一断面（如道路的桥涵）下泄，这一区域的面积称为汇水面积。显然汇水面积的分界线为山脊线。

如图 5-19 所示，公路 *AB* 通过山谷，在 *M* 处要建一涵洞，为了设计孔径的大小，要确定该处汇水面积。由图 5-19 可看出，流往 *AB* 断面的汇水面积，即为 *AB* 断面与该山谷相邻的山脊线的连线所围成的面积（图中虚线部分）。可用格网法、平行线法或电子求积仪测定该面积的大小。

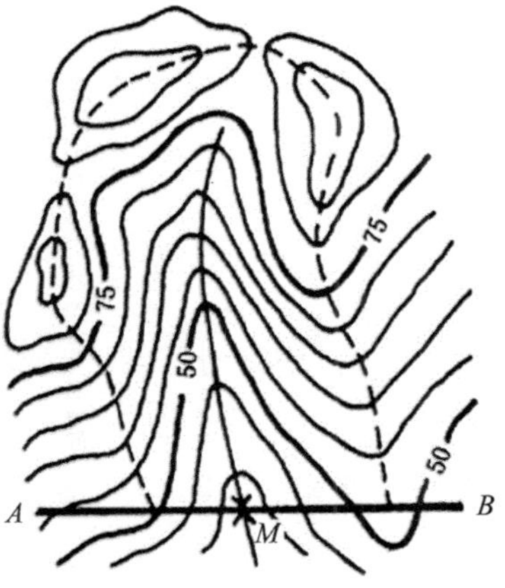

图 5-19 确定汇水面积

第五节 常用网络开放地图简介

国内线上地图提供商有很多，如百度地图、高德地图、腾讯地图和天地图等，国外常用的线上地图包括谷歌地图、苹果地图、MapQuest、Bing Maps 等。这些线上地图提供了详细和实时的地理位置信息，如道路、建筑物、商店、公园和景点等。

一、百度地图

网址为 https://map.baidu.com/。

百度地图是中国百度公司开发的线上地图，是国内最为常用的线上地图之一，在美国也广受欢迎，它提供精准的定位、导航、路线规划、公交查询等功能，同时也可以查看实时路况和周边服务信息。

二、高德地图

网址为 https://ditu.amap.com/。

高德地图是一款由阿里巴巴旗下公司——高德软件开发的在线地图应用。它提供全国范围内的地图查询和导航服务，包括实时路况、公交线路规划、智能路线规划、停车场查询等多项实用功能。高德地图主要用户是中国居民，其在中国市场与百度地图竞争激烈。除了在中国使用外，它也在东南亚地区取得了一定的市场份额。

三、腾讯地图

网址为 https://map.qq.com/。

腾讯地图提供全国范围内的地图查询和导航服务，包括实时路况、公交线路规划、分享定位等功能。同时还支持预约打车、酒店预订、景点门票预订等服务。

四、天地图

网址为 http://www.tianditu.gov.cn/。

天地图是由中国国家测绘局主导研发的一款在线地图服务。它提供行政区划、道路、水系、地形等丰富的地图数据，并支持各种测绘数据类型、通用传感器数据和行业应用数据。天地图还提供了一些特殊目的的地图服务，如遥感、船舶、无人机和卫星图像等服务。

五、谷歌地图

网址为 https://www.google.com/maps。

谷歌地图是美国最常用的线上地图之一，该网站提供了高清卫星影像、实时交通状况和路况信息、兴趣点（Point of Interest，POI）等。用户还可以搜索地点、查看立体街景和路线规划。

六、苹果地图

网址为 https://www.apple.com/maps/。

苹果地图是 Apple 公司推出的线上地图，该网站提供了类似于谷歌地图的功能，但与

iOS 系统、Siri 等紧密集成，有利于苹果设备用户的使用。

七、MapQuest

网址为 https://www.mapquest.com/。

MapQuest 是美国在线地图和路线服务提供商，该网站提供了实时交通、地点搜索、路线规划和街景图片等功能。MapQuest 也提供了移动应用程序，方便用户随时使用。

八、Bing Maps

网址为 https://www.bing.com/maps。

Bing Maps 一般翻译成必应地图，是微软推出的在线地图服务，该网站提供全球地图、路线规划、实时交通信息、商业查找等功能。Bing Maps 还支持鸟瞰视角（Bird’s Eye），可以提供立体、真实的地图体验。

九、Here WeGo

网址是 https://wego.here.com/。

Here WeGo 是一款免费的多平台地图应用程序，提供了详细的导航、公共交通和步行路线信息。该应用程序还支持离线地图下载，方便用户在没有网络连接的情况下使用地图。

十、OpenStreetMap

网址为 https://www.openstreetmap.org。

OpenStreetMap 是一款免费的开源地图应用程序，由志愿者创建和更新。该应用程序提供了详细的地理位置信息，如道路、建筑物、商店、公园和景点等。

十一、标准地图服务

网址为 http://bzdt.ch.mnr.gov.cn/。

由中华人民共和国自然资源部于 2020 年发布，标准地图依据中国和世界各国国界线画法标准编制而成，可用于新闻宣传用图、书刊报纸插图、广告展示背景图、工艺品设计底图等，也可作为编制公开版地图的参考底图。社会公众可以免费浏览、下载标准地图，直接使用标准地图时需要标注审图号。标准地图有 JPG、EPS 两种数据格式，地图幅面分为 64 开、32 开、16 开、8 开、4 开、对开等。需要编辑 EPS 格式地图时，建议使用 Adobe Illustrator 软件。若对地图内容编辑（包括放大、缩小和裁切）进行改动，公开使用前需要送自然资源主管部门审核。目前发布的标准地图包括中国地图 269 幅、世界地图 79 幅、专题地图 12 幅。

思考题

1. 地图同我们日常生活中见到的风景画、遥感影像有何不同？

2. 有人说地理信息系统（GIS）就是信息化时代地图所有功能的计算机化，这种看法是否正确？为什么？

3. 地图的数学基础包括哪些？

4. 传统纸质地图的图面作业（如量算距离、面积、画地形剖面线等）内容很多，你能系统地归纳一下吗？

练习题

1. 从国外网站上（美国、加拿大、瑞士等国）下载一幅1∶1万地形图，熟悉一下地形图的组成要素、结构。

2. 系统对比、分析电子地图和纸质地图的优劣势所在，指出其未来发展方向。

3. 我国绝大部分国土位于中纬度，通过对比分析不同地图投影的特点，指出适宜的地图投影类型。

4. 查阅有关资料，列表归纳出我国地图的分幅编号规则。

推荐读物

1. 祁向前．地图学原理[M]．武汉：武汉大学出版社，2012.

2. 王琪，张唯，晁怡，等．地图学实习教程[M]．武汉：中国地质大学出版社，2020.

3. 冶金工业部武汉勘察公司．大比例尺地形图的使用[M]．北京：测绘出版社，1977.

温馨提示

1. 时至今日，地图已成为户外考察与调查、城市与区域规划、行政管理、国防建设、科普宣传、新闻报道等领域必不可少的工具，我们要花些精力，把握地图的基本特征，学会使用其主要功能。

2. 现在网络上的各类电子地图琳琅满目，给我们的工作和生活提供了巨大的便利。因此，我们应密切关注这些极其有用的工具，在自己的工作和生活中灵活选择和熟练使用它们。

第六章　遥感影像分析初步

本章提要

本章对遥感影像和遥感技术的基本概念、基本技术、基本操作程序与方法做了系统介绍，主要内容包括遥感技术概况、遥感影像的种类与基本特征、遥感影像的目视解译程序与方法、无人机遥感的主要技术特征、常用专业软件 ENVI 的使用方法。

关键词

遥感技术，遥感影像，目视解译，监督分类，无人机，ENVI

第一节　遥感技术

一、概述

顾名思义，遥感就是从遥远的地方感知地表事物，是一种不接触物体而感知和观测物体，并测量、分析和判定该物体的性质、空间形态、类型和数量的认识手段（图 6-1）。我们这里所讲的遥感技术主要指通过一定的观测平台，如卫星、飞机、无人机等，从太空或空中观测或感知我们居住并赖以生存的地球表面。

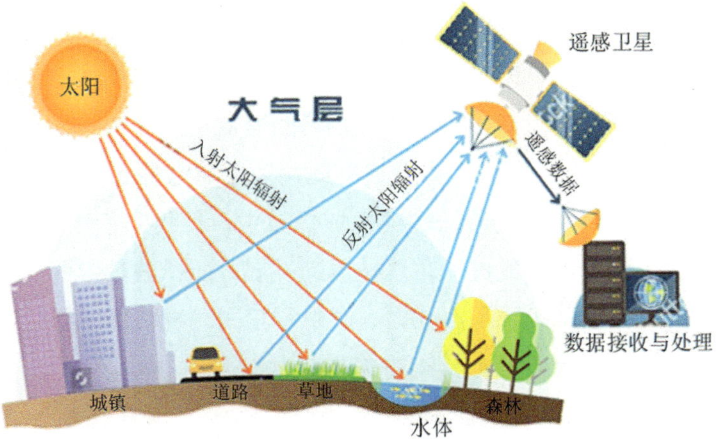

图 6-1　遥感的基本过程

遥感实现了人们观测事物在两个维度上的延伸：一是空间距离上的延伸。目前的卫星已经可以从数百千米甚至更远的距离观测我们的地球，已经远远突破了人们所说的“千里眼”的概念；同时，大范围宏观观测使得地表监测效率更高。二是在光谱维度上的延伸。通常人眼只能感受可见光，而遥感技术却能感受远超可见光的光谱范围，如紫外、红外和微波，甚至更长或更短波长的电磁波。遥感手段极大地拓展了人们的认知能力，实现了人们在认识论上的一次飞跃（图 6-2）。

图 6-2 遥感——“千里眼”

二、发展历程及发展趋势

（一）发展历程

人们在 19 世纪发明了照相术，通过相机和胶片把看到的东西记录并留存下来。开始只是在人们眼睛看得到的可见光范围内进行，但随着需求的加大，特别是在战争的强大需求驱使下，遥感技术得以快速发展。“一战”促使遥感从地面走向空中，催生了红外探测技术。红外线的利用成就了对温度敏感的热成像技术，使得人们夜间也能看到物体；“二战”使遥感走得更高和更远，促进了雷达技术的发展。而微波技术的兴起，特别是雷达探测技术，作为主动式遥感，实现了从地面、空中和空间对物体的成像，它最大限度地减少了天气的干扰，形成了全天时和全天候的探测能力。

“冷战”期间，超级大国间的激烈竞争，特别是空间技术的发展，为遥感技术的快速发展提供了必要的条件。气象探测、地形测绘、军事侦察、导弹预警成了遥感发展的主要动力。随着“冷战”的结束，遥感技术开始向民用转化，民用遥感卫星纷纷登场。这时遥感的主要任务是资源探测、环境监测、灾害评估等。这就是包括我国在内的许多国家将最早的遥感卫星命名为“资源卫星”的原因。1972 年美国发射了第一颗具有业务性质的“地球资源技术卫星”（后更名为“陆地卫星”），开启了常态化遥感对地观测的先河（图 6-3）。随后许多国家开始效仿和跟进。当前，遥感特别是卫星遥感，形成了百花齐放的繁荣局面。

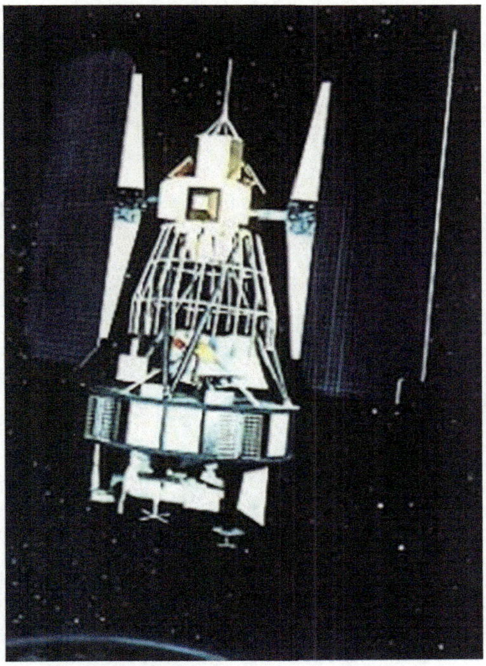

图 6-3　陆地卫星 1 号（Landsat 1）

遥感卫星的发展包含着科学、技术、应用等多种目标，各国在民用遥感卫星发展方面既有竞争也有合作，许多国家都根据自身的技术、需求和目标，研制和发射了本国的卫星。同时，为了解决一些需要各国共同应对的问题，如全球气候变化及其所产生的影响、环境恶化所导致的灾害等，国家之间又开展了广泛的合作。在此基础上逐渐形成了完整、全面、系统的卫星遥感对地球的观测能力，组成了全球性的地球观测系统。

遥感技术的发展虽可追溯到 19 世纪，但那时只是发展的雏形。到 20 世纪 60 年代，遥感技术正式从科学技术领域得到确立，到现在已有 60 多年的历史。实际上，遥感技术的发展是伴随空间技术的发展而兴起的，经过几十年的发展，在理论和技术上有了飞速的进步，是 21 世纪标志性的科学技术成就之一。

（二）发展趋势

现代遥感技术实现了时空一体、多维探测，具有“广、细、精、全”等四个方面的优势。“广”则能将整个地球收入眼底，“细”则能明察秋毫，“精”则能分辨毫厘差异，

“全”则能覆盖整个电磁波范围。我们很难找到类似的技术系统能够如此广泛地为全世界提供地面信息，其应用范围上能抵达国家领导人和最高决策层，下可触及普通平民百姓。

今后遥感技术发展已不是单一的技术，而是组合型技术发展，主要趋势表现在：

1）多星组合，各尽其能，多种数据综合和融合，极大地提升遥感的综合观测和综合应用能力。

2）创新发展，探求新的成像技术和成像模式，如太赫兹成像、单光子成像、复眼光学成像、薄膜光学成像、高分辨率红外成像等。关注集群式遥感微小卫星的发展，以更低的价格、更便捷的服务惠及更广大的用户，这是未来发展的大趋势之一，美国太空探索技术公司的“星链”项目就是典型代表（图 6-4）。

图 6-4　星链概念及结构

星链是太空服务公司 SpaceX 计划推出的一项通过近地轨道卫星群，提供覆盖全球的高速互联网接入服务。截至 2022 年 7 月 23 日，星链服务已可在 36 个国家和地区使用。该概念最初是 2015 年 SpaceX 首席执行官伊隆·马斯克提出的，他在西雅图宣布推出一项太空高速互联网计划。目前美国和中国都在紧锣密鼓地加速推进该类计划。

相对而言，我国应充分利用空间站技术，发展组件式遥感观测系统，更有效地提高综合分辨率和探测能力。

3）实现与通信、导航更紧密结合，形成“通、导、遥”的一体化，融入当今智慧城市建设的新兴技术潮流，充分发挥遥感的独特作用，创造更多和更大的应用价值。

4）发展卫星、临近空间（平流层）、航空（包括高、中、低空）相结合的多维、多级、多源遥感观测，以及卫星和航空（包括无人机）遥感的智能化。人工智能的应用将使下一代卫星更加聪明、智慧，将大幅提升卫星机动和敏捷性能，提高星上智能处理水平。将人工智能引入遥感数据的处理和分析、分类和识别，将使遥感应用更加智能化和智慧化。

5）在各类卫星协调和协同的基础上，进一步强化遥感应用环节，将数据的保障率大幅提高，使卫星遥感应用走向业务化而不是脉冲式服务。

第二节　遥感影像

一、概述

根据遥感的概念可知，1826 年摄影技术的发明就标志着遥感技术的诞生。但在 1839 年以前主要是进行地面摄影。1858 年法国人图纳乔（Tournachon G. F.）用系留气球摄取了巴黎的“鸟瞰”相片，1859 年布莱克 J. W. 乘气球在空中拍摄了波士顿的相片。此时所用的平台为气球、风筝、鸽子等，影像质量较差（图 6-5）。

图 6-5　20 世纪初的生物遥感平台——鸽子

早期的遥感技术是通过遥感平台搭载的各种相机获取地面信息的，这种通过摄影成像方法得到的相片称为光学图像（模拟图像）。20 世纪 50 年代，计算机技术发展到相当水平后，出现了计算机图像处理技术，并迅速发展形成新的学科。能在计算机里存储、运算、显示和输出的图像称为数字图像。而遥感数字图像是数字图像的一种特殊形式，即数字化的遥感图像（图 6-6）。

130	146	133	95	71	71	62	78
130	146	133	92	62	71	62	71
139	146	146	120	62	55	55	55
139	139	139	146	117	112	117	110
139	139	139	139	139	139	139	139
146	142	139	139	139	143	125	139
156	159	159	159	159	146	159	159
168	159	156	159	159	159	139	159

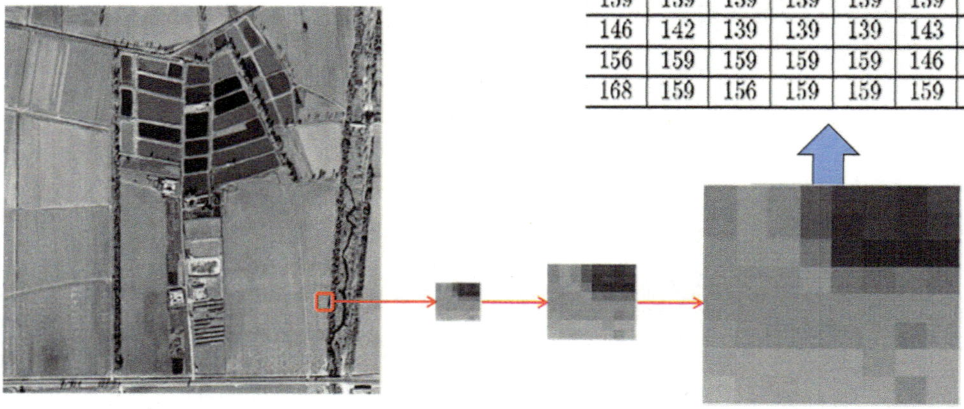

图 6-6　数字图像表示（乡村）

二、不同类型的遥感影像

（一）光学遥感

光学遥感是指利用可见光、近红外光进行地物监测的遥感技术，它主要通过记录地物反射光所携带的电磁波信息来探测物体，通过影像合成技术来识别不同地物。对于光学遥感而言，它既有单波段的全色图像，又有三波段的彩色图像，以及更多波段的多光谱和高光谱图像（图 6-7）。

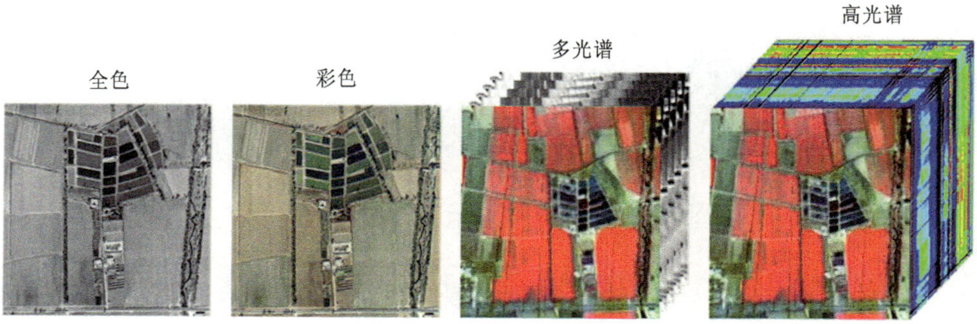

图 6-7　光学图像的分类

进入 21 世纪，光学遥感技术呈现出高空间分辨率、高光谱分辨率、高时间分辨率的“三高”新特征，让使用者能够对地表看得更清楚、对地物认识得更准确、深刻。

1. 高空间分辨率

高空间分辨率图像（简称“高分图像”）包含了地物丰富的纹理、形状、结构、邻域关系等信息。

当前，商业化高分图像的多领域应用发展迅速。在农业方面，法国 SPOT-5 卫星 2.5 m 融合图像可以实现冬小麦、水稻和棉花等种植区域的提取。城市规划管理方面，中国“高分二号”卫星图像可准确地识别城市街道、人行道、绿地、公园、建筑物，甚至车辆数量等信息（图 6-8、图 6-9）。海岸带调查方面，使用美国 Worldview-3 高分图像可以大幅提高海岸线提取的精度，实现对填海造陆状况的监测。

图 6-8　“高分二号”卫星拍摄的故宫及周边地区

图 6-9 上海陆家嘴高分辨率图像

（“高分二号”卫星 0.8 m 全色与 3.2 m 多光谱融合效果）

2. 高光谱分辨率

光谱分辨率指遥感器所选用的波段数量多少、各波段的波长位置及波段间隔大小。一般情况下，光谱波段间隔越小，光谱分辨率越高，遥感器接收到的能量强度就越小，这些直接影响着数据的质量、性能和可靠性，这对设备提出了非常高的要求。

高光谱分辨率遥感又称高光谱遥感，它利用成像光谱仪在几十个甚至几百个连续的光谱通道获取地物辐射信息，在取得地物图像的同时，每个像元都能得到一条包含地物诊断性光谱特征的连续光谱曲线（图 6-10）。

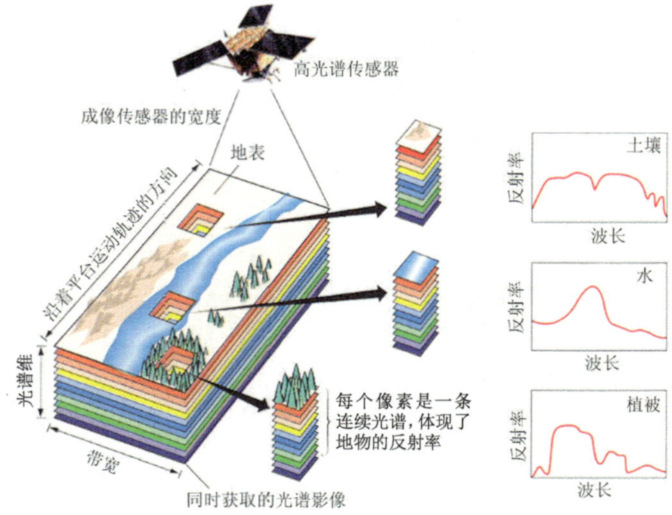

图 6-10 高光谱遥感原理

高光谱遥感突出的特点和优势使其在众多领域发挥着越来越重要的作用。在矿产探测领域，通过对矿物元素的诊断性光谱特征的分析，高光谱遥感能够实现对矿物成分及其丰度的精确识别（图 6-11）；在植被研究方面，通过高光谱数据能够反演植被物理和化学参数，开展植被长势监测、品质评估等工作；在水质监测方面，通过对水中叶绿素、黄色物质、悬浮物等成分的光谱反演，可以掌握水华暴发、黑臭水体分布以及污染来源等信息；此外，高光谱遥感技术在军事目标侦察、阵地与装备伪装识别、战场环境背景分析等方面有巨大应用潜力和先天优势（图 6-12）。

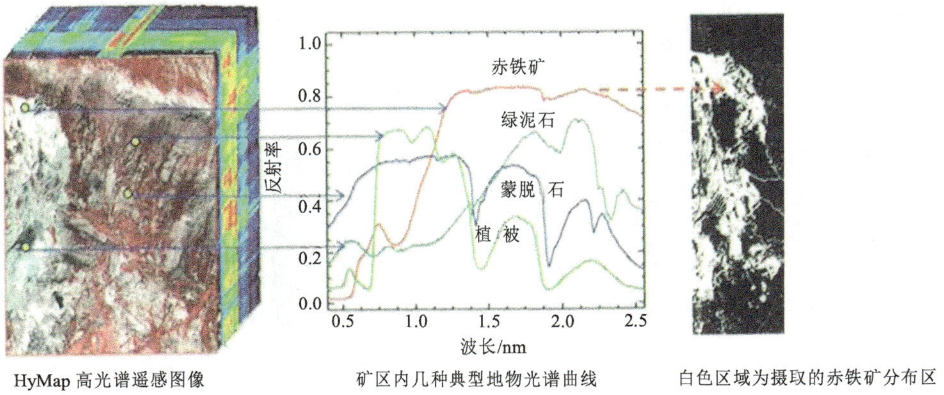

图 6-11　高光谱图像提取赤铁矿原理

图 6-12　高光谱遥感的最新应用领域——还原作画过程的涂改痕迹

3．高时间分辨率

卫星遥感观测的时间分辨率（或卫星重访周期）是指在同一区域进行相邻两次观测的最小时间间隔，间隔越小，时间分辨率越高。目前时间分辨率最高的遥感卫星是气象卫星，比如我国“风云二号”气象卫星每半小时对地观测 1 次，双星错开观测，可以每 15 分钟观测 1 次地球。但是气象卫星的空间分辨率相对较低，一般都在百米级或千米级。随着高分辨率成像技术的进步，陆续出现了一批中高空间分辨率的遥感卫星，再通过卫星组网观测技术，建立遥感卫星星座，就能实现高空间、高时间分辨率的遥感观测。除此之外，还有地球静止轨道卫星，如我国 2015 年年底发射的具有 50 m 空间分辨率的“高分四号”卫星，观测面积大，而且能长期对某一地区持续观测（图 6-13）。

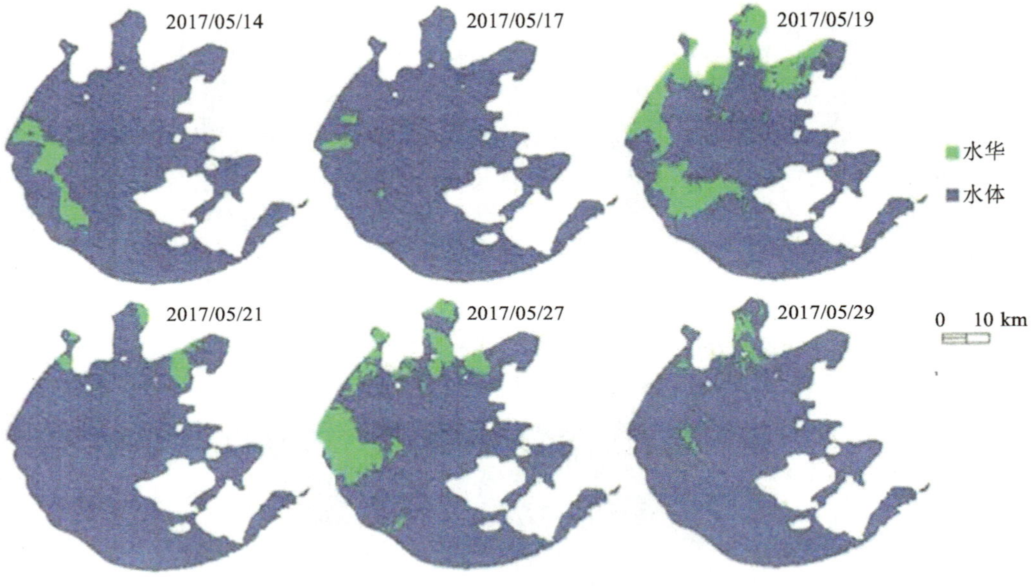

图 6-13　2007 年 5 月其中 6 天太湖水华（绿色区域）暴发动态监测

（二）红外遥感

红外遥感是通过获取地物反射和发射的红外热辐射能量信息来感知地物特性的技术。任何温度高于绝对零度（–273.15℃）的物体都会向外界以电磁波的形式发射热辐射，而红外遥感正是依据这一物理原理，利用传感器记录地物发射的电磁能量，再根据模型计算出不同地物的温度，从而达到识别地物的目的（图 6-14）。

红外遥感不受光照条件限制，因此可以昼夜成像，已被应用于矿物识别、构造填图、农情监测、城市热岛效应研究、灾害监测、环境污染监测以及军事等许多领域。

图 6-14　红外遥感原理

图 6-15 的左图展示了上海自由贸易试验区临港新片区 2020 年 1 月底和 3 月初的热红外图像，图上颜色越红表示温度越高。2020 年 1 月底，企业的生产活动受到疫情限制，图像上温度高的红色区域较少，而 3 月初企业复工复产区域的温度明显升高。

图 6-15 的右图分别采用 2014 年 4 月 Landsat-8 多光谱数据及 2016 年 1 月高分红外数据开展北京地区热源提取，以相应地区高分辨率可见光遥感影像进行验证。结果表明，基于红外遥感影像数据进行热源点位探测效果较好，探测结果中大部分为具有工业热效应的工厂厂房及周边厂区，少数为裸土区域内焚烧痕迹。

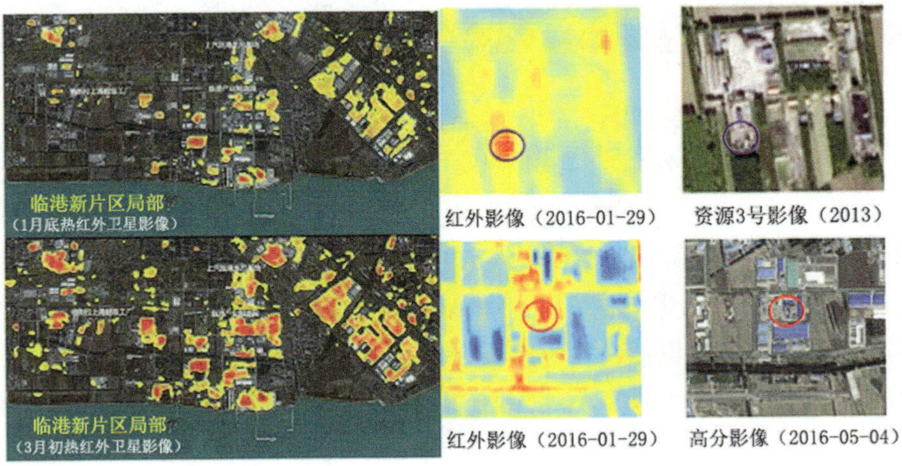

图 6-15　红外遥感监测技术的应用

（三）微波遥感

这是通过接收地物在微波波段（波长为 1 mm～1 m）的电磁辐射和散射能量来探测和识别远距离物体的遥感技术。微波遥感并不依赖于日光（雷达利用自身发射的电磁波），因此可以昼夜工作，具有全天时工作能力，已广泛应用于海洋、冰雪、大气、测绘、农业、灾害监测等方面。

微波影像具有成像速度快、覆盖区域广、地面目标清晰可辨的特点，特别是微波雷达可采用或组合使用多种工作频率、多种极化和多角度方式获取地球表面信息，今后应用潜力很大（图 6-16）。微波影像的立体感较强，这是因为微波散射及微波波束对地面倾斜照射，产生阴影，即影像暗区。

武汉市“高分三号”卫星影像　　首都机场“高分三号”卫星影像

图 6-16　“高分三号”卫星拍摄的武汉市与首都机场影像

合成孔径雷达（Synthetic Aperture Radar，SAR）是一种高分辨率二维成像的主动微波遥感，也是目前微波成像遥感应用最广的技术，它的图像在几何和辐射特征上与光学遥感图像有着显著差异。在光学遥感影像上（图 6-17 左图），地面物体是什么，影像上看到的就是什么，而微波遥感影像（图 6-17 右图）上看到的与人眼直接看到的结果不尽相同，取决于地面物体的材质、水分含量、物理结构、表面粗糙度等因素，典型的如水体、高层建筑、植被等。

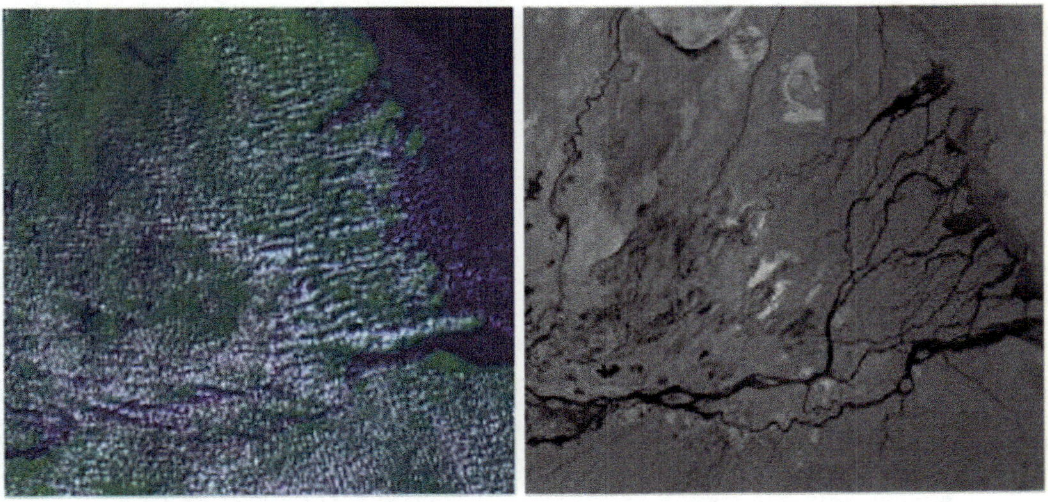

图 6-17　光学遥感影像（左）与微波遥感影像（右）的对比

第三节　遥感影像的目视解译

一、影像特征与解译标志

目视解译是指凭借人的眼睛，依靠解译者的知识、经验和掌握的相关信息，通过大脑分析、推理、判断，提取遥感图像中有用信息的过程。

（一）地物特征

1. 定义

地物特征主要包括光谱特征、空间特征和时间特征等。地物的这些特征在遥感影像上都是以灰度变化的形式表现出来的。因此，图像上的灰度可以看作以上三种地物特征的函数。

2. 表现

影像特征综合表现在色调、形态、位置三个方面，是地物发射或者反射电磁辐射的强度差异在遥感影像上的反映，是影像目视解译的主要依据。

（二）解译要素

解译要素由色调或颜色、阴影、形状、大小、纹理、图案、位置、组合等 8 个基本要素组成。

（三）解译标志

解译标志是指遥感图像上能反映和判别地物或现象的影像特征。解译标志分为直接解译标志和间接解译标志。

1. 直接解译标志

直接解译标志指图像上直接反映出来的目标地物本身的影像特征，包括影像的色调或颜色、形状、图案等。

2. 间接解译标志

间接解译标志指根据与目标地物有内在联系的一些地物或现象在影像上反映出来的特征，间接推断和识别地物的影像标志。

二、目视解译的方法和程序

（一）目视解译的方法

目视解译的方法包括直接解译法、对比分析法、信息复合法、综合分析法和地理相关分析法等。

1. 直接解译法

该方法是指使用色调、颜色、大小、形状、阴影、纹理、图案等直接解译标志，确定目标地物的属性与范围的一种方法。

2. 对比分析法

该方法是通过对影像或地物之间的相互比较，从而准确识别目标地物属性的一种方法。对比的内容包括多波段的对比、同类地物的对比、空间的对比和时相动态的对比。

3. 信息复合法

该方法是把遥感影像与专题地图、地形图等辅助信息源进行复合后，根据专题地图或地形图提供的信息，从而更准确地识别图像上目标地物的一种方法。

4. 综合分析法

该方法是将多个解译标志结合起来，或借助各种地物或现象之间的内在联系，通过综合分析和逻辑推理，间接判断目标地物或现象的存在或属性。

5. 地理相关分析法（也称立地分析法）

根据地理环境中各种地理要素之间相互依存、相互制约的关系，借助专业知识进行遥感与地学综合分析，推断某种地理要素的性质、类型、状况与分布的方法。

（二）目视解译的基本程序

1）准备工作阶段；

2）初步解译与野外调查；

3）室内详细解译；

4）野外验证与补判；

5）目视解译成果的转绘与制图。

三、不同类型遥感影像的特征

（一）单波段摄影像片

1. 黑白像片

地物的色调取决于其在可见光范围内反射率的高低。反射率高的地物色调浅，反射率低的地物色调深。例如，水泥路面呈现灰白色，而水体呈现深灰色或浅黑色。

2. 黑白红外像片

近红外波段反射率的高低决定了地物在黑白红外像片上色调的深浅变化。例如，植被在可见光黑白像片上为暗灰色，但在黑白红外像片上则呈现浅灰色调，这是植物在近红外波段具有强反射的缘故。

3. 彩色红外像片

“绿色”物体呈蓝色，“红色”物体呈绿色，“反射强红外”物体则呈红色。可见，彩色红外像片重现的“物体颜色”均向短波段方向移动了一个色位。

（二）多光谱扫描影像

1. 多光谱扫描影像的特点

1）光谱分辨能力强，信息量丰富；

2）宏观性、综合性、概括性更强；

3）重复观测，有利于动态监测。

2. 多波段假彩色合成影像

它是多光谱扫描影像最常见的解译方法。

多波段彩色合成有多种合成方案，选择最佳合成波段的原则有 3 个：

1）所选的波段信息量要大；

2）波段间的相关性要小；

3）波段组合对所研究地物类型的光谱差异要大。

（三）热红外图像

1. 热红外图像的色调

它是地物温度的构像。地物热辐射能力越强，图像色调越浅；地物热辐射能力越弱，图像色调越深。

热辐射的差异造成了地物的“热分布”形状。一般来说，这种“热分布”形状并不一定是地物的真实形状。例如，高温目标的热扩散会导致物体形状的扩大与变形。

2．阴影

热红外图像上，阴影是目标地物与背景之间辐射差异造成的，有冷阴影和暖阴影之别。

阴影是一种“虚假”信息，它干扰了图像的识别，但同时又提供了一种反映特殊目标存在或属性的新信息。

第四节　无人机遥感

一、无人机概述

（一）定义

无人机（Unmanned Aerial Vehicle，UAV）是一种无人驾驶的航空器，具有动力装置和导航模块，在一定范围内靠无线电遥控设备或计算机预编程序自主控制飞行。无人机的价值在于形成空中平台，替代人类完成空中作业，我们可以形象地把无人机看作一个空中机器人（图 6-18）。

图 6-18　无人机示意图

1917 年第一架无线电控制的无人飞行器诞生，到了 20 世纪 60 年代无人机开始应用于侦察领域。在 1979 年，Przybilla 和 Wester-Ebbinghaus 开展了基于固定翼无人机的航空摄影测试，1980 年该团队使用航模无人直升机开展了历史上首次旋翼无人机航空摄影测试。2005 年以后无人机测绘遥感技术进入了快速发展阶段。

（二）分类

无人机主要从机身结构、机身重量、活动半径、任务高度及用途等方面进行分类。

1. 无人机按机身结构

可分为固定翼、多旋翼、单旋翼（直升机）无人机。

2. 无人机按机身重量

可分为微型、轻型、小型和大型无人机。

微型无人机是指机身质量小于等于 7 kg 的无人机；轻型无人机是指机身质量大于 7 kg，小于等于 116 kg 的无人机；小型无人机是指机身质量大于 116 kg，小于等于 5 700 kg 的无人机；大型无人机是指机身质量大于 5 700 kg 的无人机。

3. 无人机按活动半径

可分为超近程、近程、短程、中程和远程无人机。

超近程无人机活动半径一般小于 15 km；近程无人机活动半径大于 15 km，小于等于 50 km；短程无人机活动半径大于 50 km，小于等于 200 km；中程无人机活动半径大于 200 km，小于等于 800 km；远程无人机活动半径大于 800 km。

4. 无人机按任务高度

可以分为超低空、低空、中空、高空和超高空无人机。

超低空无人机任务高度一般小于等于 100 m；低空无人机任务高度大于 100 m，小于等于 1 000 m；中空无人机任务高度大于 1 000 m，小于等于 7 000 m；高空无人机任务高度大于 7 000 m，小于等于 18 000 m；超高空无人机任务高度大于 18 000 m。

5. 无人机按用途

可分为军用无人机和民用无人机。

军用无人机是由遥控设备或自备程序控制操纵的不载人飞机，可分为侦察无人机、诱饵无人机、无人战斗机等。军用无人机使用方便、机动灵活，可以减少人员伤亡，在现代战争中的作用日渐突出。

民用无人机可分为航拍无人机、巡查无人机、农用无人机、气象无人机等。

随着无人机技术逐渐成熟，制造成本和进入门槛降低，民用无人机市场正在爆发，越来越多地被用于航拍摄影、电力巡检、环境监测等领域。

（三）无人机的应用领域

与有人机相比，无人机具有成本低、易操纵、机动性好等优势，可以在空中实现远距离快速自行作业，完成特殊任务，且在执行特殊任务时，一般不会造成人员伤亡，所以，无人机被广泛应用于军事和民用领域。

军用方面，无人机主要用于侦察监视、精确打击、电子对抗、通信中继、训练保障等任务中。

民用方面，目前无人机应用比较成熟的领域主要有影视航拍、国土测绘、农林植保、电力巡检、警用执法、地质勘探、环境监测、森林防火，以及应急救援、物流运输等。随着国家对空域管理政策的放开和对无人机产业的大力支持，无人机应用领域正在快速拓展。

二、无人机航测操作步骤与流程

1. 判断天气条件

对于无人机航测与航摄，气象条件的好坏是前提与关键。出发航拍之前，要掌握当日天气情况，并观察云层厚度、光照和空气能见度、风力状况。

2. 到达起飞地点

确定天气状况、云层分布情况适合航拍后，带上无人机、弹射架、电台、电脑等相关设备赶赴航拍起飞点。

起飞点通常事先进行考察，要求现场比较平坦，无输电线和电缆、高层建筑等，并提前确定好航拍架次及顺序。

3. 测定现场风速

到达现场后，测定风速。无人机一般可抗 6 级强风，适宜温度在–20～60℃。

4. 架设弹射架

为保证飞机起飞平稳，弹射架一般逆风架设。

5. 架设电台

电台用于地面站和无人机之间的通信。

6. 记录作业日志

记录当天风速、天气、起降坐标等信息，留作日后数据参考和分析总结。

7. 姿态角度调整

对于距离上一次起飞地点超过 200 km 的起飞地点，需对飞机姿态、角度进行调整，以确保飞机完成预定任务。

无人机机体内都配备有电子罗盘、磁校准等设备来确保飞机在飞行过程中的自我姿态控制，由于各地地磁情况不一，飞行前应调整地磁参数，以避免地磁异常对无人机的干扰以及带来的安全隐患。

8. 无人机放至弹射架

安装时需检查无人机各部件是否连接紧密，弹射架供电接线是否正确连接，电力是否充足。

9. 手动遥控测试

将飞行模式调至手动遥控飞行状态，测试机头、机身、尾翼是否能按指令操作。手动遥控模式主要用于无人机起飞和降落遇特殊情况时的应急处理。

10．起飞前准备

起飞前要检查航拍相机与飞控系统是否连接好、降落伞包是否处于待命状态、是否与风向平行、是否无人员和车辆移动等。

11．无人机起飞

各项工作准备完成后，就可以起飞了。这时，操作手应持手动操作杆待命，观察现场状况，根据需要随时手动调整飞机姿态及飞行高度。

12．飞行监测

这个过程主要做 3 项工作：

1）对航高、航速、飞行轨迹的监测；

2）对发动机转速和空速、地速进行监控；

3）随时检查影像拍摄状况。

13．无人机降落

无人机按设定路线飞行航拍完毕后，降落在指定地点。手动遥控操作手到指定地点待命，在降落现场突发大风、人员走动等情况时应及时调整降落地点。

14．数据导出检查

降落后，对影像数据及飞机整体进行检查评估，结合贴线率和姿态角判断是否复飞，然后继续完成附近区域的航拍任务或转场。理论上一个起降点的飞行控制范围为 300 km^2。

三、无人机遥感的优势及挑战

（一）优势

1．优质航空影像

无人机非常适合拍摄高质量的航空照片和视频，并收集大量的影像数据。这些高分辨率图像可用于创建 3D 地图和交互式 3D 模型，它们具有许多有益的用途。例如，灾难区的 3D 映射可以使救援队在进入危险状况之前做好充足准备。

2．精确度高

由于无人飞行器使用 GPS，因此可以对其进行编程并将其操纵到精确的位置，这在很多情形下都特别有用。例如，在精准农业中，无人机可用于多种农业需求，包括喷洒肥料和杀虫剂、识别杂草侵染和监测作物健康。无人机的精确性为农民节省了大量时间和成本。

3．易于部署

随着控制技术的进步，大多数无人机可以以相对较少的经验进行部署和操作。结合大多数实用模型且相对较低的成本，无人机正逐渐为众多运营商所采用。无人机的活动范围也比载人飞机更大，它们能够向更低的方向飞行，从而能够轻松到达传统上难以到达的区域。

4. 安全

无人机使用的另一个优点在于安全性。拥有适当的许可证，操作员可以使用无人机为私人公司、体育赛事、公共聚会和其他场所提供安全评估和监视。无人机还可以在自然灾害期间和之后收集有价值的数据，从而对安全和恢复工作提供助力。

（二）挑战

尽管有许多使用无人机的专家或人员，但部署无人机仍面临一些挑战。

1. 立法的不确定性

由于无人机的广泛使用是相对较近的时期，因此立法仍在完善。美国联邦航空管理局（FAA）为适用于商业和娱乐用途的小型无人机制定了规则，但仍然存在歧义，问题包括如何最好地确定领空财产权并保护业主免受空中侵权，而联邦法规与某些州和地方法律之间的冲突进一步加剧了这种混乱。

2. 安全性

在操控无人机时，安全是首要考虑的问题。为了避免空中碰撞，无人机必须使用与有人驾驶飞机相匹配的“感知并避免”能力进行编程。这意味着无人机必须能够检测到潜在的碰撞并保证飞行安全。在系统故障的情况下，坠落的无人机是另一种严重的危险，尤其是在人群密集的地方。

3. 隐私

公众最普遍关注的无人机问题之一是隐私。无人机可以在不引起注意的情况下收集数据和图像，这导致许多美国人担心他们的《宪法第四修正案》隐私权可能会受到威胁。如果政府实体要使用无人机来监视公众，就会发生这种情况。解释《宪法第四修正案》的方式以及诸如美国公民自由联盟（ACLU）之类的隐私权组织的积极活动，一直影响着如何规范这一隐私问题。

四、发展趋势

近年来，人工智能、5G、云计算、深度学习、边缘计算、大数据等新理论、新技术的不断突破与进展，以及自然资源、应急管理和公共安全等领域的需求不断提升，有力地推动了小型无人机测绘遥感技术从现阶段的飞行到智能化时代的飞行、感知、交互并行方向发展，促进了传统的测绘遥感产品专业化应用向大众化应用方向拓展。

（一）无人机飞行控制智能化

卫星、惯导、视觉、超声波等多传感器融合导航定位技术的发展，将逐渐改变现阶段卫星、惯导组合的导航定位模式，主动增加无人机飞行环境感知和实景导航的能力，如穿梭在高楼大厦之间的倾斜摄影无人机可以发现楼宇间的建筑物等障碍物，翻越山岭飞行的固定翼无人机能够自动检测山体与飞行高度之间的相对高度，远海岛礁作业的无人机系统能够检测出摄影区域与实际地面范围的不符合情况等。

（二）无人机测绘遥感作业智能化

人工智能、深度学习、边缘计算、通信技术和微型计算机能力的提升和在无人机测绘作业过程中的深度应用，将会极大提升无人机测绘遥感作业的智能化交互控制水平。如飞行过程中自动感知导航、控制等器件故障，启用冗余器件或者自动选择场地降落以保障飞行安全；针对地震、大型火灾现场的同一空域多架次同步飞行，能够实现多机之间的相互感知和信息交互，实现自动组网飞行，提高数据获取效率。针对无人机在顺风、逆风和侧风条件下造成的飞行速度与姿态变化，导致影像重叠度和影像姿态不满足要求的问题，目前已能自动地根据风速和风向调整飞行速度和姿态，以获取高质量的影像数据。

（三）实时实景无人机遥感技术应用模式不断发展

随着物联网、云计算、5G 等技术的快速发展，以及“实景三维中国”需求的不断提升，用户可以通过实时获取的无人机遥感数据通过 5G 技术、物联网技术与虚拟现实、增强现实技术结合起来，提供身临其境的技术服务，如在山林防火着火点的查找、灭火队员搜救、地震等突发自然灾害应急救援现场情况监视等领域，提供第一视角实时的真实信息。

另外，将获取视频流、影像、倾斜摄影数据以及实时拼接全景影像等与“天地图”等数据平台的融合，通过在线信息挖掘与技术服务满足更多人的导航、信息查询需求，提升对非地理信息科学专业人员的信息服务水平，满足多层级地理信息服务的需求。

五、大疆无人机

深圳大疆创新科技有限公司（Da-Jiang Innovations，英文简称 DJI，中文简称大疆），是我国一家以生产、研发民用无人机及航拍系统为主的科技公司。截至 2020 年 10 月，大疆在全球民用与事业用无人机市场占有率超 80%，在全球商用无人机企业中排名第一。2022 年 10 月，大疆被列入美国国防部公布的第二批黑名单，认定该公司为军民融合企业，支持中国人民解放军的现代化目标。

（一）发展历史

大疆成立于 2006 年，2008 年成功研发出第一款较为成熟的直升机飞行控制系统 XP3.1。

2010 年，大疆每月的销售额达 10 万元人民币。2014 年，大疆售出了大约 40 万架无人机，以 Phantom 系列为主。

2015 年大疆入股哈苏公司并进入其董事会，2017 年大疆取得哈苏多数股权，使其成为大疆旗下子公司。

已有数据显示，大疆主导整个无人机市场，在美国和加拿大拥有近 2/3 的份额。除业余爱好者外，大疆目标客户还有公用事业公司、执法部门和地产商。

2020 年 12 月 18 日，大疆被美国商务部工业和安全局列入实体黑名单。

2022 年 9 月，位于深圳的大疆天空之城建成，成为大疆全球总部。

（二）主要产品

为了将先进的无人机技术与行业需求相结合，大疆行业应用部应运而生。以“重塑生产力”为使命，大疆行业应用致力于为政府、公共事业机构及企业客户提供以无人机飞行平台、多样化载荷、专业软件、售后服务与飞行培训为一体的无人机行业解决方案与定制化服务。通过开放技术，大疆行业应用正与合作伙伴、开发者共同发展无人机技术产业生态，帮助更多用户将无人机引入工作流，实现智能化转型。

在公共安全、能源、农业、建筑、基础设施等多个领域，大疆无人机的解决方案已在全球多个国家和地区广泛应用（图 6-19）。

图 6-19　大疆无人机系列应用产品

第五节　常用遥感影像处理软件——ENVI[①]

一、ENVI 概述

ENVI 系英文 The Environment for Visualizing Images 的首字母缩写，是美国 Exelis Visual Information Solutions 公司的旗舰产品。它是由遥感领域的科学家采用交互式数据语言（interactive data language，IDL）开发的一套功能强大的遥感影像处理软件，是快速、便捷、准确地从影像中提取信息的首屈一指的软件解决方案。

ENVI 是一个完整的遥感影像处理平台，其中的软件处理技术覆盖了影像数据的输入/输出、影像定标、影像增强、纠正、正射校正、镶嵌、数据融合以及各种变换、信息提取、影像分类、基于知识的决策树分类、与 GIS 的整合、DEM 及地形信息提取、雷达数据处理、三维立体显示与分析（图 6-20）等领域。

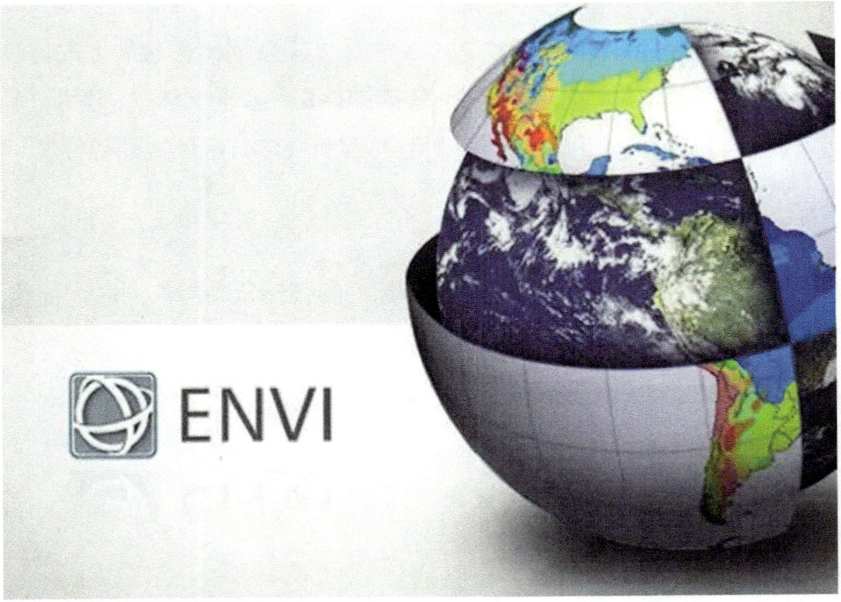

① 本节内容专业性较强，对相关术语不熟悉时可通过网络搜索平台（如百度、搜狗、Bing 等）来了解，也可直接参考专业书籍。

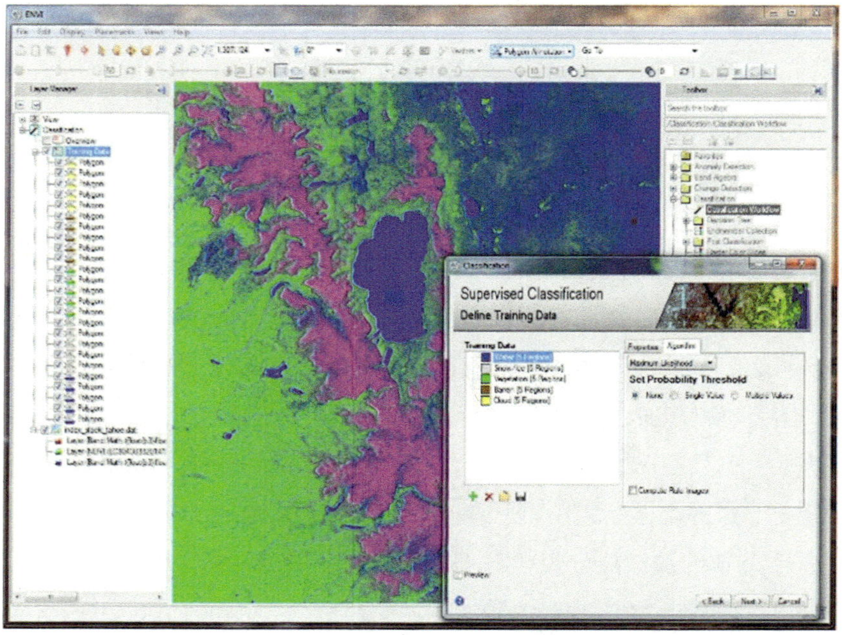

图 6-20　ENVI 的用户界面

如今，众多的影像分析师和科学家选择 ENVI 实现从遥感影像中提取信息。ENVI 已经广泛应用于科研、环境保护、气象、石油等矿产勘探，农业、林业、医学、国防及安全、公用设施管理、遥感工程、水利、海洋、测绘勘察和城市与区域规划等领域。

二、ENVI 的主要功能

ENVI 在提供灵活的显示以及基于地理坐标的影像浏览功能的同时，简化了对海量多波段数据集、影像尺寸、波谱图和波谱库，以及感兴趣区域影像的全面交互式处理过程。

（一）交互式功能

1）X、Y、Z 剖面；

2）影像裁切；

3）线性和非线性直方图以及对比度拉伸；

4）颜色表；

5）密度分割和分类彩色制图；

6）快速滤波预览；

7）感兴趣区域的定义和处理；

8）特殊像元定位的简单方法；

9）空间/波谱像元的交互式编辑；

10）交互式散点图，包括二维散点图和 n 维可视化器；

11）影像链接和生成动态覆盖图；

12）创建包含 GIS 属性的矢量叠加图；

13）在影像上添加地图或像元网格以及注记；

14）三维浏览；

15）曲面阴影；

16）影像拖放；

17）影像动画；

18）几何纠正和镶嵌。

ENVI 功能不仅局限于它的交互式模式——它可以作用于整个数据文件，也可以作用于其中所选取的子集。

（二）强有力的工具

1. 数据处理工具

1）全色影像；

2）AVHRR 数据；

3）Landsat MSS 数据；

4）Landsat TM 数据；

5）其他多光谱和高光谱影像；

6）来源于当前和未来的改进型 SAR 系统的数据。

其中，AVHRR 工具可以进行以下操作：

1）显示星历表数据；

2）数据定标；

3）几何纠正；

4）计算海面温度。

ENVI 提供的 Landsat 工具包括：

1）为 1979 年前的 MSS 数据去斜和纵横比校正；

2）去除大气影响所造成的条带并进行大气纠正；

3）使用发射前的增益和偏移进行反射率定标。

2. 数据变换工具

1）主成分变换；

2）波段比值变换；

3）色度-饱和度-值变换；

4）去相关拉伸；

5）生成植被指数。

3．滤波功能

1）可以使用不同变换核的低通滤波、高通滤波、中值滤波、方向滤波、边缘检测滤波；

2）支持用户自定义的变换核（小于 $M \times N$ 即可），所有的变换核都可以进行交互式编辑；

3）特定类型的滤波，包括 Sobel 滤波、Roberts 滤波、绷涨滤波、侵蚀滤波，以及自适应滤波（Lee、Frost、Gamma 和 Kuan 滤波）、纹理滤波。

4．参数的测量方法

数据范围、均值、方差、熵、偏移、同质性、对比度、相异性和相关性。

使用 ENVI 更易于进行正向 FFT 变换、频率域滤波（FFT）和逆向 FFT 计算。

5．非监督分类方法

包括 K 均值法和 ISO data 方法。

6．使用标准的训练区收集方式进行监督分类

平行六面体分类、最小距离分类、马氏距离分类、最大似然分类、波谱角分类、二进制编码分类。

7．分类后处理的工具

1）对分类的聚合、筛选和合并；

2）对分类的交互式显示；

3）生成用于估计分类精度的混淆矩阵和 Kappa 系数统计；

4）生成用于选择决策阈值的 ROC 曲线。

8．高光谱数据处理工具

（1）使用影像或波谱库端元进行线性波谱分离和匹配滤波的特定制图工具

使用 ENVI 提供的纯净像元指数（PPI）工具可以在影像中寻找最纯净的波谱像元，用于选择波谱端元。

（2）访问波谱库，并将波谱库波谱与影像波谱相比较

ENVI 提供的独特的 n 维可视化器可以将散点图在 n 维空间进行交互式浏览，用于选择特定的端元要素以及它们的相应波谱。

使用波谱特征拟合技术，可以对岩石、矿物、植被以及其他要素进行识别。线性波谱分离功能有助于用户决策相应的波谱权重。

根据与波谱库中波谱的比较，ENVI 还提供波谱分析技术，用于对要素进行识别。

用户还可以使用灵活的波段运算和波谱运算功能，根据输入的数学表达式、函数以及程序，利用 IDL 的强大功能对数据进行处理。

9．全面的 SAR 处理功能

除了可以使用所有标准 ENVI 处理程序对雷达数据进行处理以外，ENVI 还提供了许多特定的雷达数据分析工具，包括获取标准 SAR 格式的 Radarsat 和 ERS-1 数据、从 CEOS

格式数据中浏览和读取头文件信息、消除天线增益畸变、斜距校正、生成入射角影像、自适应和纹理滤波、合成彩色影像、大范围的极化数据分析工具等。

10．将影像数据转换到最终地图格式的工具

1）影像-影像和影像-地图的配准；

2）正射校正；

3）影像镶嵌；

4）地图合成。

11．矢量 GIS 输入、输出和分析工具

1）将行业标准的 GIS 数据加载到 ENVI 中，并对矢量和 GIS 属性进行浏览和分析，编辑现有矢量；

2）进行属性查询；

3）使用矢量层进行栅格分析或从栅格影像的处理结果中生成新的矢量 GIS 层，并生成标准的 GIS 输出格式文件。

三、ENVI 的可扩充模块

ENVI 提供的大部分功能都可以直接在影像分析界面和对话框中完成，但也可以利用 IDL 为 ENVI 编写扩展功能。

（一）大气校正模块

Atmospheric Correction，校正由大气气溶胶等引起的散射和由于漫反射引起的邻域效应，消除大气和光照等因素对地物反射的影响，获得地物反射率和辐射率、地表温度等真实物理模型参数，同时可以进行卷云和不透明云层的分类。

（二）立体像对高程提取模块

DEM Extraction，可以从卫星影像或航空影像的立体像对中快速获得 DEM 数据，同时还可以交互测量特征地物的高度，或者收集 3D 特征并导出为 3D Shapefile 格式文件。

（三）面向对象空间特征提取模块

ENVI EX，根据影像空间和光谱特征，从高分辨率全色或者多光谱数据中提取特征信息。它包含了一个人性化的操作平台、常用影像处理工具、流程化影像分析工具、面向对象特征提取工具（FX）等。

（四）正射纠正扩展模块

Orthorectification，提供基于传感器物理模型的影像正射校正功能，一次可以完成大区域、若干景影像和多传感器的正射校正，并能以镶嵌结果的方式输出，提供接边线、颜色平衡等工具，采用流程化向导式操作方式。

（五）高级雷达数据处理扩展模块

SARscape，提供完整的雷达数据处理功能，包括：

1）基本 SAR 数据的数据导入、多视、几何校正、辐射校正、去噪、特征提取等一系列基本处理功能；

2）调焦模块扩展了基础模块的调焦功能，采用经过优化的调焦算法，能够充分利用处理器的性能实现数据快速处理；

3）提供基于 Gamma/Gaussian 分布式模型的滤波核，能够最大限度地去除斑点噪声，同时保留雷达影像的纹理属性和空间分辨率信息；

4）可生成干涉影像、相干影像、地面断层图。

主要功能包括：SLC 像对交叠判断、多普勒滤波、脉冲调节、干涉影像生成、单列干涉图生成等；对极化 SAR 和极化干涉 SAR 数据的处理；永久散射体模块能用来确定特征地物在地面上产生的毫米级的位移。

（六）NITF 影像处理扩展模块

Certified NITF，读写、转化、显示标准 NITF 格式文件。

四、ENVI 的优势

（一）基于波段和文件的技术结合

ENVI 的优势之一在于它为影像处理提供了独一无二的技术，它使用交互式的功能将基于波段和基于文件的技术相结合。

当打开一个数据输入文件时，它的波段被保存在一个列表中，可以在其他系统功能内使用。如果打开了多个文件，不同数据类型的波段可以被当作一组数据来处理。ENVI 在 8 位或 24 位显示窗口中对这些波段进行显示。显示窗口组包含一个主影像窗口、一个缩放窗口、一个滚动窗口，所有的窗口都可以重新调整尺寸。通过这些窗口，用户可以开启许多 ENVI 提供的交互式分析功能。

ENVI 的多重动态链接功能使得在多个显示中的影像对比变得更加简单。从多光谱和高光谱数据中实时地提取并链接空间/波谱剖面的功能为用户提供了一种新的高维数据浏览方式。ENVI 也为矢量和 GIS 属性的浏览和分析提供了交互式工具。ENVI 用户可以使用大量的标准工具，对比度拉伸和二维散点图仅是其中的一小部分。

（二）功能强大的可视化界面

ENVI 的优势之二在于它功能强大的可视化界面，该界面是由全面的算法库所支撑的。用户可以通过一个友好的图形用户界面（GUI），使用交互式点击选择的方法对 ENVI 提供的所有基础影像处理工具进行访问。正是由于这个用户界面的使用，所有的基础处理功能都变得简单了。

这些功能包括数据转换、滤波、分类、配准、几何纠正、波谱分析工具以及雷达工具。由于 ENVI 没有对可处理的波谱波段数给予限制，因此多光谱和高光谱数据集都可以使用。此外，ENVI 还为雷达数据集的分析提供了许多改进型的工具。

（三）强大且灵活的影像处理能力

ENVI 的优势还在于它一直致力于解决影像处理领域中的一些常见问题并取得了显著成果，包括非标准数据类型的输入、大幅影像的浏览和分析、用户自定义的对分析功能的简单扩展（插件程序）等。

ENVI 软件包含众多学科所需的许多影像处理工具，而且在用户根据自身策略自定义程序方面提供了很强的灵活性。

五、ENVI 使用的基本步骤

（一）ENVI 数据输入

在 ENVI 中，使用 File→Open 菜单打开 ENVI 影像文件或其他已知格式的二进制影像文件。

（二）ENVI 数据显示

1. 数据管理

每次打开的文件都显示在 Layer Manager 中，ENVI 会自动加载显示真彩色（有中心波长的情况下，可在系统设置中改为标准假彩色）或单波段数据，File→Data Manager 列表中可以完成当前在 ENVI 中打开的或存储在内存中的文件的信息，还可以进行打开新文件、关闭文件，以及查看元数据等操作。

2. 栅格数据显示

提供 ENVI 与 ENVI Classic 两种影像显示方式，ENVI 默认会对遥感影像进行拉伸显示，以达到更好的显示效果。ENVI 提供了多种拉伸方法，用户可以在工具栏中选择不同的拉伸方式，同时可以选择 Custom 或右侧图标进行自定义拉伸。

当你打开一个影像文件时，它会在一个 ENVI 的三视窗中显示，其中包括主影像窗口、缩放窗口和滚动窗口（应用于大的影像）。用户同样可以在 Display 窗口中选择菜单 Enhance 进行拉伸显示。

（三）ENVI 数据保存

File→Save As，可以将影像另存为 ENVI、NITF、TIFF 等格式文件，保存的为原始数据，没有进行拉伸。

ENVI 中处理工具得到的结果默认都是 ENVI 标准栅格格式（除非选择了 tif）。即使输出文件名中手动增加了.tif 或者其他文件后缀名，得到的结果依然是 ENVI 标准栅格格式。

（四）ENVI 常用系统设置

为提高 ENVI 运算效率，打开 ENVI Classic，选择 File→Preferences→Miscollaneous，缓冲大小（cache size）可以设置为物理内存的 50%～75%，Image Tile Size 原则上不能超过 4M，如果 64 位操作系统内存 8G，可设置为 50～100M。打开 ENVI5 主模块 File→Preferences，可以设置 ENVI 系统参数。下面是几个常用参数的设置说明。

1. 默认文件目录

在 Preferences 面板中选择 Directories 选项（图 6-21）。设置一些 ENVI 默认打开的文件夹，如默认数据目录（Default Input Directory）、临时文件目录（Temporary Directory）、默认输出文件目录（Output Directory）、ENVI 补丁文件（Extensions File Directory）。带有*符号的设置项需要重启 ENVI 生效。

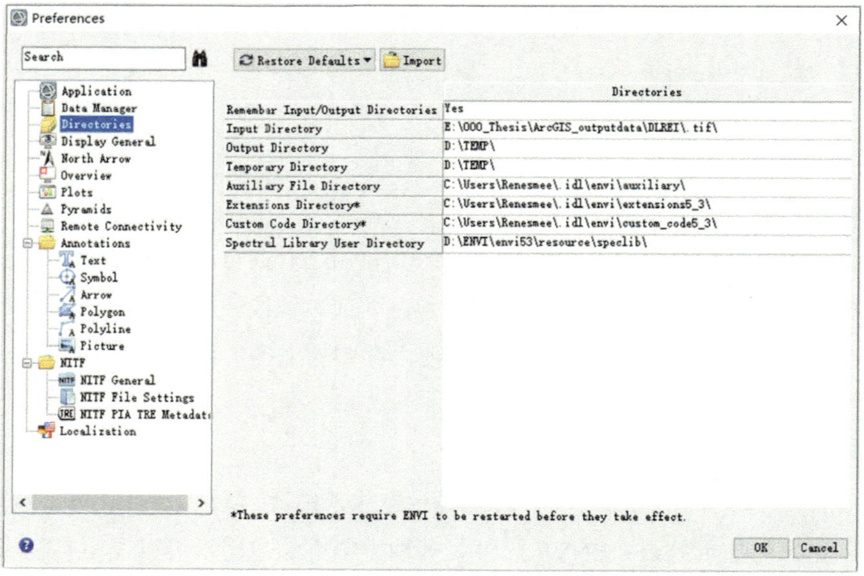

图 6-21　设置默认文件目录

2. 数据管理设置

在 Preferences 面板中选择 Data Manager 选项（图 6-22）。可以设置是否自动显示打开文件、多光谱数据显示模式、打开新影像时是否清空视窗、ENVI 启动时是否自动启动 Data Manager 等选项。

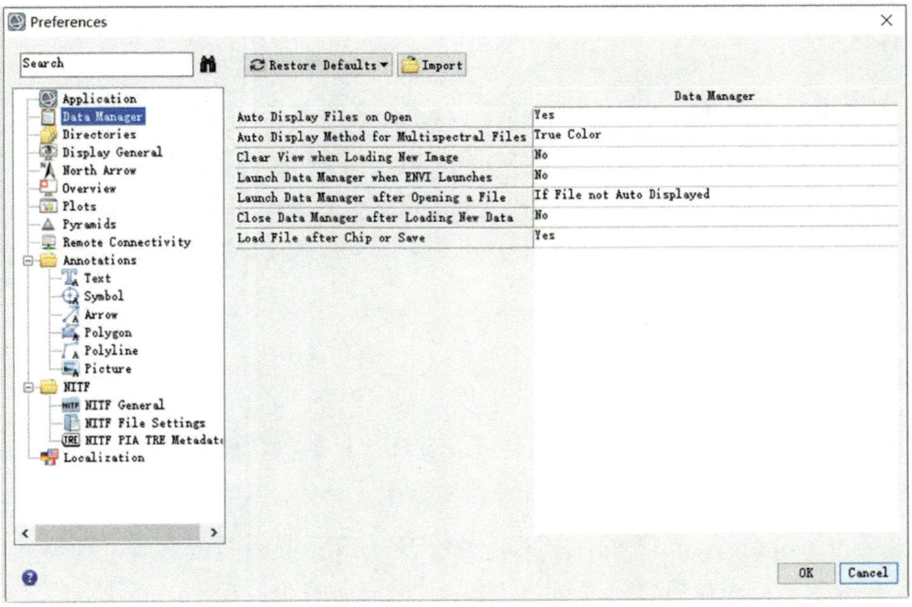

图 6-22　数据管理设置

3. 显示设置

在 Preferences 面板中选择 Display General 选项，可以设置默认缩放因子、缩放插值方法、默认选择颜色等属性。同样可以设置默认滚轮按下功能、使用显卡加速功能、经纬度显示方法、是否显示指北针等。

思考题

1. 遥感技术是在天空一定高度上，通过仪器设备间接感知某地区的地表状况，那么，我们怎么保证影像所反映事物的真实性？

2. 无人机遥感同传统遥感有何区别？其优点有哪些？

练习题

1. 通过网络下载自己所在地区的 Google 或北斗卫星影像，利用本章介绍的目视解译方法和程序，熟悉和把握遥感影像的基本特征，以及体验目视解译的整个过程，积累经验。

2. 想办法在自己的台式机上安装 ENVI 软件，熟悉它的界面、主要工具和功能，利用已下载的遥感影像体验 ENVI 的强大功能，能够进行初步的影像文件导入、显示、简单技术处理等操作。

3. 通过亲朋好友接触一下无人机发烧友，熟悉一下无人机的组成和结构、操作的基本流程、影像获取和处理的程序。

推荐读物

1. 彭望琭. 遥感概论（第 2 版）[M]. 北京：高等教育出版社，2021.

2. 童玲. 无人机遥感及影像处理[M]. 成都：电子科技大学出版社，2018.

3. 蔡玉林，杨丽，刘正军，等. ENVI 遥感影像处理方法与实践[M]. 北京：中国测绘出版社，2020（该书系 GIS 应用与开发丛书之一，普通高等教育“十三五”规划教材，内容全面，通俗易懂，适于初学者学习）.

温馨提示

1. 遥感影像毕竟是我们间接获得的地表特征，按照以往经验来分析和判断地表具体状况，很多时候结果是出人意料或不准确甚至是不正确的，我们必须要到实地进行验证。因为地表事物变化多端，差异大于共性，而我们的经验往往是不完整的，需要不断去补充和完善。因此，遥感影像同实地考察相结合，才能保证我们在运用遥感技术的过程中不致出现明显错误。

2. 遥感技术充其量是我们认识世界的有力工具，使用的效果在非常大的程度上取决于我们对该工具的了解和把握程度。因此，我们要勤奋练习，多加应用，直至熟练掌握。

第七章　地理信息系统应用基础

本章提要

本章主要介绍地理信息系统的基本概念、类型与特点，解析以地图学为主的相关知识点。主要内容包括数据获取、数据处理、数据分析、地图成图，结合具体专业软件，设计了一套连贯的操作练习环节，详述了操作与应用全过程，以期帮助读者尝试一次完整的地理信息系统入门应用。

关键词

地理信息系统，空间数据，投影坐标系，空间分析技术，数字地形模型，数字地图制图

第一节　地理信息系统软件

一、概述

地理信息系统（Geographic Information System，GIS）是一门综合性学科，它将地图学、遥感技术和计算机科学融为一体，已经被广泛应用在不同的领域，是用于输入、存储、查询、分析和显示地理数据的计算机系统。随着 GIS 的不断发展和完善，有人提出了“地理信息科学”（Geographic Information Science）这一学科性术语，甚至有人提出了“地理信息服务”（Geographic Information Service）新观念。

地理信息系统与全球定位系统（Global Positioning Systems，GPS）、遥感技术系统（Remote sensing，RS）合称“3S”系统，其中原来由美国主导研制、运行的 GPS 系统，现今被全球导航卫星系统（Global Navigation Satellite System，GNSS）的概念所替代。GNSS 包含了中国的北斗卫星导航系统（BDS）、美国的全球定位系统（GPS）、俄罗斯的格洛纳斯卫星导航系统（GLONASS）和欧盟的伽利略卫星导航系统（GALILEO）。

由此可见，GIS 的突出特点就是信息化软件技术，而“3S”中其他技术则更多地强调所依托的硬件平台及数据。

二、地理信息系统软件

地理信息系统软件是指 GIS 的软件平台部分，同时它也是 GIS 技术应用的核心与主体，有时也被称作 GIS 平台。它在功能方面是非常强大的，拥有空间参考定义与转换、空间数据操作、空间分析、数字地图制图与出图等方面的功能。以下列举 GIS 与其他软件系统相比较的若干特点：

1．空间参考坐标体系

与 CorelDRAW、Photoshop 等平面设计软件相比，GIS 软件处理的图形数据是具备空间参考及投影坐标体系定义的空间图形系统。

2．符号化系统

与 AutoCAD 等计算机辅助设计（CAD）软件相比，GIS 软件是一套针对点、线、面等矢量图形要素和栅格图像像元的复杂全面的符号化系统，将空间数据及其可视化操作进行了严格的区分，即对数据的空间信息、符号化信息、其他属性信息分别进行存储及操作。

3．海量空间数据

与一般数据库管理系统（DBMS）相比，GIS 软件的空间数据库建立了复杂的空间数据索引机制，往往需同时存储和处理海量的空间矢量图形和栅格影像数据。

4．空间分析功能

与遥感（RS）软件相比，GIS 软件更侧重于矢量空间图形数据的分析与处理，成熟度高的专业 GIS 平台也具备一定的遥感数字影像处理能力。

总之，GIS 软件系统是集成度高、复杂性大、数据海量的综合型专业信息系统。读者如有较高的专业性需求，建议学习《地图学》《地理信息系统》《数字地图制图》等方面理论和知识作为基础。本节内容将尽量利用简洁通俗的方式，面向非专业的大众读者，普及 GIS 软件涉及的基础操作。

三、地理信息系统软件的分类

目前国内外有大量成熟的 GIS 软件产品。对不同分类进行比较，可让我们更全面、便捷地理解和掌握 GIS 软件。

（一）按开发厂商分类

国外最有代表性的软件是美国 ESRI 的 ArcGIS，国产的有北京超图的 SuperMap 和中地数码的 MapGIS 等。

（二）按功能类型区分

首先，诸如 ArcGIS、SuperMap 等 GIS 软件，属于大型、综合、通用型 GIS 平台，具备较成熟、完整的 GIS 功能。与之相比，ArcView 作为 ArcGIS 的早期软件，仅具备简单的分析功能和专题地图制图能力。

北京吉威的 Geoway 最初侧重的是空间数据处理功能，而美国的谷歌地球（Google Earth）则突出的是三维虚拟地球平台及遥感影像应用。

其次，针对不同行业的专用型 GIS 软件则数量众多，通常称之为行业 GIS 软件。不过，各大型综合 GIS 平台也会出品若干行业版。

（三）按版权类型区分

绝大部分 GIS 软件产品都是以商用付费方式提供，但也有少量绿色开源的 GIS 软件，如 QGIS、GRASS GIS 等，它们大多未建立自己的内部空间数据格式，而是基于其他商业 GIS 软件数据格式或开源数据格式进行分析和处理。

（四）按应用平台区分

目前有 Windows 桌面 GIS、WebGIS、Mobile GIS 等类型。前文提及的 ArcGIS 等大型综合通用型 GIS 平台一般在技术上都已贯通了 Windows、UNIX、Linux、Android、iOS 等系统平台，兼容 Web 及移动端各类应用。大家熟知的百度地图、高德地图、Google Map 等也不仅限于 Web 或移动端的地图导航功能。

除网络导航电子地图服务外，现在还有一些轻量级 WebGIS 应用服务，如“地图慧”，它们提供操作简单的在线地图制图功能。但这类轻量级在线地图服务始终受到各方面制约，不适用于面向专业空间数据集的复杂分析处理需求。

如需全面地理解 GIS 的概念，掌握较完整的 GIS 技术，建议重点学习一套 GIS 平台软件入门，如 ArcGIS、SuperMap、MapGIS 等都是目前专业学生普遍采用的 GIS 经典平台软件。本章后续介绍将主要基于 ArcGIS 10.x 以上版本，以 ArcMap 应用程序为示例。

第二节　空间数据的获取

一、概述

空间数据与其他数据的区别是其不仅具备空间要素的图形信息，还具备空间位置信息、元数据信息，以及属性信息。相关数据获取过程重视数据来源及可靠性，以及相关法律法规和行业规范与标准。

常见的地学空间数据包括遥感影像数据、基础地理数据、专题建库数据等，其中部分为开源免费数据，部分有严格的保密要求。

除空间数据外，地学相关研究和应用还会涉及统计数据、调查数据等，空间数据和非空间数据在应用过程中并不割裂，可通过相关技术方法进行融合。

二、主要知识点

（一）可靠的数据来源

地理研究中使用的空间数据，特别是需要公开发表或使用的地图数据，必须取自合规可靠的数据，正规地图产品应标注有审图号。如需在论文中或是教学等公开环境中使用一幅国家行政区划图，建议从“自然资源部地图技术审查中心”承办的“标准地图服务”（http://bzdt.ch.mnr.gov.cn）网站上下载。相关法律法规的具体要求可参考《中华人民共和国测绘法》《地图管理条例》等规范性文件。

（二）数据格式

空间数据主要涉及栅格和矢量两大类空间数据格式，两者各有优、缺点。初学者可先了解栅格与矢量数据的区别，也可通过 GIS 入门操作逐步理解和体会。

通俗来讲，栅格数据就是空间精度均匀、以像元为基础的影像数据，如卫星遥感影像。矢量数据就是空间精度不均匀、以对象化图形为基础的数据，如矢量等高线、不规则三角网（Triangulated Irregular Network，TIN）结构类型的数字地形等。

大部分 GIS 平台都具备多种空间数据格式的读写及转换功能，部分 GIS 软件既有其内部数据格式，也有用于空间数据交换的外部格式。如 ArcGIS 所使用的 geodatabase 就是其内部数据格式，其 Shpfile（*.shp）格式虽然为内部格式，但因其社会影响力大而被各类其他软件兼容。AutoCAD 的标准格式 dwg 及交换格式 dxf 也因双方公司合作而被 ArcGIS 完全兼容。

不同的 GIS 软件对空间数据格式的兼容性有明显区别。例如，ArcGIS 初始安装版本兼容格式较少，但补充安装上“Data Interoperability”（来自 Safa 软件公司支持的 FME，Feature Manipulation Engine）数据互操作模块后，则具备了兼容国际主流的几十种空间数据格式的功能。

（三）数据空间的精度

初学者往往对空间范围及数据的空间精度缺乏明确的概念，因而需要了解一下不同尺度的空间范围应采用的相应数据精度。

我们常使用比例尺来衡量矢量数据的空间精度，如县市级规划我们常用 1∶10 000 的地形和地籍等数据，而城市房产测绘的精度则达 1∶500 以上。而在打印出图时，如在 A4 幅面出版物中使用一张中国行政区划图，则地图比例尺约为 1∶1 600 万。不过，对于栅格数据的空间精度，我们常使用单个像元对应实地大小来衡量，如 ASTER GDEM 30M 分辨率数字高程数据，则代表其单个像元对应实地大小约为 30 m×30 m。

在实际应用中不能盲目地选择高精度的数据，因其会造成数据处理环节的困难，也不宜使用低精度的数据降低研究和应用精度，应选择合适精度的数据。如研究全国尺度的地形相关问题，就不应采用 30 m 精度的 DEM（Digital Elevation Model，数字高程模型）数据，即便是精度 100 m 的 DEM 数据，一般计算机也无法同时进行处理，可考虑采用 1 km 以上精度的数据。

不同精度的数据虽可通过空间插值、概括缩编等手段进行一定的转换，但是因技术难度较大、处理成本高、变尺度应用范围有限，一般不建议非专业人士开展此类处理工作。

三、公开数据的下载练习

学习 GIS，首先应训练个人的数据获取能力，包括从不同平台下载各种类型的常用地学数据，同时扩展本人对不同空间数据的认知。请尝试从以下网络平台下载指定的数据，它们将在后续章节中作为示例数据使用。

（一）基础地理数据

请从“全国地理信息资源目录服务系统”（https://www.webmap.cn）中的“1∶100 万全国基础地理数据库”中下载湖南省长沙市附近的“G49”和“H49”两幅 gdb 格式数据（图 7-1）。

图 7-1 1∶100 万标准图幅基础地理数据下载操作

（二）地形数据

请从“地理空间数据云”（https://www.gscloud.cn）中的“ASTER GDEM 30M”数据集中下载长沙市岳麓区附近编号为“N28E112”“N27E112”的数字地形数据（图 7-2）。

图 7-2 “地理空间数据云”下载 ASTER GDEM 数据界面

（三）在线地图服务

（1）从“天地图”国家地理信息公共服务平台（https://www.tianditu.gov.cn）中的“服务资源”中找到“影像底图服务”，免费注册用户 ID，并保存个人 TK 密钥和相关服务 URL（图 7-3）。

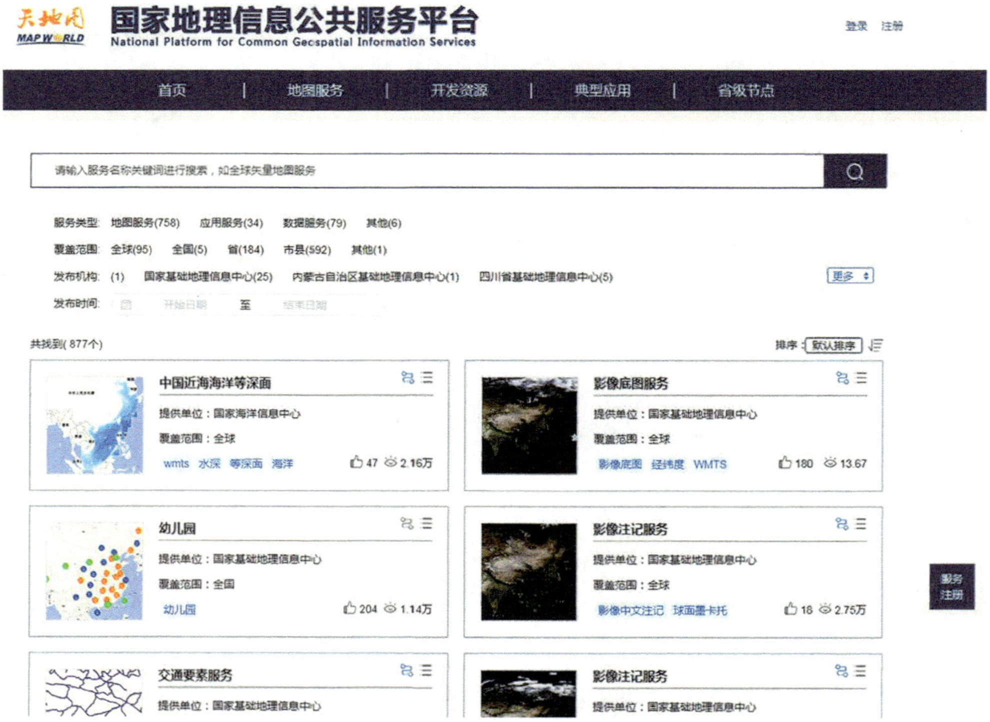

图 7-3 天地图地图服务列表

（2）在网络上搜索 ArcGIS、WMTS、URL 等关键字，收集服务 URL 地址，学习在 ArcGIS 中添加 WMTS 服务的方法，自己尝试在 ArcGIS 中添加 Web 地图瓦片服务（Web Map Tile Service，WMTS）。

加载 WMTS 服务：ArcMap→Catalog→GIS Servers→Add WMTS Server。

操作参考：https://blog.csdn.net/Crace1992/article/details/123148130。

天地图全球影像 URL：https://t0.tianditu.gov.cn/img_w/wmts。

ArcGIS 全球影像服务 URL：http://server.arcgisonline.com/arcgis/rest/services/World_Imagery/MapServer/WMTS。

ArcGIS 全球历史影像服务 URL：https://wayback.maptiles.arcgis.com/arcgis/rest/services/World_Imagery/WMTS。

图 7-4 显示的是 ArcMap 平台上添加在线影像服务的示例。

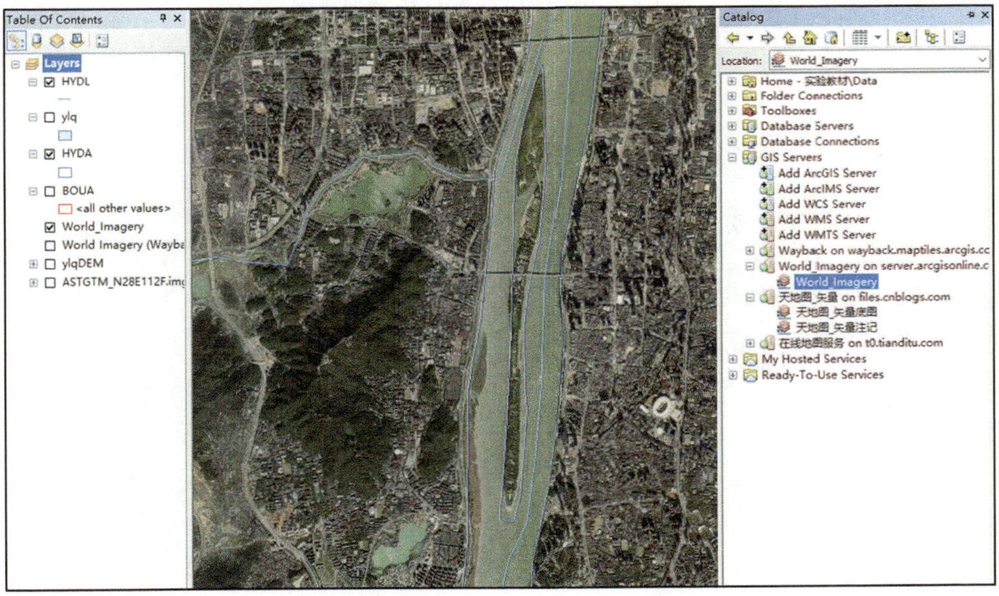

图 7-4 ArcMap 中添加在线影像服务

（四）其他开放数据下载

请尝试从“OpenStreetMap”（OSM，中文是“公开地图”）中下载中国最新的 shp 格式的矢量道路数据。

第三节　地图数据的操作

一、概述

“地图数据”从概念上与“普通地图”的区别是具备了“数据”的性质，普通地图从用途和功能上讲只能满足以阅读为主的需求，而地图数据则代表其具备了可操作性，以地图数据为基础，可进行再编辑、空间分析、空间统计等系列操作。地图数据涉及地形、地质、水文、气象、气候、地籍、地类、交通、人口、经济等各种类型的空间数据。

地图数据操作与一般制图操作的区别在于其数据的空间可度量性、可分析性，具备符号化系统等，空间定量分析能力为其核心功能。因此，GIS 地图数据操作层面体现的不仅是相对简单的制图操作，还涉及专业内容的分析与处理等操作。入门阶段应先掌握基本的数据组织和查看查询、操作能力，以充分理解空间数据特征。

二、主要知识点

（一）空间参考及坐标系统

1. 地图学与地图投影

要全面理解空间参考及坐标系统方面的知识，建议大家系统地学习《地图学》相关内容，特别是“地图投影”章节的知识。地图投影是利用一定数学法则把地球表面的各种地物及经纬线转换到平面上的理论和方法。由于地球是一个赤道略宽两极略扁的不规则的梨形球体，故其表面是一个不可展平的曲面，所以运用任何数学方法进行这种转换都会产生误差和变形，按照不同的需求缩小误差，就产生了各种投影方法。

2. GCS 与 PCS

首先我们应理解“地理坐标系”（Geographic Coordinate System，GCS）和“投影坐标系”（Projection Coordinate System，PCS）的区别。GCS 是用经纬度来表述空间位置，在实际应用中对应着椭球坐标，便于人们对地球空间位置的认知；PCS 是将地图信息由基于 GCS 的椭球面投射到特定平面的投影坐标，是用投影平面直角坐标来表述空间位置，便于高精度的空间度量。在现代人类生活中，GCS 和 PCS 会针对不同的应用需求而使用多种不同的类型。GIS 平台需具备 GCS 和 PCS 数据的定义、转换、显示等功能，切忌对空间数据进行错误的定义和转换。

非专业及初学者常因缺乏投影变形等方面的知识和意识，从而在操作过程中产生原则性错误。我们需要知道不同地理坐标系下同一地理坐标并不代表实地唯一的准确位置，GPS 采用的 WGS84 坐标系和我国常用的 CGCS2000（China Geodetic Coordinate System 2000）

坐标系就不同。例如，美国高精度制导武器用的是 GPS 导航的 WGS84 坐标，用其他坐标系坐标值替代则会出现错误位置，因此，重要军事目标的坐标位置以及坐标系换算参数都是国防机密。

3. 地图投影的应用

地图投影类型繁复，学习的关键是要深入了解投影变形的问题。采用不同的投影方式，地图可能产生不同的长度变形、面积变形、角度变形。而地图无论使用哪种类型的投影系统，其对应实地的面积或长度变形是必定存在的，没有任何一种投影能完美解决所有变形问题。我们需要正确、合理地使用不同投影方式，以期提高应用的空间精度。

欲深入学习投影及其变形的相关知识，可由方位投影、圆柱投影、圆锥投影等基本投影类型入手，了解国家基本比例尺地形图在不同尺度下使用的不同投影类型，重点需掌握墨卡托投影、高斯投影等常用投影类型的基础知识。

（二）空间数据集与图层

GIS 平台中的数据组织一般分为数据工程和数据图层（要素集）两个层次。

1. 数据工程

数据工程也被称为数据集，是上级单元，一般不存储具体空间数据，主要储存数据索引及空间参考等元数据信息。如 ArcMap 使用的地图文档文件（*.mxd）和 MapGIS 使用的地图工程文件（*.mpj）。

2. 数据图层

它是数据工程的下级单元，也是空间数据本身，如 ESRI 的 shpfile 格式能存储点、线、面等不同要素类型的空间数据，一个 shpfile 文件由*.shp、*.dbf、*.shx 等多个同名文件组成，但一个 shpfile 只能存储一种类型的空间图形要素，即一个 shpfile 文件内不会同时存储点、线、面不同要素。一个 polygon（多边形，“面”为其通俗表达）类型的 shpfile 即为一个图层。MapGIS 的*.wt、*.wl、*.wp 三种不同文件格式分别专门存储点、线、面三类不同类要素。

而 ESRI 的 geodatabase 格式为数据库层级的多图层数据集合，一个 gdb 格式数据可含有多个不同类型的要素图层，由其对应目录中的系列文件存储。因此，大部分 GIS 数据往往都由批量系列文件存储，不像一般图形系统那样仅由单一文件存储，因此拷贝过程中需注意文件的完整性。

图层既有不同图形要素类型的区分，也会在具体使用过程中根据不同地理实体要素类型而使用多文件进行分别存储。一个 polygon 类型的 shpfile 存储某地的地块多边形数据，一个 MapGIS 的*.wl 文件存储某地的单线河流数据，用一个点要素文件存储文字标注及点符号等。另外，因为多个图层在一个地图制图工程中显示与输出时有上下层的叠置关系，正常情况下面状类型图层应处于最下方图层，线状类型图层应处于中间，点类型图层应处于上方，通俗来讲就是点和线应该盖在面的上面，但 GIS 平台具备图层叠置次序的调整功能。

上节练习中从“全国地理信息资源目录服务系统”中下载的“1：100 万全国基础地理数据库”的图层名称及内容等信息见表 7-1。

表 7-1 全国 1：100 万公众版地形数据（2021）图层对照

要素分类	数据分层		几何类型	主要要素内容
定位基础（C）	测量控制点	CPTP	点	测量控制点
	坐标网	CPTL	线	图廓线、坐标网
水系（H）	水系（面）	HYDA	面	湖泊、水库、双线的河流和沟渠等
	水系（线）	HYDL	线	单线的河流、沟渠、河流结构线等
	水系（点）	HYDP	点	泉、井等
	水系附属设施（面）	HFCA	面	干出滩、滩涂、危险区、礁石等
	水系附属设施（线）	HFCL	线	干出线、潮水沟、高水界、流向、堤、闸、坝等
	水系附属设施（点）	HFCP	点	地下河段出入口、涵洞、礁石、闸、坝等
居民地及设施（R）	居民地（面）	RESA	面	街区、高层建筑区、空地等
	居民地（线）	RESL	线	房屋、窑洞等
	居民地（点）	RESP	点	房屋、棚房、窑洞、蒙古包、放牧点等
	设施（面）	RFCA	线	工矿、农业、公共服务等
	设施（线）	RFCL	线	工矿、城墙、垣栅等
	设施（点）	RFCP	线	工矿、农业、公共服务、名胜古迹、宗教设施、科学观测站等
交通（L）	铁路	LRRL	点	标准轨铁路、窄轨铁路、地铁、轻轨等
	公路	LRDL	线	国道、省道、县道、乡道、专用公路、其他公路、街道、乡村道路等
	交通附属设施（线）	LFCL	点	车行桥、人行桥、隧道、码头、渡口等
	交通附属设施（点）	LFCP	面	车站、公路标志、助航标志、机场等
管线（P）	管线（线）	PIPL	线	输电线、通信线、油气水输送主管道等
	管线（点）	PIPP	点	变电站等
境界与政区（B）	行政境界（面）	BOUA	面	各级行政区
	行政境界（线）	BOUL	线	各级境界线
	行政境界（点）	BOUP	点	界桩、碑
	区域界线（面）	BRGA	面	自然文化区、特殊地区、开发区、保税区
	区域界线（线）	BRGL	线	自然文化区、特殊地区、开发区、保税区的区界
	区域界线（点）	BRGP	点	区界不明确的自然文化区、特殊地区、开发区、保税区
地貌与土质（T）	地貌与土质（面）	TERA	面	沙地、冰雪地、地质灾害地貌等
	地貌与土质（线）	TERL	线	等高线、沟壑、垄等
	地貌与土质（点）	TERP	点	高程注记点、峰、柱、漏斗等
植被（V）	植被（面）	VEGA	面	耕地、园地、林地、草地、城市绿地等
	植被（线）	VEGL	线	防火带、行树等
	植被（点）	VEGP	点	零星树木、独立树等
地名及注记（A）	居民地地名（点）	AGNP	点	各级行政地名和城乡居民地名称等
	自然地名（点）	AANP	点	交通要素名、纪念地和古迹名、山名、水系名、海洋地域名、自然地域名、境界标志名等

（三）图属合一

“图属合一”是指“图形”数据和“属性”数据之间一对一的严格对应关系。任何一个点、线、面图元，在属性数据库中将准确对应其一条数据记录，即一个图层中的图元数量和属性记录数量保持一致，而一条记录中可以有多个字段属性值。应用时，属性记录值为用户存储对象的各种数据信息。

在表 7-1 中，以“水系”（HYDA）图层为例，该图层要素类型为“面”，也就是多边形（Polygon）类型，每一个 Polygon 面即为一个湖泊、水库或双线河流对象，其属性表中包含“ObjectID”“GB”“HYDC”“NAME”等多个字段，表中每一行即为一条属性记录，对应图形界面中的一个面图元。

对属性表进行查询（Select By Attributes）可类比于 SQL 查询，对图形对象进行的查询为空间查询，如 ArcMap 中的位置查询（Select By Location）工具。而 GIS 平台中常见的识别工具（Identify）、信息工具（Info.）则为通过空间检索来查询对象空间图形和属性的典型工具。入门阶段应掌握属性查询、图属互查、简单的属性统计等操作，进一步学习应了解点坐标计算、长度和面积求算等操作（图 7-5）。

HYDA

OBJECTID	SHAPE *	GB	HYDC	NAME	F	V	SHAPE_Length	SHAPE_Are
406	Polygon	210101	FA040C96	董庄河	<	<	0.301996	0.000502
407	Polygon	210101	FA780015	小江	<	<	0.320822	0.000523
408	Polygon	210101	FA820005	梅溪河	<	<	0.582679	0.000941
409	Polygon	210101	FA860005	香溪河	<	<	0.595604	0.001039
410	Polygon	210101	FA999999	草堂河	<	<	0.193065	0.00037
412	Polygon	210101	FG999999	黄土包河	<	<	1.104573	0.00208
413	Polygon	210101	FG080083	挖口子河	<	<	0.26256	0.00056
414	Polygon	210101	FG080023	黄花滩河	<	<	0.245892	0.000668
415	Polygon	210101	FH00786L	长河	<	<	0.429923	0.000592
416	Polygon	210101	FB010636	老江河	<	<	0.417803	0.001684
417	Polygon	210101	<Null>	<Null>	<	<	0.363809	0.001166
418	Polygon	210101	FB999999	黑瓦屋长	<	<	0.51111	0.00145
419	Polygon	210101	FB999999	沙滩子故	<	<	0.35159	0.001449
867	Polygon	210101	FG010024	漫水洪道	<	<	0.72903	0.001043
868	Polygon	210101	FG110005	松虎洪道	<	<	0.808059	0.001964
869	Polygon	210101	FA040001	长江	<	<	6.597135	0.023445
870	Polygon	210101	FG040003	沅江	<	<	2.516079	0.00559
871	Polygon	210101	FG040003	沅江	<	<	3.956747	0.011884
872	Polygon	210101	FB010001	长江	<	<	0.826586	0.004673
873	Polygon	210101	FG080003	湘江	<	<	2.295435	0.009792

图 7-5 水系（HYDA）面图层数据的属性表

三、地图数据基础的操作练习

本章系列操作练习将以上节下载的若干数据为基础，以 ArcMap 软件操作为示例，以获取长沙市岳麓区（局部）栅格数字地形及专题制图成图为目标，形成一套连贯的系列操作练习。

请读者根据以下指导和要求完成操作。

（一）新建工程与加载数据

在 ArcMap 中新建空的工程，使用 [Add Data]工具加载 H49.gdb 中的 BOUA 行政境界（面）图层和 ASTGTM_N28E112.img 栅格地形数据（图 7-6）。

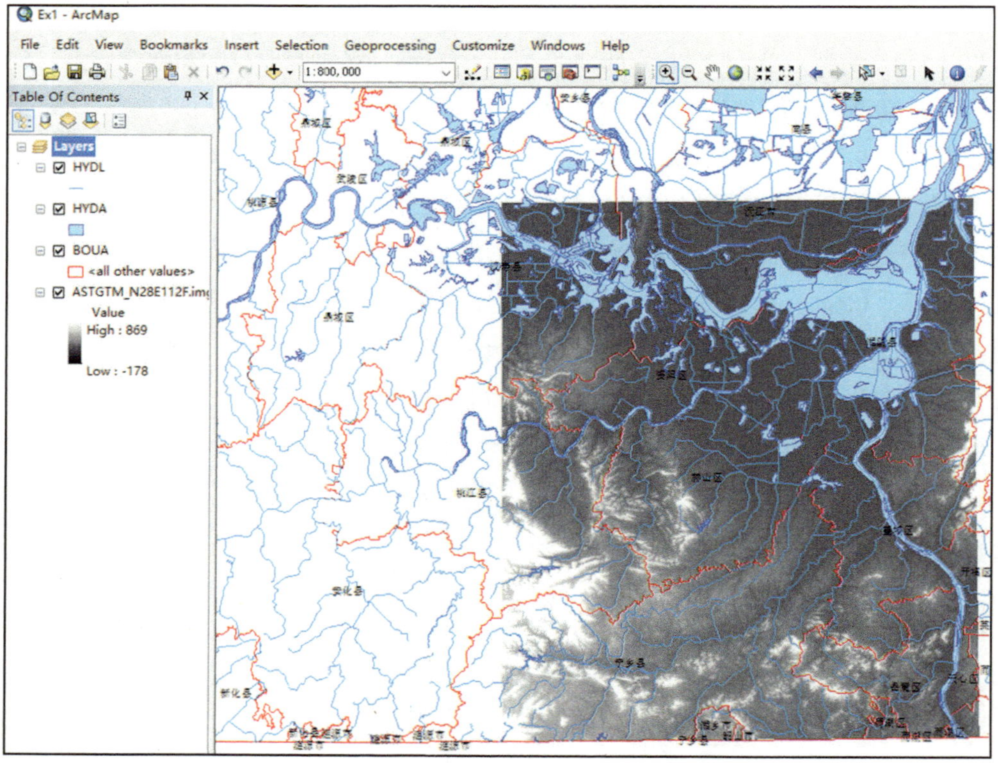

图 7-6 ArcMap 中的数据工程及图层

（二）属性查询与挑选数据

通过 BOUA 图层名上鼠标右键菜单[Open Attribute Table]打开 BOUA 图层的属性表，通过属性查询工具[Select By Attributes]，以“NAME= ‘岳麓区’”为 SQL 脚本，Apply 执行查询，查找到目标对象，见图 7-7。

在岳麓区多边形被唯一选择状态下，通过 BOUA 图层名上鼠标右键菜单[Data]→[Export Date]，将查询选择到的岳麓区对象另存为 ylq.shp 文件（图 7-8）。

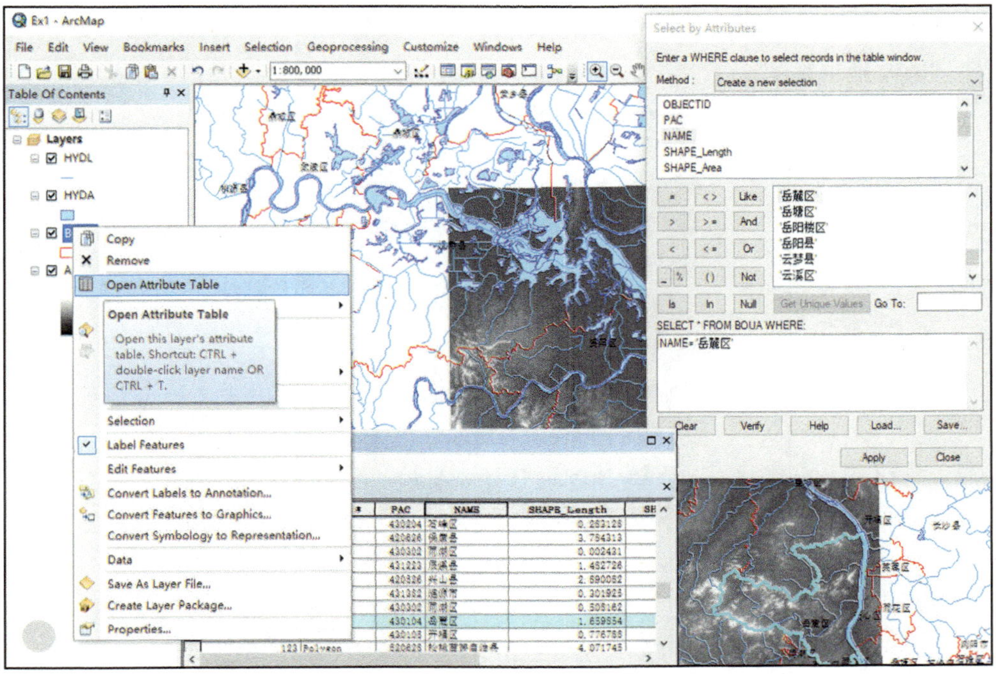

图 7-7　属性查询示例

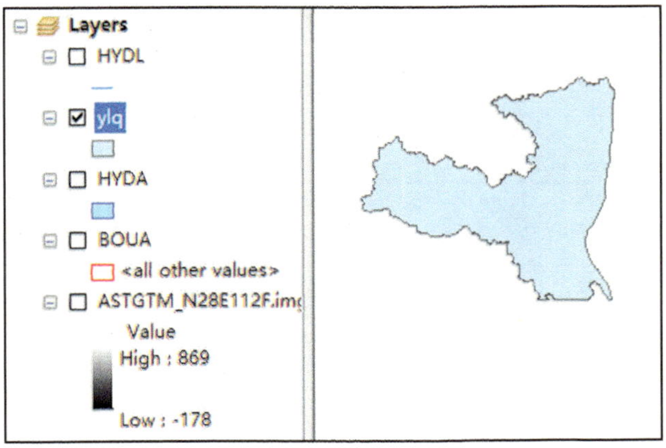

图 7-8　岳麓区多边形数据导出结果

（三）裁剪地形数据

打开工具箱（Arctoolbox）中 Data Management Tools/Raster/Raster Processing 下的[Clip]裁剪工具（图 7-9），对栅格地形进行裁剪。Clip 工具参数中输入栅格（Input Raster）选择为“ASTGTM_N28E112F.img”文件，输出范围（Output Extent）选择为 ylq 图层，勾选“使用输入要素进行几何图形裁剪”（Use Input Features For Clipping Geometry）选项，输出栅格数据集（Output Raster Dataset）设为 H49.gdb 目标，命名为 ylqDEM，见图 7-10。点击

"OK"保存，等待 ArcMap 后台完成裁剪处理并加载图层后，即可获得如图 7-11 所示的岳麓区局部数字地形数据。

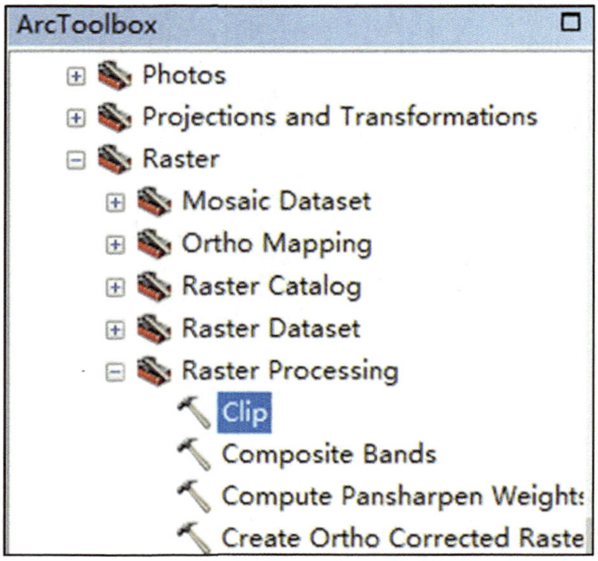

图 7-9　工具箱中的栅格裁剪工具

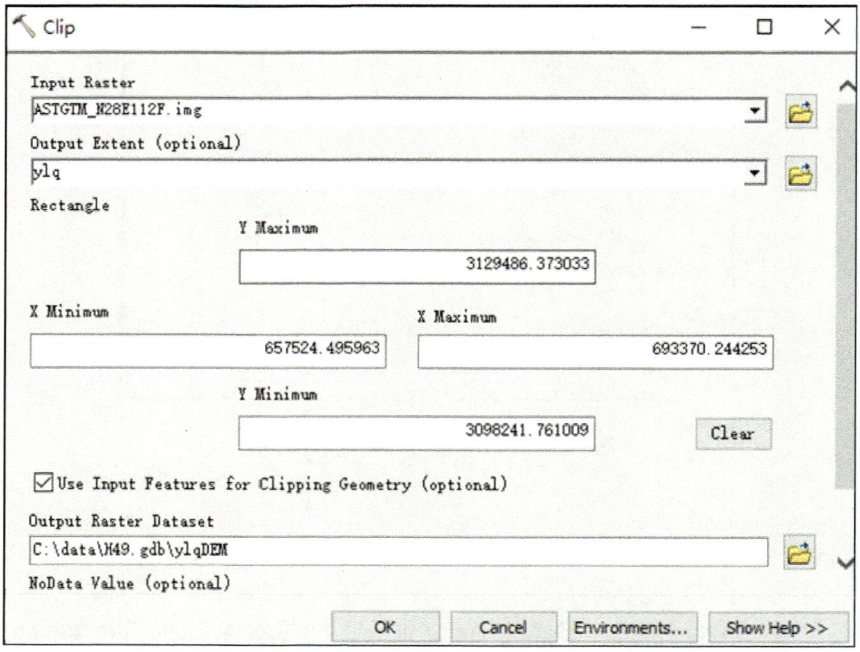

图 7-10　裁剪参数

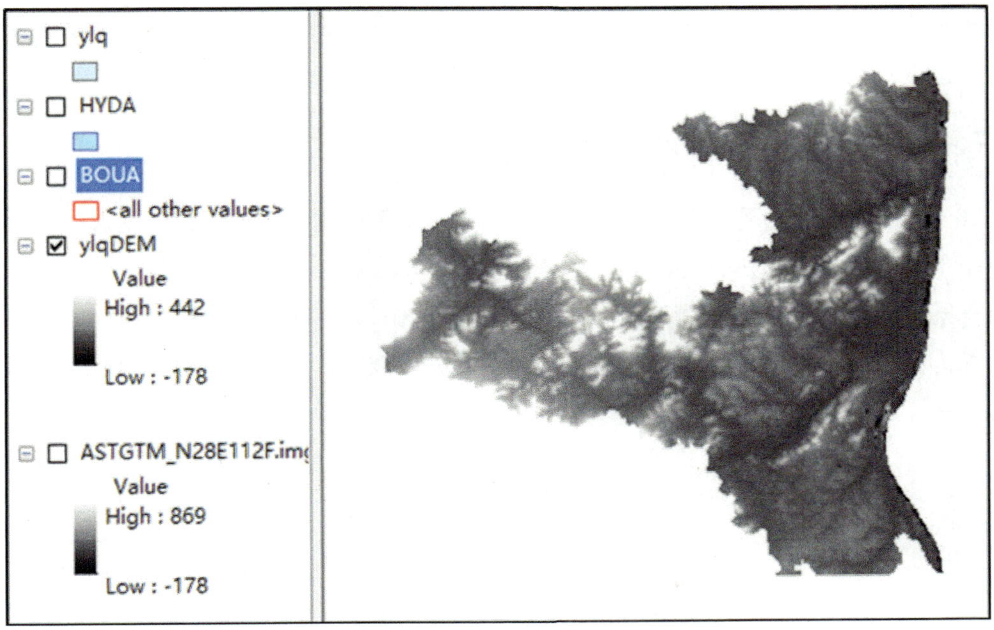

图 7-11　裁剪后的岳麓区（局部）地形数据

（四）保存工程

ArcMap 主菜单[File]→[Save]（文件→保存），将地图工程保存，命名为 Ex1 的 ArcMap Document（*.mxd）文件。

四、问题思考

本节操作练习简化了许多环节，忽略了若干问题，现在分别进行解释。

（一）数据空间参考不一致

细心的读者会发现，本示例中两个主要数据的空间参考并不一致，行政区划数据 BOUA 图层为 CGCS_2000 地理坐标系，而 ASTGTM 的地形数据为基于 WGS_1984 系的 UTM（通用横轴墨卡托）投影，虽然 ArcGIS 软件能完成数据的裁剪等处理，但实际位置是有误差的，特别在市、县级及以下尺度的工作，其误差不应被忽略。绝大部分基于不同椭球体参数的不同地理坐标系之间的数据，GIS 平台在没有具体转换参数的情况下是不能完成理想的坐标转换的。

（二）数据不完整

因 H49 图幅并未包含完整的长沙市岳麓区范围，还有极小部分范围位于 G49 图幅内。如要开展面向岳麓区的具体工作，正确处理程序应该是先合并 H49、G49 图幅范围内的同类数据后再做裁剪、分析等操作，这样才能获得完整的岳麓区数据。同时，本示例还忽略了岳麓区的飞地等特殊情况。

（三）数据出现异常值

该 DEM 数据中出现异常低值-178 为原始数据质量问题，实地不应出现海拔低于海平面以下的区域。因 ASTER GDEM 为美国航空航天局（NASA）的对地观测卫星 Terra 对覆盖全球陆地表面 99%范围观测所获取的海量影像数据，其空间精度虽约为 30 m，但难免局部区域因为各种干扰而产生一定误差，部分误差并未被官方有效地去除。因此在具体研究和应用中无论数据来源如何，都应设法对数据进行质检及校错工作。

第四节　空间分析技术

一、概述

GIS 平台具备强大的空间分析能力，分析工具涉及从面向表格数据到矢量图形和栅格图像，从空间量算到空间统计，从空间叠加到空间缓冲，从邻域分析到聚类分析，从空间插值到制图概括，从二维到三维乃至网络分析、地形分析，再到随机森林算法、元胞自动机、深度学习算法等各种复杂分析工具。成熟的专业 GIS 平台往往具备数十、上百种空间分析工具，此处不再赘述，建议通过《GIS 空间分析基础教程》（科学出版社，2018）等教材进行深入学习。本节所介绍的数字地形分析技术，仅为地理信息系统空间分析技术中的部分功能。

二、主要知识点

（一）数字地形模型

数字高程模型（Digital Elevation Model，DEM）与数字表面模型（Digital Surface Model，DSM）、数字地面模型（Digital Terrain Model，DTM）在概念上有一定的区别，高程（Elevation）的概念一般只包括对象的海拔高度，而地形（Terrain）表示没有任何覆盖物（如植物和建筑物）的裸露地面，描述包括高程在内的各种地貌因子。DEM、DTM 也都可使用 TIN、Grid、Contour 等不同模型方式进行存储及可视化表达。

不规则三角网（Triangulated Irregular Network，TIN）类型的 DEM 数据，形象的类比就是如三维建模中的基础要素“三角面”，它的局部平面空间精度不一致，利于坡度、坡向等分析处理，数据冗余相对较少，属于矢量数据。

栅格（Grid）模型类型的 DEM：像元灰度值即为高程值，数据局部平面空间精度一致，因其数据结构简单，也有数据处理方面的优势。

等高线（Contour）类型的 DEM 数据：在纸质平面制图时代，我们就已在地形图中使用等高线来描绘、表达地形，数字时代等高线依旧是一种地形测绘数据输入和表达的方式，属于 GIS 图形要素类型中的线状（Polyline）要素类。高程点（Point）同样也可单独或与等高线混合来表达 DEM。

DEM 在应用过程中也绝不仅限于地形分析。一般情况下，空间数据的 *X*、*Y* 值作为平面坐标信息，而 *Z* 值不仅限于表达高程信息，也可用于表达如降雨、气温、人口密度等其他各类信息。因此，DEM 分析的应用领域非常广泛。

（二）数字地形分析

数字地形分析是基于真实空间三维环境的分析处理模块，相较二维平面数据的空间分析更为复杂。常见的数字地形分析包括高程分析、剖面分析、填挖分析、坡向分析、坡度分析、山影分析、通视性分析、淹没分析等。感兴趣的读者可参阅《数字地形分析》（科学出版社，2023）一书进行系统、全面的学习，GIS 空间分析类教程也都有对应章节对此专门讲授。

三、坡度与坡向分析操作练习

（一）数据准备

在 ArcMap 地图工程中加入上节练习获得的岳麓区（局部）高程数据（ylqDEM）和行政界线（BOUA）数据，然后打开 ArcToolbox 了解、学习、使用分析工具。进行分析前请确定 ArcMap 主菜单→Customize→Extensions 中 3D Analyst 打勾，即 ArcMap 的 3D 分析工具处于打开激活状态（图 7-12）。

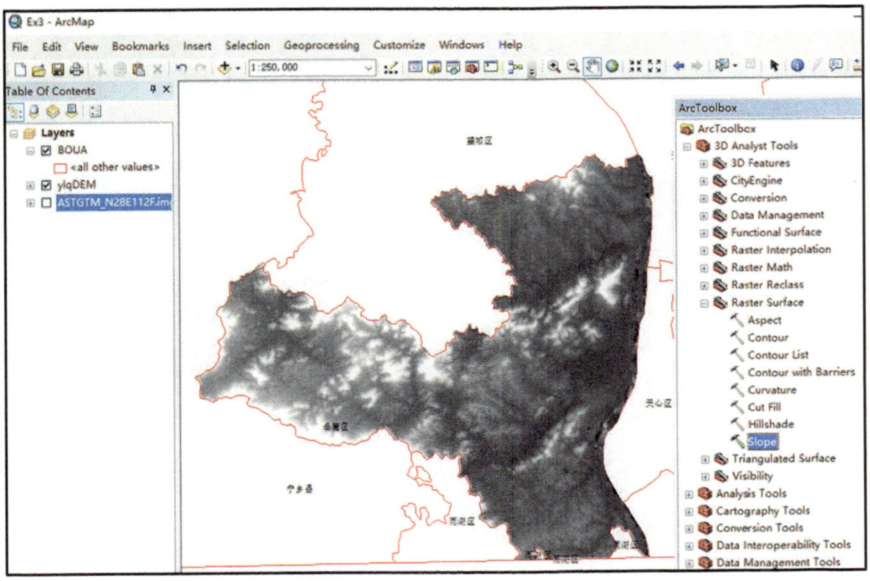

图 7-12　输入 DEM 与分析工具

（二）坡度分析

使用工具箱中的坡度分析工具（ArcToolbox→3D Analyst Tools→Raster Suface→Slope），按照图 7-13 所述参数进行坡度分析。输入数据后选择岳麓区局部高程数据（ylqDEM），后台完成分析，结果如图 7-14 所示。

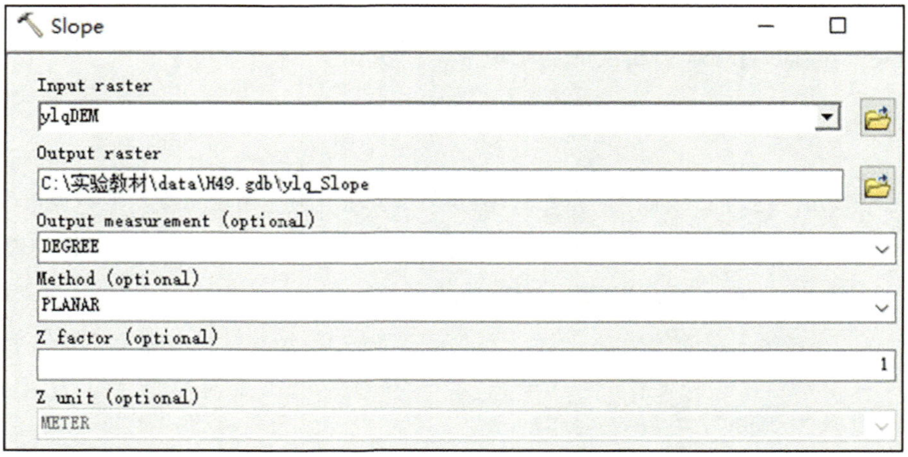

图 7-13　坡度分析参数

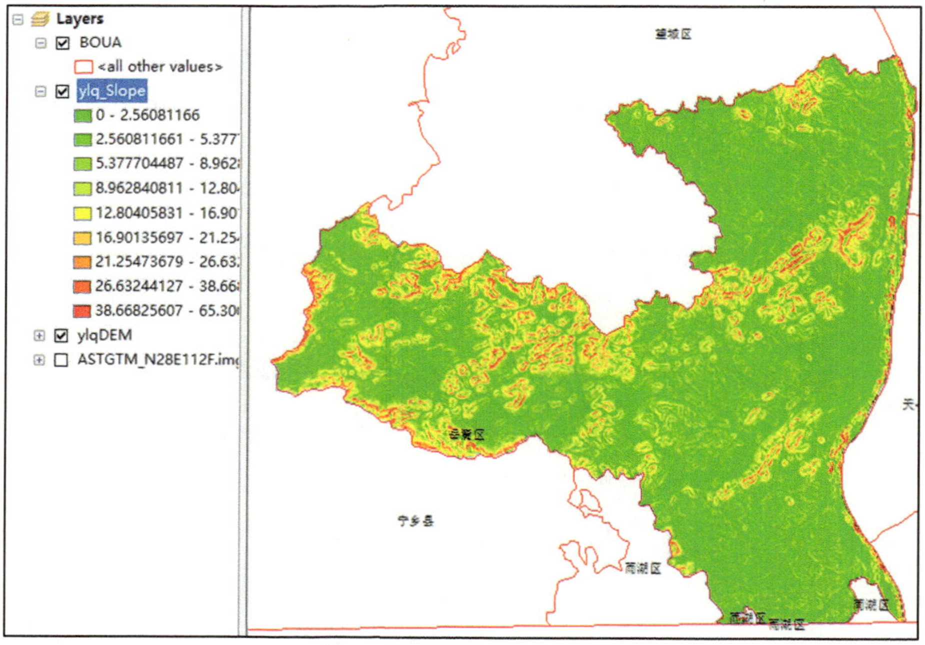

图 7-14　坡度分析结果

（三）坡向分析

使用工具箱中坡向分析工具（ArcToolbox→3D Analyst Tools→Raster Suface→Aspect），按照图 7-15 所述参数进行坡度分析。数据输入同上，选择岳麓区局部高程数据（ylqDEM），后台完成分析，结果如图 7-16 所示。

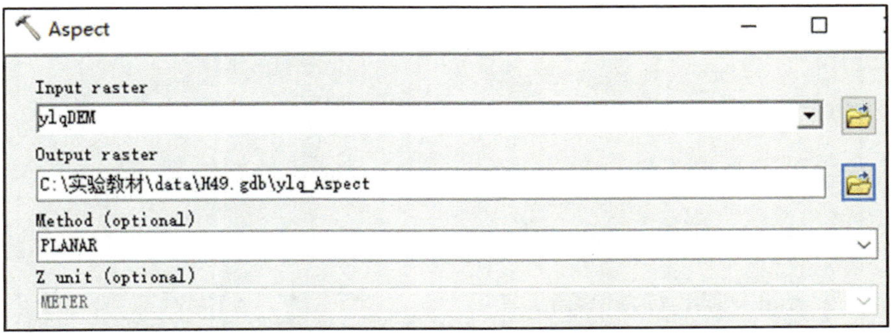

图 7-15　坡向分析参数

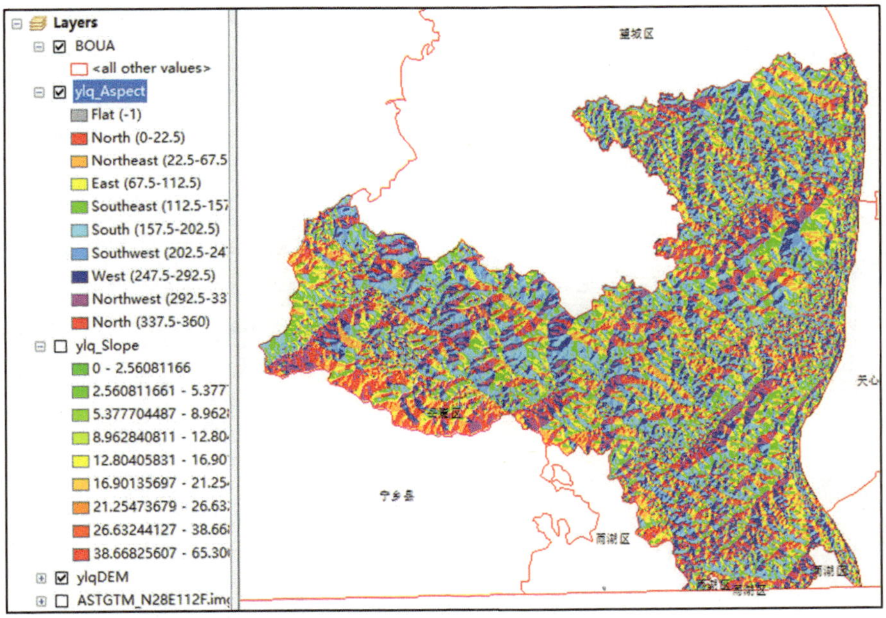

图 7-16　坡向分析结果

（四）图像重分类

使用工具箱中栅格重分类工具（ArcToolbox→3D Analyst Tools→Raster Reclass→Reclassify），参照图 7-17 参数对坡度分析结果（ylq_Slope）进行栅格重分类（图 7-18）。

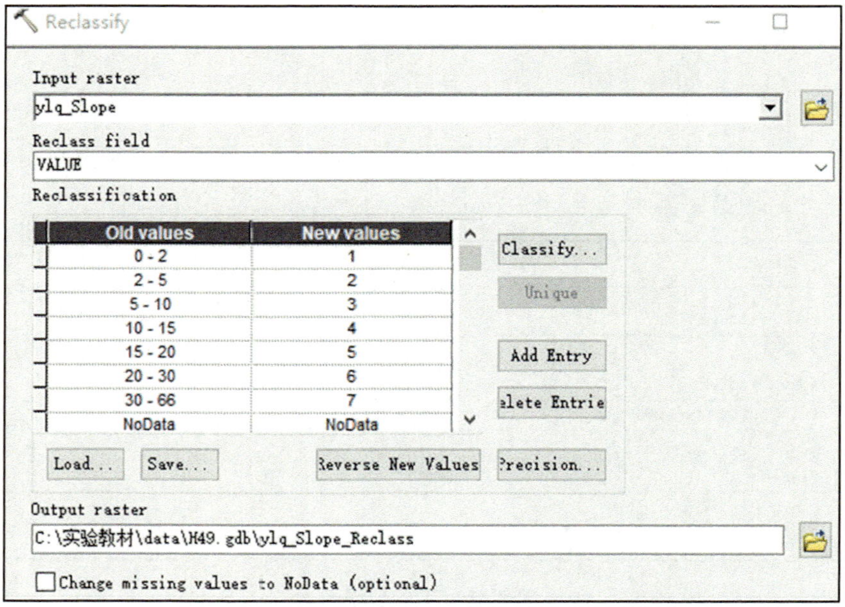

图 7-17　图像重分类工具参数

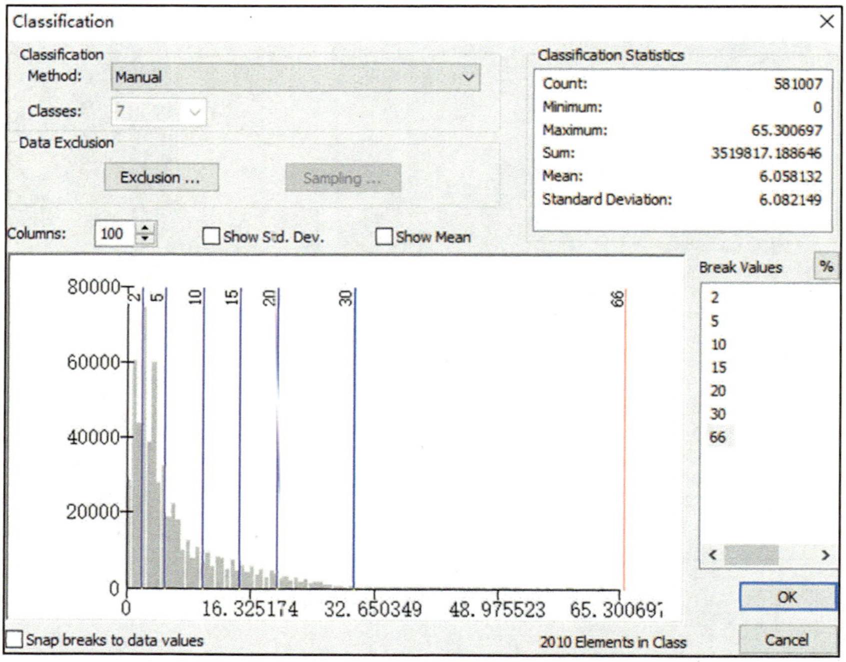

图 7-18　图像重分类 Classify 设置

参考图 7-19 对重分类获得的图层进行符号设置，在图层名（ylq_Slope_Reclass）上鼠标右键菜单→Properties...中选择 Symbology（符号化）页面，结果如图 7-20 所示。

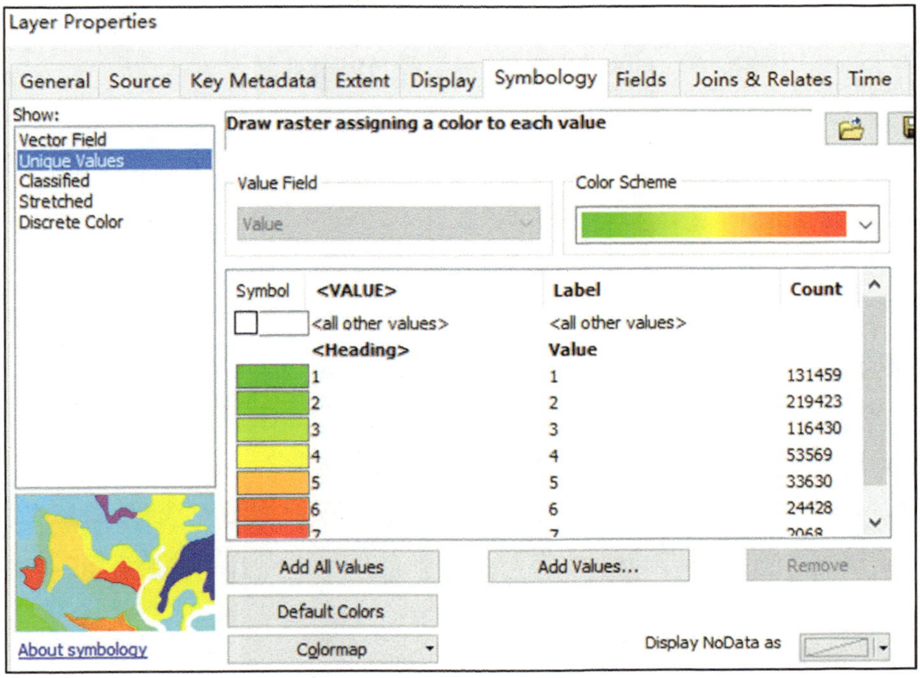

图 7-19　重分类后图像符号设置

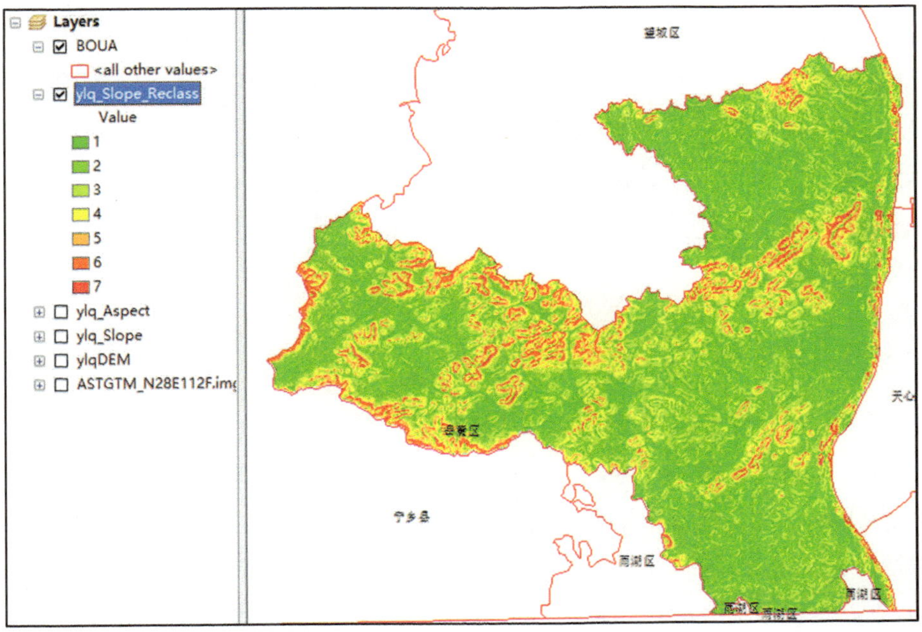

图 7-20　重分类结果

如不进行重分类处理，而是直接对坡度数据（ylq_Slope）进行分类符号化设置，也可获得同样的成图效果，请思考对坡度数据重分类和直接分类符号化处理，两种操作的区别是什么。

第五节 数字地图制图

一、概述

（一）基本概念

1．数字地图

数字地图，又称电子地图，是利用计算机技术，以数字方式存储和查阅的地图。相较传统纸质地图而言，数字地图具有便于海量储存、可交互操作、便于分析应用等诸多优势。数字地图的基础是地图数据，不同的分析处理过程、可视化表达、制图成图方式、集成技术及平台，决定了数字地图不同的应用方式。现代出版的纸质地图产品，也已大多由数字地图成图打印而成。

2．数字地图制图

数字地图制图，又称为计算机地图制图，是以地图学原理为基础，以电子计算机为工具，结合计算机制图的相关理论与方法，研究地图空间信息的获取、处理、分析、图形与图像的输出、地图的设计和编绘方面的理论、方法和技术工艺。由此可见，不可肤浅地将地理信息系统技术与数字地图制图技术划等号，数字地图制图可以说是地理信息系统技术中的一项基本功能。同时，现代的数字地图制图技术也充分融合了地理信息系统、遥感等大量前沿信息技术。数字地图制图技术，在一定程度上引领了计算机图形与图像学领域各类需要进行空间定量化研究与应用的专门技术，其影响甚至扩展到了医疗图像分析等其他领域。

（二）数字地图成图输出

地图的设计与编绘是后期成图输出的阶段，主要涉及页面布局、符号化、图式（图名、图框、图例、比例尺、指北针等）、输出分辨率等方面的设计工作。各行业专题成图都有严格的国标规范，建议读者先认真学习相关制图规范，如《国家基本比例尺地图图式》，以及各类地形图、地籍图、规划图、工程设计图的制图规范（图 7-21、图 7-22）。相关知识体系的专业课程包括《地图学》《数字地图制图》等，其他成熟的国版教材也可学习、参阅。

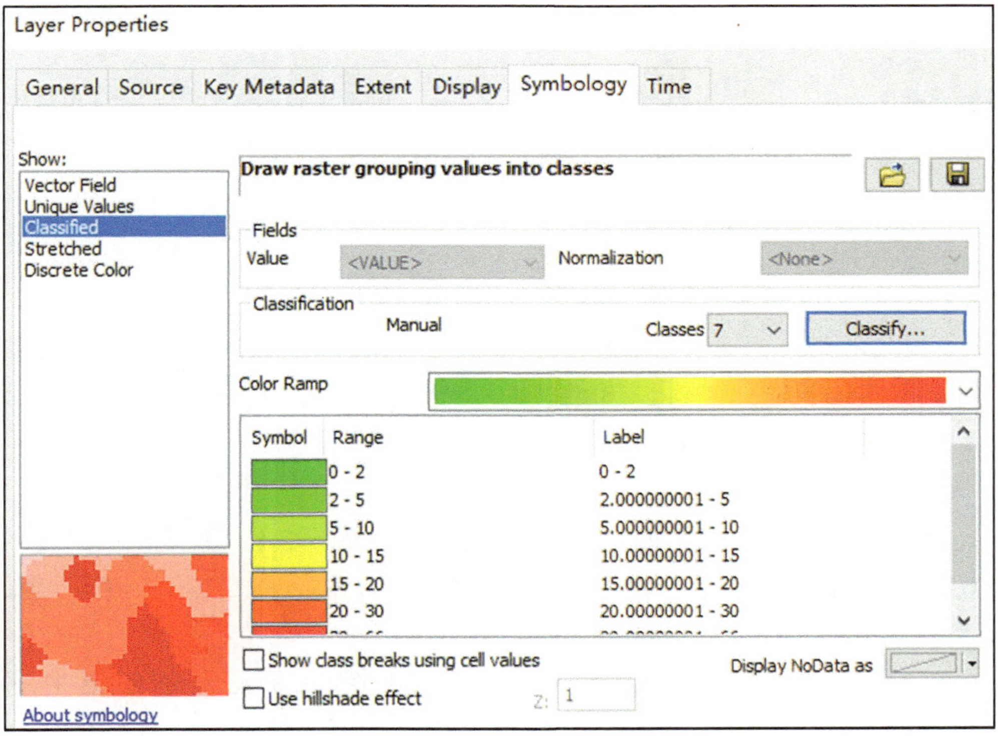

图 7-21 符号化分级设置

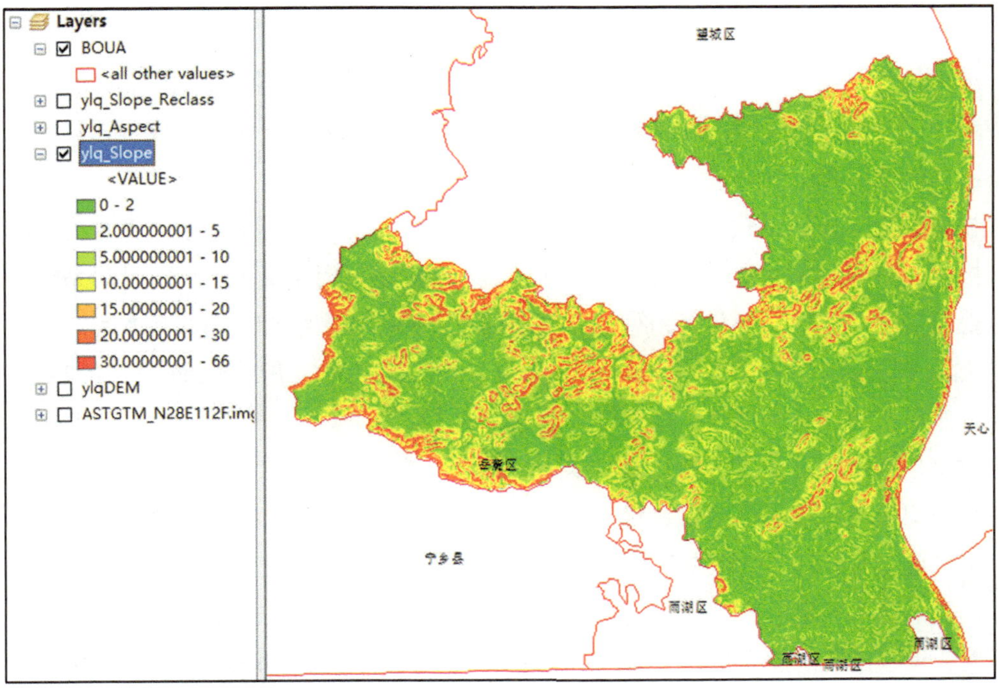

图 7-22 ylq_Slope 分级显示结果

二、主要知识点

数字地图制图，应先完成地图数据的处理工作，再进行成图输出。成图过程应先确定出图比例尺与图幅大小，再完成符号化设置、比例尺、指北针、图例等图式绘制工作。

（一）数据视图与布局视图

在软件平台中将数据视图和布局视图进行区分，又是GIS系统的一大特色。正如将空间信息和符号化信息区分一样，GIS系统在面向空间信息处理和分析时，可先不考虑成图可视化效果，以最高效的可视化方式在数据视图模式下处理各项相关工作。面向可视化制图的工作则可全部放到布局视图下处理，当然，符号化的设置也往往会贯穿两个视图模式的工作。

数据视图，如ArcMap的Data View，主要负责数据组织、空间数据处理、数据分析，渲染效率高，显示耗时短，工作靠近后台性质，处理阶段靠前。如果工作不需要专题制图，则大部分工作都可在数据视图模式下完成。

布局视图，如ArcMap的Layout View，主要负责成图的版面设计、图名、图例、图框、比例尺、指北针等图式的处理、制图输出，渲染效率低，显示耗时长，工作靠近前台性质，处理阶段靠后。

（二）符号化

地图语言是由各种符号、色彩与文字表示空间信息的一种图形视觉语言。地图符号化是实现地图可视化的关键，符号化设计就是将简单的点线面等要素渲染成最直观的地理符号，提高地图的可读性。

相较其他矢量制图软件平台，“符号化”概念在GIS平台环境下被高度重视。GIS平台严格区分数据对象的空间信息和符号化信息，也就是专门定义了一套符号化系统以完成其可视化功能与方法。专业制图符号的使用都有严格的规范，如《国家基本比例尺地图图式 / 第1部分：1∶500，1∶1000，1∶2000地形图图式》（GB/T 20257.1—2017）等国家标准，对各类地图符号的使用都有详细的规范。

数字地图中地理要素主要由点、线、面等要素的对象类型来表达，地图数据往往分别存储其空间信息和符号化信息。对象的空间位置及范围利用坐标值在其空间数据中存储，如一个二维点数据，GIS系统仅用X和Y坐标值存储其空间位置信息，而点的颜色、大小、符号，则全部用其他方式进行定义、存储和显示。又如一个面（Polygon）图层数据，其空间数据的核心是Polygon的系列空间图形信息，而其可视化过程将全部由符号化系统负责，决定其是用纯色还是透明，是用分类着色还是唯一值着色。

相较GIS软件强大的符号化功能，AutoCAD等软件的大部分图元都直接、同时存储了图形对象的空间信息和符号化信息，造成了大量冗余，不利于海量图形数据的可视化和批量的处理，同时 CAD 的图元模式也不利于对象化的分析和处理。

初学者可多尝试学习、了解 GIS 软件的符号化系统，符号化设置操作入门难度小，但要注意不同 GIS 软件平台在符号化方面的操作模式的差异。

（三）比例尺

地图上一般都会标绘数字比例尺和直线刻度比例尺。数字比例尺用数字的比例式或分数式表示比例尺的大小，如 1∶100 000、1∶5 000 000。纸质成图输出时，需确认标称的数字比例尺与打印输出的结果一致，图纸一旦出现缩放，则数字比例尺应做等比修正。而成图中的直线刻度比例尺因为其刻度图形与地图要素是同步缩放的，因此不受图纸缩放打印的影响。

标准、规范的地图制图应同时绘制数字比例尺和直线刻度比例尺。ArcMap 操作见[Layout View]视图下主菜单[Insert]插入直线刻度比例尺[Scale Bar]和文本数字比例尺[Scale Text]。

（四）图例

因 GIS 平台有强大的符号化系统，也就同时具备了方便的图例功能。GIS 平台的图例系统一般与符号化系统进行了绑定设置，GIS 平台只需进行简单设置操作即可批量、快速地生成图例，用户也可进一步再做一些自定义的设计调整。ArcMap 操作见[Layout View]视图下主菜单[Insert]插入[Legend]图例。

三、编图与出图操作练习

（1）切换视图模式

ArcMap 主菜单→View→Layout View

（2）设置输出比例尺

工具条上设置地图比例尺为 1∶20 万（图 7-23）。

图 7-23　比例尺设置

（3）设置页面大小

ArcMap 主菜单→File→Page and Print Setup

将输出页面纸张大小设置为用户自定义的 20 cm×20 cm，需注意地图比例尺需全程保持 1∶20 万不变（图 7-24）。制图过程中应重视学习使用标准尺寸，准确地进行页面参数设置，保证成图的标准性、精确性，不要形成手工调节的不良操作习惯。

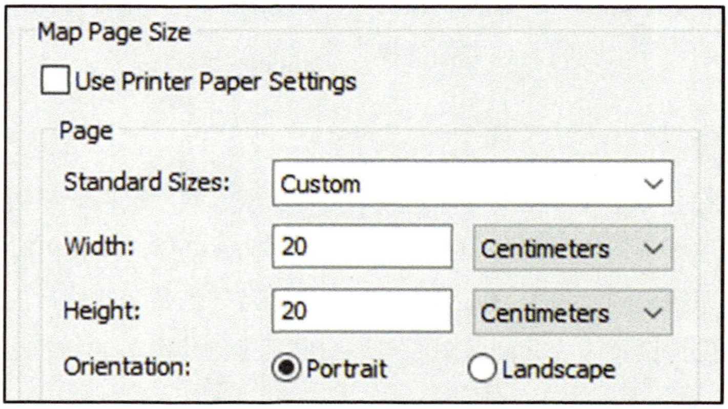

图 7-24　地图输出页面大小设置

（4）设置地图数据框

在 Layout 视图模式下，选中地图数据框，鼠标右键菜单→Data Frame Properties，在 Size and Position 和 Frame 页面分别进行如图 7-25 的设置。

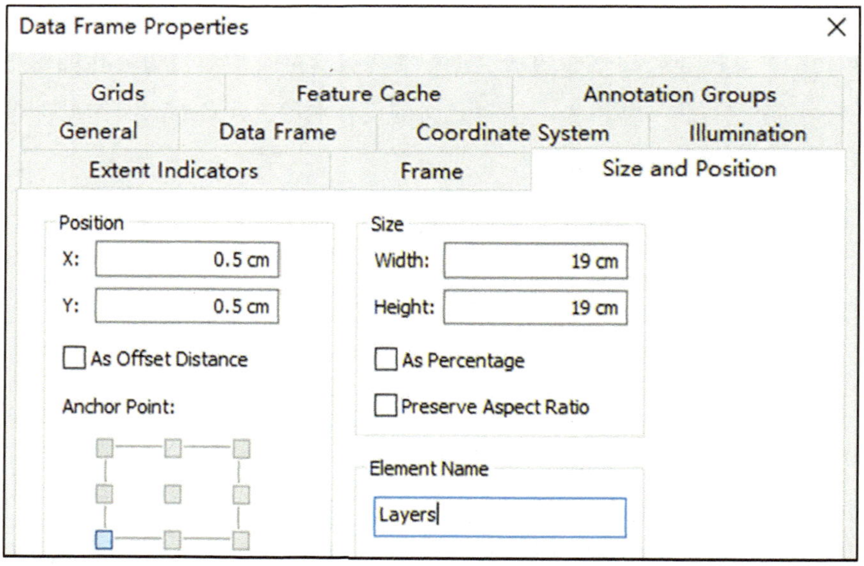

图 7-25　数据框大小和位置设置

使用 （Pan）工具，移动数据框中地图数据，将数据视图显示范围移动到合适位置（图 7-26、图 7-27）。

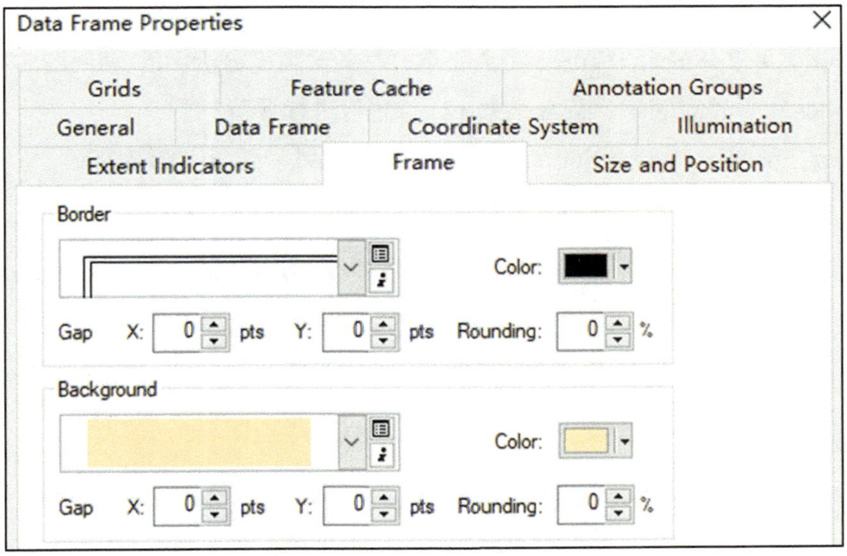

图 7-26　数据框图框设置

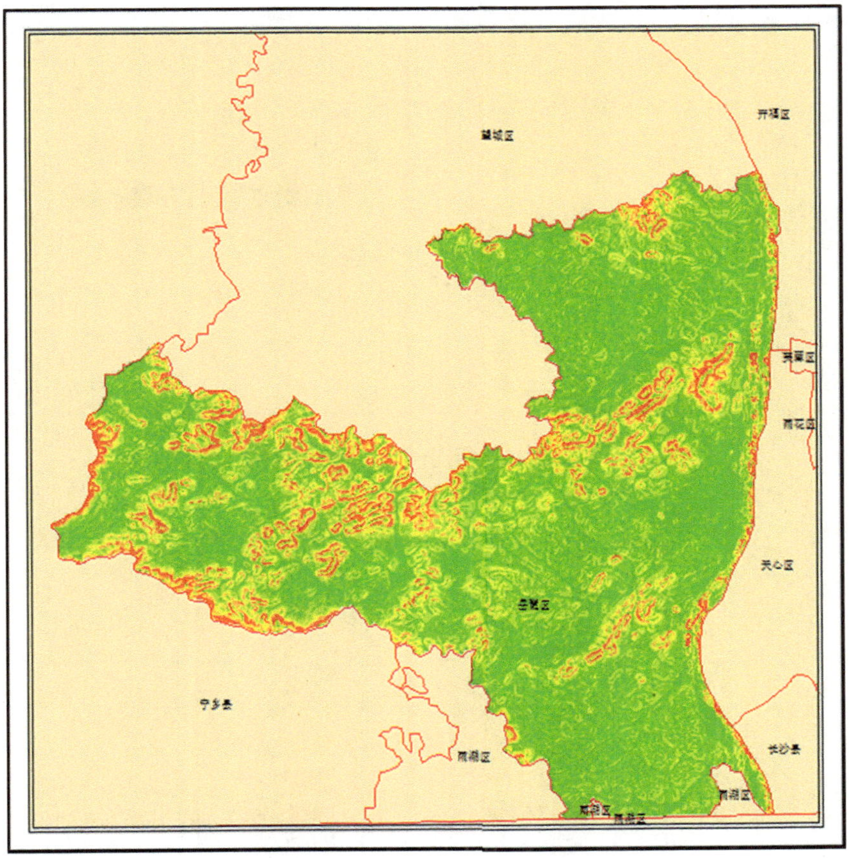

图 7-27　完成页面及比例尺设置后数据框预览

（5）插入图名、指北针

ArcMap 主菜单→Insert→Title，插入图名“岳麓区坡度分析图”，利用图名对象右键菜单→Properties 中设置对字体、符号、大小、位置等进行调节。

ArcMap 主菜单→Insert→North Arrow，插入指北针，效果见图 7-28。

图 7-28　指北针与图名

（6）图例

ArcMap 主菜单→Insert→Legend，插入图例。如图 7-29 所示，在 Legend Wizard 中仅选择“ylq_Slope_Reclass”图层作为图例对象，设置字体（图 7-30）、图框、大小、位置等，完成图例生成。在 Layers 图层设置中修改该图层的文本，视图生成的图例将自动对应修改。

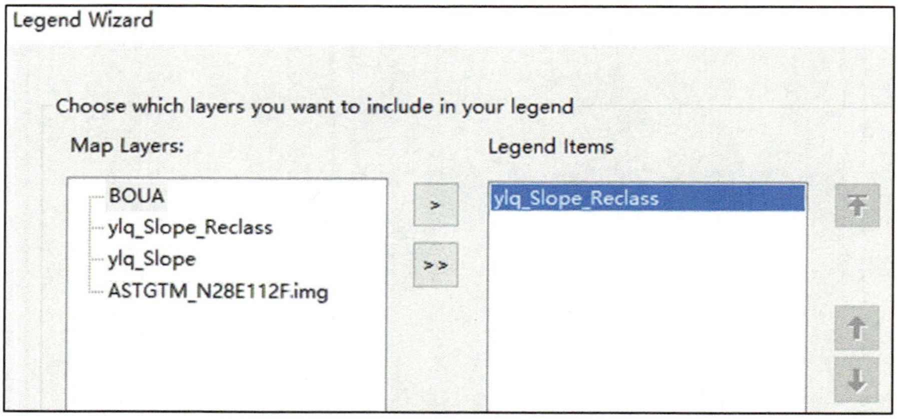

图 7-29　选择图例中图层数据对象

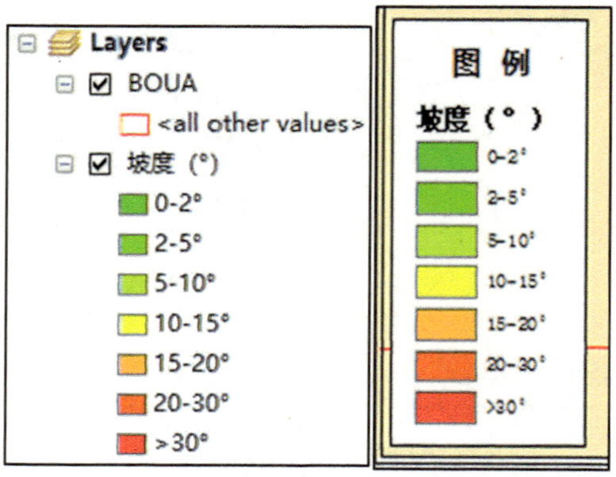

图 7-30　设置图例文本

（7）设置比例尺

ArcMap 主菜单→Insert→Scale Bar...，插入直线刻度比例尺；

ArcMap 主菜单→Insert→Scale Text...，插入文本数字比例尺；

调节比例尺的大小和位置，ArcMap 软件能自动计算并修改对应数值（图 7-31）。

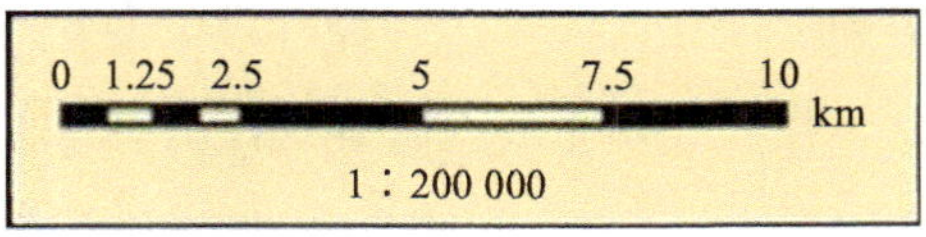

图 7-31　比例尺

最终结果见图 7-32。

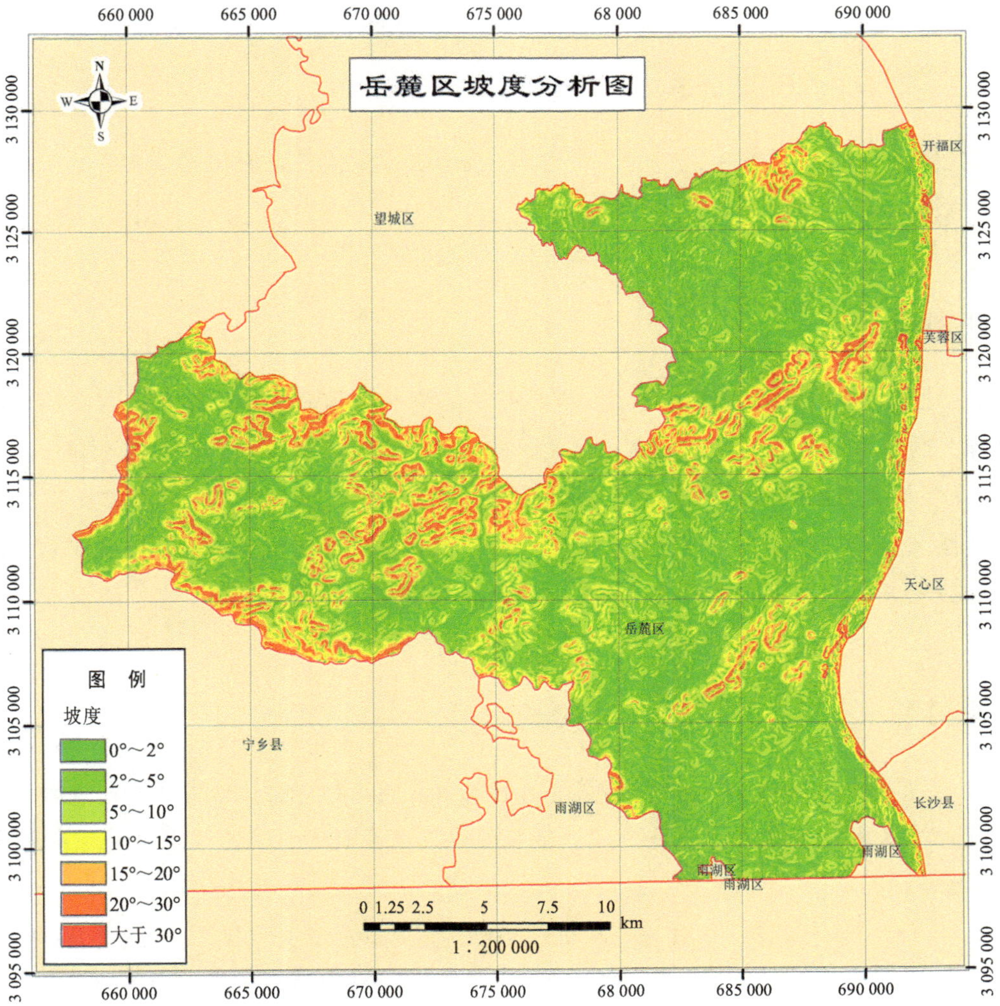

图 7-32　成图效果

四、几个应注意的问题

（一）行政界线

以上成图中未对行政界线（BOUA）图层进行符号化设置，请阅读学习各级行政界线（村界/社区、乡镇界/街道、区县界、州市界、省界、国界等）的符号规范，思考并尝试在ArcMap中进行对应的设置。

（二）坐标网格

ArcMap 软件在制图模式中可方便地为地图数据框添加地理坐标网格（经纬网）或投影坐标网格（方里网），请尝试将图 7-32 更换为 5 km 间隔的坐标网。

（三）实地面积汇总计算

自己尝试将岳麓区坡度划分为 7 个等级，打开图层的属性表时可以获得各个等级的像元统计数量。

思考题

1. 地理信息系统技术在其他非地理学领域有哪些具体应用？比如在文学、历史学、管理学、传媒学、生物学、生态学、化学、物理学、医学、体育、艺术类等领域。

2. 我们常接触到的车载导航、手机地图导航等现代定位导航技术应用，如百度、高德等地图 App，其中都包含“我的位置”“平面地图”“卫星图”等不同图层及信息。请问它们的数据来源分别是什么？通过哪些技术方法使它们实现了在 App 中空间图形与图像上的完美、准确贴合一致？会不会产生位置误差？

练习题

1. 利用手机 App 的定位功能，获取某特定位置的坐标，尝试通过严格科学的读数换算或其他输入和处理方法，将这个位置准确地以点要素的形式，落实到某地图数据集或 GIS 系统中。

2. 自行获取一张 JPG 格式的无人机或其他类型的遥感正射影像，利用手机现场定位，或其他方式获得若干实地控制点坐标。学习 GIS 平台中的图像纠正功能模块的操作，利用系列控制点，将该 JPG 图像镶嵌并配准到对应的空间坐标系中，并将其保存为 geoTiff 类型的空间栅格数据格式。

推荐读物

1. 地图学基础理论方面，推荐阅读袁勘省教授编著的《现代地图学教程（第二版）/普通高等教育“十二五”规划教材》，科学出版社，2014。本书内容简明扼要，结构严谨，基础性强，适用面广。

2. 地理信息系统基础理论与方法方面，推荐阅读汤国安教授编著的《地理信息系统教程》，高等教育出版社，2007。本书全面系统地阐释了地理信息系统的基础理论与应用，相比许多详细介绍 GIS 底层技术的地理信息技术概论类书籍，该书更为通俗易懂，合适 GIS 入门者学习使用。

3. GIS 平台软件操作练习方面，推荐阅读田永中老师编著的《GIS 空间分析实验教程》，科学出版社，2018。本书通过一系列基于 GIS 的空间分析实验，让读者能够有效地掌握空间分析的基本原理和方法，解决实际应用中的空间分析问题。同时满足读者基本操作入门和空间分析实践应用的两方面需求，且篇幅及实验项目数量适中。

温馨提示

1. 地理信息技术与遥感技术、空间定位导航等技术，以及大数据、人工智能等新兴技术，已成为目前地理学研究及应用的关键技术。其中 GIS 扮演着一个最重要的平台及载体的角色，同时提供了大量的支撑性技术。无论是从事自然地理还是人文地理，抑或其他相关方面的研究和应用，GIS 都已是不可或缺的技术手段，应下功夫加以把握。

2. 不仅限于导航电子地图应用，地理信息技术早已全面融入了日常生活的方方面面，读者不妨想办法走访诸如公安、城管等各个部门及行业的信息化平台，必会发现其中处处有 GIS 运用，甚至还可能发现很多令你惊叹的高新空间信息科技应用！

第八章　区域调查与考察

本章提要

区域是地理学的核心概念之一，了解和把握区域特征需要通过区域调查或考察的方法与程序加以实现。本章主要介绍区域调查与考察的必要性和重要性、目的和意义、程序和方法、强化户外观察与描述能力的途径与方法、野外拍摄景物的要点与技巧、野外发现的方法与技巧、野外考察与调查的经验教训等基本内容。通过这些方面的训练和实践，读者参加乃至组织独立的地理学野外考察或地理学户外调查就能够做到得心应手，运用自如。

关键词

区域考察，工作计划，观察与描述能力，取景构图，摄影技巧

区域，是地表事物空间组织的基本方式之一，是一个功能强大的有效“容器”，它有自己确定的边界，有其确定的属性和特征，有特定的组成和结构，在更大的空间范围内发挥着不可或缺的作用和功能。要搞清楚一个区域的基本特征、属性和功能，必须通过区域调查或考察的方式来完成。

第一节　区域调查与考察的必要性和重要性

一般来说，一个区域包含聚落、交通线、人口和农田等人文事物，但有些区域却近乎缺失诸如此类的人文事物，如青藏高原很多无人区、沙漠腹地、南极洲的绝大部分区域、北极地区许多无人岛屿等。相应地，以自然界的特征、属性、现象、过程和空间功能为主要目的的探究可称为考察，若是科研机构组织的，则可称为科学考察，而针对人文特征比重较大的区域或民间性质的探究，我们不妨称其为区域调查。

一、必要性

前面已经提到，无论是自然事物还是人文事物，经过一段时间的发展、演化后，外表形态肯定会有较明显的显示，我们的感官可以清晰感知到，无论从认识世界的角度还是从实用的角度看，都需要我们去进行系统调查或考察。同时，区域调查或考察所依据的科学

理论不断发展，相应的社会需求更为迫切，新发明创造的器具和仪器设备也更为先进，探测能力更强，精度更高，数据处理和分析能力更强，所获结果必然不同于以往，客观上也需要对特定区域进行再次调查或考察。

例如，中华人民共和国成立之初，温饱问题是头等大事，因而那时我们对不同地区开展的自然资源考察，主要是为了开发荒地资源、改造沙漠，以增加农田面积。而到了改革开放时期，特别是 1984 年基本解决温饱问题后，我们所开展的考察工作则主要围绕开发利用能源和矿产，防止和根治环境污染方面，这些都是强劲的社会需求使然。

相应地，调查和考察的交通工具也由畜力+汽车，转变为汽车+飞机；通信工具由电台或报话机变为手机或卫星电话；仪器设备由手动或半自动、机械或电子式完全转为自动化、计算机化和遥控操纵。以前难以抵达的地点或地区已经通过卫星遥感和无人机遥感手段能够很好地加以了解、感知和认知了。这也在很大程度上要求我们必须根据社会需求和理论发展要求，及时考察特定区域。

二、重要性

首先，无论是从自然界的角度还是从人类活动的范围和性质来观察，区域都是客观存在的，而区域又是多侧面多维度的，是动态的，因而要想有效地利用区域的优势，开发当地各种资源，规避潜在的危险，使人类社会和自然界健康稳定地发展，必须周期性地对区域进行考察和调查。

这个周期一般是 30～50 年，即一代到两代人的时间，在这段时间内年纪大的人已经能够感知到区域特征或属性的显著变化，至少思想意识已经发生了很大变化，希望对区域做深入了解和把握。

其次，区域考察和调查是了解、把握自然界和人类社会基本特征、演化规律、发展趋势的必要手段，它可以有效、全面地把握区域的总体特征，促进对区域内各种过程和现象的内在本质和规律的认识。

最后，区域考察与调查，可以综合地检验和验证已有的理论、方法、技术的正确性、适用范围、认识的深度和广度，检验仪器设备的实用性和有效性，以及团队工作的程序和方法的有效性和协调性。在很大程度上它反映了一个地区、一个国家的经济和科技实力。

第二节　区域考察和调查的目的

一、印证已有理论、方法和技术

我们对世界的认识，大部分来自书本和他人的讲述，都是过去获得的认识，许多理论、方法和技术也是这样。对特定区域而言，我们对它的了解无论全面、充分、深入与否，都会随我们自己的阅历、理解力和思维方式而有所筛选和过滤，甚至有很多遗漏和误解。因此，该区域的真实情况只有亲身体验了才会形成真正属于自己的认识。

所以，我们对一个特定区域的考察与调查，在很大程度上是对已有知识、理论、方法和技术的印证与检验，由此纠正片面、错误的认识和观念，补充和完善自己的知识体系，进而推动这些已有知识、理论、方法和技术的发展。

举个例子，中华人民共和国成立后直到改革开放中期，东北地区始终都是我国关键的经济发达地区，不仅农业生产而且重工业及其技术在全国都是首屈一指的，这是那个时代人们对东北地区的一般认识或观念。但是，进入 21 世纪之后，东北老工业基地快速衰落，面貌已今非昔比，人口衰退，经济停滞，即使是值得称道的农业，性质也发生了很大变化，除输出大量玉米外，大米、杂粮的比重也很大。由此可见，通过对一个地区的考察与调查，可以有效地更新已有知识和理论，印证已有理论和观念。

二、发现新事物、新过程和新现象

对一个区域的考察或调查，很多时候是为了发现新的现象和过程，寻找新的证据，从而为某个理论、方法和技术提供新论据、新事实，或为社会经济发展任务和目的提供基础资料和发展规划。

同时，对区域的考察与调查，发现新的现象和过程、奇异的事物，可以在很大程度上引导一个新的研究领域和方向，创建或发展出新的理论。戴维斯提出的著名“地理循环”理论，就是他在美国中西部广泛的野外考察中发现诸多相互关联的事实，由此借鉴生物循环思想提出来的。

三、探索区域及其组分与过程的演化规律

很多时候区域考察和调查是为了把握区域的整体演化规律，尤其是在人为活动影响下区域的响应，进而评估对人类社会的各种影响。比如现在非常普遍的针对北极、南极大陆、青藏高原、热带雨林地区的全球变化方面的研究。

综合、全面地把握一个地区的演化规律，很多时候比较困难，需要以对区域内各要素、各亚区的长期、深入、系统考察和调查做基础，积累到一定程度后才有可能把握区域整体特征。因此，对特定区域内的主要要素或组分及其相互作用进行系统考察和调查，常常是地理学经常性的研究工作。

在对区域进行考察或调查的基础上，通过定点观测，可以为我们建立起要素间的定量关系，由此为建立模型奠定必要基础，进而极大地促进理论的发展和创新。

四、探究区域内特定现象或过程的原因和机理

如果通过区域考察和调查或其他途径，发现了新的现象和过程，那么为了深入理解和

确定其因果关系和发生发展的制约因素，就必须不断对该区域进行更为细致、专项的考察与观测。

一般来说，通过特定理论和方法的引导或指导，进而对区域开展深入的面上、路线和典型地点的考察、观测，搜集充足的基础数据，可以深入分析其时空演变规律，建立定量模型，揭示其内在的规律和机理。

五、评估区域内人与自然关系的性质与趋势

在当代社会，人类活动对自然界的改变非常广泛、深入和强烈，改变了的地表环境反过来会对人类社会产生不同程度的或积极或消极的影响，这就需要我们以区域为单元，开展广泛深入的区域考察与调查，了解人类活动的性质、强度、空间范围，利用特定的理论模型推演未来的发展趋势与结果，预测并给出区域开发利用或抵御各种灾害的建议和对策。

第三节　区域考察与调查的程序和方法

我们知道，做任何事或从事任何活动，只要按照既定的程序和方法行事，基本可以保证成功和较高的效率，不会出太多的差错，同时这也是长期经验积累的产物，没有理由不遵循。对一个区域进行考察和调查也同样如此，目前已有相对完备的程序和方法可以遵循。

一、广泛搜集并分析资料

（一）意义

接到对一个区域的考察或调查任务后，并非马上实施野外或户外考察，而是先动用各方面力量，通过各种途径，将他人已做过的工作及其成果充分搜集在一起，分门别类进行整理、分析，明确已搞明白、已有确凿定论的东西有哪些，尚存在空白或有疑惑地方有哪些，从而明确任务的性质、难度和可能的工作成本和代价。

一方面，做任何事都要付出精力、财力、人力和智力，假如前人或他人已经做过，而且是成功的，我们就没必要做重复性工作了，而是在其基础上集中精力弄清楚空白或疑惑之处。这样我们可以获得事半功倍的结果，而且进度更快。

另一方面，做任何事都有遭受挫折的情况，通过广泛搜集已有工作及其成果，可以充分吸收其经验教训，避免我们犯同样的错误，其中程序和方法方面的经验教训更为珍贵。

此外，通过广泛搜集资料并进行系统分析，还可以检验和评估一下我们的专业知识储备、专业素养和专业技能状况，以便有的放矢地及时调整、提高、完善团队的知识结构和能力水平。

（二）搜集资料的途径

传统的纸质资料包括图书、期刊、报纸、地图及其地图集、广告和海报、宣传单或宣传小册子、个人日记、航海日志、各种非出版性纸质记录簿等。相应地，可以借助各级各类图书馆和图书室、阅览室、藏书楼、博物馆、展览馆、书店、公共场所的咨询服务点等机构和场所，搜集所需资料。

可以现场阅读、临摹，也可以借阅，可以购买、领取或索取、直接拿取，也可以抄录、拍摄、录像。随着我国小康社会建设和精神文明建设的不断推进和深化，各地建立了不同规模和性质的图书馆和阅览室，这是非常重要的资料来源。需要指出的是，有些资料的获取是要付费的。

然而在当今的信息社会里，更为便捷、更为强大的信息来源是网络，由此可以快捷获得电子形式的各种资料。一般来说，较大规模的图书馆、主要官方机构或私立机构都建有非常完善的数字图书馆系统，其中传统的纸质资料也大多通过数字化手段实现了电子化和网络化流通。同时，各种媒体网站、搜索平台、公众交流平台、信息服务平台，还提供各种形式的网页、数据、资料。因此，在一定程度上讲，知识大爆炸时代使得我们像以往那样穷尽所有可能的文献资料几乎是不可能的，而且我们也没有充沛的精力、财力和耐心去这样做，但依然要尽力而为。

（三）文献检索的程序与方法

数字图书馆、搜索平台、词典和百科全书平台、媒体网站是当今世界快速获得所需信息的主要媒介，都有类似于图书馆检索文献那样一整套的程序和方法。

第一，了解并选择适宜的检索平台或数据库网站。查询的对象和目的不同，适宜的平台也不尽相同。若对某一名词术语不熟悉或有疑惑，那么就要选择权威性很高、信誉很好的平台，比如各类权威词典、字典、行业协会、研究机构、百科全书网站，而社交网站的答案则五花八门，质量参差不齐，需要有较高的鉴别能力才行。而要获得全文期刊或报纸的文章，则要选择相应的出版集团或文献检索服务平台进行查阅、下载，比如国内流行的知网、维普网站，国外的 Willey、Springer、ScienceDirect、Ebsco、JSOR 等，一般大学、研究机构、公共图书馆都购买其特定时期内的数据库使用权，可下载全文。若要线上阅读或下载图书，则要选择特定图书服务平台，中文的有超星图书、书生之家等，外文的有 Ureader 和 World Library 等。

第二，通过阅读使用指南或用户手册，了解和把握所选数据库或平台文献检索的步骤和方法。进入所选平台或数据库的检索页面，观察一下它的页面布局，了解一下有哪些功能和要求。一般来说，检索平台或数据库都提供简单检索和高级检索两种模式的检索服务，专业性的检索最好学会用其高级检索功能，熟练把握其各字段的含义和操作技巧，这相当于多重条件检索，所获结果比较具体、精确。

第三，确定同我们所需查询内容最贴近的主题词和关键词。主题词，是经过规范化处理的检索词汇，它对文献中出现的同义词、近义词、多义词以及同一概念的不同书写形式进行了严格的控制和规范，使每个主题词都含义明确，以便准确检索，一般是经过权威机构或组织甄选和确定的。主题词表往往很庞大，且往往与某学科领域的基本概念、常用术语密切相关。它可以是文献题目的核心或主要词汇，也可以是题目所蕴含的研究领域的核心概念。

关键词，是指检索平台或数据库网站在制作、使用索引时所用到的词汇，也可以是文献的作者按照特定要求提供的专业词汇。它有时与主题词重合，但往往外延较窄，也就是说要用几个关键词才能将文献的核心内容描述或概括出来。关键词检索是网站或数据库文献检索常用途径。

经过大量阅读专业文献，对某专业研究领域有较深入了解和把握的人，都可轻松地列举出数个关键词，而主题词很多时候还要咨询或查阅一下主题词表。检索过程往往需要不断更换主题词或关键词，以检索到所需文献。

第四，根据自己的经验和专业水平，适度缩小检索的范围，以提高检索文献的命中率。一般来说，检索平台或数据库网站对一篇文献，都会提取多个属性来建立逻辑链接。如果我们能把这些属性全部提供出来，那么我们大概率会检索到我们需要的文献，但实际上这是不可能的，还需要我们从形式上对检索条件加以约束。

我们以知网（新版）的检索界面为例加以说明。在知网首页检索框左侧有一热点式下拉菜单，我们可以从主题、篇关摘、篇名、关键词、摘要、全文、作者、第一作者、通信作者、作者单位、基金、小标题、参考文献、分类号、文献来源、DOI（Digital Object Identifier）等中选择一项。检索框右侧还有高级检索和出版物检索两个链接按钮，可进行多属性综合检索或直接在特定出版物中检索。检索框下方含学术期刊、学位论文、会议、报纸、年鉴、专利、标准、成果、图书、学术辑刊、法律法规、政府文件、企业标准、科技报告、政府采购等表明文献来源的选项，可以多选。再向下从左到右有专业或社会活动领域、研究学习平台和专题知识库三个标签页可供选择。如此一来，可以更快更准确地检索到需要的文献。

第五，快速浏览初步检索到的文献题目，检查是否有我们希望得到的文献，如果结果过于庞杂，可以再输入关键词或主题词、作者等，点按“结果中检索”，则文献数量会大幅度缩减，内容也更接近我们的目标。初步检索结果出来后，左侧会有很多缩小检索范围的选项，如主题（学科领域）、学科、发表年度等类似上述检索框左侧的那些选项。如果我们对某篇文献比较感兴趣，就可以点开其摘要较深入地浏览一下，评估一下文献的质量，如果正是我们需要的文献，那么就要下载其全文，放到特定的文件夹里，若需要付费，我们还要办理相关手续。若不是我们需要的文献，我们就接着逐页浏览检索结果。这是一个非常耗时、枯燥的过程，一定要有耐心。

要想搜索到大部分我们需要的文献，就要频繁地更换主题词、关键词、学科领域、数据库和检索平台，搜索、浏览、泛读、精读文献摘要，这个过程就像收获地里的马铃薯、红薯、花生那样，每翻一遍土层就会有新的收获，但这里有个度的问题，如果“翻”一遍的收获很少了，就可以结束检索过程了。

（四）文献的整理和分析

第一，对于已经检索到的摘要和全文，要建立专门的文件夹，命名恰当的名称，最好以主题词来命名。根据文献的多寡、主题、类型、出处、作者、语种、出版年份等再建立子文件夹，分类管理。

第二，要对下载的文件适度进行重新命名，以突出其特色和重点，满足自己研究的需要。一般来说，文件名要包含最主要的论文内容、核心方法、性质、出处、作者、出版年份等主要文献属性，但又不能太长，各字段间用下划线或连字符连接。

第三，对于符合我们研究主题的文献要精读，其他可泛读。在阅读过程中要做必要的笔记，要标记清楚什么人、用什么方法、研究了什么问题，得出了哪些结论，这些结论或方法、技术有什么重要意义，之后要对整篇文献从理论、方法、技术、成果的意义等方面做适度评价，概括出对我们的借鉴意义和启示，写出心得体会。

在精读文献过程中，对于导言部分的研究背景、研究进展或研究综述要给予高度重视，把握该领域研究现状和发展趋势，同时结合文献末尾的参考文献来获得大量相关度很高的参考文献，回头通过适宜的检索平台，下载全文进一步阅读。

若是书籍和文集，系统性会更强，对于某研究领域的经典著作或最新研究成果的总结而言，一定要下功夫精读，做详细的读书笔记，这可使我们的理论基础更为扎实，逻辑思维更为严密。

第四，在阅读完所有的文献后，要对读书笔记进行系统整理，按特定的逻辑顺序或主题进行归纳、总结、概括，撰写出我们自己的文献综述，把握研究趋势和动态，更好地抓住研究的热点和重点，走到全国甚至世界前沿去。

有了上述这个雄厚的基础后，我们就可以进入室内工作的下一步骤。

二、制订详细的考察计划

考察计划一般是整个研究计划中极其重要的一个环节，因而其作用也是不言自明的。

（一）计划书的内容

一份考察计划，一般要包括任务来源和性质、考察的意义、考察目标、考察的区域范围、区域考察的历史、考察的主要内容、考察的步骤与日程、考察的主要方法、考察需要使用的仪器设备和器具、人员组成及其分工、考察成果的标准和质量要求、交通与通信及后勤保障措施、应急预案等内容。

大型野外综合考察，还要制订分专业或技术领域的专项考察计划。

其中的日程安排很有讲究，计划制订人需要有丰富的野外工作经验和对各项考察工作的深刻理解。它可以根据以往经验从上到下逐步细化，再广泛征求意见予以确定，也可以通过集体讨论采用从下到上的方式加以落实。

（二）计划书的形式与结构

野外考察计划书一般包括封皮、前言、目录、正文、参考文献、附录（包括专题地图、各种清单）等部分。

封皮一般要有简明扼要的标题，如“×××地区野外考察计划书”，下面要有落款，即草拟和制订计划的人员名单，以及最后定稿的时间。

前言，一般是概要地讲述开展该项考察的背景、意义。

目录，将报告的主要内容以纲要形式显示出来，可以在正文定稿后用文字处理软件自动生成。

正文，是考察计划的主体和核心内容。根据具体内容又可分出下列部分：

（1）考察任务的来源和性质

交待清楚研究项目来自什么机构/个人、企事业单位或政府部门，是全额资助还是部分资助，是基础研究还是应用研究等情况。

（2）待考察区域的概况

提纲挈领地介绍待考察区域的地理位置（比较生疏的区域要附上较为详细的地图）、自然地理和人文地理特征、区域总体特征，要说明考察的潜在风险。若已有较深入的考察，则需要对其历程、成果和存在问题进行介绍。

（3）考察的主要目的和目标

叙述清楚考察要达到的具体目的和目标，是印证某假说、观点，进而补充、完善相关理论和方法，还是针对该区域的疑难问题寻求解决途径，为当地社会经济发展出谋划策。要根据实际情况列出 3～5 条具体目标。

（4）主要考察内容

交待清楚考察要涉及的专业领域及其主要问题，有可能碰到的新现象和新过程，以探讨其规律和原因；还要说明需要搜集的基础数据，以建立和发展相关的理论模型；说明通过考察特定内容来验证某个假设或推测。

（5）考察的步骤与日程

考察要根据具体内容、当地自然和人文条件分出不同的实施阶段，落实到具体时间节点。很多野外考察受季节和天气影响极大，可供考察的时间有时非常有限，必须在严格的日程安排下按部就班进行。

（6）考察的主要方法

野外考察一般采用路线考察、典型地域考察、典型地点深入调查与观测、补充考察等方式进行。若路线考察由于时间原因难以全面开展，则采用三线法实施，即在地表现象变化的最大梯度方向布设左、中、右 3 条线路，以尽可能探查该区域的主要特征。当时间充裕，地表现象随机分布时，可布设横纵各 3 条共 9 条线的考察方案，横纵两个方向上共有 9 个交叉点。对于地表现象比较典型、集中的地域，可采取加密考察的方式实施。而对于非常突出和典型的地点，有必要集中精力开展深入的定点调查和观测，以弄清特定现象和过程的规律和机理。

最后，如果存在工作疏漏、天气原因造成的耽误，还要对某些特定地域进行补充考察，以完成预定计划或扩大考察的成果领域和水平。

（7）考察需要使用的仪器设备和器具

地理野外考察属于科学考察的一种，肯定要携带必要的仪器设备，因而要根据考察的具体内容，人员组合和配备情况，列出考察期间需要使用的仪器设备和器具（如测距仪、定位仪器、采样工具、样品容器、样品包装用品）清单，包括所需配件和备件。

（8）人员组成及其分工

地理野外考察往往是采用团队合作方式开展，因而要根据考察的内容、仪器设备和工作性质来确定人员名单，既有专业人员，也要适度配备医务、后勤人员。专业人员要有明确分工，同时又要适度“一专多能”，相互协作。

（9）考察成果的标准和质量要求

具体指明是规范的生物标本、岩矿与化石标本，还是各种专项测试样品，要有数量和质量要求。还要指明考察报告的具体数量、篇幅及其水平，图件的数量和质量，图片和视频标准、考察日志和个人日记的规范等。

（10）交通与通信及后勤保障措施

前往考察区域、考察区域内的具体考察活动，大多需要交通工具和通信工具，这需要提前确定好数量和类型。从出发到返回期间，专业人员的日常生活、健康和安全都需要有专人负责，因而必须制定好后勤保障的各项具体措施。

（11）应急预案

野外考察通常都有一定的风险，会遭遇不可知力或因素的影响，威胁着考察工作的正常开展和人员的健康和安全，特别是灾害性天气、地质灾害、水灾和火灾等，因此要制定相应的应急预案，使得考察工作尽量万无一失，保质保量完成预定任务。

参考文献是正文的必要配套部分，一般单独列出。通常只列最重要或最关键的参考文献，以使考察队全体人员能够借此理解、把握考察计划的主要内容和要点。

最后是附录部分，仅附最关键、最核心的附件，包括专题地图、各种清单、人员名单。

三、出发前的准备工作

（一）仪器设备的筹备

野外工作所需仪器设备和器具，可以通过购置、租借、机构间调配来解决，已有的则要进行检测、维修、保养、校准。

一旦这些工作落实下来，就要将其登记造册，列出详细清单，包括数量、规格、型号、用户手册。

（二）物资准备

考察过程中需用到的交通、通信、生活、安全、卫生医疗、应急用品等，要根据考察计划、预算和日程安排来组织采购、定制、自制。考察期间有固定的居住条件，可以省去准备宿营车、帐篷、睡袋、行军床、炊具和餐具等物品的环节。

（三）人员培训

对于新手和新式仪器设备，要在专业人员手把手讲解、指导下操作，熟练掌握其操作规程和技巧、排除一般性故障的方法和更换零部件的程序与方法。

（四）落实考察预定的资金

由于不同部门、领域、金融机构的财务和金融制度各不相同，经费的申请、拨付有个过程，需要一段时间，因此要配备专人负责财务和会计工作，专门负责资金的落实和使用。

（五）同欲考察地区政府、机构和个人建立联系

大型科学考察，需要地方给予全方位支持和配合，从物资供应、安全保障、交通和通信、人力的支持，到应急响应、救援、治安等方面，都要做好衔接工作。小型野外考察也要尽量同当地政府、公安部门、有业务关系的机构或个人建立较紧密关系，互通信息，而从成果的最终应用来说，也应当与当地政府或相关机构建立紧密合作关系。

四、野外考察的实施

（一）初步踏勘与小区域试验性考察

当我们对考察区域具体情况不甚了解和不很熟悉时，为了稳妥和保险起见，应当组织一部分人，对一些陌生、有疑虑的路线和地区进行预备性考察或初步踏勘。

有时我们是根据遥感影像、书本上的知识来制订计划，如果缺乏当地各方面的亲身体

验，就更需要到现场体验一下，了解其路况、天气和气候状况、工作条件如何、仪器设备是否能正常运转等。

然后，选择特定地段的代表性要素或现象实施试验性考察，检查团队协作情况、工作进度、仪器设备对当地条件的适应状况。有些仪器设备在特殊环境下运行会受到很大影响，如低温和高温、高湿和干燥，有些具液晶屏的仪器在低温下是没法显示的，风沙太大会影响仪器设备轴承部分的运转等。

借此，我们可以客观、有效地评估整个考察工作的难度、进度、能力状况，进而及时修正考察计划和工作方案，甚至要调整日程和人员的安排。

（二）野外路线考察

1. 考察路线的最后确认

考察路线应尽可能覆盖全区，代表性要强，包含的地表过程和现象丰富，安全便捷，便于救援；尽量与主要地理要素的分布趋势直交，即顺梯度方向开展。考察路线数量依据实际情况来确定和配置。

同时，野外很多场合和特定天气状况下，人力难以实施观察、观测和考察，非常有必要使用无人机来完成这些任务。选择无人机的航线时要充分考虑续航能力、探测能力、气流稳定性、操作地点视野是否开阔、遥控信号是否足够强、是否有强烈干扰、是否有禁飞区等。

此外，考察路线上要布置针对典型地表现象与过程、有疑问的内容开展详查与观测的地段和地点。

2. 分阶段和分组考察

野外考察与调查，一般都要持续 1 周或更长时间，考察的内容也比较多，为了保证效率，野外考察往往要根据工作性质分组进行，可以沿同一路线也可沿不同路线同时开展。考察队队长要同各小组间保证经常性通信，以掌握全队的总体进展情况，对于意外情况及时作出反应。

同时，野外考察的总体任务一般也要根据日程的安排，分成不同阶段来进行，按部就班，稳扎稳打，逐步推进。每个阶段结束都要进行细致的工作总结。

考察过程中，比较生疏的路线尽可能以步行的方式和正常的速度行进，而且要围绕着考察路线采取之字形反复穿插的方式开展，这样可以在视力可及范围内最大限度地观察沿线的各种地表事物。遇到奇异事物、疑惑的事物就要果断地停下来，仔细观察，集体讨论，乃至精细观测。地形起伏较大的地段，要在行进过程中将高地（山脊或山顶）和低地（谷底或水体边缘）频繁交错考察，不断转换观察的角度和视野，争取能够发现更多的新奇事物。

3. 生活和工作紧密结合

野外考察期间，要保持正常的生活节奏，使体力充沛和精神饱满。饮食要定时，能量要充足，营养要全面，睡眠要绝对予以保证。当然，环境条件和天气状况难以保障定时饮食和睡眠的情况下，计划就要做必要的调整，很多时候要栉风沐雨、露天宿营，需要提前做好思想和物质准备。

一般情况下，早上集中就餐，然后队长布置任务和确定日程，而后开始工作；中午准时就餐，有野炊条件更好，否则需要准备成品或即食食品和瓶装水、饮料；下午继续工作；晚饭尽可能定时。晚饭后稍事休息就开始一天的工作总结，及时整理资料，维护、保养仪器设备。

4．集体观察、观测和讨论

在野外考察期间，遇到新颖现象与过程、疑难问题，要及时组织现场研讨，充分观察与观测，深入分析，以把握其主要特征、本质和规律、原因和机理。限于专业领域、野外训练的不同，单个人很难将发现的新现象和过程充分理解和把握，需要集体研讨，以达成共识，加深理解。

5．无人机辅助考察和观测

在野外很多区域人员难以进入或接近，需要实施无人机探测和观测，例如陡峻的悬崖、难以深入的森林和水体。大型、高级的无人机可安装特定仪器设备进行探测，如特定高度处的空气温度、湿度、植被覆盖状况、土壤发育状况、水系走向等，甚至可以进行现场取样。

6．采样的要求与规范

野外考察经常要采集室内分析所需的样品。为了达到研究目的，样品的种类、数量、规格既要符合数理统计规律的要求，又要考虑学术研究的惯例。取样比较困难或分析化验成本非常高的样品，一般要保证 3～5 个，体积小、重量轻、易获取的普通样品最好达到 30 个及以上。

有时取样要求随机或均匀取样后充分混合作为一个样品，以提高其代表性，这时总样品也要保证 3 个以上。

对于 ^{14}C、光释光、U-Pb、古地磁等测年用样品，要根据相应的专业采样规范采集。

（三）典型地点的观测

一般是考察期间的短暂定点观测，而非长期定点进行系统观测。

其具体内容和方法与第九章的定位观测基本一致，具体细节在此不再细述。

五、返回后的收尾工作

野外考察结束返回单位或家中后，稍事休整后要趁热打铁，进行下列工作：

（1）成果汇总

整理样品与标本，归类观测数据并制作副本，补充完善考察日志，按照特定格式和质量要求，撰写初步的分析报告，提交给专管人员或机构。

对于必须通过样品测试才能落实的考察结论，需要在返回基地或家中后尽快测试分析，得出结果，以便于撰写高质量的考察报告。

（2）问题分析

主要涉及专业学术问题、仪器设备运行和使用问题、后勤保障问题、人员素质问题等，原则上要提交书面材料并存档。

（3）物资归库

包括仪器设备的维护保养、登记造册入库、制作损耗清单等。租借或借用的仪器设备归还出借方或出租方，办理归还手续。

（4）财务整理与报账

在系统整理账目的基础上做出决算表及其报告，及时搜集票据到指定的财务部门报账。

（5）撰写和提交考察报告

一般要组织考察报告撰写委员会，经充分协商讨论后拟定写作大纲，然后分工合作撰写。最后的成果包括报告文本、配套的图件和附件。

对策建议可以直接放在考察报告里面的特定部分，如果考察任务有特别要求，或者对策建议内容很多，篇幅很大，则可以单行本的方式独立成文，这样一般是侧重资源利用和生态环境保护等方面的任务而言。

第四节　强化观察与描述能力的途径与方法

一、观察能力的培养和应用

（一）方法

野外观察能力主要指在野外考察过程中，通过视觉、味觉、听觉、嗅觉和触觉等感官，敏锐地察觉空间的差异、过程的性质和特点、物质属性的变化、共性的概括等方面。人体各个感官的敏感性，很大程度上是先天性的，但有些感官能力可以通过强化训练和积累丰富的经验而得以加强。然而观察的有效性，却与经验和训练密切相关。

高超的观察能力是长期经验积累的结果，其中有遭遇大量挫折的情形，当然也有很多成功之处，但无论如何都要“眼见为实”，发现异常后一定要亲眼观察、仔细揣摩、分析，切不可“先入为主”而想当然。经验往往可以保证我们做事能够以较高的效率做成功，但并不能保证我们的判断永远正确，而且自然界和人类社会纷繁复杂，变化多端，很多时候发现新事物仅仅是昙花一现式的匆忙一瞥，这时更需要敏锐的观察力。

平时生活中要注意细节的观察，心境始终保持清澄，对任何事物总要问个为什么，始终抱着“这个现象以前没见过”的信条，不放过任何异常和有疑问的迹象。世界上著名科学家、发明家，在日常生活中都具备细致观察事物的习惯和倾向。

若要将已有的观察能力应用到野外考察中来，除了正常的观察之外，一个经验性的信条是：只要你感觉眼前有异常事物出现，使你产生疑问或兴趣，就要克服重重困难，义无反顾地前往探查，落实自己的直觉，否则将遗憾终身。因为有些野外考察，限于体能、反应力、天气状况等条件，一生只能进行一次，之后再无机会！

野外考察很多时候不走重复路，因此在行进或乘车过程中，一定要时时保持旺盛的好奇心和发现的欲望，观察、侦测视野中所有景物的细节，发现异常马上止步或停车，一探究竟，不错过任何发现的机会。

“世上无难事，只怕有心人”，这句话用在野外发现上也是正确的。只要我们用心去发现，就一定会有所收获，但前提是你对眼前的事物或类似事物要非常熟悉，这样才能敏锐地捕捉到异常和新奇所在。

举一个比较浅显而有趣的例子。杭州郊区的钱塘江大桥，是民国时期中国人自己设计并建造的全国第一座现代化大型桥梁，其设计师和监造者为我国著名桥梁专家茅以升。大桥开建之初，由于木桩难以用气锤打入水下厚实致密的泥沙层，延误了工期，茅以升对此非常忧心，但始终未找到解决的办法。有一天他回家为母亲庆生，看到邻居家一个小孩子提着一把铁壶在浇花，从壶嘴喷出的水把花坛的泥土冲出一个深深的洞，这个现象一下子激发了茅以升的灵感，由此他发明了高压注水打桩的建桥技术，顺利地建成了这座不朽的铁桥。

（二）实例

再举一个国外的例子。英国著名科学家波义耳（物理学上著名的波义耳定律的发现人）非常喜爱鲜花，常常让人把鲜花买来放在实验台旁，在工作之余观赏一下鲜花来消除实验的枯燥和疲劳。有一天，波义耳把紫罗兰花放在实验台上，实验中不小心将少许盐酸滴到了紫罗兰的一些花瓣上，他就用水将盐酸冲洗掉，不料那些被溅上盐酸的紫罗兰花瓣马上变成了红色，用水洗不掉。受此现象启发，他又用其他酸、碱试剂做实验，得到了理想的结果。最后他筛选出石蕊提取液作指示剂，制成了现在化学实验中普遍用到的 pH 试纸，为今日的化学发展做出了巨大贡献。这种观察，只对波义耳有巨大意义，其他没有这种喜欢鲜花嗜好的研究者就不可能做到这一点了。

可见，虚怀若谷且善于观察的人才能抓住这种稍纵即逝的机遇。要练出来没有具体目标的观察能力来，进而想凭借这种能力有所发现和创新，就要努力树立多重、高层次的目标来，才有可能有效地抓住观察获得的宝贵机遇。

二、描述能力的培养与运用

要想发现或寻找某个事物，首先在感官上应产生深刻印象，意识上有显著的触动与强化，思想上更加集中。接下来，就要利用已有的知识经验和理论加以描述了。因此，描述事物的基本特征是野外观察和感知事物的基本能力。

首先要抓住最突出特征用语言、图示和精心构图并取景的照片加以描述，如果是动态过程，还要进行实地录像。其次将辅助的、次要的特征补充完善。

（一）语言描述

野外描述某个事物，可以从感官的次序与强弱入手加以描述。一般而言，我们的视觉最为敏感、最为迅捷，因而先描述所观察对象的颜色及其深浅、明暗。

如果要科学、标准化和定量地描述颜色，就要选择当前世界上流行的颜色系统，比如说具有 10 种基本色调的 Munsell 系统，它有色调、明度和饱和度 3 个基本参数；具有 24 个色调的 Ostwald 系统，每种颜色用纯黑量、纯白量和纯色 3 个基本参数来描述；类似 RGB 加色系统的国际照明学会的 CIE 系统，也有色度、明度和饱和度 3 个参数。

这些颜色系统都需要在标准底板、标准光源照射下确定具体数值，野外操作不是很方便，不一定很准确。因此除了需要定量分析和对比的情况，例如沉积物、岩石、土壤层次的颜色观察外，一般用通俗易懂的颜色词汇来表达即可，借助阳光色散后的 7 种单纯颜色，再加上深浅的修饰语和相应的过渡色就基本够用了。实在不好描述时，可通过“熟悉物体的名称+色”方式描述，如琥珀色、铁锈色、玫瑰色等。

接下来是对物体或地物轮廓、形态和体量的描述。可以用规则图形或其组合、熟悉物体或事物的形态来说明。由于野外观察的地表事物多为立体的，因此还要交待清楚凹凸、正斜情况。顺便以人的正常尺度来介绍事物的体量、大小、高低。

再接下来要对所观察对象的质地、软硬、干湿、直观的物质组成及其结构或构造进行细致观察、感知，然后用语言描述出来。有时要对一些有气味的事物感受其味道并加以描述。

之后，还要对地表事物进行分布格局和数量或空间范围的估测与叙述。自然界和人类社会很多事物不是单独存在的，往往是成群且按特定空间排列方式分布的，有一定的数量特征，存在排列是否规则的问题，这些都需要进行细致的观察、观测、评估和说明。

最后，还要根据实地观察、实测和判断，对事物的动态变化特征与规律进行叙述，交待清楚变化的快慢、是否规则、变化的方向与趋势等。

（二）图示表达

图示表达主要包括现场绘制的形态特征示量图、变化过程示意图、结构特征示意图、景观素描图、剖面图等。

例如，野外观察到非常显眼的褶皱、断层、古建筑、瀑布等地物，应当在力所能及的情况下用示意图将其基本示量特征绘制下来，标上具体测量的数值。又如海洋边缘的海陆风、山谷中的山谷风，可以用简单的示意图将其产生、演化特征勾画出来，并做一些必要的文字和符号标记。

在照相机普及之前，地学工作者都要学会野外景观素描这门技能，以便在野外工作过程中将所观察到、碰到的典型或特殊、新奇景观以图画的方式记录下来，既可为自己以后的分析、观测提供素材，也可以为他人的研究提供基础。这方面可参考《素描地质学》《地质学素描》《野外地质素描》《地理与素描》等书籍。地理大发现和内陆探险过程中许多探险家都具有非常好的素描功底，能够把观察到的典型、奇异景象绘制下来。

（三）照片和视频

我们知道，各种高档数码照相机和摄像机琳琅满目，性能优越，它们为我们的野外考察提供了非常大的助益，提高了我们的考察速度和效果，使我们的观察手段和记录方式发生了革命性变化，而手机中集成的照相机和摄像机功能则更为方便灵巧，对于业余摄影和摄像人员无疑是一种强大的工具。

野外考察过程中拍摄静止事物的照片，并非分辨率越高越好，而是要充分考虑我们要表达的主题事物是否特征突出，清晰可辨，尤其是框架性和轮廓性的特征，没必要以非常高的分辨率拍摄，分辨率太高还有可能将一些不重要的细节或“噪声”混杂进来，反而效果不好。

动态的过程或现象，即使用连续照片组也难以表达出动态特征和逼真的效果，这时就要利用数码摄像机或手机的摄像功能，将面前的过程拍摄下来，供以后的观摩和分析用。拍摄时可以将摄像机或手机固定在三脚架或手机架上，转动时要缓慢匀速，这样拍摄的影像比较稳定、流畅、自然。

静止事物既可以用照片组来描述、刻画其基本特征，也可以手持摄影机匀速移动，记录其不同角度和方位的特征。但细节性的特征，还是要用相机拍摄高分辨率的照片更为适宜，特别是奇特的植物及其果实、古建筑等。

第五节 野外拍摄景物的要点与技巧

野外考察过程中遇到的一些场景、景观、地物，包含了大量同我们要反映的主题不相干的事物或细节，构成画面的“噪声”，需要我们采用一些取景和构图方面的技巧来去粗取精，使主题突出、生动、醒目。

一、取景和构图的基本原理

（一）黄金分割率

黄金分割率也叫黄金律，是指把一条线段分为两部分，使其中一部分对于全部之比，等于另一部分对于该部分之比。其比值为 1 ∶ 0.618 或 1.618 ∶ 1，被公认为是最具有审美意义的比例数字。

一般来说，垂直方向上若有差异，只要能保证较大部分占整个画面高的 0.618，那么我们在视觉上就感觉非常和谐、优美、自然。如果目估的话，这个比例大致比 2/3 少一点。因此，人们在取景构图时，往往把垂向上的分界点确定在 1/3 或 2/3 处。若要将垂向上用两点来分割，则各自定在总高度的 1/3 和 2/3 处，这样会使画面节奏感强烈，结构自然。优秀的摄影师在拍摄景物时，常常将天空放在画面上面的 1/3 处，即天际线或山脊线的位置，主景或中景放在中央 1/3，前景的水体、花卉、草地等占据最下部 1/3（图 8-1）。

图 8-1 画面垂向上的黄金律应用

不仅垂直方向上存在这种黄金率，水平方向同样如此。将主景物放到画面水平线的中央，会给人规则、整齐、严肃的感觉，但并非自然、优雅，而应用黄金分割率，这个要求就可以轻松解决了。类似于垂直方向，主要景物放在左侧或右侧 1/3 处都是最佳选择。当景物体量较大时，其高度和宽度要适度控制，通过后退或前进的方式，将其比例控制在黄金律附近，整个画面会显得既稳重又优雅、活泼。

当画面并存几个地物或物体时，努力寻找适宜的观察点，以单体之间或群体之间的合理组合，使其达到或接近黄金律，会使画面匀称、和谐、自然。

（二）透视原理和规律

我们知道，人眼感知外界物体的视觉原理是人眼将接收到的物体轮廓和轮廓内特征点的光线，透过瞳孔印到视网膜上，然后在大脑中形成物象。如果我们在眼睛和物体之间放置一块玻璃板，设法将物象形成于该玻璃板上，所获形象即为透视图。透视过程是一个中心投影成像的过程。透视技法主要用于造型艺术和建筑设计上。

透视的基本规律：平行画面的直线方向不变，仅根据距离而作长短的变化；与画面不平行的直线方向和长短都要变化，一组平行线会交会于画面上远方一点；同样大小的物体在透视图上呈现“近大远小”的变化，近处清晰，细节可见，远处则反之；不平行于画面的平面消失于画面上一条线；倾斜的圆变为椭圆形（图 8-2）。

图 8-2　透视原理在照片中的应用

在野外拍摄照片时，取景构图要尽可能选择规范的取景角度和方位，尽可能用正视透视技法，将规则线条按透视规律加以选取和组织。只有在为突出某些物体或地物的某方面特征时才采用倾斜透视技法，但仍要以画面的清新、和谐、自然为要。

（三）日光的原理和规律

我们野外考察时拍照物体或人物，大多是利用自然光，即太阳光。

我们见到的太阳光属可见光，是由于空气分子或悬浮颗粒的散射作用造成的。正常情况下，太阳光有周年变化的特点，冬天日照最弱，持续时间也最短，夏季正相反，相应地，冬天物体的影子要比夏季的长，这是由于太阳高度角的变化造成的。

同时，太阳光还有周日的变化。早上和傍晚的光最弱，太阳高度角也低，物体影子较长；中午时太阳光最强，高度角也最大，物体影子最短。此外，早晨和傍晚太阳光色调会发生变化，由于大气层的折射，光线会变成粉色、红色。

此外，我们观察物体时，还受到空气洁净度的影响。洁净度越高，空气透射光越强，物体显得更清晰逼真，反之朦胧模糊。

当阴雨或多云天气时，我们只能运用散射光来取景构图。云的阴影对我们野外拍摄地物或人物有较大影响，它会使背景变暗，对比度变小。当阴雨天时，光线很暗，很多时候不能正确曝光或需要长时间曝光，才能获得理想的效果。

可见，野外考察过程中拍摄照片，要充分考虑季节、白天的不同时点、不同的天气状况等因素，选择适宜的时机和位置，获取理想的影像效果。

除此之外，还可利用人工光源或相机自带的闪光灯来辅助拍摄。当我们要获得特殊的影像效果时，可以使用不同性质的滤光镜、更换镜头来达到预想效果。比如拍摄花卉、昆虫、物体的质地等微距景物时，要更换微距镜头；要把远处的物体拉近以显示其细节，可以更换长焦距镜头；若要获得超视域景物，则可更换广角镜头。

二、取景和构图的主要技巧

（一）为主景设置配景

设置配景的目的是烘托、映衬主景的特征。具体手法有：

1）使主景的基座升高，周围设置配景；

2）把主景配置到风景轴线和风景视线上；

3）将主景安排到画面的构图中心上；

4）将主景配置到环围空间的中心位置；

5）将主景安置到几何图案的中心或重心位置。

（二）将主题事物配置在中景位置

当我们取景时，可以为主景寻找作前景和后景的景物，由此构成一空间序列，使其在水平方向上展示出层次性，内容上有一定的逻辑、因果、拓扑联系。

一般拍摄放牧的羊群和马群、牛群时，很多人特意将远山作为背景，近处的草地、花卉或水体作为前景，再配合黄金律，那么这样的画面就非常醒目、优雅、自然。

（三）通过借景烘托主景

借景，是通过视点和视线的巧妙组合与配置，将特定空间范围外的景物纳入画面的取景构图手法。它在苏州园林中运用得非常得体、自然，大大丰富了画面的内容和层次。

借景又进一步分出远借、邻借、仰借、俯借等形式。远借的物体可以是远处的高楼、宝塔、山岭，甚至天上的白云，一般要求观察点的特定方向上视野要开阔，或适用于望远的高亢之地；邻借也叫近借，可以借用附近的景物，如古树、楼阁、亭台、山石等；仰借，可以是蓝天白云、飞鸟、云霞、山巅的亭台楼阁、宝塔、明月、银河等；俯借，往往是在山顶或楼阁之上观察和拍摄某一景物时运用，一般要选取附近低处景物，作为增添观赏内容和衬托的配景，可以是池塘或湖泊、建筑、花园、森林等。

（四）通过对景与分景来突出主景

1. 对景

对景是指将主景设法组织到画面的灭点（视线在远处的终结点）处，或者配置到轴线的端点处，以导引视线指向主景的取景构图方法。其中主景设置在一个端点上的对景称为正对，比如将预摄物体置于河谷或沟谷中轴线远端；而将主景置于一个端点，将用来作对比或衬托的次要景物放在另一端点，或者同样物体分置视线或轴线两端的情形，就称为互对。互对中后一种情况可以从侧面拍摄两个物体，显示其对称性。

2. 分景

分景就是将空间范围较大、构成较复杂的主景化整为零，以显示主景特定部位或特征的手法，屏蔽掉部分“噪声”或使人们从不同角度观察主景。分景可以通过障景、隔景（实隔、虚隔）等手法来实现。

3. 障景

用主景之外能抑制观赏视线，使空间转向的景物来遮挡主景，可以是山石、山坡、树丛、花坛或喷泉，也可以是建筑和碑刻等。障景自身有一定的特征和尺寸，可以给主景提供对比的基础，但不能完全隐蔽主景，要有一定的提示和引导迹象，使人产生一定的期望和判断。

4. 隔景

将主景根据特征、形态、组成和结构，利用山坡、丛林、树木、树枝、建筑等构图要素，遮蔽主景不重要部分或“噪声”，使其主要特征充分显示出来的取景构图手法。这样可以使画面生动活泼，内容丰富。

视线被完全阻断的情况称为实隔，反之有一部分视线不受阻挡的情况就是虚隔。后者可以采用漏窗、门洞、垂柳的枝条、有间隔的行道树等方式实现。

（五）通过框景、夹景、漏景、添景等方式突出主景

1. 框景

利用门窗、树木、林荫道、山洞、桥洞等形成画框，以使主景受到一定的空间约束而显得更为突出的取景构图方式。苏州园林中采用该手法较普遍。

2. 夹景

与框景相似，但顶部不封闭，是用特定地物或物体将主景夹峙其中的取景构图方式。

两侧高楼林立的街道、高大树木并列两侧的道路、河道或峡谷等处，都适于该种取景方式。它是运用透视线、轴线突出主景的取景构图方式，可增加主景的层次感和立体感。

3．漏景

由框景发展而来，通过特定结构的遮蔽物将景物遮挡一部分，同时又有意显露出景物的一部分，使景物若隐若现，若有若无，吊足观察者的观看欲望。所用物件多为漏花窗、漏花屏风、稀疏的树墙、系列门窗等，但在野外取景时，只要能找到达到该种效果的场合即可使用该法。

4．添景

为突出主景，我们可以在缺乏前景或背景的情况下，人为设置或寻找适宜的前景或背景，这就是添景。所添景物，可以是山石、花卉、建筑小品，也可以是体量较大的楼阁、宝塔、远山、古树或大树、喷泉等。

（六）通过色彩的合理搭配突出主景

野外考察过程中所遇到的各种地物、地表特征、现象，会呈现不同的颜色。为了使被拍摄物体或现象更加醒目突出，色彩的搭配就显得非常重要了。

前面已经提到过，眼睛对光线和色彩的感知非常敏感，但不同状况的光线和多变的颜色，给人的印象和引发的情绪是不一样的。暗色调的颜色反光少，给人以压抑、枯燥的感觉，亮色调则反之，给人以明快舒适的感觉。因此，要拍摄的物象尽可能要亮光、浅颜色，而背景要稳重、黯淡、单纯。红颜色很容易引起人眼的注意，而绿颜色则让人感觉到生命的气息和自然、和谐、舒缓的感觉和节奏。

冷色调和暖色调的合理搭配，也可使得主景显得更加鲜明。秋季的林中水塘或草原中的湖泊，可以使人快速感知到这些水体的特征、空间范围、光线、天气和空气的性质。

互补色的合理运用也可以突出主景的特征和规律。用补色来衬托主景会使画面过渡更加自然、和谐、对比适中。光线中的红色与青色、蓝色与橙黄色、黄绿色与蓝紫色、青绿色与品红色均为互补色，取景构图时可有意识地利用这些互补色。

（七）通过光和影的巧妙搭配突出主景

大自然中光主要有三种存在方式：一是太阳光透过大气不受阻碍地到达地表，照射在不同物体或地物上，形成光亮的景象，即直射光；二是太阳光透过大气或穿过某些地表事物（如森林、云层、浮尘、烟雾等）时强度和方向发生很大变化后的光，即散射光，它可以使物体或地物背阴面也有一定的亮度；三是前两种的混合，使得物体既有强光面也有弱光面，对比强烈。

在阳光照射下，一个物体会呈现出受光面、背光面和影子三个部分。其中影子的长短、粗细和形态主要受太阳光的照射方向与高度、物体的形态、体量和结构、影子投射到的对象性质等影响。影子可以使物体具有较强的立体感和光线的特质。具体拍摄时要选择好拍摄的季节、白天的时点、镜头的角度和方向等，还要注意是投到平坦地面还是凸凹不平的地面上，是投射到水面上还是其他地表面上。

野外拍摄地物或物体时，还要注意区分顺光、侧光、斜侧光、侧逆光和逆光的情况。顺光适于表现被摄物体本身的颜色特征，侧光适于表现被摄物体的形状、质感和立体感，斜侧光同侧光类似，但层次感更好，侧逆光表现物体的立体感、空气透视、物体轮廓和剪影、时间特征，而逆光适于表现物体的轮廓和形状、剪影、时间感和空间感、强化光束感。

（八）通过线条的巧妙组合突出主景

户外或野外观察事物时，会看到各种各样的线条，满月和太阳的正圆，彩虹、河曲和沙丘脊线的圆弧，岩石层理和节理的直线，建筑和道路的规则线条，波浪的连续曲线，还有各种不规则的线条形状。将户外的这些线条巧妙组合并合理搭配，可以使被摄物体更具特色，主题鲜明。

可以利用水平或垂直线条来制造黄金律的画面结构；可以用道路或小径将人的视线引向主题事物；也可以利用地平线、天际线、山脊线、林际线、公路和铁路，来构造画面结构和主线条，烘托主景；还可以配合树干、电线杆、路灯立杆、悬崖等竖直线条，以及田埂、河岸、电线、屋顶脊线等水平线条或斜线条，构造画面结构和细部特征来衬托主景。

主景本身的线条要分出长短、粗细、虚实、正斜、曲直、规则与否、是否组合有序、疏密得当，这样有助于更好地表现主景的典型特征。由于户外观察时站立的时候多，故此我们对重力感应灵敏，对竖直线条有亲切感，容易引起人眼的注意，野外拍摄景物时要注意运用竖线条或其组合。

线条是表现被观察对象轮廓、组成、内部结构、细部特征的工具，其适宜的特征和组合，可以很好地反映出拍摄对象的典型特征和规律。所以，线条的构建与寻找，就变得非常重要了。

三、拍摄时光线的处理手法

（一）逆光

在野外或户外拍摄地物或物体、景观时，由于时间的原因，比如在林中拍树冠或花朵，朝阳初现或晚霞满天之时，我们只能迎着光线取景构图，这时的拍摄对象以影子和轮廓的方式呈现在取景框中，色调很暗，而周围部分则很明亮。这样一来，照相机在测光时会出现很大偏差，若以亮光处测光，那么被摄物体非常昏暗，反之会使周围景物曝光过度，失去正常颜色。

如果使用的是手机的相机功能，那么可以用手指点按预拍摄的昏暗部分，使其阴暗的部分明亮一些，然后再调焦，按快门，也可以把手机拍照的 HDR 功能打开，这样拍出来的照片画面要明亮得多，被摄物体的细节也较清晰。

较高质量的数码相机有很多选项可以使用，来克服逆光问题。可以使用三脚架通过降低快门速度的方式，让更多的光线进入画面，来改善画面质量，这时需要使用手动模式或快门优先模式拍照，也可以使曝光度加大或调节曝光补偿旋钮，使画面变亮。将测光模式调整为点测光，只对准逆光部位，效果会有所改善，但背景依然过曝。有些数码相机有逆光补偿功能，直接选择使用即可。一般而言，逆光时使用镜头遮光罩会有降低逆光程度的作用。

当然，直截了当的方法是用闪光灯或 LED、浅色或白色反光板进行人工补光。取景时换个较暗的背景，画面会有很大改善。

（二）强光

正午或下午太阳光很强，色温偏高，环境光也很强，使得画面无遮挡、无覆盖，地物缺少细节，平淡无奇。这时我们可以利用数码相机的拍摄场景转盘来选择适宜的方式，比如夏日海滨沙滩、晴天的雪地与沙漠等；也可以利用曝光补偿功能，调低曝光度，还可以在测光的基础上，手动调低曝光度；将强光下的白平衡向小的方向调整，或将色温适度调低；使用 UV 镜或校色镜过滤掉一部分光线；手动拍摄模式下有意识调低光圈，调大快门速度；拍摄地点离景物远些可在一定程度上减弱画面的亮度；利用相机功能选项中的“亮度和对比度”调节功能也是一项很好的选择。

强光适于拍摄远方地物或景物，细节较为清晰。拍摄近处景物则最好选择斜侧光或其他时间，避开最强光的方向或时间。

（三）弱光

野外考察或调查遇到弱光的时候比较多，比如阴雨天、清晨或傍晚时山地或谷地的背阴侧、密林地面、无照明设备的山洞与隧道、夜晚等。这些场合要求曝光时间要长，快门速度要慢，光圈要调大，以使光线进入镜头更多。这时，为了使影像不致模糊，要使用三脚架。如果光线太弱难以识别景物，就必须要使用内置或外接的闪光灯，必要时还需要人工光源予以补光。

可是，如果快门速度太低，即使使用三脚架，由于空气的扰动或小动物的活动，也会使画面产生“噪声”，这时需要利用数码相机的“去噪”功能，而且选择拍摄地点和时间时，要注意当地大气是否稳定、纯净。拍摄夜景、星空往往需要进行长时间曝光，这一点就变得更为重要了。

数码相机一般都有红外线摄影功能，通过按相应按钮或在菜单中选择进行这类操作，可以拍出较清晰的影像，但色彩则不是真正色彩，往往呈灰色。这时可以选择使用色温平衡滤镜、星光镜、雾化镜和各种颜色的滤片，在一定程度上可以达到一定的色彩还原效果，乃至产生特殊色彩和超现实效果。

拍夜景时，要用点测光模式测光，而且要对准中间色调部位测光，这样会使得画面层次较为丰富，即不能对亮处和暗处分别测光，然后平均来确定测光值。

（四）反光

野外工作过程中，观测或拍摄时常常会遇到物体的反光，比如水面、浅色岩壁、春季浅色花卉集中开放时期、城市的玻璃幕墙或窗户玻璃、人的眼睛或眼镜等，影响我们眼睛的正常观看和取景构图，拍照时也在不同程度上影响画面质量。

在光线比较弱的场合或时刻，如果条件允许可以使用反光装置，这样可使景物亮度有所增强，如果我们想利用反光来强调景物的某些特征或细节，这是一个较好的选择。很多时候我们不希望有多余的光介入画面，这时可以通过转换取景角度、改变拍摄时间来尽量消除反光的影响。当然，也可以选用合适的滤光镜，将反射光及散射光过滤掉。

（五）明暗参半

一般是在侧光位观察、拍摄景物时会出现这种情况，即俗话讲的“阴阳脸”，景物向光一侧很亮，而另一侧却很暗，致使画面明暗对比过强，细节差异也非常大，除非要突出某个方面的特征，否则要尽可能避免在这种光位拍摄。

明暗参半场景有点类似逆光的情况，相应地，既可以采取局部补光来柔化、亮化黑暗部分，也可选择适宜的拍摄角度和时机以避免这种尴尬局面。

此外，如果景物较远时，使用长焦距镜头，可以在一定程度上减小这种强烈的明暗对比。当然也可以通过调整光圈，对明暗部分分别进行单点测光，然后选择中间值来确定快门速度以实现柔化画面的目的。

第六节　野外发现的方法与技巧

一、确立多目标和大目标

发现往往同寻找密切关联，可以说是同义词，比如地理大发现就是从寻找通向东方的海上航路作为开端的，因而必然要有寻找的目标。如此一来，在野外考察或调查过程中，我们往往希望寻找到我们希望得到的东西。

为了全面、系统地搜索到我们需要的东西，而不至于走马观花和孤注一掷，我们在制订考察计划时，就要把目标定得高远和宏阔些，这样在观察到新奇事物时，可以从多个方面评估其重要性和新颖性。同时，太高远的目标不易实现，也不好在实际工作中准确把握，因此应当将高远的目标分解成若干具体目标，这时可以充分利用我们的已有知识基础和技能来“化整为零”。

现代人很难有 19 世纪时博物学家的知识储备和技能，往往知识面比较狭窄，学有专攻，这就要求我们组织考察队或调查队时，要兼顾各个专业方向，集体行动，团结合作，经常交流观察到的新奇事物，集中探讨比较突出的新事物，集思广益，以此尽力弥补专业太狭窄的弊端。

从另一个角度讲，发现是分层次分类型的，方法多样，技巧因人而异。同一件新奇事物，对于不同知识领域的人的感受和意识明显不同，有不同的展示方向和方式，就如同一个圆，正面看它很完美，但侧着看时它就变为了一个椭圆，180°观察时就变成了一条线段，从远处看它会缩减为一个点。

二、要有系统的专业训练

在现代社会中，发现往往指的是科学发现，而且多出现在比较狭窄的专业领域，每年的诺贝尔物理学奖、化学奖、医学和生理学奖，专业领域都很狭窄，这样才能保证科学家能够集中有限的精力于非常具体的事物，从而在很精深的领域取得突破性成果。否则，许多新事物对于普通人来说，不会联想到它的巨大科学价值，仅仅是好奇而已。

每一门学问或学科，都是人们观察世界的一扇窗子，为人们提供观察事物的独特视角、方法和技巧。由于我们正处于一个知识大爆炸的时代，每个人即使在某一学科领域内，也很难保证能够全面系统地把握该学科的所有方面，只能尽其所能在一般性基础上主攻某个领域，进入“象牙塔”，具体是否能够钻出来则取决于自己的努力、天分和机遇了。也就是说，在当代社会中，一位学者不可能既广博又精深，必须要有所侧重。

三、思维要灵活多变

遇到新奇事物时，我们会依据已有的习惯思路，将其同已有的知识和理论建立联系，但碰到不能圆满解释的情况时，往往不厌其烦地沿已有方向重复已有过程，甚至不能从中解脱出来。一旦遇到这种情况，就要强迫自己放弃该思维方向，再换一个角度，联系新的知识领域尝试建立新的因果关系。如此循环往复，直到取得合理结果为止。

思维的灵活性需要在平时加强训练，尤其是发散式思维训练，对每个现象都要给出多个可能的解释，然后根据实际情况逐步排除不合理的情况，直至满意为止。这种训练不仅在专业学习中需要周期性进行，而且在日常生活中也要本着认真精神去尝试。比如习惯用右手使用餐具的人，可以有意识地换左手试试，经常吃辣椒的人可以尝试着主动放弃吃辣椒一段时间等，长此以往，思维必然会变得很灵活，而且能够形成定式和习惯。

四、要具备敏锐的观察力

发现源于观察，而观察往往会由于错觉、过去的经验和知识及意识而变得不可靠，也就是说，观察受感官和头脑中已有东西的共同影响。实际观察时，有些人视觉或听觉非常敏锐，这在很大程度上与其先天的遗传基础密切相关，但后天的强化训练可以加强这方面能力。

另外，已有知识、理论、方法、思维习惯，会自然而然地使人产生先入之见，提前预判某事物的价值和性质，从而使发现远离自己。这种情况在现代社会非常普遍，书本知识为主，又缺乏足够的理论联系实际的机会和训练，不仅造成了观察能力的低下，也形成了先入之见的习惯，很多时候积重难返，进而形成发明创造仅仅是少数人的“专利”这种局面。

通过生理学方面的测试，一个人的感官敏锐程度和强弱可以加以确定，对普通人而言，他总有某些感官能力比较突出，可以进一步加以发挥。而人们的先入之见、道听途说的习惯，需要特殊的程序和方法才能削弱乃至消除。

首先要有意识地告诫自己，“我有先入之见的毛病”，观察某个事物时努力保持中和的心态，不急于下判断；接下来，要强迫自己为面前的事物提出不少于 3 个可能的原因、趋势和性质；第三步再利用自己的知识储备，分别加以论证和推演，得出不同的结论；最后，再从多个角度评判其合理性。

切记，到这一步观察还没有完全结束，还要对自己说“好像我对此还有遗漏，我必须回头再观察、分析一遍”，端正心态再重复一次，直至没有疑问为止。

五、对所观察事物的价值判断要多样化

对野外考察或调查过程中遇到的新奇事物，要从不同领域、不同层次出发，将其纳入我们已有的知识体系中去，使其有相对固定的“坐标”，从而使自己的知识体系更为全面和更为完善，进而从更大的空间范围内和更高的层次上填补知识和理论的空白，最终发现或发明新知识、新技术、新工具。

要做到这一点，前提是我们要对某研究领域的难点、重点、要点、热点、缺陷和不足了然于心，这样在观察事物时就会迅速判断其重要性何在。显然，这需要我们付出艰苦的努力，还要借助一定的天分和机遇。

提到价值判断，就必然涉及一个人的见识、经验、专业训练、思维的习惯和技巧。平时经历过小发现的人，这方面做得会更好些，此时经验的作用就显得非常关键了。与此相关的还有自信心的问题，若对自己的学识、能力、经验有充足的信心，那么在观察事物时容易抓住转瞬即逝的机遇和灵感，可以快速有效地将新事物纳入自己的知识体系，从而获得新发现。

第七节　经验教训

一、要掌握必要和基本的野外生存技能

2018 年 7 月 30 日，西南石油大学一名老师带领 4 名硕士研究生在新疆阿克苏地区温宿县开展野外地质考察时，遭遇泥石流，包括老师在内的 4 名师生不幸遇难。这场悲剧迫使人们思考野外考察时必须具备的求生本领问题。

2021 年令人惋惜的云南哀牢山野外森林资源调查悲剧，令人再次面对这一比较沉重的话题。法医检验表明因公殉职的 4 名地质调查人员系低温所致心源性休克而死亡，排除中毒、机械性损伤死亡原因。公安、地质、气象、环境、通信、林业、山地救援等领域专家联合现场勘查认为，4 人殉职原因主要是长时间登山导致体力消耗过大，事发区域出现瞬时大风、气温骤降等因素造成人体失温。总之，多种原因造成了这场悲剧，野外面对突发事件如何自保和求生，是一个必须高度重视的历久弥新的问题。

野外生存本领的第一条是，遇到突发事件要有强烈的求生欲望和敏锐的危险意识，保持镇定的心态和情绪，临危不惧，切不可自乱手脚，惶惶然不知所措。这需要在平常的工作和生活中多注意这些方面的具体实例，仔细阅读世界著名探险家的传记和探险报告，有针对性地训练自己这些方面的能力，形成习惯。

第二，要准备必要的应急求生用品和用具，这其中包括必要的药品、防护用品、坚韧的绳索、刀具、指南针、火源、信号枪或火炬、手电筒、针线包等。这些用品都要占据一定的体积或重量，因而要求我们要有比较好的体力和耐力，以及身体的柔韧性，身体主要部分的肌肉必须经过高强度的训练而伸缩自如。

第三，要具备必要的野外求生知识，包括天文、地质、地貌、天气与气候、水文、生物、卫生与健康、紧急救护、当地人的语言和民俗等方面知识。这样可以保证我们在野外正常地进行考察活动，维持正常的衣食住行，应对突发事件。最好在出发前熟悉野外求生的主要内容，通读权威性高的野外生存手册，反复加以强化。

第四，要具备基本的生存技能，包括扎帐篷、找饮用水和安全食物的本领，野外用火、躲避野外恶劣天气的方法，过河和过沼泽的技巧，选择安全路径的技巧，打绳结的技巧，求救和与当地人和平交流的技巧，等等。对这些方面技巧的掌握是多多益善，有时这些是救命的关键环节，可以由此作出正确判断，因而不可偏废。

二、野外考察一定要“眼见为实”

野外考察过程中打算观察的事物，或者新发现的事物，切不可主观臆断想当然，不求甚解或得过且过，不做详细地观察、描述与原因分析就扬长而去。这样做一方面会造成我

们很难发现新事物，对完成考察任务没有帮助，另一方面这还会在随后的工作中提供虚假的基础，使我们的工作难以深入下去，甚至考察结束后后悔不已。既然我们已经投入了很大精力、人力、物力和财力，机会难得，就一定要珍惜每一个机会和时刻，使观察做到最大限度的精细，充分调动我们的感官和脑力，最大限度地获取所考察地区的各方面信息。

三、将计划考察的地区精确定位

前面提到过，我们的考察计划要尽可能详细，这其中包括对考察地点的规划和设计，因而要精确定位，那么到了实地开展工作时就要一一对应，既不要遗漏也不要弄混淆。这时要绝对相信定位仪器设备，不要凭印象凭感觉。为保险起见，除携带地质罗盘外，还要携带一件三轴电子陀螺仪，用于精确定向；通信条件不好的地区，要携带卫星电话或开通卫星电话漫游服务，以保证时时能够精确定位。

根据以往和他人的经验，我们对所考察的地区往往比较陌生，而野外的地物和场景相互间类似的情况很普遍，如果不进行精确定位，很可能因搞错考察地点或遗漏某些考察地点，从而造成不必要的损失和错误，影响工作进度和工作质量。

四、野外拍照和摄像时在画面中一定要设置可作比例尺用的物件

野外或户外拍摄照片时，经常犯的一个非常严重的错误，就是画面没有设置比例尺标记或物品，如此会造成我们后期分析和评估其规模和速度时无从下手，缺乏必要的判断和计量基础。一般可以运用手头便捷的物品，如硬币、水性笔、手机、卷尺、人物或自己的手印和脚印、罗盘等我们非常熟悉的物品，这样可以帮助我们估测对象的空间规模或尺寸（图 8-3）。

图 8-3 用熟悉的事物作比例尺估计地物的规模

由于照相机的工作原理是一种中心投影，画面正中央变形最小，四个角落变形最大，因此，我们在设置比例尺标记时，应当尽可能将其配置在画面中央部分，而不要放置在角落位置。并且，比例标记跟周围的背景要有足够大的对比度，要足够清晰，容易辨识。

五、野外考察最好采取步行方式进行

当今世界，科技高度发达，交通便捷，仪器设备先进，探测手段多样化，这使得我们今天的野外考察和调查，很多时候可以借助高铁、高速公路、飞机和无人机、遥感影像快速获得一个地区概略性感知和印象，解决我们很大一部分的问题。但由于视角大，速度快而难以把握区域之内细节性的东西，而这些东西往往可以给我们提供地表事物的基本特征和规律，可以让我们获得新的发现。因此，要想获得预期的新发现，就必须从细节入手，在步行的过程中发现新事物。

步行，可以让我们的各个感官同地表事物充分接触，获得宝贵的直观感受和印象，而且观察的详略与否完全取决于我们自己的具体需要、仪器设备是否随时可用、深入的群体讨论是否可自由开展等方面。必要时可以通过开挖剖面、探样坑、设置样方或样带、地形测量、操作相关仪器设备等方式开展深入的观察和探究。

除非是在已经考察过的地方开始，而且交通条件许可，否则为了节省时间，可以考虑乘坐车辆或其他交通工具跨越这些已知的地区，直接抵达将要考察的地点，否则必须是一站一站、一程一程地循序渐进，逐步推进，不遗漏任何可能的细节，尽管步行要消耗大量体力，有时很枯燥。

思考题

1. 为什么说制定详细的工作计划对于区域考察或调查而言至关重要？

2. 通过什么途径和采用什么样的方法，能让我们在较短时间内有效地提高户外观察的敏锐性和描述的细腻性？

3. 户外摄影时如何充分利用黄金分割率取景和构图？

练习题

1. 选择居住地或工作地点附近自己没去过的陌生区域，运用本章介绍的流程和方法，制订一份详细、切实可行的区域考察或调查工作计划（最初宜选择较小、简单的区域练手）。

2. 在上述工作基础上，实际操作一次，积累经验，增加自信心。

3. 购买或借用一台配置较好的数码相机，分别在早晨、中午和傍晚时分，选择不同光照条件下的景物，利用相机的手动功能练习取景、构图，调节摄影参数，巧用遮光、补

光方法或用具，拍摄一组景物照，分析其效果及其原因，揣摩并把握拍摄技巧。

推荐读物

1. 顾纬的《风光摄影》（河南科学技术出版社，1999 年），简明扼要，通俗易懂，内容全面，值得一读。

2. 吴国玺等的《区域调查的理论和方法》（西安地图出版社，2007 年），内容系统、全面，方法、步骤齐全，涉及区域的方方面面，很有指导意义，值得认真通读。

3. 英国学者加德纳和达科姆编写的、由潘凤英等人翻译的《地貌野外手册》（科学出版社，1988），内容丰富，叙述细致，实用价值高，值得一读。

温馨提示

1. 本章内容比较多，涉及的知识领域多样，可以有选择地、有针对性地阅读和练习，不必面面俱到。

2. 区域考察或调查是一项综合性非常强的工作，对经验和能力的要求更高，因此建议大家初期可想办法跟随有经验的人或单位参加几次实际考察，开眼界见世面，积累经验，增强自信心。

第九章　户外定位观测

本章提要

定位观测，是现代地理学研究的主要手段之一。本章主要介绍定位观测的含义、类型和意义，户外仪器设备的安装与调试，针对不同研究内容的观测、监测和探究方法与技能。通过这些基础训练，读者可以较为熟练地进行野外或户外观测、监测，探究地表事物的本质特征与规律、内在机理，从而在一定程度上推进现代地理学的发展。

关键词

仪器安装与调试，人员培训，维护与保养，故障诊断

野外考察主要是针对特定区域，结合特定任务展开科学探索的，侧重面上的特征和规律，但特定地点或地段的奇特现象或过程、典型特征的深入了解和认识，则需要集中精力，利用仪器设备进行定位、连续的观测来实现，一般持续时间较长。

虽然地理学是主要研究区域尺度地表过程和现象的学科，但了解其基本特征与性质，把握其发生发展规律，还需要从地点开始，逐步深入。有些过程需要由宏观到微观尺度来把握其本质和规律，还有一些需要从微观尺度上升到宏观尺度来掌握特定空间范围内的基本特征和规律，乃至成因。

第一节　概　述

一、定位观测的含义

在地表特定空间范围内，针对当地的典型或突出地表过程或现象，选择适宜的地点或位置、适宜的指标或要素，间断性定时或连续地进行长期或周期性观测的活动，就是定位观测。

它往往是在区域考察或调查的基础上，针对区域的主要过程或现象、奇特事物，就其主要特征、成因和发展规律开展的科学研究活动，两者相辅相成，缺一不可，而且往往是有先后顺序的。它是地理学户外或野外研究的必要环节，在很多情况下是对已有问题的解

答过程。

世界上最早的定位观测应当是天象观测台，其次是近代的天气观测台/站，最初都是定时长期观测，如今随着仪器设备的自动化已变为长期连续观测了。

二、类型

定位观测由于其目的、性质不同，类型多种多样。

从持续的时间长短，定位观测可以分为长期和全周期短期两类，前者如政府设立的对天文、气象、水文、地磁、地震等因素开展定位观测，往往是永久性的，后者指针对某个或某些地表过程开展的季节性的资助期结束而随之终止的定位观测，往往是临时性的。

依据所观测的内容，定位观测可分为单学科专题和多学科综合性/系列两类。气象、水文等定位观测属于前者，很多时候要用到单套设备，而综合实验站的观测往往属于后者，需要多种或多套仪器设备。

依据观测的性质，定位观测可分为开创性或先驱性的观测，以及印证性和重复性观测，前者如英国的洛桑农业试验站、格林尼治天文台，后者如常规的气象和水文观测台站，沿用或遵循已有的操作规范和制度，比如气象站风速的观测采用 10 m 高度。

根据观测点的数量和观测内容的组合情况，定点观测可分出单点单项定点观测、单点多项定点观测、多点单项系列定点观测（网络式）、多点多项系列定点观测（网络式）等类型。很多专题研究往往采取前者的方式，综合性观测多采用后两者方式。

大空间尺度的地表过程或现象，需要多区域甚至国际联合观测，比如全球气候变暖、海气或海冰耦合作用等。这不可避免地涉及定位观测网络的协同，如我国生态系统研究网络（CERN）、国际上的全球通量观测网络（Fluxnet）和人与生物圈计划（MAB）等。

在近代仪器观测之初，仪器设备的自动化程度很低，定位观测基本上都需要有人值守，而如今在极端艰苦或危险、交通不便的地点，借助便利的自动化和网络化技术手段，往往采用无人值守式定位观测，但需要技术人员定期加以维护保养。

现如今遥感监测非常发达和完善，它可以在很大程度上对野外面上考察和户外定位观测提供各方面的便利和数据、成果，大大提高了后两者的更新速度和数据质量。

如此一来，才能使我们对一个区域的基本特征、形成演化规律，通过点、线、面有机结合的方式加以彻底、完整地把握。

三、重要性

我们知道，人的感官感知范围是有限的，功能也不够完备，比如我们对红外光和超声波就无法感知，而且我们人类感知的空间范围很有限，尤其是视觉和听觉。同时，事物的构成和发生发展过程基本上是由点和局部、瞬时发生，渐次过渡到面和全局、长期演化，这就决定了我们要对地点尺度上的现象和过程给予高度重视。因此，野外定点观测是地理学研究中获取基础数据的一个非常重要的途径、手段与措施，同时也是区域研究的必要过程和手段，是其主要研究方法之一。

另外，人的精力有限，不可能同时对多个地点实施观测，只能立足单个地点，通过协作联合、组建网络的方式，同时获得面上多点长期的基本情况，这也使得定点观测成为所有观测活动的基础和先决条件。

此外，从实用的角度来看，定位观测的结果可以更加有效地指导当地的社会经济活动，防御可能的灾祸，科学解释当地独特的地表过程和现象。

第二节　仪器设备的安装与调试

为了便于运输和出于安全的考虑，大多数野外观测用仪器设备都要拆分成相对独立的部件或功能模块，分装于不同容器或包装于特定包装材料中，使用时需要重新拼装、安装，然后进行必要的功能调试。调试时一般需要在笔记本电脑上安装专门的软件，通过通信接口测试其性能及其稳定性、可靠性和精度。

一、便携式单台/套仪器设备

这类仪器设备包括光合作用仪、便携式电子风速仪、流速仪、地物光谱仪、探地雷达、六分仪、便携式钻机等。下面以常用的、结构和操作都比较复杂的光合作用仪为例加以说明。

一般来说，技术含量高，操作较为复杂的仪器设备，往往都由厂家或经销商派工程师前来安装调试、业务培训，光合作用仪就是这样的仪器。

进入 21 世纪以来，我国很多科研机构和高校购置了大量美国 LI-COR 公司生产的 LI-6400XT 或更好性能的光合作用仪，该仪器以操作简单、便于维护保养、质量稳定可靠而著称于世。新到货的仪器由一个大纸箱包装，里面有一个大硬塑料箱子，盛放着主机和分析器（探头）、管线、小支架，此外内附必要的配件和备件，如专用电池、充电器、闪存卡和读卡器、通信线及其转接器等，还有说明书、软件、技术资料等（图 9-1）。

打开行李箱式容器，取出主机、分析器、连接线；然后按照说明书的说明与图示，通过管路将主机和分析器连接在一起；将随机附送的 2 块充电电池插入主机下部的电池槽，或者通过充电器上的输出端口和 12V 导线，插入主机右侧电池槽上部的直流电输入口，另一端将充电器接上 220V 交流电；准备一个 2 L 容量的塑料瓶，将进气管插入瓶内，瓶盖要留出足够的进气缝隙或孔隙，另一端按照标示连接主机进气口，旋紧螺旋；将随机附带的吸湿剂（蓝色 CaO 颗粒）和 CO_2 吸收剂（白色颗粒物）装入药剂室；将闪存卡插入主机背后的插槽内。这样仪器就安装完成，可以直接通过主机顶部的屏幕进行开机调试和测试，测试前要将主机右侧电池槽上面的开关打开，主机屏幕开始变亮，系统自检，然后进入系统的默认界面。主机的软件在仪器出厂时已经预装好了，开机即可使用。

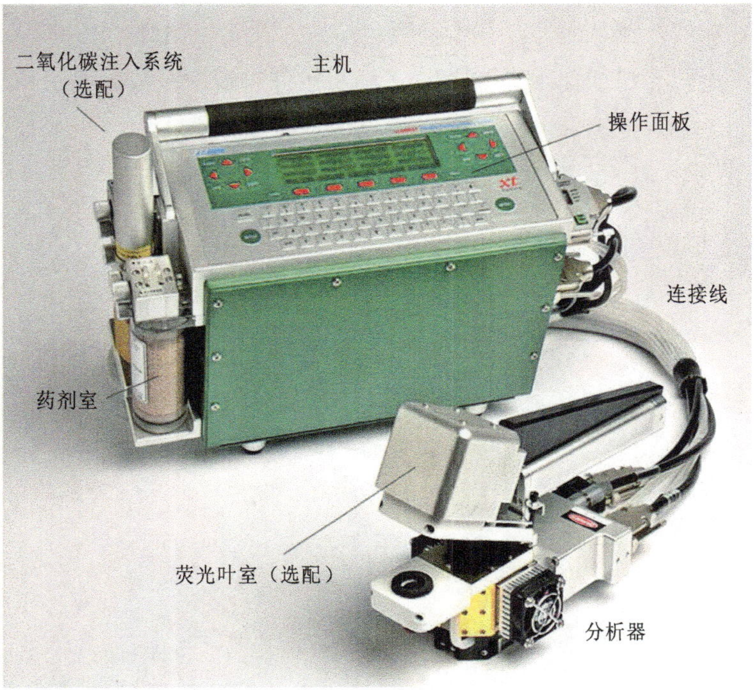

图 9-1　LI-6400XT 光合作用测定系统

如果要用手提电脑对主机进行操作和通信，需要将随机的软件安装好，用 RS232 与主机右侧通信接口（父口）接好，将 USB 端接入手提的相应插口，设置好端口、波特率等，就可以进行通信了。由此可以下载数据、设置参数、操作主机、通过网络更新操作系统等。若用 RS232 通信线存在困难，可在关机状态下将闪存卡取出，通过读卡器直接接到手提电脑 USB 端口进行读写操作，这样更便捷。正常情况下，出厂时分析器上安装好了普通叶室（2 cm×2 cm，贴有特制的透明塑料薄膜）。

如果是从他人手中直接接手的光合作用仪，则需要全方位地向移交人请教操作规程和操作技巧、维护保养方法和技巧，最好是手把手地指导和操作，直到可以独立操作为止，否则需要咨询经销商或厂商售后部门。

二、支架式仪器设备

现在的很多大型仪器设备，都需要安装到支架上，构成一个多探头多指标的观测系统，比如便携式自动气象站、多通道测风系统、便携式天文望远镜等。下面以美国 Dynamax 公司生产的 Dynamet PC400 科研级全自动气象站为例加以说明。

如果是新采购的自动气象站，有很多件纸板包装箱：三角支架为一独立包装，含避雷针及其接地铜条、中央立柱、横臂，以及三个固定支架基脚用的圆头不锈钢桩和多个转换接头；控制箱，内含 Campbell 公司的 CR 1000 数采集成板，小型充电电池和通信接口；太阳能板及其接线和变压器；气温和相对湿度组件及其传输线；太阳辐射探头及其传输线；

地温探头及其传输线；测风组件及其传输线；雨量计及其传输线；RS232 数据线、远程控制网络连接线；用户手册或使用/操作指南、随机软件、技术参数等（图 9-2）。

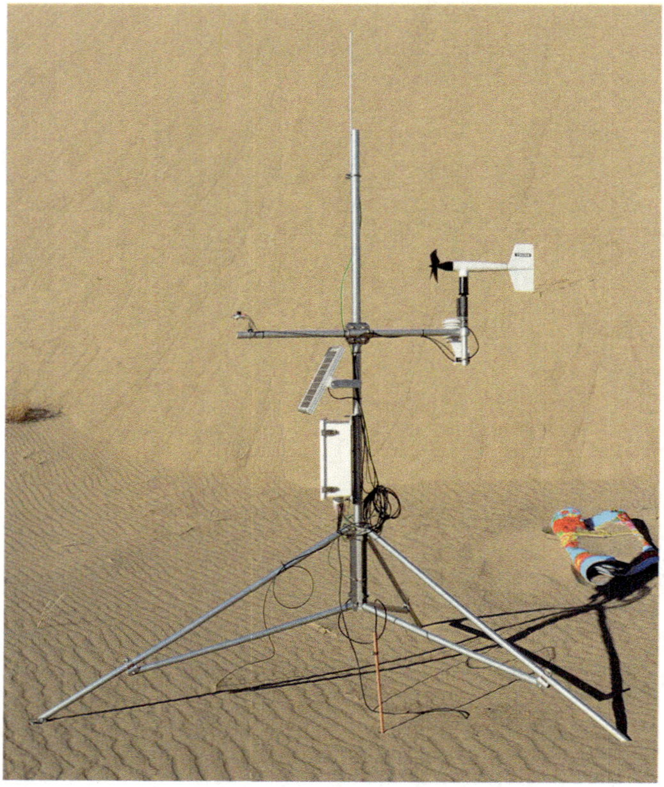

图 9-2　Dynamet PC400 自动气象站

除随机附带的六角扳手外，还要提前准备好剥皮钳、切口钳和尖嘴钳、活口扳手、大中小三种规格的螺丝刀（一字形和十字形）、锤子、铁锹或镐头、定向用罗盘（带水准气泡）、2 m 高铝合金便携式梯子、小卷尺、胶带或黏胶等物件。

一般来说，在野外安装使用之前，仪器到货后要在室内安装调试一遍，然后再在户外安装就有信心和把握了。这其中较为麻烦的是安装调试后还要重新拆卸、打包以便于运输。

（一）安装三脚架

从包装箱中取出不锈钢三脚架，松开紧固螺丝，小心展开三个支柱，根据需要将张角控制在 30°～60°，然后将紧固螺丝上紧；如果地面水平，则三个支柱均匀张开，否则需要收缩地势略高处的支架，或者用铁锹将不平地面整平。

将其中一个支柱根据罗盘的指南针指向正南（磁南±当地磁偏角），另两支柱分别指向西北（300°）和东北（60°）；调整好位置和水平后，用锤子将平头钢桩打入支柱基脚不锈钢垫的固定孔中深入泥土，将其固定。

（二）安装立柱和横臂

提前将避雷针用不锈钢卡子固定在立柱顶端，引线用捆扎带固定好，随后将不锈钢立柱插入支架正中的孔隙，粗头朝下，紧固相应螺丝加以固定；在离地 1.8～1.9 m 的立柱处，用转换头将安装主要探头的横臂顺南北向用中号六角扳手上紧。

避雷针引线应接到支架上部不锈钢支撑件的专用接头处，下端接一段电缆，引到三脚架正下方的铜条上，铜条插入地下 30 cm 或更深些。

（三）安装探头

先将固定测风系统的铝合金小立柱固定在横臂的北侧，然后在其适宜位置固定测风系统，使风速转叶位置控制在 2 m 高处，转动测风系统的长方形黑色连接盒，使其指向北或南（程序中要确定好正北方向）。

然后将太阳辐射探头用随机附带的卡子固定在横臂南端，通过本身的调平螺丝使其水平。

将气温和相对湿度组件用卡子固定在横臂南端的下部，不要影响太阳辐射探头，传输线用捆扎带固定好。

将地温探头靠近一个支柱基脚插入土表之下 10 cm，传输线固定在支柱上。

将自加工的一根 1.6 m 长、1.5 英寸（3.81 cm）直径的铝合金管子埋入土中或用锤子打入土中，地上高度保持 1 m，用水准仪调整水平，压实周围地面；在铝合金近顶部处用夹子将雨量计固定好，从中将固定翻斗用橡皮筋去掉。

这样，常用的气象观测用探头就安装好了。

（四）安装数采集成箱

数采集成箱内含一块小型充电电池、数采模块、通信和存储装置，用上下各一个大夹子固定在立柱下端，支撑在三脚架上，机箱朝北，用活口扳手将卡子上的螺丝紧固好。

为了防止过大电流对仪器的损害，机箱内数采模块需要连接接地导线。可以将导线顺着一个支柱，在基脚附近接到插入土中的铜条或铝条上。

（五）安装太阳能板或蓄电池

为了在户外有连续电源供电，可在立柱中部、机箱上方安装 12 V 太阳能板，用夹子固定好后，调整板面倾斜角，以使其基本正对当地正午太阳光方向，导线接到机箱内标示太阳能板的接线处，紧固好。太阳能板要随季节调整倾角，以使太阳光能垂直照射板面，获得足够电力供应。

在湿润地区设立自动气象站，为了保险起见最好配置一块大容量 12 V 汽车用蓄电池，以保证在阴天的情况下也能持续平稳供电。蓄电池用塑料箱保护，埋入地下，接线引入机箱，与小蓄电池的接点共用，太阳能板充分供电时，多余的电存在蓄电池中，否则由大蓄电池为系统供电。

（六）调试系统

硬件设备安装好后，就要启动所有探头和配套设备进行实际观测。一般打开机箱后底板上有个开关，先通电，则绿灯亮。但此时仪器还不能工作，需要通过外接手提电脑来启动观测程序。

手提电脑预装 PC400 软件，用 RS232 转换数据线将手提电脑连接到数采主板上的 RS232 接口；然后在电脑端启动 PC400，选择 CR 1000 数采板，设定波特率 9600，选择电脑通信端口，上传运行程序，调整系统时间与电脑同步，连接系统（图 9-3）。如果连接成功，左上角“connect”将变为“disconnect”，即表明通信成功。

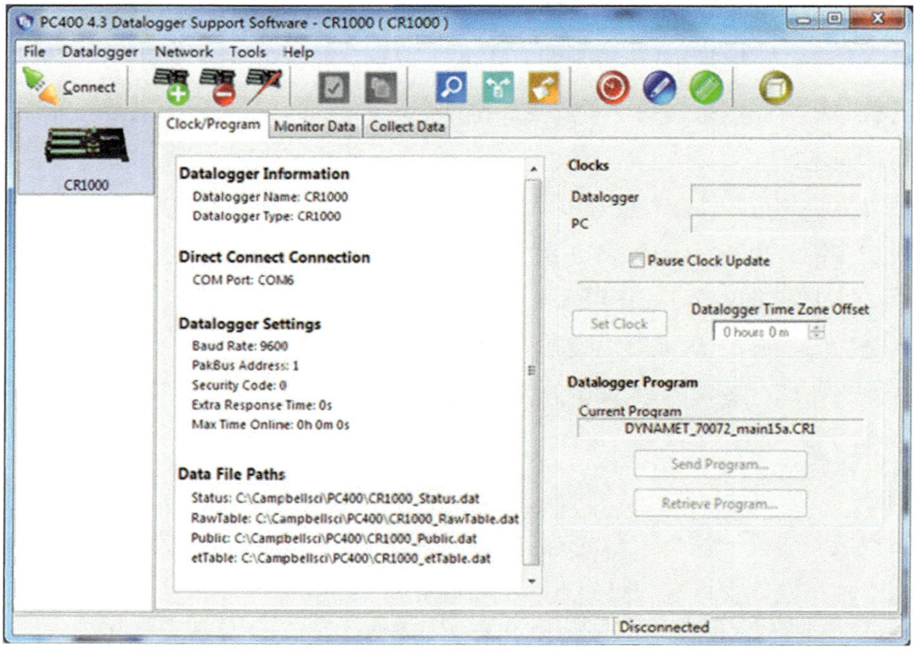

图 9-3 Dynamet PC400 控制系统

然后点按“program”按钮，弹出启动程序界面，选择或上传编写好的运行程序，右击鼠标弹出选项窗口，勾选“power up”和“run”选框，确认后系统将启动，数采板上的指示灯会频繁闪烁。

下一步再点击窗口中上部的选项卡“status”，查看系统参数，观察各探头运行是否正常；点击“monitor”可观察数据记录情况。

如果需要下载观测数据，可点击程序窗口左上部的按钮“collect”，弹出数据下载窗口，可选择作为全新文件存盘，也可将新观测数据添加到已有观测数据文件的末尾，数据量大时会占用较长时间。下载数据可用 PC400 自带的“view”程序观察、分析、制图和存储。

需要指出的是，户外正式安装时要注意选址，尽可能选择平坦无障碍物的低草地，代表性或典型性要强。此外，为了防止人畜干扰，最好在外围设立围栏进行围封。

三、固定基座式仪器设备

国家或国际大型观测台站，往往配置有大型或精密仪器设备，如气象台站的风速风向观测系统、地磁记录仪、大气颗粒物监测仪、边界层湍流观测塔、大型天文望远镜等，都需要固定在坚固的基座或台架上，远离振动源或干扰源。

下面以 10 m 高标准风力观测系统为例加以说明。

（一）主件和配件

目前国内常见的 10 m 高拉线式永久性测风系统，主件包括 3 根拼接式风杆、避雷针和紧固夹及其导线和接地金属条、6 条钢索（11～12 m）及紧线器和紧固夹、一条安装风速仪的横臂及其卡箍、太阳能板和数采集成箱（图 9-4）。

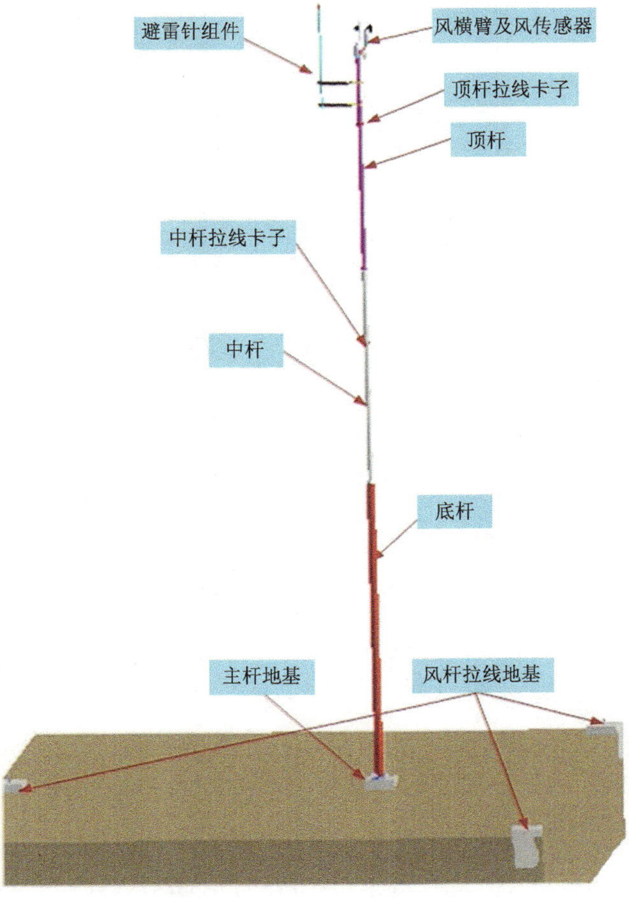

图 9-4　固定式气象观测立杆

其中风杆一般为不锈钢或铝钛合金管，长度一般是3.5 m、3.5 m和4.0 m配置，管壁厚 5 mm，但底杆孔径要大一些，中杆又要比顶杆粗一些。两杆之间借助连接套（上有销孔）用螺栓加螺母紧固，螺丝直径一般为20 mm。

（二）探头

主要是顶端横臂上安装的风向标和风速仪（三杯式或涡轮式）。

如果要观测近地面边界层内的风速梯度，可在立杆的适当高度安装风向和风速探头；假若要观测热通量，可以在不同高度安装温度探头。

（三）基座

中央基座尺寸一般是400 mm×400 mm×500 mm，用罗盘精确定向，南北向要标识出来或用定位板确定；水泥的比例为3∶1；底座安装柱或地脚螺栓要同水泥浇筑过程同步，出露基座平面30～50 cm。周围用重物将土压实或夯紧实。

以3个呈120°等角分布、距立柱底座中央5 m的拉线为基础，规格为30 mm×30 mm×50 mm，将拉线地脚同混凝土一同浇筑，出露15～20 cm。之后将虚土夯实压紧。

（四）组装与安置

将立杆组装好后，在其顶端用卡箍+螺母将横臂紧固好，然后一端安装风向感应器，将指北标志确定好（立柱竖立起来后要保证指向正北）；另一端安装风速传感器，传输线可以绑在立柱上，也可以顺立柱顶部管孔穿入，最好在立柱下部的圆孔中再抽出来，准备接入数采集成箱。

同时要将避雷针及其托架用紧固件固定好，引线顺立柱固定，然后顺其中一根带绝缘子的拉线落地，但要在距拉线基础1～1.5 m处引出，接到下方埋设的金属板顶部接口，引线在拉线上每隔1.5 m绑扎一下。

顶杆拉线箍有3个不锈钢圆环，将钢索拉线穿入然后用紧固夹固定好，另一端接到紧线器的圆环上，也用紧固夹固定好，紧线器的另一端的挂钩直接钩到拉线基础上的钢筋笼上，旋转紧线器将其拉直拉紧。但在此之前，一定要有至少两个人各自拉住其中1根钢索拉线，将立柱竖立起来，第三人在立柱基础处观察和调整立柱姿态。依同样步骤，再将中杆上的拉线箍用钢索固定好，另一端也用紧线器挂到拉线基础的钢筋笼上，旋紧拉线。这其中要频繁调整3根拉线长度，将立柱置于竖直状态。

然后在立柱3 m和1.6 m处分别用不锈钢卡子和螺母将太阳能板和数采集成箱安装好，前者安装在立柱正南方，调整好倾斜角，后者最好安装在立柱北部。将所有传感器和太阳能板的传输线引入数采集成箱，连接好接口。假如当地存在7 d以上的连阴天，那么可以考虑配置大容量蓄电池来为系统供电。为了保险起见，数采板最好也引出一根地线，接在埋入泥土中的金属条或棒上。

最后在其外围一定范围内设立栅栏加以防护。

再配合上其他必要的气象观测仪器，如太阳辐射计、气压计、雨量计、温度和相对湿度计、地温传感器等，那么一个永久性自动气象站就建立起来了。

第三节　观测人员的培训

定位观测研究对于观测结果的质量要求非常高，它决定着定位观测研究的成果质量和研究目标完成的程度和水平，因此，对实地操作仪器设备的人员素质要求很高，他们要对操作规范、数据通信、维护保养、故障的诊断与排除了然于心，并通过反复强化，达到得心应手的熟练程度。

一、操作规范

仪器设备的操作规范，是户外定位科学研究获得正确观测数据的基本保证，在整个科研过程中是至关重要的环节，要百分之百地加以落实。一般而言，并非所有人都适合野外定位观测，能够对仪器设备进行高效操作与维护保养的人才能胜任，因此挑选适宜的操作人员也是定位观测极其重要一项工作，不可疏忽和轻视。

操作规范一般是由生产厂商根据大量实践制定的，安装或使用时生产厂商或经销商会派专任或委派的工程师来实施。工程师往往先在室内结合工作原理和设备的组成与结构，系统介绍一遍操作规范及技巧，解答使用者的疑问和困惑；然后结合仪器设备现场讲解、具体操作，将操作过程中的经验教训传授给受训人员；之后是受训者按照规范动手操作，接受工程师的手把手指导；再接下来工程师会将维护保养、故障的诊断和维修程序和方法讲解给受训人员。

为提高受训效果，受训者应当在培训前大致了解一下操作规程，事先对一些关键概念、方法和技术有所了解，以加深印象。

现代仪器设备一般都会为用户提供电子版操作手册或使用说明书，以便于查阅、比对。

不过，虚心咨询有经验的工程师和使用者的现身说法和经验教训，是快速有效操作仪器设备的捷径，而学徒式传帮带方式尤其值得推荐。

二、数据下载和程序上传

现代高科技仪器设备，往往具有自身的数采装置和通信接口，需要通过数据线或网络，借助电脑中专门的软件系统，实现记录数据的监视、调整、下载，如果有更新的软件，还要通过数据线或网络进行更新。而当需要增减一些监测项目时，还需要对运行程序进行修改、调试，然后上传到数采控制系统中。

数据下载和程序上传属于电脑设备同仪器间的通信过程，需要遵循特定的数据传输协议，指定专门的通信端口和波特率。数据传输线用得最多的是 RS232 串口通信线，电脑端为 USB 端口，通常需要预装专门的驱动程序。

通过网络进行远程操控和通信时，仪器设备端要有专门的网络地址和用户名，要有 Wi-Fi 或局域网实现通信。以便携式全自动气象站为例，电脑操控端需要安装射频调制解调器主机（RF host modem），数采端要安装远程射频调制解调器（RF Remote modem），各自用专用电缆加以连接。遥控距离可达 50 km 以上。在网络覆盖比较好的地方，可以购置一个类似手机卡的装置，通过适配器与数采端相应接口连接，然后通过电脑端的网络连接机制建立通信来操控自动气象站。

三、维护保养

仪器设备的维护保养是其操作或使用规范的必要组成部分。

野外定位观测用仪器设备都是由特定材料制成，本身就存在寿命和安全使用期限的问题。同时，它们受到周围环境的持续性影响，难免会因为异常变化而出现问题，特别是强风、雷电、大气降尘、人畜的有意或无意干扰，或者因仪器设备受损而中断观测过程，或者因器件性能不理想和不稳定而使数据质量受到严重影响。为了避免出现这些问题，需要根据操作规范和实际使用的经验教训，开展周期性的维护保养。

动力或能源供应装置，要经常性地加以监测和检测，检查其电压、电流状况，出现问题要及时维修；探头表面或数采板上的降尘和积沙要及时清除；雨量计中异物要及时清除，冬季要对积雪进行处理；调整仪器水平姿态；检查由于热胀冷缩是否有螺丝或螺母松动。

有些探头需要周期性地（2～3 年）加以校准，比如风速、温度和相对湿度、太阳辐射等，需要拆卸下来打包好，送至厂商指定的机构校准；数采板或仪器内置锂电池要周期性检查，电压不足时要及时更换；许多机械连接部位和螺丝螺母，要周期性加润滑剂；有些探头冬季或风季要做必要的防护。

四、故障诊断与排除

在仪器设备正常使用过程中，有时会出现一些故障，影响仪器设备的正常运转，甚至影响观测数据的质量，此时需要及时发现问题，通过不同途径找出故障原因，尽快使其恢复正常。

从原因上分析，有自然界的原因，也有运行和维护保养方面的原因；既有硬件方面也有软件方面原因；有时表现为动力方面原因，有时又表现为机械或理化性能的衰退或丧失。相应地，在诊断和分析故障原因时应遵循特定的程序或规程。

一般来说，先要检查能源供应状况。从外观看太阳能板是否完整如常，备用的蓄电池连接和状态是否正常；打开数采集成箱，查看电源指示灯是否正常（或绿色或闪烁）。

接下来要仔细观察避雷针及其导线的接地状况，数采板上的接地装置是否正常，有时由于特殊原因雷电会击毁某些器件或部件，使其功能受损。

之后要仔细查看探头同传输线连接是否正确、牢靠，传输线同数采板接口连接是否正常。有时鸟兽、狂风暴雨、意外坠落物会损毁导线或探头。

如果这些目力检视没有问题，就要利用万用表对传输线、电路板、元器件进行常规测试，检测是否有异常或毁损，有些时候电容、电阻、保险丝会出现被击穿或损坏的情况。

一般用户手册或使用指南末尾都会专设一章，介绍常见故障的诊断与排除的程序、方法。

如果无法找到故障原因或是关键部件已被损坏，往往需要拆卸下来相关部件或探头，邮寄或亲自送到厂商指定的维修机构，进行彻底检修。

第四节　地表事物基本特征和属性的定位观测

一、范畴和内容

前已述及，地表事物纷繁复杂，多种多样，因此，只要运用地理学方法对其开展的研究都属于地理研究的范畴，但是由于历史的原因，诸如气象、地质、经济、社会等地表事物已经从地理学传统领域中分离出去，研究方法也同地理学有较大差异，因而我们在户外定位观测时不再专题研究这些地表事物，往往是附带地进行观测。例如气象观测，我们往往是为了研究气候而进行系统观测。

很多人文事物也是这样，纯粹从其他学科角度开展的研究不属于人文地理学专题研究内容，往往是附带性观测，但如果运用地理学研究方法对其开展系统观测，则必然要纳入地理学定位观测范畴，归入地理学观测内容。比如对城市可以从社会、政治、经济、文化、历史等角度入手进行考察，但从地理学的角度开展观测，必然涉及对其空间特征、动态、演化规律的系统观察或考察，其中热岛效应、城市气候、交通阻塞的空间分异特征、城市传染病的空间差异及其传播规律等方面观测较为常见。

对于一个特定地区而言，时常会有新地表事物出现或被发现，经常会看到当地典型地表事物的显现，出于开发利用或有效防御灾祸的考虑，人们需要对其基本特征和属性进行了解和把握，因此定位观测则是必须开展的工作之一。

对于一个较小的区域而言，一个定位点就可以解决问题，但对于较大区域来说，就需要布设多个观测点，由此来了解和把握整个地区的状况和特征。

这方面的定位观测往往要涉及以下两个基本问题：第一，地球上的四季变化会造成地表事物的季节性变化，野外短期考察是无法完全解决这个问题的，需要进行多年的定位观测来加以把握；第二，地表任何事物都有个生命周期，从幼年经青壮年到老年，从出生到灭亡，或者说是从摇篮到坟墓的全过程，需要我们对其进行系统观测。前一个问题解决起来相对容易，但后一问题则比较复杂。相对而言，生命过程和人文过程历时比较短，但地质过程则往往历时很长，要对其进行观测或监测就要用不同的方法和技术，用不同的记载方式。对于树木（比如果树）而言，从幼苗到成年，一般需要十年甚至数十年；而对于经济过程来说，从生产开始，经过流通和分配过程，最终进入消费环节，完成一个循环，这个过程相对很快，观察或调查就比较便捷；而就一个社会过程而言，从一个聚落的形成，经过壮大和长期维持过程，最终由于时代和形势的变迁而走向衰亡，是一个长期而持续的过程，这需要我们想办法进行系统观察或监测。由于我们现在非常成熟的人口统计和国民经济统计工作的持续、规范开展，使得该项工作可以方便地开展起来。

此外，面状地物或线状地物，需要多点联合定位观测才能把握其基本特征与属性，因而也需要开展系统的定位观测。

该类观测站基本上属于局地尺度上的户外定位站。

二、实例

众所周知，我国新疆塔里木盆地油气资源非常丰富，但由于茫茫的塔克拉玛干沙漠的恶劣条件，使这里油气资源的开发受到严重限制，修建沙漠公路便成为不二选择。为了搞清楚沙漠内部不同地区的风力状况和风沙活动规律，科研人员从北至南在公路沿线的肖塘、满参和塔中 3 个地点，克服重重困难设立了气象站，进行常规气象观测，以期为沙漠公路设计和建设、后期维护与管理提供必要的基础数据，为塔里木石油开发提供技术保障。

此类定位观测基本上属于对一个地区、一类地理事物基本特征的初步研究阶段，往往属于积累资料过程，是更大规模、更复杂地理研究的基础工作，必须抓紧抓实。

又如，中国科学院长白山森林生态系统定位研究站兴建于 1979 年，是人与生物圈项目（MAB）成员站，它以全球变化和林业可持续发展为主要研究方向，力图弄清楚温带森林生态系统的组成、结构和功能、动态特征，揭示人类活动和气候变化对森林生态系统的影响，寻求森林资源的可持续发展和合理经营的有效途径。经过 40 多年的发展，其宗旨已由最初的基本特征观测与分析发展到现在的综合研究。

再如，我国根据国际协议在北极圈内的斯瓦尔巴群岛建立的中国黄河站，它是中国首个北极科考站，成立于 2004 年 7 月 28 日，其目的主要是进行极地地球物理和空间物理、极地气象气候、海洋与海冰等方面的基础观测和研究。

三、基本要素观测的示例

（一）标准气象站的气温观测

气象学上把表示空气冷热程度的物理量称为空气温度，简称气温。气象部门监测的温度是以距离草坪地面 1.5 m 高处百叶箱内测得的空气温度为准的。在气象观测站，我们常能看到立在草坪上大小一致、高度统一的白色箱子，这就是气温和湿度观测装备——百叶箱。

用百叶箱观测气温有 3 个优点：①当温度上升，箱内的空气温度随着升高。百叶窗的白色外壳使得投射到百叶箱上的太阳辐射大多会被反射掉，这样就减少了阳光对箱内仪器的干扰。②百叶箱的门朝北开，可以有效减少在观测、记录时阳光直接照射到箱内的温度计上而造成影响。③百叶箱四周箱壁都有两层百叶条，与水平面的夹角为 45°，这样的结构使得百叶箱具有很好的通风性能，并免受强风、雨、雪等天气的影响。

打开百叶箱，可以看到两个竖立的温度计，分别为干球温度计和湿球温度计；两个横着放置的温度计，分别为最高温度计和最低温度计，横着放置是防止重力对读数产生影响（图 9-5）。目前，观测场的气温监测设备均已实现自动化，可进行实时数据传输。

图 9-5　百叶箱外观（左）和内部配置（右）

（二）城市热岛特征监测

建筑和道路密布的城市相对于周边农田或以山丘为主的郊区而言，由于太阳辐射转换效率高和人工热源的存在，前者的气温明显高于后者，被称为热岛，这种现象被称为“热岛效应”。

作为一种下垫面，城市的地表起伏和地表性质变化多端，极其复杂，这为不同地点间的气温对比增添了巨大困难。传统的通过设置标准气象观测站点的方法，被通过对遥感资料的反演方法所取代，使得对热岛效应的研究进入快速发展的新阶段。但是，对于制定城市内部具体地点减轻热岛效应的有效措施而言，遥感途径的粗尺度结果还是不能尽如人意，从“眼见为实”的信条出发，我们仍需要用传统方法来观测城市热岛效应。

以实测的方式研究热岛效应，可以选定特定季节和特定地点，集中于典型天气进行短期观测，从而从一个侧面反映城市的热岛效应，也可以选定较为适宜的场所，进行较长时间的连续观测，尤其是现在自动气象站技术成熟，这一途径更为便捷和实用。

下面我们介绍一下 20 世纪 80 年代，由徐兆生等在北京对热岛效应开展的定位观测研究。他们在北京城区的新街口、东四、北京站、龙潭湖、广安门和西直门等地附近的中学设立了 7 个正规城市气候观测点，作为城区的代表，连续观测 3 年，再利用周边郊区海淀、朝阳、通县、石景山、丰台、大兴、昌平和房山等国家基本站资料，对比分析城区和近郊的温度差异，对比的项目包括平均温度、最高和最低温度及其出现的时间、温度升降的速率幅度等。

第五节　典型地表过程的系统观测与监测

一、范畴和内容

流域，是陆地表面最直观、最自然的地表集水单元，是地表物质和能量最为集中和非常活跃的场所之一，是诸多自然和人文要素综合作用的产物，对人类社会的维持与发展至关重要。

在人们日常能够便捷、细致观察和测量的范围内，小规模集水区便构成较为基层的小流域，其中集水和径流过程比较醒目，便于监测，因此近半个世纪里人们以小流域为基础开展了大量地表水文过程的系统、深入研究，取得了可喜的结果，为陆地水文学理论的发展和水利工程建设做出了不朽贡献。

小流域中的集水过程，主要涉及大气降雨、地表物体的吸附与吸收、土壤的入渗、地表的蒸发、植被的吸水和蒸腾过程，这些因素的综合作用结果才是坡面径流过程，最终汇入沟谷构成溪流或小河。这些过程与要素都需要细致地观测与分析，从而为更大流域的水土流失防治、水能资源的开发利用、生态建设提供基础数据。

二、实例

我国从 20 世纪 50 年代开始，陆续建立了黄土高原、红壤丘陵区的小流域监测试验站，开展了系统性小流域水文过程的研究，积累了丰富的基础数据，为水文学、水土保持学、森林生态学的发展做出了重大贡献。中国生态系统研究网络（CERN）中的长武黄土高原农业生态试验站，1984 年由中国科学院水土保持研究所建立，通过多年的建设，它已建成了由研究试验场和观测场地组成的比较完整的试验观测体系，形成了从农田-小流域-区域三个层面不同立地条件和利用类型的实验监测系统。这里的小流域研究更多地侧重农作条件下小流域的产流产沙过程，为我国黄土高原地区的水土流失防治工作做出了不朽的贡献。

再如中国科学院天山冰川观测试验站，是我国唯一专门以冰川和冰川作用为主要观测、实验和研究对象的野外台站，60 多年来，它重点开展了冰川物理学、雪冰过程与气候环境记录等方面的研究，天山冰川站为冰川科学发展作出了重要贡献。

上述这些方面的研究，基本上都属于对地表事物的中级研究阶段，综合性较强，资料积累时间也足够长，可以得出较客观的结论。

三、典型操作规程示例

（一）水样的采集

水样采集是水文调查与观测、水环境监测的基础性工作，也是保护水资源和保障人类健康与生产生活的必要措施之一。

1. 制订采样计划

应根据水样采集的目的和任务制订详细的可操作性的采样计划，具体内容包括采样目的、采样地点、采样时间、检测指标、采样方法、采样数量、采样容器与清洗、采样体积、样品保存方法、样品标签、现场测定指标、样品运输工具与贮存条件等。

2. 采样点位的设置

（1）河流

需要根据河宽设置采样点的位置和数量（图 9-6）。当河宽小于 50 m 时，只设置一条中泓垂线；当河宽为 50～100 m 时，在左右近岸有明显水流处各设一条垂线；当河宽为 100～1 000 m 时，设左、中、右三条垂线（中泓、左、右近岸有明显水流处）；当河宽大于 1 500 m 时，至少要设置 5 条等距离的采样垂线。

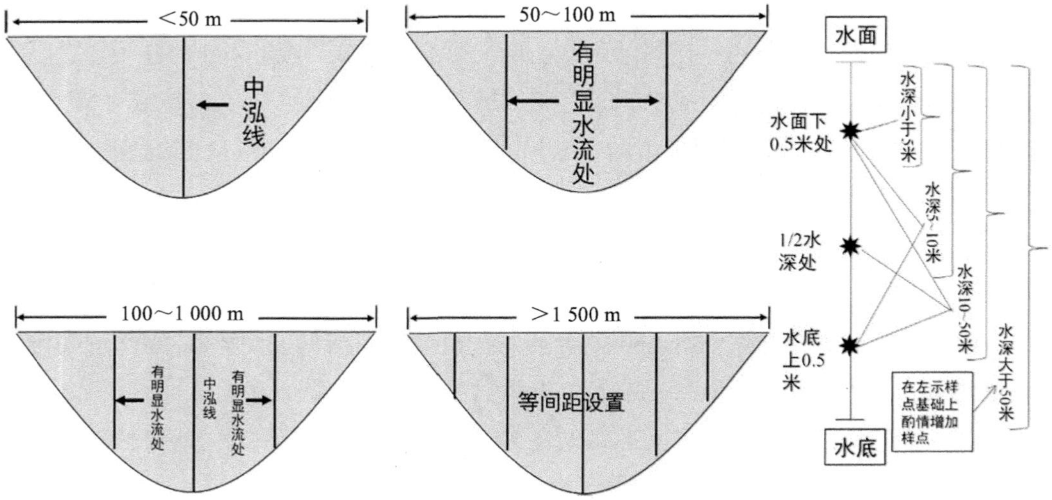

图 9-6　河流断面采样位置设置示意图

在每个采样位置上设置的采样点的数量还与河流水深相关。当水深≤5 m 时，只在水面下 0.5 m 处设一个采样点；当水深 5～10 m 时，在水面下 0.5 m 处和河底以上 0.5 m 处各设一个采样点；当水深 10～50 m 时，设置 3 个采样点，即水面下 0.5 m 处一点，河底以上 0.5 m 处一点，水深 1/2 处一点；当水深>50 m 时，要酌情增加采样点数目。

（2）湖泊和水库

需要根据水体空间形态和水质的空间差异确定采样数量，包括水平方向和垂直方向。

3. 采样器的选择

一般来说，常见的水样采集器包括简易采样器、急流采样器（图 9-7）及泵式采样器（图 9-8）等。其中泵式采样器常用于深层水的采集。

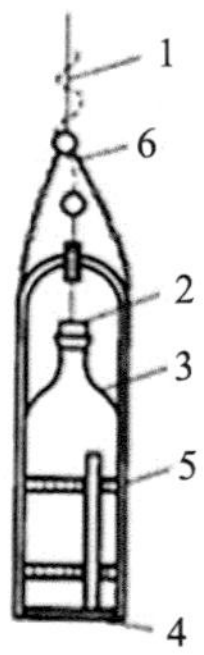

简易采样器

1—绳子；2—带软绳的橡胶塞；3—采样瓶；4—铅锤；5—铁框；6—挂钩。

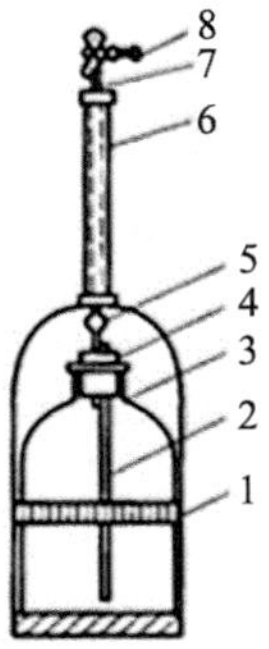

急流采样器

1—铁框；2—长玻璃管；3—采样瓶；4—橡胶塞；5—短玻璃管；6—钢管；7—小酒管；8—夹子。

图 9-7　水样采样器示意图

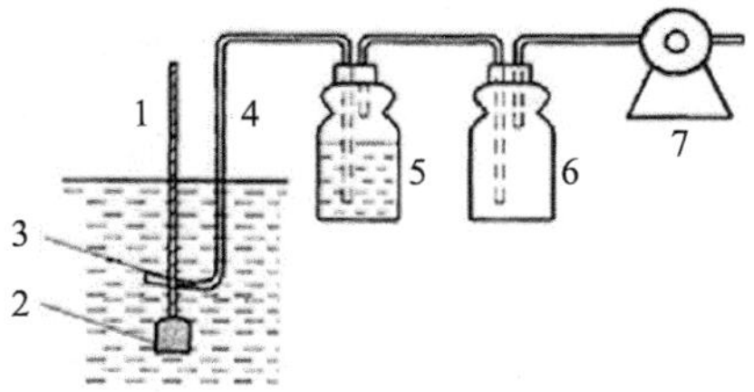

1—细绳；2—重锤；3—采样头；4—采样管；5—采样器；6—安全瓶；7—泵。

图 9-8 泵式采水器

水样采样器操作比较简单，只要将容器（如水桶、瓶子等）浸入要取样的水体中，将其灌满水，取出后将水样倒进合适的盛水器中即可。有时也可直接用盛水器浸入水中采样。

如果需要从一定深度的水中采样时，就需要用专门的泵式采样器。

4. 采样方法

确定采样点后，在着手采样时，首先要选择好具体的采样位置，选择安全的路径和位置，以防操作者发生人身伤害和溺水。

其次，要避免周围环境对采样器或采样装置进水口的污染，包括采样者手指污染的可能性也要避免。

再次，采样前通常应先用所取之水样将盛水器（水样瓶）洗涤 2～3 次，然后再将水样灌进容器。

不过，当水样含有可能会被容器壁吸附的被测物质，如固体、金属、油脂等时，就应该用十分清洁和干燥的盛水器，一次灌进。

最后，水样灌好后，还要注意防止瓶塞和瓶盖对水样的污染。

5. 盛样容器的选择

采集水样应根据待测组分的特性选择合适的容器。一般来说，盛样容器应具备以下特性：

1）容器或容器盖（塞）应具有化学和生物惰性，不与水样中的组分发生反应，容器壁和容器盖（塞）不溶出、吸收或吸附待测组分。

2）采样容器大小与采样量适宜，能严密封口，并容易打开和清洗。

3）测定无机物、金属和类金属及放射性元素的水样应使用有机材质的采样容器，如聚乙烯或四氟乙烯容器等。

4）采集供有机物和某些微生物检测用样品时不能用具橡胶塞容器，而应使用玻璃材质的采样容器；水样呈碱性时不能用具玻璃塞的容器。

5）测定微生物指标的水样应使用玻璃材质的采样容器，也可以使用符合要求的一次性采样袋或采样瓶。

6. 采样现场记录和水样标签

采样结束后，需要填写采样记录和水样标签，以防止样品混淆和丢失。

水样采集后，根据不同的分析要求，将样品分装成数份，并分别加入保存剂。对每份样品都应附一张完整的水样标签。水样标签的内容如下（图 9-9）。

样品编号________采样断面____________________

采样点________添加保存剂种类和数量__________

监测项目________采样者________登记者________

采样时间_______年_____月_____日_____时____分

图 9-9 采样标签

采集水样要现场及时、准确、规范地记录采集点的位置信息，并对周围的环境有一定的描述和记录，必要时可附上采样时的照片。同时，对现场测试的项目，如 pH、电导率、温度、流量等应进行准确记录。

7. 水样的保存方法

常用的水样保存方法有：

（1）冷藏法

水样冷藏温度一般要低于采样时的温度。水样采集后，立即放入冰箱或冰-水浴中并置于暗处。冷藏温度一般是 0～4℃。水样冷藏时间不宜过长。

（2）冷冻法

为了延长保存期限，抑制微生物活动，减缓物理挥发和化学反应速率，可采用冷冻法保存。冷冻温度在–20℃。但要特别注意冷冻过程和解冻过程中，不同状态的变化会引起水质的变化。为防止冷冻过程中水的膨胀，无论使用玻璃容器还是塑料容器都不能将水样充满整个容器。

（3）添加保护剂法

为了防止样品中某些被测成分在保存和运输过程中发生分解、挥发、氧化等变化，常加入保护剂。例如在测定氨氮、化学需氧量时的水样中加入 HgCl，可以抑制生物的氧化还原作用；在测定氰化物或挥发性酚的水样中加入 NaOH，将 pH 调至 12 左右，可使其生成稳定的盐类等。

水样在合适的盛水容器中采用适当的保存方法处理后，应在最大存放时间内尽快分析处理，不可保存过长时间。

（二）岩石和土壤颜色的观察与描述

土壤颜色是土壤调查中需观测的最醒目的外表特征之一，是最容易监测的一个反映土壤物质组成及其性质的指标，是判断成土环境、土壤发育程度及肥力特征的重要依据。

1. 土壤颜色的主要表征方法

（1）RGB 颜色模型

RGB 是依据人眼识别颜色的原理而定义的颜色空间模型，以红色 R（Red）、绿色 G（Green）和蓝色 B（Blue）为三种基色。RGB 颜色模型是一种加色法模型，在 RGB 色彩空间中任意颜色都可以用 R、G、B 三色相加混合而成。

（2）HVC 颜色模型

孟赛尔色彩体系（HVC）有色相 H（Hue）、亮度 V（Value）和饱和度 C（Chroma）三个要素。

（3）XYZ 颜色模型

XYZ 颜色模型是由国际照明委员会（CIE）提出的，它用三个假想的原色 X、Y、Z 建立一个新的色度系统，其中 X 表示红色和绿色之间的差异，Y 表示亮度，Z 表示蓝色和黄色之间的差异匹配等效能的三个视觉刺激值。

（4）Lab 颜色模型

Lab 是由 CIE（国际照明委员会）制定的一种颜色模型。Lab 色彩模型由亮度（L）和有关色彩的 a、b 三个要素组成，L 表示亮度（Luminosity），a 表示从洋红色至绿色的变化情况，b 表示从黄色至蓝色的变化情况。

2. 土壤颜色的测定方法

目前，土壤和沉积物/岩石的颜色测定方法主要有目测比色法、光谱测色法以及传感器测色法等。

（1）目测比色法

在土壤颜色研究初期，颜色的判别方法一般采用目测法，即在相同的光照条件下，利用肉眼来观察土壤的颜色，并与标准比色卡作比较，然后从比色卡中选出与土壤颜色最接近的色卡作为土壤的颜色。对于同样的土壤，不同的观察者可能会得到不同的结果，因此这种方法存在很大的人为因素干扰，测量精度低，不能对土壤颜色进行准确分析。

（2）光谱测色法

光谱测色法常用光电积分法和分光光度法。光电积分法是在整个测量波长区间内，通过积分测量获得样品的三个刺激值 X、Y、Z，再由此计算出样品的色品坐标参数。由于仪器采用的滤光片的限制，三刺激值和色品坐标不能准确测出，因而测量精度低，但其优势是测量速度快，仪器价格低廉，便于携带与操作。一般的测色色差计多采用此测量方法。

分光光度法是通过测定被测物质在特定波长处或一定波长范围内的光谱反射比或透射比，再进行色度参数的计算和定量分析，其基础是郎伯-比尔定律，即溶液的吸光度与溶液的浓度及液层厚度的乘积成正比。分光光度法虽然精度非常高，对微量元素和色素的测量都有很高的精度，但仪器比较昂贵，操作要求比较高。

（3）传感器测色法

传感器测色法是通过光电传感器来完成对所拍物体颜色数据的记录的方法，日常所用的数码相机和可拍照手机对颜色数据采集的方法均属于此法。数码相机是一种我们常用的拍照工具，在稳定的标准光源下，采用标准色卡配合特定的相机参数（如光圈、曝光及白平衡等）生成该条件下的颜色矫正文件，再以此固定的相机参数以及相同的标准光源，测定样品的 RGB 值，测量系统经过颜色矫正后才可得到样品的标准色度数据。

3．土壤剖面颜色的观测与描述

土壤发生层的颜色需要按中国标准土壤色卡或 Munsell 比色卡判定、记录和描述。

一般格式为：浊黄橙色（10YR 7/3），其中 10YR 表示色相，7 表示亮度，3 为饱和度。

4．土壤颜色描述注意事项

1）同时描述干色（风干后）与润色（指在风干土上滴上水，充分湿润，待表面水膜消失后的颜色）。

2）土壤比色应以捻碎后的基质为准。

3）若土壤结构发育，需注明结构体的内、外颜色。

4）有潜育特征的土壤或含有机质的酸性土壤，需同时记载田间新鲜土壤剖面中的颜色与暴露在空气中后的颜色。

5）两种土层的物质混杂，存在两种以上土壤颜色时，则对不同的底色分别加以描述。

6）除用比色卡外，必要时应加适当的文字描述，如“比上层略黄”“暴露在空气中颜色很快变淡”等。

7）注明判断颜色时的条件，如“干土块，表面用小刀刮平后呈棕色”，天气状况、白天的时点等。

第六节　地理学机理的探究

一、范畴和内容

很多地表事物的现象或过程，都比较复杂，与人类社会息息相关，比如降雨过程、径流过程、聚落过程等，人们希望搞清楚其发生发展的主要环节及其制约因素，希望弄明白它在时间和空间上的变化规律，这些综合起来就是该地表事物的机理。通俗地讲，机理指的是事物发生发展的原因和规律，包括外部因素和内部因素两个方面。

以降雨为例，首先要有充足的水汽和能够成云致雨的云团，然后要有使液滴增长到足够大而克服重力影响的凝结核和动力，即凝结核要足够多，要有外力对云团进行扰动，这就是降雨的机理所在。一场降雨通常会发生在特定的空间范围内，发生在特定时间内，持续特定长时间。从地理学角度讲，我们要推测或预报出来一场降雨的具体时间和空间范围，这样对我们人类社会才有实际意义。

一般而言，机理要涉及地表事物的本质、组成与结构、发生发展的主要环节及其制约因素，以及所需要的时空范围。

对机理的探究，往往是研究过程的高级阶段，要有对其基本特征和属性的认识和把握的积累过程，要弄清楚各要素间、各地点间的相互关系和相互作用方式，要抽象出来其发生发展的阶段性、整体性，要能够用精练的语言加以描述，既可以是文字的描述，也可以是定量的模型描述。

二、实例

众所周知，较大范围的天然森林一般对应着较为湿润的气候，降水量要超过蒸发量。如此一来，人们就不禁会推测：森林能够产生大量降水，大量降水可以维持森林的存在，那么，森林空间范围的增加是否会增加降水，或者反之？

为此，欧洲和美国在工业革命时期及其之后很长时期内，在森林地区设立定位站开展对该问题的探究，但结论至今仍莫衷一是。我国各级业务部门和研究机构也在不同森林地区设立了定位研究站，如我国 CERN 森林生态系统研究站，对该问题也给予了较大的关注，但也未得到确定的答案，说明该问题的机理非常复杂，并非通过简单观测，凭借短期、常规观测与分析可以圆满解决，需要作持久研究的打算。

此类定位研究属于地理研究的高级阶段，关注因果关系、发展趋势的监测与分析，需要大空间尺度、多站点、长时期的连续监测，经综合分析后方可得出确凿的结论。

第七节　印证或证实某个假说或理论

一、范畴和内容

假说是根据已知的科学事实和科学原理，对所研究的事物及其规律性提出的推测和说明，其中资料经过详细的分类、归纳与分析，由此得到一个暂时性但是可以被接受的解释。假说是人类的认识接近客观真理的主要方式之一。

一个理论在未得到实验或事实确证之前都表现为假说。比如地球的球体假说，之前人们已经根据日食或月食的影像，海面上远方的船只在海面之下等事实，推断出地球是个球体，但最终是用人造卫星拍摄的地球照片来证实的。至于大陆漂移说，到现在也还没有非常确凿的证据来加以证实，真正得到确证还有待时日。

理论是指人们从生产和生活实践中概括出来的抽象知识，是对自然界和人类社会方面知识的系统概括与归纳，是概念和原理的体系，是系统化的理性认识。正确的理论是客观事物的本质和规律的正确反映。因此，它是由不同概念、基本原理、要素间或过程间的相互关系、成因和发展规律组成的知识体系。

理论与实践是相辅相成的关系。理论来自实践，之后再回归实践，以此来检验理论的真伪是否全面、是否有效。

二、实例

岛屿生物地理平衡理论，是自然保护区规划与建设的主要理论基础之一，是由美国两位生态学家 MacArther R. H. 和 Wilson E. O. 于 1967 年提出的。其主要内容是说生物向岛屿的迁移速率最初很高，以后逐渐减小，最后移入与灭亡/移出的速率持平，达到平衡。达到平衡后种类组成还在变化，只是数量变化很小了。

在对该理论的验证与监测工作中，最杰出的是 Simberloff D. S. 和 Wilson E. O. 在美国佛罗里达湾的 6 个小红树林岛上，对节肢动物开展的熏蒸试验。实验结果证明了生物地理平衡理论的正确性。

还有美国地理学家戴维斯提出的“地理循环”理论，也具有这样的性质。前已述及，戴维斯先是从对美国宾夕法尼亚州地貌特征的考察与分析入手，提出了该理论，但它的完善是在系统研究了美国西部干旱和半干旱地区的地貌特征后实现的。之后，该理论传播到世界各地，但在西欧受到冷遇，因为西欧缺乏典型的准平原地貌，而在亚洲、南美洲、非洲则得到推广和完善。可是，由于地理循环的周期太长了，我们现在还很难通过实证的方式证实它。不过，在半干旱的沙质草原地区，人们在有生之年可以亲眼看见沙丘群的“地理循环”全过程：气候变干冷或不合理人类活动严重干扰，水草丰美的沙质草原退化为裸露疏松的地表，在强劲风力作用下沙丘群很快发展起来，并不断向下风向扩展；而一旦气候转湿转暖或植树造林，风力作用变弱，草原开始逐步恢复，沙丘慢慢被固定，之后在降水及其径流的作用下，陡坡逐渐变缓，最后变成波状起伏的草原面貌。理想条件下，这个过程在 20～30 年内可以实现，因为这个过程不需要构造运动参与。

思考题

1. 地理野外考察基本上是针对区域展开的，而定位观测往往是面向地点的，那么，对于现代地理学研究和发展而言，两者是一种什么关系？

2. 地理学定位观测研究的主要目的是了解并把握某地表事物的空间和时间变异规律，但更重要的工作在于对该地表事物进行时空对比分析，以发现并揭示其深刻的内在机理。如此一来，就存在一个标准化的问题，也就是我们常常讲到的操作规范问题。试从碳中和的角度出发，通过查阅相关资料，构思出一个科学实用的监测规范框架来。

练习题

1. 通过正规途径参观一个国家级 CO_2 通量观测塔，了解其组成、结构、功能，通过咨询专业人员，查阅相关资料（包括用户使用手册、安装指南），拟定安装、调试、维护、保养的主要流程和方法。

2. 根据本章相关节次介绍的程序和方法，尝试对自己所居住地区的地带性土壤、典型岩石或第四纪松散沉积物进行定量的颜色描述。

推荐读物

1. 孙鸿烈. 中国生态系统研究网络建设访谈录（上、下）[M]. 长沙：湖南教育出版社，2016.

2. 李容全，邱维理，贾铁飞. 自然地理学研究方法[M]. 北京：高等教育出版社，2013.

温馨提示

1. 定位观测研究有短期和长期之分，只有将两者紧密结合，才能有效、科学地了解和把握一个地区的地理大势和基本特征、基本规律。

2. 定位观测研究往往需要数代科技工作者勤勤恳恳、任劳任怨的奉献，才能取得较为客观的基本特征和规律，对于那些地处荒野之地的观测站中的工作者，还要能耐得住寂寞，无私奉献。热情和耐心，是我们取得有价值观测成果的必要前提，我们对此要有充足的思想准备。

第十章　城市的户外考察与调查

本章提要

本章在概述城市户外考察与调查的背景和目的、基本步骤和基本方法的基础上，从城市空间形态、空间结构、内部空间关系、经济社会基本特征和城市发展潜力评价五方面，着重分析了城市户外考察与调查的主体内容及操作过程，并列举典型案例作为本章的实践性环节，以培养读者对现实问题的独立分析能力。

关键词

城市形态，城市结构，城市意象，城市纹理，人文地理学

城市是具有一定规模、以非农业人口为主的居民聚居地，它是一种复杂的动态现象与实体，其兴起和发展受自然、经济、社会等多种因素的影响，不同历史时期、不同的经济社会特征、不同的人口分布和迁移特点都会对城市的发展速度、性质、规模、空间组织产生影响。城市是一个可感知的地表空间实体，占据一定的空间范围，具备特定的空间组成和结构，同周围空间保持着密切联系，具有控制、调整和服务的功能。一般而言，城市是一个地区人口和社会经济活动的空间集中地，是生产生活中心，为生产生活提供服务和管理的中心，区域创新中心，政治和文化中心。

同时城市具有历史性和综合性的特点。一方面，城市是人类文明的象征与表现，在吸引和集中人口、文化的过程中，使人类文化的长期积淀得以保存，同时促进了文化的发展。另一方面，城市是一个复杂的动态系统，是人类社会创造力与自然力共同作用的产物，但因推动城市发展的因素、城市空间现象复杂多变，城市的未来因具有很大的不确定性而难以精确预测。

依据地理环境的不同，城市可以分为平原城市、山地城市、高原城市、海滨城市、湖滨城市、沿河城市、森林城市、沙漠城市等类型。根据城市形态可以分为团状城市、带状城市、组团式城市等。美国地理学家奥索隆以城市的专门化职能作为分类依据，将城市分成行政城市、防御城市、文化城市、生产城市、交通运输城市和娱乐城市。同济大学等高校合编的《城市规划原理》将城市按职能划分为工业城市、交通城市、省和地区的中心城市、县城、特殊职能的城市五大类。

城市的户外考察与调查是地理研究的重要实践技能之一。掌握户外考察与调查的理论知识，是开展城市调研实践，加深对城市发展状况与城市空间现象的了解，提高地理基本技能的必要环节。

第一节 必要性与目的

一、必要性

1. 城市是人文地理学研究的重要对象

城市是一个大型的人类聚居地，其发展受到自然、经济、社会、人口以及历史等方面因素的影响，尤其是大城市，往往是一定地域范围内的经济、政治、科学技术和文化中心，给人类带来了丰富的物质财富和精神财富，在国民经济和社会发展中的作用非常突出。

城市地理学是人文地理学的重要分支，研究在不同地理环境下城市的形成、发展、结构、功能、分布和空间联系，从而揭示变化规律。以城市为主体的地理研究涉及面十分广泛，其中城市空间结构是重要的研究主题，包括城市空间、空间结构、城镇体系等，还有针对居民行为与城市空间过程进行的探索。

2. 户外考察与调查是城市认知的基本手段

日常所接触的地理知识有些是十分抽象的，如果不到户外亲自体验、直接观察，对这些内容的理解常常是肤浅或不准确的。实践是认识的基础，户外考察活动通过资料收集、参观走访、专家讲座、专题调查等，将所学知识应用于实践，运用各种感官去感知事物，再根据所获取的感性知识去思考解决问题的途径，最后达到解决问题的目的。

3. 户外考察与调查是城市研究的必要过程

调查研究是对城市从感性认识上升到理性认识的必要过程。调查研究所取得的基础资料，是各阶段、各层次城市规划编制、城市研究和管理的重要依据，只有通过调查才能判断所选研究问题的合理性，通过实际观察、描述和分析才能把握城市的基本特征，揭示城市发展的客观规律，以保证研究的顺利进行。

二、目的

1. 掌握调查与考察的技能

在户外考察和调查过程中，了解并应用“3S”新方法、新设备，运用地形图、地质图等资料对城市进行观察、测量、调查及访问，进一步掌握城市地理图表、绘图方法、调查方法，完成统计、整理、分析等数据收集和处理步骤，能够丰富我们的户外考察与调查技能，提高实践、分析和学习能力。

2．加深对城市的认知

在调查与考察实践中运用已学地理知识解释观察到的城市地理现象，知行合一，在巩固地理专业知识的基础上，可以加深对所在城市的了解，提高对居住空间的认知程度和归属感，构建对城市的理解体系和认知框架，在对人地关系的理解中形成正确的城市观，以更好地适应、利用和发展城市。

3．探索城市空间发展模式

城市空间是人与自然相互作用的产物，城市空间发展模式是人类对自然环境进行改造和建设的结果，同时反作用于人类社会和自然界。通过分析城市的空间属性、空间组成与结构、功能，评估其对自然界、对人类社会的影响，发现城市中存在的困境和障碍，找到解决问题的方法，从而探索最适宜城市发展的空间模式。

4．促进城市经济社会可持续发展

目前，我国城市的发展进入了全面提升质量的阶段，更加注重建设宜居、创新、智慧、绿色、人文、韧性的高品质生产和生活空间，而城市考察与调查的最终目的在于使城市高效、健康、稳定、可持续发展，充分发挥城市的中心和枢纽职能，造福当地，带动乡村，辐射区域，使其物尽其用、人尽其才、地尽其力、城尽其用。

第二节　城市考察与调查的原则、步骤与方法

一、基本原则

在进行城市户外考察与调查之前，需要明晰考察与调查的基本原则。

1．客观性原则

地理资料的收集、分析以及考察结论的得出等，都必须排除主观因素干扰，需要客观、准确和真实地反映社会现象和客观事物，做到收集来的资料、调查的情况是真实可靠的，对数据和结果的分析要实事求是，避免主观臆断。

2．科学性原则

地理户外考察的过程以及结论等，都必须科学合理，要遵循科学的调查方法，并对事实材料进行去粗取精、去伪存真、由此及彼、由表及里的筛选和加工处理。尤其要注重实证分析和逻辑推理，避免以偏概全、预设结论或按某种假设去有倾向性地搜集材料，更要避免随心所欲地推测。

3．系统性原则

要将考察对象作为一个整体进行系统分析，了解其内在规律和本质，根据考察对象与其他事物之间的联系进行探索，充分考虑关联因素带来的影响，把握好全局和局部的关系。从时序来看，调查对象是在一定的时代背景下形成和发展的，因此要具备历史发展的眼光，

将现实与历史相结合，充分考虑调查对象所处的环境条件。同时，任何事物都具有正反两面，应当辩证、全面地对考察对象进行分析和解读。

4．学以致用原则

运用所学的地理知识与理论开展地理考察和调查等实践活动，在实践过程中发现问题。做好户外考察与调查研究工作，一方面要以正确的地理知识和理论作为指导，深入实践，从实践中找出解决问题的方法；另一方面，又要让这些方法重新回到实践中去接受检验，做到学以致用，知行合一。

二、基本步骤

开展城市户外考察与调查，需要采用并遵循一定的步骤，这是保证考察与调查工作正确、有效的重要环节。按照时间顺序，城市的户外考察与调查可分为前期准备、实地调研、整理总结三个阶段。

（一）前期准备阶段

充分的前期准备能够为开展实地考察打下扎实的基础，其主要工作包括以下三个方面。

1．确定主题

城市户外考察与调查可供选择的主题多种多样。

（1）根据研究主题的目的来分

主题可以分为应用类主题及理论类主题两类。其中应用类主题研究的目的主要是解决城市发展中的社会经济问题，为城市发展提供参考；理论类主题研究的目的主要是发展科学理论，包括对已有理论的检验、概括、创新和批判等。

（2）根据主题研究的功能来分

一般包括描述类主题、解释类主题和对策类三题三类。其中描述类主题需要具体描述所探究对象“是什么、有什么特征和表现”；解释类主题要求回答“为什么会这样”，来回答人们关心的实际问题或理论问题；对策类主题需要对研究对象“未来发展的具体方向和路径”进行探究，以解决特定的实际问题。

2．收集资料

收集资料是前期准备阶段中积累知识与经验的重要环节，需要投入大量的时间与精力，以形成探究者独有的“知识库”。资料收集的途径，主要是向政府部门及相关企事业单位获取数据、利用互联网进行搜索和整理、前往当地或上级图书馆进行资料查阅和整理等。

在资料收集的过程中，需要大量地阅读图书、期刊、科研信息、报告，内容包括与研究主题有关的理论、方法、技术和手段，以及经验事实、案例、感性材料等，还需收集研究区域相关的统计数据。对于那些与自己的选题相类似或接近的文献，要特别注意吸收、借鉴与学习，针对有疑问、较难理解的地方，还要开展一定的调查和咨询工作，与有经验的研究者和专家请教、讨论、交流。

在收集材料的过程中，与研究有关的正面材料和反面材料都要注意收集、积累与分析，学会批判和借鉴，不可只听取“一面之词”。在前人的研究中，虽然有些观点、结论是不正确的或片面的，但他们所获得的感性材料和所积累的经验却很有可能给予我们新的启发，从而促使新理念和新思想产生。

3. 拟定方案

在确定研究主题与资料收集之后，应开始制定具体的实施方案。方案是对整个探究过程的规划和指导。一般来说，它主要包括基本信息、日程安排、过程步骤、物料准备等内容：

（1）基本信息

包括开展考察与调查的目的和意义、考察地点的区位条件、发展现状等概况。

（2）日程安排

确定详细的调查日程，包括地点、路线、时长等内容。

（3）过程步骤

包括每一环节、阶段采取的研究方案、拟解决的关键问题及预期调查结果。

（4）物料准备

包括手机、相机、高精度地图等工具，雨伞、防晒帽、医药箱等行装，此外还需做好详细的经费预算。

一份清晰直观的方案能够确保调研过程顺利进行，因此在制订研究计划时，应当“心中有数”，可以采用框架图、流程图、表格、图表等形式，将计划内容分类分点罗列，以达到一目了然的程度。

（二）实地调研阶段

实地调研是开展考察与调查的主体部分。在前期准备阶段，获取的资料主要是间接资料，而考察调查阶段除了需要大量的间接资料外，更需要大量第一手或者第二手资料，其中第一手资料需要通过实地观察、调查访问才能获得，第二手资料则是一次文献加工整理并使之有序化的文献。实地调研也可以加深对间接资料的认识，获得生动的直观印象，取得更为准确、时效性更强的新资料。

1. 观察和考察记录

观察是户外考察中最重要的认识方式。在实地观察时，观察者应深入现场或进入特定的情境，利用自己的眼睛、耳朵等感觉器官，或借助科学观察仪器直接观察城市地理对象，对地理要素与其他组成部分间的相互联系、相互影响进行观察、测量、分析。需要注意的是，观察的过程不应只限于知觉，还必须与积极的思维相结合，并且具备一定的基础知识，能够理解、分析观察到的客观事物。通过实地观察，不仅可以获取考察所需的第一手资料，还可以将所学的地理事物、地理现象的理论知识与实际情景相联系，让抽象的文字与图片形象化、具体化，从而加深对地理学理论知识的理解。

2．采集数据

在户外考察中，单纯地依靠观察，常常无法了解地理事物的全部情况，对于许多人文地理学问题和历史过程，只有向当地政府、居民或其他知情者进行调查和访问，搜集大量资料进行统计分析，才能有所了解。当然，也可以下载或获取仪器设备观测、记录的数据。因此数据质量的好坏是户外调查的关键，只有数据质量有了保证，才能确保城市研究的质量。

3．交流讨论

若是小组而非个人开展调查，组内的交流讨论是必不可少的环节。在开展交流讨论时，可以提出自己在实地观察与调查访问中发现或遇到的问题，以便进行后续的分析，或当场开展讨论，集思广益。此外，组内成员也可以在调研的各个环节分享心得体会，以增强对整个实践活动的感性认识。

（三）资料整理与总结阶段

调查资料的整理与总结是一个去粗取精、去伪存真、由此及彼、由表及里、综合提高的过程。运用科学的方法，对调查所取得的各种原始资料进行加工整理，使之能够系统化、条理化、标准化地反映调查对象总体特征，是提高数据质量的必要步骤。

1．整理成果

整理调查资料是一项细致繁杂的工作，是总结阶段的重要部分，只有把繁杂的资料加以整理、统计、形成系统的成果，才能有效地发挥其作用。在这一步骤，要对户外搜集、记录到的原始资料、数据、图表、文字、音像等各种形式的资料加以系统整理和分析，对户外搜集到的大量数据资料进行统计和分类，对户外绘制的各类地图、示意图等图件进行检查与清绘。

2．撰写报告

根据户外调研的目的，在整理成果的基础上，运用多种分析方法对收集整理的各种资料进行对比分析，通过综合、提炼、归纳和概括得出调查结论，针对调查结论、问题与原因，提出解决问题的对策。主要包括对地理现象类型、区域分异及其内部联系的描述和分析，对地理环境和地理现象的形成因素、动态过程及发展历史进行描述和分析，对地理环境与国民经济建设和社会发展关系进行分析等，做到主次分明、实例典型、材料可靠、观点明确。

3．总结评价

总结评价是整个实践过程的最后一道工序，能够提升调研的应用价值，为之后开展其他的考察与调查实践提供范例。其主要内容包括：对户外考察与调查开展的每一个环节进行回顾、总结与反思；基于综合分析内容，总结考察、调查获得的主要结论和存在的问题，也可以提出针对性的解决措施，或叙述本次考察的心得体会；对本次考察主题下一步可开展的工作进行设想。探究者可以将综合分析和总结评价的内容撰写成考察报告，也可采用多样化的形式，将调研成果制作成地图、影视作品、板报等形式举办专题展览。

三、常用方法

（一）实地考察法

实地考察法是地理学研究的基本方法之一，是考察者有目的、有计划地运用自己的感觉器官或借助科学观察/观测工具，对观察区域的地理现象和地理事物进行直接认识的方法。在此过程中，一方面，考察者能够通过对地理事物、现象、类型分布及其相互联系进行观察与分析，获得考察调查的第一手资料；另一方面，将理论所学与实际相联系，有助于加深考察者对地理学相关理论的认知和理解。文字描述、素描和摄影是户外实地考察最常用的记录方法，其中文字描述主要是按照一定的要求对研究对象进行观察记录，一般包括观察地点、时间、自然环境、区位条件、人类社会经济活动特征等。

（二）问卷调查法

问卷调查法，也称问卷法或书面调查法，是通过向被调查者发出简明扼要的征询单（表），邀请被调查者填写对有关问题的看法、意见和建议，以间接获得材料和信息的方法。问卷调查法具有简便、灵活、易量化的特征，能够在短时间内针对众多被调查者同时开展，快速获取针对特定问题的书面信息，便于对调查结果进行后续的统计分析。在地理研究中一般采用访问问卷调查法，即由研究者根据研究问题设计问卷，到现场发放调查问卷，由被调查者当面作答。不过，在现代网络高度发达的时代，网络问卷调查已成常态。

调查问卷通常包括标题、前言、个人基本信息、事实性问题（根据调查内容去了解客观事实）和态度性问题（根据调查内容去了解被调查者态度与倾向问题）以及结语等。在设计调查问卷时，需要遵循的下述两个原则：

1．设计问题的原则

（1）具体性

问题的内容要具体，忌抽象。

（2）通俗性

要用易于理解的语言进行问题表述。

（3）单一性

问题内容要单一，不要多个问题结合提问。

（4）简明性

语言尽可能简洁清晰。

（5）客观性

问题中不要有误导性和倾向性的语言。

（6）准确性

不使用模棱两可和容易产生歧义的语言。

2. 设计答案的原则

（1）相关性

答案要与问题紧密相关。

（2）完整性

设计的答案应该包括所有的或者主要的情况。

（3）互斥性

答案之间应相互排斥，避免相互包含的情况。

（4）同层性

答案要具有相同的层次。

（5）可能性

答案是被调查者可能回答的和愿意回答的内容。

设计好问卷后可以进行试测，选取相关代表人员进行试填答，以对部分不恰当的内容进行修改，试测完成后便可进行问卷调查和统计分析了。

（三）访谈法

访谈法也称访问调查法，是一种普遍的资料收集方法，通过口头交谈的方式直接向被访谈者了解社会经济情况或探讨社会经济问题，以收集特定的事实材料。它具有较好的灵活性和适应性。访谈法一般分为正式访谈与非正式访谈，正式访谈有着预先的、较完善的计划，应用该方法进行访谈时，可以设计出一套访谈大纲，包括当次调查的主题性研究问题以及将要提出的访谈问题两大部分，需要按部就班地进行整个访谈过程；非正式访谈不必详细设计访谈问题，而是根据实际情况展开较为自由的交谈。

开展访谈，一般遵循以下四个步骤：

（1）访谈开始，向被访谈者说明目的和基本要求。

（2）逐步提问、倾听回答，采用笔记、录音等方式收集谈话的关键内容。

（3）访谈结束，将访谈内容整理成陈述性材料，也可以进行归类与统计。

（4）得出结论（如被调查问题的现状、性质，产生问题的原因等），并提出建议和意见。

访谈前，需对受访者进行基本了解，选择合适的访谈时间，尽可能结合受访者当时的具体情形和氛围切入访谈。在访谈过程中，要注意询问问题的方法和技巧，针对不同背景的受访者，进行提问时需修改提问的形式，由浅入深，不对受访者进行暗示和诱导。同时多利用开放性的话语、探索性问题、具体性问题展开访谈，适时、适度的追问也很有必要。

另外，除提出问题外，聆听也是一门重要的艺术，访谈时要注意眼神交流和言语反馈，并及时记录关键词，在受访者话题跑偏的情况下，访谈人员要及时扭转话题走向。访谈者应尽可能按照预定的时间准时结束访谈，注意访谈结束的方式与方法。

（四）地图法

地图法是通过地图来传达地理事物空间关系和空间属性的研究方法。地图是地理学户外考察中常用的工具，它既是承载地理信息的主要文件，又是地理学主要的研究手段。通过读图，能够了解城市的基本自然面貌、人文事物的格局和空间结构，为户外调查和考察提供地理资料和信息基础，同时充分利用已有专题地图，标绘出相应内容，可以制作出自己的专题地图。

常用图件包括各种社会经济地图和遥感图像，其中经济地图是制图者对地表的经济地理事物和现象进行加工提炼、采用一定的符号系统进行制图综合而成的图件，城市户外考察中常用的经济地图包括产业布局图、交通地图、空间结构图等。它具有直观、明显、要点突出的特点。遥感图像是在高空遥感平台上得到的地表现象的真实图像，具有信息量大、时效性强的特点。

（五）“3S”技术法

“3S”技术法是指运用现代 GIS、GPS、RS 技术对区域地理现象进行综合分析与研究的方法。其中，GIS 是一种空间信息系统，能够对整个或部分地球表层（包括大气层）空间中的有关地理分布数据进行采集、储存、管理、运算、分析、显示和描述，主要用于地理空间信息资源的开发利用以及图件绘制。GPS 是一种具备实时三维导航与定位能力的卫星导航与定位系统，能够快速、高效、准确地提供点、线、面要素的精确三维坐标以及其他相关信息，主要用于坐标定位、导航定位、测量、自然资源的开发和评价。RS 是指利用各种传感器，从不同平台高度上收集来自地球表层各类地物的电磁波信息，再经过处理加工过程获得地物的图像和数据信息，从而揭示地物特征的综合性技术，主要用于资源普查、环境灾害检测等领域。遥感技术能够对地表各类地物和现象进行远距离探测和识别，提供综合的地理信息，是一类产生自然和人文要素交织在一起的景观（实体）影像的技术。

（六）综合分析法

综合分析法是指运用各种统计综合指标来反映和研究城市社会经济现象总体空间特征和数量关系的研究方法，并针对研究结果分析其背景、原因、影响、利弊等。综合指标法是社会经济统计学的基本研究方法之一，一般使用三种指标：一是总量指标，反映被研究总体的单位总数或它的某种标志的总量，如工业总产值；二是相对指标，反映两个互有联系的社会现象数量的对比，表现被研究对象的发展程度、强度、利用程度、与其他现象的相互关联程度和总体结构等，它可以把绝对数值概括化和抽象化，使许多原来不便于直接比对的事物可以进行对比；三是平均指标，反映总体内各单位某一数量标志不同数值的一般水平，使各单位的标志值的差异平均化。综合指标法常用于对城市经济、社会发展的考察与调查之中。

第三节　考察与调查的主要内容与程序

一、城市自然地理环境的考察

（一）概述

1．概念

城市自然环境是指城市居民生存的自然地域空间，包括城市地理位置、地质、地貌、气候、水文、植被和土壤，以及自然资源等内容。城市是人地关系作用最为强烈的区域。城市自然环境为居民的生活、生产提供了基础，自然环境的优越性影响着城市经济、社会和文化的发展进程，如三角洲城市因其肥沃的土地和便利的交通而繁荣和兴盛。同时，城市也改变了自然环境的面貌，为满足生产、生活各种需要，城市所在区域的地表与自然物不断被改变，城市自然环境因而带上人类社会加工的痕迹，旧的生态平衡被打破，居民对环境的改造最终又通过自然的反馈影响到居民本身。

对城市的自然环境进行综合考察，有利于加深对城市的了解，进一步认识自然环境与城市生产、生活之间的相互关系，在人地关系中谋划城市的发展，同时它也是探究城市经济社会特征、城市形态、城市意象以及城市功能结构的前提和基础。

2．考察内容

（1）城市的地理位置

城市的地理位置包括城市所处的经纬度范围、海陆位置、交通位置、军事战略位置、与其他城市的相对位置等方面。城市地理位置无论是自然的历史发展还是事先有意识选择而确定的，实际上都与环境密不可分，如选择三面环水的半岛位置和地势制高点用以防御，又如河流水运便利，因而大部分城市多临河。对城市地理位置的考察主要运用地图法，依据城市普通地图、交通地图等来进行观察、分析。

（2）城市的地质地貌

城市的地质地貌包括城市地貌形态和特殊地质。一般而言，平坦而地势较高的平原地区是城市发展的理想环境，城市扩展的形态也与地貌形态紧密相关，如兰州市狭长形地带与河谷走向一致。地质也是城市考察的必要部分，如喀斯特地质强烈影响当地生产和生活。对城市地质地貌考察与调查主要探究城市地质地貌的特征、形成原因等情况，以及对居民生产生活的影响。一般先阅读地图以了解城市大致地形，搜集城市相关地质的资料，再进行实地考察。

（3）城市的气候和水文

城市气候和水文条件是城市居民生产和生活必要的条件，水资源充足的地方要注意水质，缺水的地方则要综合考虑。对城市气候和水文的考察与调查通常可以同时进行分析，在收集气候数据的基础上，考察该城市水文状况，具体包括水系及其分支、流量情况等，可以通过城市专题地图、向气象部门收集资料等途径来展开。

（4）城市生物环境

城市的生物环境主要包括植被、动物、土壤。城市不仅是人类生产生活的集聚地，同时也是各种生物个体或种群生存繁衍的空间区域，包含着各种生物与生物、生物与非生物之间错综复杂的关系。城市生物环境对于强化城市地域特色、改善城市生态环境以及提高居民的生活质量具有重要意义，同时人类对生物环境造成的生态问题亟须解决。对城市生物环境考察的方法主要包括向相关部门获取资料、查阅历史文献等。

（5）城市自然资源

自然资源包括光照、地表水和地下水、矿产资源等。城市利用自然资源能够实现经济、社会和文化协调发展。如新疆吐鲁番市充足的光照可以促进瓜果业生产，成都市地处四川盆地西部，光照不足、多雨雾，因而郫县豆瓣产业发达。此外，自然资源的开采和利用造成的资源储量变化和部分环境问题也需重点关注。考察和调查城市自然资源的一般途径是利用城市资源分布地图、向相关部门收集获取相关资料、实地考察等。

（二）研究方法

多采用地图法、“3S”技术法、实地考察、资料收集法、访谈法等。

（三）操作流程

1. 确定研究需要解决的主要问题

识别目标城市的地理位置、地质、地貌、气候、水文条件以及自然资源等自然环境特征，这些自然环境特征对城市经济发展、社会生活产生了什么样的影响，具体表现在哪些方面，目前该城市自然资源与环境面临什么样的困境，原因是什么，可以采取何种举措发展城市生态经济，等等。

2. 收集数据

建立数据收集提纲，充分利用城市各种地图对城市自然环境展开分析，对难以从地图获取的信息，采用资料收集法，向相关部门获取资料。此外，可以进行实地考察以识别微观的自然特征。

3. 数据分析

针对所要解决的问题，整合上一步骤中获取的数据，识别自然环境特征，并分析各项特征对城市发展的影响。根据个人理解，初步推断该城市面临的环境问题、原因并提出相应措施。

4. 专家访谈

结合以上步骤得出分析结果，向有关研究人员发出邀请进行个人访谈，验证个人结论并补充研究成果的不足。

5. 得出结论

得出考察与调查的结论，解决相关问题，总结其中的经验和不足。

（四）案例分析

我们以湖南省岳阳市为例，通过资料收集法、地图法对岳阳市自然环境情况展开分析。

1. 地理位置

岳阳市位于湖南省东北部，素称“湘北门户”。地处 28°～29°N、112°～114°E，怀抱洞庭湖，位于洞庭湖与长江交汇处，南纳三湘四水，水运便利。东邻江西省铜鼓县、修水县和湖北省通城县；南抵湖南省浏阳市、长沙市、望城区；西接湖南省沅江市、南县、安乡县；北接湖北省赤壁、洪湖、监利、石首等县市。岳阳市东西横跨 178.185 km，南北纵长 158.08 km。行政区面积 14 858 km^2。但城区仅局限于岳阳楼附近的洞庭湖东岸，建成区约 87 km^2，人口约 134 万。

2. 地质与地貌

岳阳市境内地貌类型多样，山地、丘岗、盆地、平原与湖沼广泛分布，地势东高西低，呈阶梯状向洞庭湖盆地倾斜。全境地貌可划分为 3 个部分，即东部山丘区、中部丘岗区、西部平原区。岩石以花岗岩、变质岩、第四系松散沉积物为主，地质构造较复杂。

3. 气候

岳阳市处在东亚季风气候区，气候带上具有中亚热带向北亚热带过渡性质，属湿润季风气候。岳阳市环洞庭湖地区“湖陆风”盛行，湖区气候均一，山地气候变异较大。平均年降水量为 1 304.4～1 582.5 mm，呈春夏多、秋冬少，东部多、西部少的特征，降雨年际分布不均，最多达 2 352.7 mm，降雨少的年份只有 750.0 mm。年平均气温为 16.8～17.5℃，极端最高气温为 41.5℃，极端最低气温为 –18.1℃。

4. 水文

境内水系复杂，江河纵横，湖泊密布。境内有两大主要河流，一是汨罗江，全长 253 km，流域面积 5 543 km^2，年径流量 37 亿 m^3；二是新墙河，全长 108 km，流域面积 2 370 km^2，年径流量 16 亿 m^3。此外，长江、湘江也流经岳阳市，市内洞庭湖面积为 1 312 km^2，其中东洞庭湖 920 km^2、南洞庭湖 392 km^2。

5. 生物条件

岳阳市生物资源丰富，野生及栽培植物种类有 2 000 余种，同时是野生动物栖息繁衍的良好场所，国家级保护植物、动物种类多样（表 10-1）。

6. 自然资源

岳阳市境内矿产资源比较丰富，已发现矿产种类 49 种，探明储量的矿种 35 种，列入省矿产资源储量表的矿产有 27 种。其中，金矿在全省占有较大比重，资源潜力在 1 000 t 以上，金矿（含砂金）保有资源储量 98 938 kg；铅矿保有资源储量 52.38 万 t；锌矿保有资源储量 80.44 万 t。岳阳市现有树木种类共有 95 科、281 属、800 余种，其中以壳斗科、杉科、松科、樟科、木兰科分布最广。境内现有土壤 8 个土类、21 个亚类、76 个土属、222 个土种、400 多个变种，以水稻土、潮土、紫色土、红壤为主（表 10-1）。

表 10-1 岳阳市生物资源

生物种类	国家保护分级
植物	国家Ⅰ级保护植物：银杏、南方红豆杉、水杉、伯乐树 4 种； 国家Ⅱ级保护植物：闽楠、樟树、厚朴、杜仲、香果树、鹅掌楸、金钱松、喜树、凹叶厚朴等 11 种
动物	国家Ⅰ级保护动物：云豹、麋鹿、黄腹角雉、金雕、白鹤、白头鹤、东方白鹳等 11 种； 国家Ⅱ级保护动物：江豚、穿山甲、灰鹤、白枕鹤、虎纹蛙、猛禽类等 36 种。鸟类资源极其丰富，仅东洞庭湖自然保护区内观测记录的鸟类就有 352 种，其中属国家Ⅰ级保护的有 7 种

综上，由于岳阳市重要的自然环境与区位，湿地资源丰富，是生物重要的繁衍地和栖息地，因而岳阳市内建立了多个自然保护区、生态公园，大力发展生态渔村、生态旅游，全面打造生态型城市化。同时近年来岳阳市内造纸厂的遣散工作颇有成效，目的是治理因造纸产生的废水排入洞庭湖内造成的湖水污染，但是造纸的主要原料芦苇，却因为造纸厂的退出大肆生长，芦苇在水中腐烂后造成水体的富营养化，也会带来水质问题，因此当前需解决的问题是如何结合新型科技高效利用芦苇，降低使用芦苇进行绿色生产的成本、提高利润，吸引企业投入芦苇绿色生产之中。

二、经济社会特征

对人们从事经济和社会活动所产生的相关信息进行系统搜集并测算，从而判别城市经济、社会特征的科学活动，称为城市经济社会特征调查。它在城市户外考察过程中有助于纠正人们主观认知上存在的偏差，合理整合各方面资源，提高城市发展的决策和管理能力。

（一）方法

1. 指标选取

识别城市经济社会特征主要借用经济和社会指标进行分析。从城市发展的形势来看，可以分为发展总量指标、发展效益指标和结构指标；从研究的尺度来看，分为横向的城市间经济社会特征比较，以及纵向的单个城市经济社会发展趋势，或是将二者相结合进行综合探究。指标数据获取的方式一般为搜集、整理、分析相关职能部门的统计年鉴或统计公报的数据资料。

（1）国民经济与社会发展总量指标

包括人口数量、人口结构、就业人数、各产业生产总值、人均生产总值、一般公共预算收入和支出、外资使用、进出口总额、外商直接投资额、人均可支配收入、人均消费额等。

（2）经济社会发展效益指标

包括人口出生率、人口死亡率、人口自然增长率、就业负担人口、劳动生产率、产业发展效率等指标。

（3）国民经济主要比例（结构）

产业结构：三次产业比例、轻重工业比例等。如 2021 年珠海市一、二、三产业增加值分别占地区生产总值的 1.49%、38.86%、59.65%，规模以上轻、重工业比例为 2∶3。

非公有制经济结构。如 2021 年，上海市公有制经济增加值占全市地区生产总值（GDP）比重为 45.0%，非公有制经济增加值占全市 GDP 比重达到 55.0%，公有制与非公有制比例为 9∶11。

恩格尔系数：由德国经济学家恩格尔提出，是指生活消费中食品消费所占的百分比，随着人们生活质量提高，食品消费总额会不断提高，但食品消费所占的比例是不断下降的。恩格尔系数大于 59%，生活水平贫困；处于 50%～59%，生活温饱；介于 40%～49%间为小康；20%～39%为富裕水平；小于 20%为极其富裕。

外贸依存度：进出口贸易额与 GDP 的比例，反映该城市融入国际、对外开放的程度，同时也反映城市受制于国际环境的程度。

2. 遥感技术运用

城市经济发展特征还可以利用遥感技术进行研究。遥感数据可以通过多种方式获取信息，其获取方式简单，能进行历史信息回溯，具有高空间分辨率、广泛的地理覆盖度等优势，同时遥感技术能以低成本收集目标数据，反复地、大规模地收集常规方法难以获得的数据。

灯光遥感数据，是指利用遥感平台从太空观测夜间地球的光芒，通过获取地表发射的可见光-近红外电磁波信息，反映人类夜间灯光照明，同时包括部分区域的石油天然气燃烧、海上渔船照明、火灾及火山爆发等。通过分析城市不同地块的夜间活动可以反映城市空间差异，或是用不同时段的夜间经济活动对比分析，以从时序角度反映城市经济发展变化的情况。灯光遥感数据与人口和经济变量具有较好的相关性，给我们提供了新的认识世界的方法，为城市化状况提供了新的分析思路，目前在社会科学领域已得到广泛应用。

（二）操作流程

1. 确定研究需要解决的问题

识别城市经济和社会发展特征，即该城市的发展规模、速度、水平，该城市发展可以采取哪些措施推进城市经济社会可持续发展，以及与其他城市间的发展差异，产生差异的原因以及对策。

2. 选择需要调查的城市，并获取第一手资料

具体方法如下：

1）向政府相关职能部门获取相关统计数据；

2）在图书馆查询统计年鉴；

3）登录国家统计局官网，获取所在城市统计年鉴。

3. 指标选取和数据收集

确定从年鉴、数据中选取哪些指标作为研究对象，可以参照上文提到的总量、速度、效益和结构进行选取。

4. 数据分析和综合

如果有参照标准，可以直接利用标准、阈值对城市经济社会发展水平进行判断，若无标准，一般从横向比较或纵向发展趋势进行分析。条件允许的情况下，可以进一步借助综合指标评价法对城市间发展特征进行定量分析，计算综合指标得分。

5. 得出结论

汇集总结，得出结论，提出解决问题的建议。

（三）案例分析

1. 上海市

上海市位于中国南北海岸线中心点，区域面积为 5 299.29 km^2。来自上海市统计局的数据显示，2016—2021 年，上海市经济发展持续增长，在经济结构上不断优化，发展协调性持续增强，产业体系加快升级，城市的影响力也不断增强，人民生活水平和社会文明程度大幅提高。

（1）经济增长指标

上海市经济持续稳定增长，综合实力不断加强。地区生产总值由 2016 年的 29 887.02 亿元发展至 2021 年的 43 214.85 亿元，经济总量增长 33%，年均增长 5.9%。人均生产总值由 2016 年超 12 万元发展至 2021 年超 17 万元。空间上，就 2021 年看，在上海市 16 个区中，

浦东新区生产总值以 15 353 亿元的总额排名第一，其次是黄浦区为 2 902.4 亿元，生产总值最低的为崇明区为 409.72 亿元。相较于 2020 年，长宁区生产总值增速达 17%，其增速位于全市第一，其次是浦东新区经济增速达到 16.25%。此外，一些郊区生产总值增速也较为可观，奉贤区 11.75%，闵行区 10.85%，最低的为杨浦区，出现负增长情况，GDP 增速为–7.73%。

（2）经济结构指标

上海市经济结构不断优化。产业结构方面，2016 年产业的三个结构比重分别为 0.4%、28.7%、70.9%，2021 年调整至 0.2%、26.5%、73.3%。近年来，上海所有制结构中非公有制经济占比不断提高，2021 年，公有制经济增加值 19 440.52 亿元，占全市 GDP 比重 45.0%，非公有制经济增加值 23 774.33 亿元，占全市 GDP 比重达到 55.0%。

（3）民生发展指标

居民的收入水平不断提高，总体已经达到比较宽裕的小康水平。上海城镇居民人均可支配收入由 2016 年的 57 692 元增至 2021 年的 82 429 元，年均增长 7.4%；农村居民人均可支配收入由 25 520 元增至 38 521 元，年均增长 8.6%；城乡居民人均收入倍差由 2.26 降至 2.14。2021 年，上海城镇和农村居民人均消费支出分别为 51 295 元和 27 205 元，分别是 2016 年的 1.3 倍和 1.6 倍。就业形势总体稳定，全年新增就业岗位由 2016 年的 59.93 万个增至 2021 年的 63.51 万个。2021 年城镇登记失业人数由 24.26 万人回落至 14.40 万人；高校毕业生去向落实率为 95.6%；全市正常缴纳社保的就业人数为 1 084.50 万人。

（4）社会文化指标

教育现代化水平持续提升。2021 学年末，上海共有普通高等院校 64 所，与 2016 学年末持平，在校学生 54.87 万人，增加 3.4 万人。2021 年，全市招收全日制研究生约 6.6 万人，较 2016 年增加约 1.7 万人。文化产业快速发展，至 2021 年年末全市拥有公共图书馆 23 个，博物馆 158 个，较 2016 年增加 33 个。医疗卫生和健康水平不断提高。全市各级各类医疗卫生机构总数由 2016 年的 5 011 所增至 2021 年的 6 317 所，卫生技术人员由 21.72 万人增至 23.96 万人。

综上，上海市的经济社会发展成效显著，目前应当按照当好全国改革开放排头兵、创新发展先行者的要求，积极应对风险挑战，持续加强城市安全韧性建设，继续打造国际性大都市。

2. 山西省晋城市

陈永燊等人通过参照 2004—2013 年的统计年鉴，选取人均 GDP 数据，并利用图示法进行可视化分析，对晋城市总体经济发展特征和内部差异进行了分析。

（1）晋城市经济整体发展迅速，县域差异显著

同整个山西省相比，晋城市人均 GDP 增长速度略高于全省平均水平，变化节律基本一致（图 10-1）。再从晋城市所辖各县级行政单位的相对发展速率来看，差异明显，其中沁水县增速最大、陵川县最小（图 10-2）。

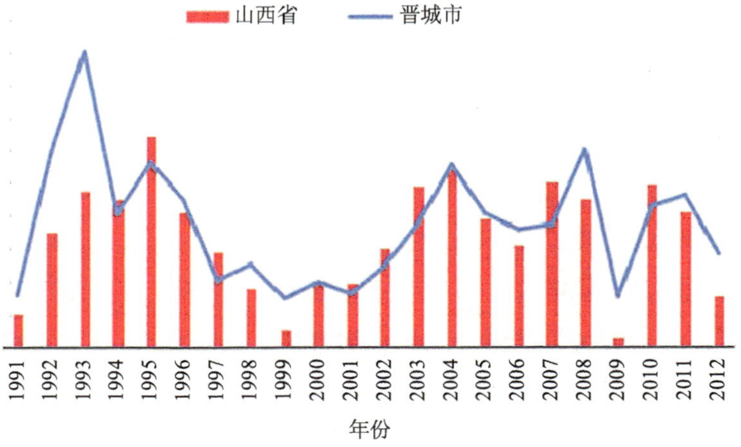

图 10-1　晋城市与山西省人均 GDP 增长速度比较

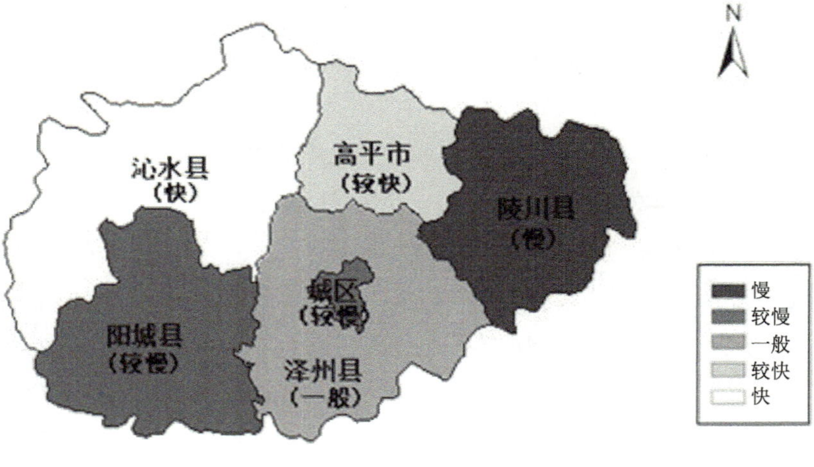

图 10-2　晋城市各县级行政单元相对发展速率

（2）晋城市内部经济的空间演变特征明显

陈永燊等人选取 2004 年、2006 年、2008 年、2010 年和 2012 年 5 年的人均 GDP 数据进行分析，将其人均 GDP 水平划分为 5 个等级进行比较，即低、较低、一般、较高、高，并将其空间分布状况绘制成图，以便更直观得到晋城市各县级单元区域经济差异的空间发展变化情况。可以看出晋城市 5 年的人均 GDP 空间分布不均衡且呈现动态变化，这说明各县级行政单元经济差异存在并不断改变。就各年份而言，2004 年晋城市人均 GDP 整体呈现南高北低、西高东低的分布状态；2006 年南高北低状态减弱、西高东低的落差加大；2008 年南北方向上的整体分布状态发生变化，变为南低北高分布，东西方向上还是西高东低分布；2010 年南低北高分布差异减小、西高东低差异加大；2012 年南低北高分布又呈现加强趋势，而西高东低分布状态有所减弱（图 10-3）。

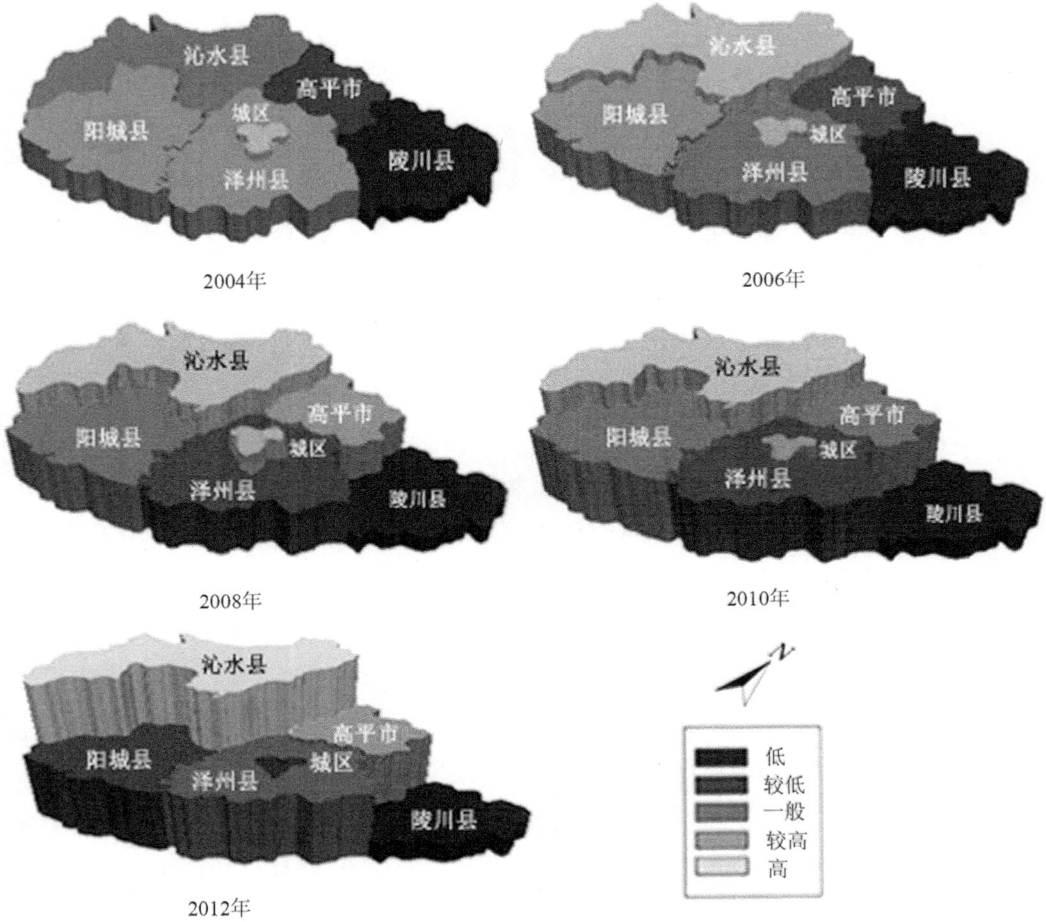

图 10-3 晋城市人均 GDP 空间分布的演变

总体来看，人均 GDP 空间分布南北方向上由南高北低逐渐转变为南低北高，东西方向上则一直保持西高东低分布，并且其趋势在逐渐加大。这说明，晋城市经济发展北面优于南面、西面优于东面，并且东西经济差异在加大。

针对晋城市经济发展的空间特征，经综合分析可知其影响因素包括资源条件、交通条件、开发历史、产业结构、资本投入和人口因素，以及发展的政策差异，可进一步采取如下措施促进晋城市的经济协调发展：广开财路加快晋城市经济发展，增强总体实力；建立合理的产业结构；制定优惠政策，加大对落后县域的扶持力度；建立公正的市场环境，加强县级行政单元经济交流。

三、城市空间形态

（一）概述

1．概念

城市形态从广义上来说包括有形形态和无形形态，有形形态主要指城市用地的外部几何形态，城市建筑空间组织和面貌；无形形态为社会、文化等各种无形要素的空间分布形式。此处提到的城市空间范围形态是从狭义上探究城市外部几何形态，通俗来讲就是城市的轮廓形状。

2．分类

一般分为团块式、带状、组团式、卫星状等形态。

团块式城市主要分布在平原地区，该类城市形态有利于进行集中管理和提供服务，我国成都、合肥等城市都是团块状城市。

带状城市主要是受地形影响随山谷、河流分布，或是沿交通线两侧分布扩展而形成。这种城市中心感比较弱，我国的甘肃省兰州市是典型的带状城市。

组团式城市是指有若干块城市用地，但用地间彼此不连续，通常被农田、山地、河流、森林、海湾等分割，典型城市是我国香港。

卫星状城市也称星座型城市，是指围绕城市中心，外围发展若干中小城市即卫星城市，卫星城市具备承接中心城市人口疏散、产业转移等缓解中心城市压力的功能，同时能够带动卫星城周边区域发展，促进区域协调发展。卫星状城市一般常见于大城市或特大城市及其周边。

城市空间形态影响城市内部各组成部分的合理布局、城市中心与周围地区的联系程度，关系到城市生产、生活质量和城市合理发展等一系列问题，研究之具有重要意义。城市空间形态的研究主要集中在城市空间形态分析、城市空间形态的演变及影响因素、城市空间形态的未来预测等方面。

（二）研究方法

主要采用地图法、“3S”技术。

（三）操作流程

1．确定研究问题

目标城市总体呈现什么样的空间形态？城市空间形态的形成受哪些因素影响？从时间尺度来看，城市空间形态发生了什么样的变化，其影响因素和作用机制是什么？

2. 资料收集

收集城市历年各类专题地图，如交通地图、地形图、自然资源分布图等地图资料，以及卫星影像资料，以获取城市形态特征。

3. 资料分析

进行单一年度分析时，要观察城市分布形态，以及特殊形态分布的地理位置，将特殊形态分区进行标号和分析，尝试利用已有资料解释城市分布的影响因素，可从自然和社会经济两方面展开。

进行多年度对比分析时，数据较为庞大，需要合理选择形态变化明显的年度进行分析，同时要确定适当的时间间隔，通过勾勒、对比历年城市轮廓，分析城市形态变化的特点、影响因素，尝试推测未来变化趋势。

必要时要进行实地考察。

4. 得出结论

将分析内容进行整理归纳，利用相关数据处理软件进行地图可视化显示与分析，最后得出结论。

（四）案例分析

1. 单一年度分析

甘肃省兰州市沿黄河两岸河谷分布，东西长约 45 km，南北宽 2～8 km，是典型的带状城市。兰州城市空间范围形态的形成主要受到地形的限制，无法发展成集中的团块状，只能沿着黄河河谷长条状延展（图 10-4）。

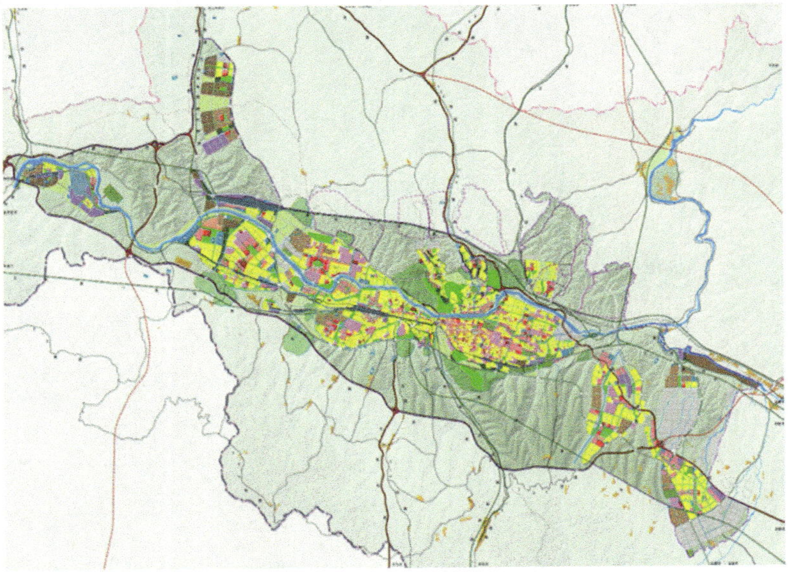

图 10-4 兰州城市空间形态图

兰州市区在发展过程中，逐渐形成了著名的兰州百里黄河风情线，依山就势，被称为“兰州外滩”。对于兰州的城市形态，人们形象地比喻其为“兰州拉面”。

城市中的很多地标、市政配套设施等都沿着黄河呈条带状布局，主干道是5条长度超过30 km的东西向道路，相对来说，交通压力较大，运行效率不高。同时由于南北向较窄，兰州市城郊距离较近。

2．多年度对比分析

牟凤云等于2006年利用历史数据、卫星影像资料和遥感技术，提取了1979—2004年不同时期广州城市建成区的信息，并完成6个年度的遥感检测，从而得到相应年度的城市空间形态图（图10-5）。其结论如下：①广州市城市中心建成区的发展经历了20世纪70年代缓慢发展期、80年代相对稳定期、90年代前期的快速发展期、90年代中后期的平稳发展期，以及近年来的高速发展期等五个阶段。②城市形态演变的主要作用因素有地理环境、城市规划、交通系统。

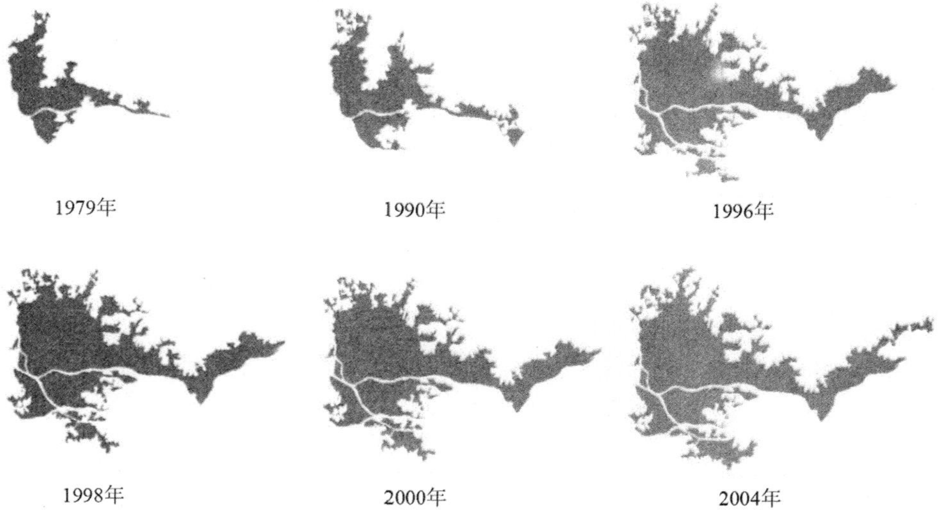

图10-5 广州市不同时期城市空间形态

由此可见，从地理环境角度而言，兰州市时期历史形成的带状城市形态，各条道路自然形成的发展触角，体现了避开城市北部地质不良的地区、水源保护区和洪水易侵入地的综合考虑。其次是城市规划、经济发展和交通系统等社会经济因素，使得广州市城市功能分区得以调整、面积扩展以及城市空间触角式扩散。

四、城市空间意象

城市空间意象（城市意象空间）是行为地理学中的概念，是指人的大脑通过想象能够回忆出来的城市图景和印象、表象。城市空间意象是城市文明的积淀，也是城市世代居民的集体记忆，生活在城市中的人都是独特的个体，每个人心目中的城市意象空间是不同的，这种差异在不同的社会群体中体现得更为明显。

（一）城市意象图

城市意象的概念始于美国城市规划学家凯文·林奇，他认为每个人在自己的环境中形成了对城市的局部印象，叠加后则对城市的整体印象形成共识。在此基础上，林奇提出了城市意象图一说。20 世纪 50 年代，他针对波士顿、新泽西市等地居民开展调查研究，要求其画出各自城市空间形态的略图，这些勾勒的略图省略了许多重要细节，将复杂的几何形状简略为更容易理解的直线或直角，简化了所感应环境的空间形态。这样的略图就是城市意象图，可以帮助人们了解城市居民对城市特点的感应和认识，是研究城市感应空间最基本的手段。

城市意象图主要由以下五类要素组成：

（1）路径

指人能够移动通行的道路，包括市内交往和交通的渠道，如街道、人行道。

（2）边界（边缘）

区与区之间的分隔线（或障碍），包括自然或人为的各种边线，如湖畔、斜坡、铁路。

（3）区域

指城市内部具有特殊文化或经济社会属性的区域。

（4）枢纽或节点

指车站、广场、中心公园等交通交汇或群众喜欢聚集的地点。

（5）标志

指城市中人们用以识别方向和区位的参考物。

目前，信息技术支撑的网络社会，改变了居民对于城市的经验和认知方式，新兴媒介拓展了人类的环境认知能力，线上与线下相结合成为居民对城市空间认知的主要方式，并通过图片剪辑、轨迹展示等多种方式对场景进行选择性的传播。互联网环境下城市意象的生成机理与状态表征已发生较大的改变，读者可对此进行一定的拓展性阅读，此处不再细述。

（二）操作过程

城市空间意象调查的范围一般为城市市区，调查步骤包括照片认知、地图认知及结果分析，读者可以基于自身实际与研究兴趣进行选择。

1. 照片认知

以被调查城市不同地点和场景的照片作为基础数据，开展以下照片认知调查：

（1）首先采集初始照片。从调查所在城市的行政地图上选取出若干点，分别对这些点进行实地考察，拍摄大量的建筑物及城市风貌照片。

（2）对照片进行筛选，针对该城市“土著”居民（居住时间达 10 年及以上）进行小样本调查，向其展示实地考察拍摄的照片，选取其中辨识度较高的照片若干，并一一编号，作为调查所用照片。

（3）针对不同社会群体的城市居民进行照片认知提问，要求其辨认若干照片中景物的名称及大致的方位，将辨认出的照片编号在地图上标识出来。

2．地图认知

地图认知是开展城市空间意象调查最基本的方法，其结果应作为调查的主要依据。地图认知要求被调查者绘制城市意象图，并且把照片认知步骤中识别出来的照片表示在其绘制的意象图上。城市意象图的产生基于被调查者对外界环境的认识，每个人对城市的认知表述都是由点、线和面组成的，这些点、线、面的关联程度因人们在环境中的不同经历而有所不同。

3．结果分析

（1）分析照片识别的结果。通过照片辨认率来判断城市意象元素对被调查者的影响，不同的城市意象元素的照片辨认率是不同的，不同社会群体对同一城市意象元素的辨认率也是不同的，可以从这两类差异入手，分析这些差异的具体表现和影响因素。例如，分别位于城市商业中心、文娱场所、公共绿地 3 类空间的城市意象元素，哪类元素的辨认率最高？哪类元素的辨认率最低？为什么会造成这种结果？在辨认相同的城市意象元素时，大学生、土著居民、流动人口的辨认率有何差异？原因如何？读者可以从自己感兴趣的角度切入开展探究。

（2）分析地图认知的结果。观察获取到的城市意象图，探究这些意象图之间是否存在一定的相似性和差异性，尝试将其归纳为几种不同的类型；从路径、边界、区域、节点、标志 5 个方面出发，对被调查城市的意象构成要素特征进行分析。

（3）对以上步骤得到的结果进行综合分析，得出被调查城市的公众意象图，归纳总结出影响城市意象空间形成的主要因素。

（三）典型案例

1．北京市

顾朝林团队于 1998 年 11 月至 1999 年 2 月对北京市城市意象空间进行了调查与分析，调查地点为北京市中心城区（四环路以内）的东城、西城、宣武等 7 个区的典型场所，调查方式以问卷访谈为主，并将北京市居民、流动人口和大学在校学生作为受访人群。

研究团队通过照片辨认、地图认知、问卷访谈三个主要的流程进行系统分析，得到了以下结论：

（1）被调查者对北京市的总体评价主要集中于“中国的首都”“国家政治经济中心”“北京人的家庭所在地”三个方面；

（2）被调查者对于北京市的结构性意象有趋同性，即存在一个“公众意象”，并且其主结构清晰，影响北京“公众结构性意象”的主要因素是道路、地标和节点；

（3）北京市城市评价性意象的形成因子包括经济、历史、文化、政治、交通及环境因素，同时受到安全感、归属感等因素的影响；

（4）生活便捷程度、环境优美程度及熟悉程度是北京市居民选择居住区的三个首要考虑因素。

基于调查结论，该案例提供了以下几点启示：

（1）城市意象反映了城市居民对活动空间的认知；

（2）路径对城市意象具有“屏蔽”作用；

（3）被调查者的居住年限和户口所在地的影响大于文化水平的影响；

（4）性别、年龄、通勤距离等人的社会属性对城市意象空间的影响较小。

2．兰州市

2010年，苗涛等以兰州市主城区（城关区、七里河、西固区、安宁区）为研究区域、以专家问卷、市民问卷、照片识别及地图认知为手段开展了城市意象空间调查，重点分析了城市意象空间构成要素，并概括了兰州市城市意象的空间结构。

他们的主要结论是：

（1）兰州市主城区对被调查者影响较大，兰州市存在较为清晰的公众意象，且被调查者对各项意象因子和意象元素的熟悉度有很大的差异性；

（2）调查获取的居民城市意象草图存在一定的相似性和规律性，总体上城市意象空间图呈现网格状，功能分区、行政区划影响着城市居民的总体城市意象空间结构；

（3）黄河、白塔山和五泉山等景观起到了边缘要素的功能。

3．济南市

2022年，卢振瑜等采取问卷调查法并手绘意象地图，选取济南大学在校大学生群体为研究对象，通过分析不同生源地以及不同年级大学生认知地图的济南市城市空间感知差异，将大学生的感知特征依照其影响因素，分为客观感知（受城市客观构成影响）和主观感知（受个人主观影响）两个维度，并分别对两种维度大学生的空间感知特征和感知机制进行了分析。

最终得出以下结论并提出相关建议：

（1）大学生对于功能性目的地意象要素的认知频率变化，基本不受客观和主观因素影响，具有稳定性。可以在未来研究中，充分重视对更为微观尺度的功能性目的地的研究，利用其特性提高城市空间的活力；

（2）大学生群体在社会交往、文化教育、体育活动等方面存在持续的需求，对文体类意象要素的认知频率，在大学各阶段呈现持续上升的趋势。城市规划时，应在大学内部及周围布设充足的文化体育设施，满足大学生的需求；

（3）对于大学生（城市外来人员）而言，景点、行政区、商娱类、文体类意象要素，是其初始时对城市空间进行认知的主要意象要素，也是展现城市特色的主要意象要素。应更加注重对于这类城市空间要素的城市特色设计，以提高城市空间的可读性。

五、城市内部空间结构

（一）概述

1．概念

将不同功能的各部分用地合理地组织在一起，既满足相互之间的关联，又避免相互之间的不良影响，这样各功能区的分布和组合就构成了城市内部空间结构。城市功能区主要包括商业区、工业区、住宅区、市政和公共服务区、对外交通运输和仓储区、风景游览区、郊区等，每个功能区由多种城市土地利用类型聚集而成，其中以某种土地利用类型为主，且对应该区的主要功能。例如，以商业用地为主形成了商业区，以工业用地为主则形成了工业区。需要注意的是，城市功能区间没有明确的界限。

城市功能分区工作是规划中带有战略意义的工作，必须掌握城市现状的自然、经济、社会等基础资料，在现场实地踏勘的基础上，参考用地分析结论，再在地图上着手布置城市规划方案。

2．城市空间肌理

城市空间肌理，是指宏观尺度上的城市实体和城市空间在二维状态下呈现的、易为视觉观察出规律的形态特征。城市实体主要指建筑物、构筑物、道路等，城市空间主要指街道、公共开敞空间等。城市空间肌理需在一定范围内涵盖相当数量的城市实体才能形成，微观具体的建筑物和独立空间并不具有肌理。例如北京市中心城区由核心区、西北部地区、东北部地区和南部地区构成，内部涵盖商务区、文化艺术区、科学城、创新园等重要功能区，以及北京站、北京西站等重要城市节点，总体上由道路构成不同的环线，形成中心城区独特的空间肌理结构（图 10-6、图 10-7）。

图 10-6　北京市中心城区空间肌理

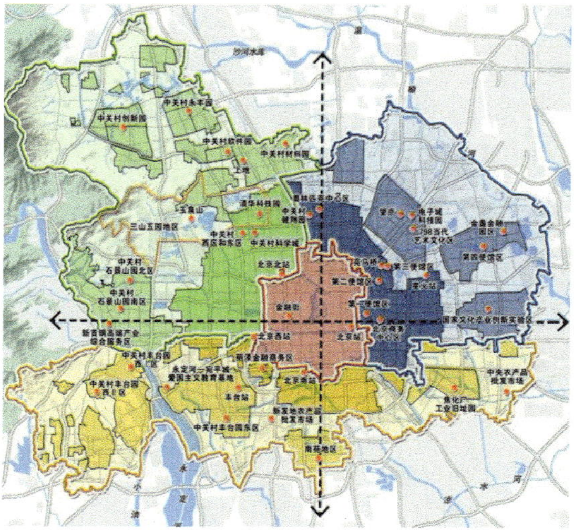

图 10-7　北京市中心城区功能分布

3. 空间结构理论

同心圆学说、扇形学说、多核心学说是西方城市空间结构理论的代表性学说，它们论述了不同功能分区的组合形式。

（1）同心圆学说

同心圆模型是 1929 年由芝加哥大学社会学家伯吉斯提出的，该模型分 5 个同心圆地带（图 10-8）。第Ⅰ带是中心商务区，是城市核心；第Ⅱ带是过渡带，居民多是低收入阶层；第Ⅲ带是工人住宅带；第Ⅳ带是中产阶级住宅带，也就是白领阶层住宅区；第Ⅴ带是通勤带，是高收入阶层的居住区域。

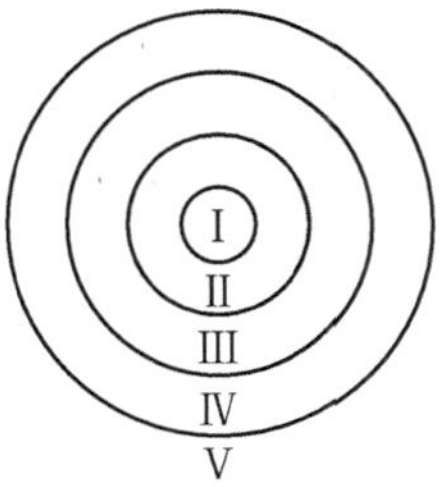

图 10-8 同心圆模型

注：Ⅰ～Ⅴ分别为中心商务区、过渡带、工人住宅区、中产阶级住宅区、通勤带。

（2）扇形学说

由美国社会学家霍伊特于 1936 年提出，扇形学说在同心圆学说的基础上加入了交通要素，重点考虑了连接中心商务区的放射状交通干线的影响，该学说认为城市土地利用功能分区是由中心商务区向外放射而形成不同职能的楔形地带，因此交通干线两侧地租/地价较高，楔形外部为低收入住宅区（图 10-9）。

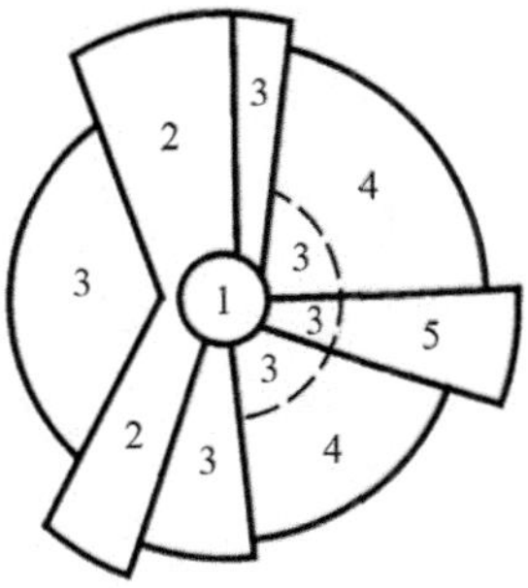

图 10-9 扇形模型

注：1～5 分别为中心商务区、工厂区、穷人住宅区、中产阶级住宅区、富人高级住宅区。

（3）多核心学说

由美国地理学家哈里斯和乌尔曼于 1945 年提出。该学说认为大城市并非依托单一核心发展，而是围绕着几个核心形成中心商务区、批发商业区、住宅区、工业区和郊区，以及相对独立的卫星城镇等多种功能区，并由它们共同组成城市地域（图 10-10）。多核心城市出现的原因是城市多功能的不断出现，而各种功能都有自己的特殊需要，所以在空间上呈现出这种特殊的空间地域结构。如银行业与商业和批发业密切联系、大学城与知识阶层、高技术人员住宅区结合在一起。

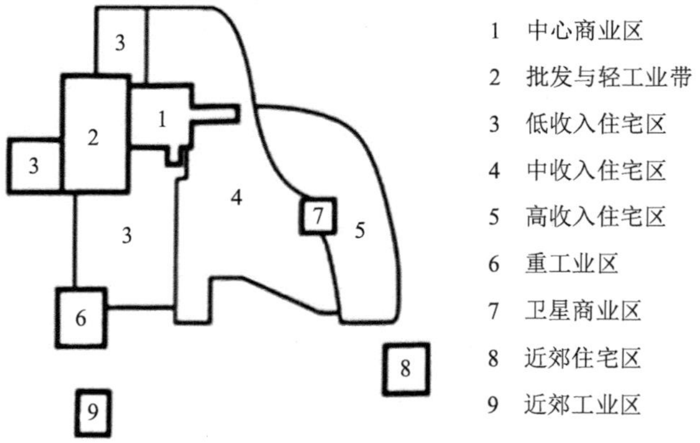

图 10-10 多核模型

（二）研究方法

资料收集法、地图分析与标绘、实地考察法、问卷调查法等。

（三）操作流程

可以从城市某块区域入手，熟悉基本流程后，再研究整个城市的功能区分布。

1. 确定研究的主要问题

（1）目标城市某区域功能区分布情况。尝试画出简图，并观察城市地域结构，即各功能区分布组合的形式和特征。

（2）影响各功能区分布的因素有哪些，是如何发挥作用的。

（3）各功能区发展现状如何以及功能区内人们对功能及服务的满意程度。

（4）怎样优化城市功能区的发展，推进城市功能布局更加合理。

2. 查询城市发展规划

查询目标城市的发展规划，根据发展规划中目标区域的产业布局和发展目标，初步推断城市该区域功能区类型的组合分布状况。如发展规划中明确涉及的园区产业发展、旅游区建设和总部经济区发展，分别对应工业区、风景游览区和中心商务区。结合城市电子地图中用地情况，大致描绘出各功能区的范围。

3. 实地考察与问卷发放

对第二步划分出的功能区进行实地考察，结合电子地图，绘制出功能区内部的用地结构并进行标注；观察功能区的分布位置、周围交通流、生态环境；对商业从业者、居民等人群发放问卷或进行访谈，了解功能区地价、人流时间分布以及人们的满意度，进而分析该功能区分布的特点、影响因素以及发展情况，提出相应发展措施。

特别需要注意的是，应对该城市区域内同类型的功能区进行对比分析，指出它们是否处于同一层级，有哪些区别和相似之处，其影响因素是什么。

（1）城市目标区域功能区分布简图，功能区内部土地利用结构。

（2）该区域商业区分布位置、形态、区位条件、内部商铺格局、地价情况以及商业区间层级比较及影响因素分析。

（3）住宅区分布位置、形态、内部结构、生活配套、环境质量、房价、通勤范围以及居民满意度，不同层级（高级、中级、地级）住宅区间的差异。

（4）工业区分布位置、形态、选址原因、生态环境、交通和市场情况，不同工业区的选址差异。

……

读者可以选取以上某一功能区类型进行实地考察和分析。

4. 结果分析

综合以上内容，得出考察结果并撰写考察报告。

（四）案例分析

1. 长沙市

以湖南省长沙市岳麓区岳麓山周边为例，岳麓山、梅溪湖公园、花果山麓溪园区域为风景游览区，同时麓山脚下三大高校（中南大学、湖南大学、湖南师范大学）汇集形成文化区，西北方向是麓谷高科技工业园区（麓谷），由各类产业、企业汇集而成工业区，往东分别是住宅区和市政区（图 10-11）。

图 10-11 长沙市岳麓区部分区域功能分区

注：①工业区；②住宅区；③市政区；④风景游览区、文化区。

就工业区而言，麓谷高科技工业园区是长沙高新区管委会的直管核心园区，现有中联重科、九芝堂、长城信息、杉杉新材等重点发展企业，涵盖先进装备制造业、电子信息产业、生物医药产业、新能源产业、新材料产业等主导产业。区别于传统工业园区，麓谷高科技工业园布局的区位因素有下列几个方面：

（1）毗邻岳麓山大学城。依托中南大学、湖南大学、湖南师范大学重点高校及其他 40 多所高校，区内有多个科研院所和重点实验室，集聚优越的高端人才资源，各类人才输送、科技创新交流便利，方便高新技术产业的研究与开发、转化与应用科技成果。

（2）良好的周边环境和较高的生活质量。靠近岳麓山、梅溪湖、尖山湖公园，环境优美，空气清新，水质较好。同时交通便利，利于对外沟通交流，又邻近医疗机构、中小学，生活配套齐全。此外，商住配套设施、工业配套设施、办公及厂房租赁设施完善。

（3）长沙高新区向企业提供优质高效服务的优惠政策。园区内高新技术企业从被认定之日起，按 15%的税率征收企业所得税；设立产业发展专项资金，用于支持重大支柱产业、特色产业和技术创新项目；每年安排 2 000 万元专项资金，用于扶持服务外包产业的发展。

2．上海市

《上海市城市总体规划（2017—2035 年）》中指出，上海市需根据市域内不同地区功能定位和资源环境条件，着力提升主城区功能等级，完善新城综合功能，促进新市镇协调发展，实施乡村振兴战略，逐步形成“一主、两轴、四翼，多廊、多核、多圈”的空间结构（图 10-12）和“主城区—新城—新市镇—乡村”的城乡体系（图 10-13）。

图 10-12　上海市域空间结构规划

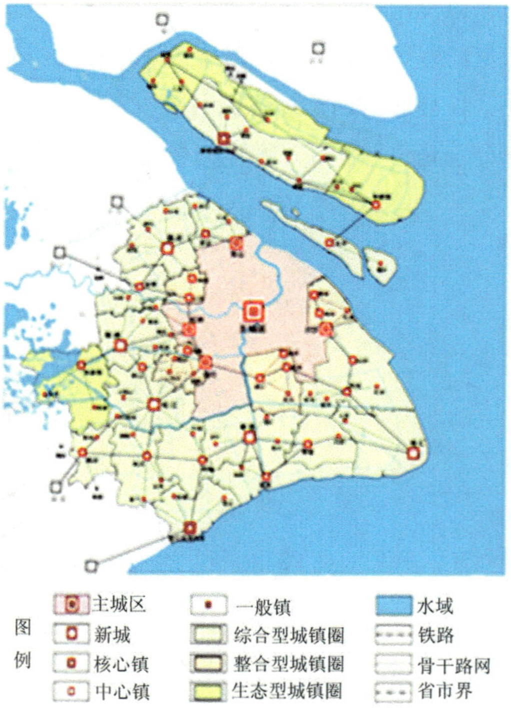

图 10-13　上海市城乡体系

上海着力打造“城市主中心-城市副中心-地区中心-社区中心”的公共活动中心体系（图 10-14），以提升全球化城市功能和满足市民多元活动需求。其中城市主中心也称为中央活动区（Central Activities Zone，CAZ），是在中央商务区（Central Business District，CBD）基础上延伸出来的，是全球化城市功能的核心承载区，金融、商务、商业、文化、休闲、旅游等功能高度融合，既链接全球网络又服务整个市域。

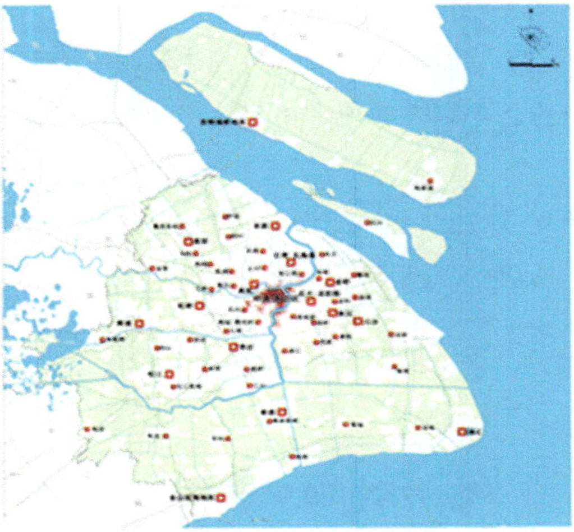

图 10-14　上海市公共活动中心体系

上海市中央活动区包括小陆家嘴、外滩、人民广场、南京路等区域（图 10-15）。

图 10-15　上海市用地布局

思考题

1. 选取你所在城市中熟悉的区域，针对你感兴趣的研究主题和具体问题，设计一份具有地理学特点的调查问卷。

2. 简述城市户外考察与调查的一般步骤。

3. 简述城市户外考察与调查的常用方法。

4. 以你熟悉的城市为例，选取你感兴趣的研究主题，通过实地调研撰写一份调查报告。

5. 以你熟悉的城市为例，综合实地考察和地图分析，研究目前城市空间形态及其影响因素。

6. 查询有关城市的发展规划，了解该城市对城市组织的布局和协调安排，深入认识发展规划中对优化城市空间组织结构所采取的举措。

7. 了解所在城市的商贸、工业、绿地等功能区分布情况，并进行实地考察。

推荐读物

1. 许学强，周一星，宁越敏. 城市地理学. 第 2 版[M]. 北京：高等教育出版社，2009.
2. 周春山. 城市空间结构与形态[M]. 北京：科学出版社，2007.
3. 刘剀. 武汉三镇城市形态演变研究[M]. 武汉：华中科技大学出版社，2017.

温馨提示

1. 城市是国民经济发展的火车头，其发展和变化强烈影响着一个地区乃至整个国家的国计民生，深入研究之很有必要。众所周知，城市研究内容繁杂，我们可以从社会、经济、政治、文化等不同角度展开深入研究，但地理学的角度绝对是很独特的一个方面。用地理学的独特方法研究城市问题，肯定会得出不同凡响的结果。

2. 城市空间结构与形态，反映着特定时代的基本特征，反映着一个地区、一个民族的综合特征。从地理学角度研究这个问题，必然是非常有趣和非常有意义的。

3. 城市研究一般分两个层次，一个是特定区域内城市群或城镇体系的研究，另一个是针对某个特定城市开展的研究。不过，由于现阶段我国的行政区划中行政区的市和城区的市模糊不清，具体研究时一定要明确到底是哪一级别的“市”，概念要绝对精确。

第十一章　乡村的考察与调查

本章提要

一般来说，乡村较之城市拥有更为开阔的空间，蕴含着或赋存着丰富的资源，是城市空间和社会经济的基础与依托，关乎一个地区或国家的兴旺发达。本章系统介绍乡村的基本概念、基本特征、开展区域乡村考察和调查的主要程序和方法，并结合实例进行系统分析与评述等。

关键词

乡村与农村，乡村空间结构，入户调查，问卷调查，案例分析

进行乡村考察与调查是深入了解农村现状最基础性的工作，应将乡村调查作为实施乡村振兴工作的有力抓手，助力乡村振兴。掌握乡村考察与调查的专业知识和实践技能，是开展乡村调研实践、提高地理研究基本技能的必要环节。

第一节　概　述

一、乡村范畴的界定

（一）乡村的含义

在传统意义上，乡村被解释为人类作为生活和生产活动的基地而存在的地域实体，是主要从事农业、人口分布较城镇分散的区域。

事实上，对乡村的概念一直以来有多种不同解释。在地理学中，乡村是相对于城市而言的地理区域，包括乡镇、村庄、城市郊区以及其他城市建成区以外的区域。罗德菲尔德R.D. 等国外学者将乡村界定为“乡村是人口稀少、以农业生产为主要经济基础、人们生活基本相似、社会其他部分与城市有所不同的地方”。

（二）乡村、农村和新农村

在日常生活中，人们经常容易将“乡村”与“农村”和“新农村”混淆。为了更清楚地认识乡村同农村和新农村的不同，我们给出以下定义。

1. 农村

人们常常误认为农村就是乡村，并将二者混用，但二者既有相同之处，也有不同之处。

中华人民共和国成立初期农村和乡村基本是同一个概念，都是指以从事农业生产的劳动者聚居的地方，它的经济结构比较简单，以单一的种植业为主，林牧渔业不涵盖在内。而“乡村”是一个历史的动态概念，在不同社会发展阶段乡村所表现出来的特征是不同的，它的内涵也在不断分化，渐渐与农村的概念有所区别。

20 世纪 80 年代以后农村与乡村的概念逐渐开始出现分化。随着乡村产业经济结构的调整和劳动力的转移，一些地区的乡村工业迅速崛起，农业份额相对降低，产业结构发生了深刻变化，非农业产值比重超过农业产值比重，农村劳动力逐渐转移出农业而从事非农产业活动，农村与乡村的概念逐渐开始出现分化。乡村不再只是农业生产和农民聚居的场所，而是一个具备生产、生活、生态等功能的综合体，不仅是从事经济活动的实体，还是包括了经济、政治、文化、社会、生态环境的区域综合体。

2. 新农村

新农村涵盖的内容非常广泛，并且没有统一的标准。新农村可以简单理解为建设并改善农民衣食住行，主要包括基础设施的建设，教育、养老、对农村弱势群体的帮扶、农民的文化素质与精神生活、全民纳入社保而实现城乡一体化的空间单元。

改革开放后，我国逐步推行新一轮农村建设，逐步深入将社会主义新农村建设的各项任务落到实处。因此新农村是基于我国的国情以及社会发展的需要，由国家出台相关政策，在农村基础上发展起来的“环境优美、生活富裕、文明发达”的新式农村。它与传统意义上的农村相比，基础设施、医疗、卫生等方面服务较为完善，但在区域范围上仍属于农村。2021 年，我国颁布了《中华人民共和国乡村振兴促进法》，该法将乡村定义为城市建成区以外具有自然、社会、经济特征和生产、生活、生态、文化等多重功能的地域综合体，包括乡镇和村庄等。

因此，新农村与农村的关系在于它是农村的一个分化概念，主要侧重于由于国家政策的重视，在农村的基础上发展起来的“环境优美、生活富裕、文明发达的新农村”，是改革开放背景下农业综合发展的结果。而农村在一定发展阶段下又从属于乡村，所以三者在范围和特点方面具有明显的差异。

（三）乡村的类型

乡村是一种复杂的地域系统，根据不同的行政管理需要，依据不同的地域特点，可以多层面、多视角地对乡村进行类型划分。

1. 根据村庄服务范围

根据村庄服务范围，乡村可分为中心村与基层村两大类。中心村是农村地域的服务中心，辐射并服务于周边的基层村；基层村是农村居民基层的生活居住单元，是农业生产者主要的居住地。从服务类型看，中心村具备对周边基层村服务的基本职能，而基层村一般不具备。此外，需要注意的是，中心村和基层村都属于行政村的范畴。

2. 根据村庄体系

根据村庄体系，乡村可分为行政村与自然村。行政村是中国行政建制的基层单元，是乡村民主自治管理的一级建制，设有村民委员会等权力机构。一个行政村一般由多个自然村组成。自然村则以自然地貌为特征，按照历史条件形成相对集中的农村聚落单元。对于规模大的行政村，其内可能同时具备规划为中心村与基层村的条件，其中设施相对完备的较大规模的自然村，可以发展成中心村。自然村以下还可分出组。

3. 根据地域分布

根据地域分布，乡村可分为现代化农村地域类型、发达农村地域类型、以农业为主的中等发达农村地域类型、非农业发展较快的中等发达农村地域类型、欠发达农村地域类型、不发达农村地域类型。

二、乡村研究的重要性

（一）乡村是人类社会经济活动的主要场所之一

农业是国民经济发展的重要基础，农业主要在乡村地区开展，是乡村发展的基础、根本和保障。随着信息化的不断推进，互联网极大地改变了城乡空间上的距离，为新兴产业在乡村地区的发展开拓了新的道路，乡村的功能进入了多元化的历史阶段，成为未来现代化发展的极其重要的发展空间。乡村不再只是提供农副产品的基地，其中的生态、社会、文化的价值优势对于满足人们对美好生活需要发挥着越来越重要的作用。

（二）乡村是城乡融合的关键

城乡融合的目的在于让城市和乡村这两个差别性地域空间的发展互为依托、相互促进、深度融合，从而成为和谐共生的地域共同体。其中关键在于它突破了乡村农业产业和农业空间属性，补齐了农村发展短板，促进了城乡要素自由流动、平等交换和公共资源的合理配置，改变了农村要素单向流出格局，从整体出发将城市和乡村、市民和农民作为一个有机整体，促进城乡规划布局、产业发展、公共服务、生态环保等方面的互通互融。随着城乡一体化趋势的加强，乡村地区在国家政策支持下会得到进一步的发展，乡村是城乡融合的关键。

（三）乡村是乡村振兴战略的主阵地

党的“十九大”报告指出，农业农村农民问题是关系国计民生的根本性问题，必须始终把解决好“三农”问题作为全党工作的重中之重，实施乡村振兴战略。乡村振兴战略是应对社会主要矛盾的必然选择，从我国的发展现状来看，当前我国发展不平衡问题在乡村最为突出，受不平衡不充分发展影响最大的是农民。因此，国家实施乡村振兴战略，坚持农业农村优先发展，把乡村的发展摆在国家战略的位置，以应对社会主要矛盾，解决发展的不平衡不充分的问题。乡村振兴战略的实施，有利于我国“两个一百年”奋斗目标和中华民族伟大复兴的中国梦的实现。

（四）乡村是中国传统文化的载体

中华传统文化源远流长，这些文化是鉴证文明进步的轨迹，值得我们保存和传承。乡村是传统文化的载体，在文化传承中具有不可替代的价值，是传统文化的根基所在，是乡村建设的重要基础。那些植根在全国各地的、蕴藏着无数古老的物件和历史故事的乡村，需要我们通过乡村研究深入去挖掘，将其发扬光大。

（五）乡村是城市居民外出旅行的重要对象

随着生活品质的提高，人们对旅游的形式和内容要求也发生着重大的变化，更加倾向于远离城市喧嚣，追求返璞归真，享受乡村田园生活的舒适与放松。乡村风景宜人、空气清新、民风淳朴，乡村有着很多的诗意与温情，有久违的乡音、乡土、乡情及古朴的生活、恒久的价值和传统。乡村生活的这种闲适性正是当前休闲旅游市场所追求的，具有巨大的吸引力。

乡村中蕴含着丰富多样的旅游资源，具有很大的旅游发展潜力。例如，乡村的各种典故、人物、古村镇村寨居住地、农事活动、经典歌谣、农谚、农耕信仰和神话传说等都是乡村旅游中可供利用的资源。

如今，从乡村观光旅游到乡村休闲度假的升级换代趋势越发明显，日益从低层次的“吃农家饭、干农家活、住农家屋”的发展模式向城市居民“第二个家”的发展模式转变，并融进丰富的现代游憩活动。乡村已经成为城市居民外出旅游的主要对象之一，为城市居民提供丰富多彩的物质和文化享受。

第二节　乡村考察与调查的主要内容

一、要素组成

乡村考察与调查的内容涉及多个方面，主要包括地质、地貌、气候、水文、植被、土壤、动物等自然要素，人口规模、经济、交通、民俗文化等人文要素。

（一）自然要素

1. 地质与地貌

乡村地质与地貌的考察主要集中于区域内岩石和地质构造、地貌形态的描述、形态测量、物质组成等领域。对地貌的考察与评价，侧重于地貌类型、海拔高度、地势起伏、地面坡度和坡向等。高原、平原、山地、丘陵、河谷、盆地等不同的地貌会影响乡村的人口规模、空间形态、产业等。海拔一般升到 100 m 以上，就会形成农业垂直地带分异。不同的地势和坡度既影响土地利用方向，也影响水利和农田建设。

2. 气候条件

热量、降水、光照状况是乡村气候考察的主要内容。区域气候与乡村第一产业发展联系密切，气候为农业发展提供了光、热、水等能量和物质，三者对种植业的作物种类、品种、分布、组合、熟制、品质的形成具有十分重要的作用，是农业生产的先决条件。

3. 水文

考察乡村的水文状况时要将水资源作为一个总体考虑，包括天然降水、地表水和地下水及其相互间的联系。弄清当地天然降水、地表水与地下水的时空分布特点、数量和质量，从而为水资源的供需平衡和合理开发利用提供依据。

4. 植被

植被是自然生态系统的重要组成部分，在调查乡村植被状况时，需要对区域植被组成、分布、覆盖度等情况进行科学测量，总结其利用状况和经验。不同类型的植物生长环境和生长特性不同，会直接或间接地影响农作物的种植、生长和收成。植被的分布和覆盖率能够对区域生态环境产生重要影响，例如森林和草地具有涵养水源、遏制水土流失、减少洪涝灾害等功能。

5. 土壤

土壤是农业生产的基础，不同类型的土壤适合不同种类的农作物生长。当对农村土壤进行考察时，需要关注土壤的类型、肥力、酸碱度和水分状况等属性。土壤类型直接影响农作物的种类，土壤的肥力决定土地生产力的高低，土壤的酸碱度和水分状况对农作物的生长和产量影响也很大，这些都是评价土壤质量的重要指标。

6．动物

对乡村地区动物进行考察时，主要关注动物的多样性和分布，掌握当地各类动物如鸟类、兽类、昆虫、爬行动物等的种类和分布情况，判断其在区域生态系统中发挥的作用。对于一些濒危动物，需要了解其受到的威胁级别及原因，进而针对不同的威胁因素提出相应的保护措施，而对于有害动物，则需要采取必要措施加以遏制。

（二）人文要素

1．乡村人口

乡村人口泛指居住在乡村地区的人口。乡村人口是乡村地区人文现象组织的主体，在其数量、质量与分布对乡村发展具有重要影响。乡村人口考察中，主要围绕着人口的规模、结构、变动和空间集聚等展开。

2．乡村经济

乡村经济是国民经济的重要组成部分，反映了乡村居民在长期的农业生产过程中，利用自然资源基础上所形成的农业生产方式。在对乡村经济考察中，主要围绕着地区经济总量、结构、效益、质量、特色等展开调研。经济总量直接反映地区经济发展的规模和水平，三个产业的比重则能反映出乡村经济的优化和协调程度。

3．乡村交通

交通是通过点、线构成面的网络。地区经济发展水平与道路交通建设有着密切的联系。在现代 5 种主要运输方式中，铁路、航空、管道运输投资大、成本高，大多由国家统一建设和管理；水运无须多大投资，但受自然条件的限制。因此，我国县域乡村交通网络的主力军就是公路。在乡村地区开展交通调查时，主要集中于对乡村公路的类型、等级、分布状况进行考察。

4．民俗文化

民俗文化是乡村居民在长期从事农业生产和生活中，创造的物质和精神产品的总和。民俗文化是乡村地域系统形成和发展的内在因素，起着协调、整合和优化各类人文因素的作用，对乡村社会生活面貌、居民行为、社会交往方式等具有重大影响。

二、乡村的空间结构

乡村是与城市相对应的区位概念，它包括乡镇、村庄。乡村空间结构是空间内部各要素之间的组织与构成关系，是村域内部农田、景观、路网、村落等用地空间分布的特征及组合方式。对乡村空间结构进行综合考察，剖析乡村空间特征，明确乡村空间结构优劣，对指导乡村建设与发展具有重要的实践意义。

（一）用地结构

用地结构是指乡村内部各土地利用类型的组成、配置关系及通过相互作用而表现出的状态，它是乡村内土地利用形态、功能与结构在空间地域的反映。根据不同用地类型所承担的功能，可将乡村用地结构分为生产用地、生活用地、生态用地和潜在用地等。

（二）农田结构

农田结构是指直接用于农业生产的用地结构，包括耕地、林地、园地、草地等。平原地区主要是各种类型的耕地；山地丘陵地区则主要是林地和农田；草原牧业地区的农用地中草地占绝对优势。合理规划农田结构对提高农业生产效益、保障人民生活、稳定社会和改善生态环境等都具有十分重要的意义。

（三）景观格局

景观格局一般是指大小、形状、属性不一的景观空间单元在空间上的分布与组合规律。从景观要素的空间分布关系上讲，最明显的乡村景观格局有 5 种，分别为均匀型分布格局、团聚式分布格局、线状分布格局、平行分布格局和其他格局。在对乡村景观格局调查的过程中，我们需要重点调查当地的地貌结构和水系结构状况，地貌结构是指某地域范围内各种地貌类型的时、空组合关系。水系结构则是指集水河道的结构，它包括源地、支流、流程、流域、支流及分布，以及落差等要素。

（四）村落空间形态

村落空间形态是指农村聚落的空间分布形态，指聚落内部各组成部分之间的空间配置状况。基于村落本身的形态以及民宅与周边道路、水系、农田等周边因素的关系，可以将村落的空间布局分为“带状布局”、“块状布局”和“团状布局”等。对村落的空间布局进行考察，对于村落的整体把握与后期的发展保护有着重要的意义。

（五）路网结构

路网结构是指在一定区域内，由各种道路组成的相互联络、交织成网状分布的道路系统。乡村路网结构形式是乡村道路交通系统的重要组成部分，与地形、历史、村落规模和发展趋势等各方面因素的影响有着重要的关联。

在具体实践中，人们将常见的乡村路网结构概括为方格网式、环形放射式、自由式和混合式等基本形态。

三、社会经济结构

社会经济结构是指与生产发展一定阶段相适应的生产关系的总和，表现为一定社会的经济制度占统治地位的生产关系决定社会经济结构的性质。社会经济结构是由区域自然地理环境、社会经济因素和人的生理特征等因素共同决定的。在现代，不同区域乡村的社会经济状况千差万别。由于受历史、政治、交通、地貌等方面差异的影响，各地区乡村在人口结构、劳动力结构、产业结构、作物结构和社会结构等方面均存在明显差异。乡村社会经济结构考察，主要对乡村人口结构、劳动力结构、产业结构、作物结构、社会结构等进行观察与调查。

（一）人口结构

人口结构是指一个国家或地区人口内部不同特征与要素的构成及其相互之间的比例关系。人口结构反映社会发展状况、社会构成以及彼此之间的关系，对人口变化和社会发展具有重要影响。对乡村人口结构进行考察，有助于进一步认识乡村人口的社会价值和开发乡村人力资源。

根据人口结构的性质，乡村人口结构可分为人口自然结构、人口社会结构和人口地域结构。其中前者是以性别、年龄等自然属性进行划分，中者是以民族、语言、文化、教育、职业、宗教等社会属性进行划分，后者则是依据其居住地域的分布进行划分，有人口的自然地理和行政区域结构，以及城乡分布等。随着城市化进程的不断推进，我国乡村地区的人口结构发生了巨大变化，其中流动人口增多是当前乡村人口结构变化最突出的表现。在经济欠发达地区的乡村，本地人口流向外地，而且流动的人口多为青壮年，进而导致当地乡村的人口结构中老龄人口和儿童占比居高不下的局面。

（二）劳动力结构

劳动力结构是指劳动就业人口在不同产业的分布，即不同产业的劳动就业人口在总劳动就业人口中所占的比重。作为区域经济发展的基础性资源，其结构的科学性、创新启发性、工作关系和谐性与人力资源配置合理性，会对区域经济产生多方面的引导。考察乡村劳动力的年龄结构、性别结构、质量结构、职业结构、地域结构等方面的区域差异，对于科学合理地开发利用劳动力资源，推动乡村经济社会持续、健康、快速发展具有重大意义。比如东部地区，通过农业现代化解放出的大量劳动力，向旅游业、信息产业、电商销售等产业流动，乡村劳动力结构不断得到优化，而中西部乡村传统农业劳动力、制造业劳动力仍处于主体地位。

（三）产业结构

产业结构是指农业、工业和服务业在一个地区经济结构中所占的比重，产业结构直接影响和表征乡村经济发展状况。以种植业、林业、牧业、渔业、工业、服务业等不同类型产业为主导的乡村，往往在村落形态、村落分布、人口结构、社会经济等诸多方面表现出不同特征。如湖北省处于不同地域的乡村表现出较为明显的差异，东部、西部地区以农业为主导产业，乡村距离市中心较远，耕地、水源等自然资源较为丰富，农村劳动力在第一产业中就业居多；中部地区以二、三产业为主，乡村开发较早且多以城中村的形态存在，同时快速工业化占用了大量耕地，对当地乡村产业和就业转型产生了深远影响。

（四）作物结构

作物结构是指一个国家、地区或生产单位内各种作物种植面积的比例关系，通常用各种作物的种植面积占农作物总播种面积的百分比来表示。它反映种植业内部的关系和各种作物的地位，体现种植业的类型和特征。对乡村作物结构进行考察，有利于科学地安排作物内部结构、充分有效地利用土地资源、提高农业生产率。如甘肃省天水市，随着改革开放不断深入，自 1985 年以来，由于社会对农产品的多样化需求和人民生活水平的逐步提高，各类农作物种植结构也发生着明显变化，油、瓜、菜等经济价值较高的作物比重越来越大。据统计，经济作物由 1985 年的 9.1 万亩增至 2007 年的 82.63 万亩，年均递增 2.75%。

（五）社会结构

社会结构是指一个国家、部落、部族或地区占有一定资源、机会的社会成员的组成方式及其关系格局，包括群体结构、组织结构、社区结构等若干子结构。与城市社会结构相比，乡村的社会结构往往具有社会分化程度低、社会组织程度不高、社会关系简单、人际关系比较发达等特点。随着我国城镇化和新农村建设步伐的加快，乡村社会发展也随之产生加速和变迁，支撑传统乡村社会关系的社会结构也正在发生巨大转变。

四、生态环境与人地关系

（一）环境污染的考察与调查

当前，环境保护问题已成为社会普遍关注和亟待解决的问题。而我国乡村不仅人口基数大，而且占地面积广阔，我国整体生态环境的好坏很大程度上取决于乡村环境的好坏。对乡村环境污染状况进行考察，便于及时发现、处理乡村环境污染，遏制环境进一步恶化趋势。下面以 G 村为例，考察乡村地区的环境污染状况及其空间分异特点。

G 村位于安徽省蚌埠市怀远县，由高东、高西、高中、前进、后徐、河沿、沟湾、南徐、西圩等自然村组成，交通便捷，区位优势明显，农业生产水平较高（表 11-1）。地势平坦，土地肥沃，地下水资源丰富，村民饮用地下水，并利用地下水浇灌农作物。农作物主要有小麦、玉米、大豆、花生、黄瓜等。该村生态环境优良，附近有怀远禾泉农庄、上口门闸水利风景区、涂山风景区、圣泉等旅游景点，并有村镇企业 3 家。

表 11-1 G 村 2009 年和 2019 年农业生产情况统计表

年份	土地面积/亩	耕地面积/亩	养殖业/户	畜牧业/户
2009	3 420	2 820	20	10
2019	3 490	2 540	76	45

G 村隶属于人口及经济发展水平较高的地区，随着经济的快速发展，该村的环境污染也日益严重，生活垃圾、农业生产、乡镇企业制造的大气及相关污染等问题层出不穷。为了能够更加清晰直观地看到问题所在，根据蚌埠市统计局年鉴以及对 G 村村委会的情况了解，我们将该村存在的环境问题进行了分析。

1．人口与生活垃圾量统计

从社会实践和实际情况来看，自 2019 年全国统一实施“垃圾分类”工作后，乡村生活垃圾与城镇生活垃圾的来源以及处置基本一致，生活垃圾主要分为厨余垃圾、废旧电池与温度计等有毒有害垃圾、可循环垃圾等。

2．农业污染情况

G 村农业生产产生的垃圾涉及多个方面，包括焚烧秸秆、垃圾等产生的气体污染，施肥、农药喷洒过程中导致的耕地土壤污染，养殖业与畜牧业产生的粪便污染。因为污染物处理得不够有效，该村存在大面积水污染。

3．乡镇企业污染状况

G 村的企业污染状况见表 11-2。与 2009 年相比，该村 2019 年污染更严重，随着乡镇企业和生产基地的增加，废水和废气排放都显著增加了。

表 11-2 G 村 2009 年、2019 年乡镇企业排污情况统计表

年份	乡镇企业/个	乡镇生产基地/个	废水/（m^3/d）	废气/（m^3/d）
2009	1	2	51.8	47
2019	3	4	80.4	62

（二）生态系统状况的考察与调查

乡村生态系统是指乡村地域内由人类、资源、各环境因子包括自然环境、社会环境和经济环境，通过各种生态网络机制而形成的一个社会、经济、自然的复合体。合理的乡村生态系统是形成乡村生态系统较高的生产力和实现乡村生态系统良好循环的基础和前提。对乡村生态系统进行考察，便于了解乡村生态系统状况及其存在的问题，为优化乡村生态结构提供支撑。下面以云南省元阳县的哈尼梯田为例，考察乡村生态系统状况。

1. 自然地理概貌

（1）地理位置与地貌特征

元阳县位于云南省南部、哀牢山脉南端，红河哈尼族彝族州西南部、红河南岸，地处东经 102°27′～103°13′、北纬 22°49′～23°19′。东接金平县，南连绿春县，西邻红河县，北与建水县、个旧市、蒙自市隔红河相望，东西横跨 74 km，南北纵距 55 km。

元阳县境内山高谷深，沟壑纵横，属深切割、中山地貌类型。由于南北方向长期受红河、藤条江水系的侵蚀、切割，地貌呈现出中部突起，南北两侧低下，地势由西北向东南倾斜的特点，沟谷呈“V”形发育，北面山地多为羽状横向峡谷，南面坡形多为其状。全县地形可概括为“两山两谷三面坡，一江一河万级田”。土地全为山地，无一平川，最低海拔 114 m，最高海拔 2 939.6 m，相对高差 2 795.6 m。

元阳境内的土壤类型依山地海拔高度而变化，在 150～2 000 m 的范围内由低到高分布着燥红壤、砖红壤、紫色土、赤红壤、红壤、黄壤、黄棕壤和棕壤等。梯田内分布着发育比较成熟的水稻土。

（2）气候状况

元阳地处哀牢山南部，北回归线以南，气候属亚热带季风气候类型。元阳地区光、温、水、土资源丰富。全年日照时数 1 770.2 h，相对湿度 84.3%。平均年降水量 1 403 mm，年平均气温 16.4℃。

由于地形条件影响，随着海拔高度的变化，形成了以热带、南亚热带、中温带为主的七种气候类型，具有“一山有四季，隔里不同天”的特殊立体气候特点。其中河坝区为峡谷地形，因其酷热干旱素称“干热河谷区”，年均温度 25℃，最高气温 42℃，蒸发量大，最高蒸发量发生于 1995 年，达 2 306.5 mm；河坝高山区因低温、降水量大而被称为“阴湿高寒区”，该区年均温度 11.6℃，与河坝区温差达 13.4℃，云雾密度大，降雨丰富。

（3）生物资源

元阳县有 6.4 万 hm^2 天然森林，以及近年来人工营造的各种生态林和水源林，至 2017 年，全县森林面积达到了 11.7 万 hm^2，森林覆盖率达 45.84%。

元阳境内有观音山省级自然保护区，保护区总面积 16 187 hm^2。在海拔 1 360～2 939 m 垂直带内，完整地分布了山地雨林、季风常绿阔叶林、中山苔藓矮林和山顶苔藓灌丛等多种类型的森林生态系统，森林覆盖率达 69%，是哈尼梯田的重要水源区。保护区内野生植物资源丰富，各类野生植物 1 000 多种；有爬行类 6 科 8 属 10 种，两栖类 7 科 7 属 14 种，鸟类 9 科 9 属 62 种，兽类 17 科 28 属 31 种，国家和省级保护动物 26 种，国家濒危植物和省重点保护植物 19 种。

（4）土地和人口

据 2017 年统计，全县土地面积 2 189.88 hm²，农业耕地面积 1.99 万 hm^2，其中水田 1.11 万 hm²，旱地 0.88 hm²。

全县总人口 37.7 万人，其中农业人口 35.68 万人，占总人口的 94.65%。主要民族为哈尼族、彝族、汉族、苗族、瑶族、傣族、壮族 7 个民族。其中少数民族人口 33.31 万人，占总人口的 88.36%，其中哈尼族占总人口的 53%左右，彝族占 24%左右。

2. 哈尼梯田生态系统特征

（1）生态系统的空间格局

哈尼梯田生态系统是哀牢山生态系统的重要组成部分，元阳位于哀牢山南段，境内梯田生态系统与山地自然生态系统构成了良好的自然-人工复合生态系统，其空间分布特征如图 11-1 所示。

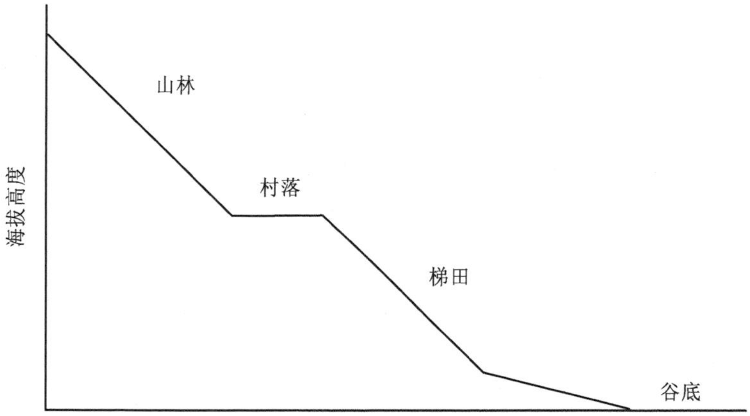

图 11-1 元阳梯田生态系统空间格局模式

哈尼梯田海拔分异跨度大，主要分布于海拔 114～2 000 m 之间，形成了多样的自然生态系统。一般坡度大于 18°的山地不利于发展种植业，而哈尼梯田分布在坡度 15°～75°之间。在元阳境内，有超过 440 hm² 梯田分布在坡度 15°～25°的山地，有超过 130 hm² 分布在 25°～75°的山地。因此，构造的自然-人工复合生态系统，能够有效提升人工支持、引导自然修复的生态系统的可持续性，主要包括高山底部季雨林和顶部季风常绿阔叶林、中山湿性常绿阔叶林构成的自然生态系统、中部梯田和村落构成的人工生态系统。

（2）生态系统的组成与结构

哈尼梯田生态系统组成和结构主要包括生产者和消费者，具有较为独特的人地关系特征。其中生产者由农作物构成，主要包括水稻、玉米、小麦等粮食作物，大豆、蚕豆、花生、甘蔗、茶叶、木薯等经济作物，香蕉、菠萝、荔枝、酸角、鲁沙梨等果树以及各种蔬菜等。消费者包括人类和家畜禽等，包括鸡、鸭、鹅等家禽和牛、猪、羊等家畜，人类作为顶级消费者持续影响着自然生态系统。

哈尼梯田生态系统中，人作为消费者，与水稻具有非常密切的联系。哈尼族经过近千年的历史过程，主要根据不同的气候、地形和海拔等环境条件，驯化了上千个水稻品种。哈尼族水稻的种植管理方式随着海拔呈现垂直分异性，在 1 600～1 900 m、气候温凉的上半山（北亚热带中山梯田湿地、南温带山区梯田湿地），一般培育小花谷、小白谷、月亮谷、旱谷等耐寒稻谷品种；在海拔 1 200～1 650 m、气温温和的中半山（中亚热带中山梯田湿地、北亚热带中山梯田湿地）使用大老梗谷、细老梗谷、老脚红梗、蚂蚱谷等温性稻谷品种；在海拔 800～1 200 m、气候温热的下半山（南亚热带中山梯田湿地）使用老皮谷、老糙谷、大蚂蚱谷、七月谷等耐热品种；在海拔 150～800 m 的炎热河谷（热带河谷梯田湿地）使用麻糯等耐高热稻谷品种。

（3）生态系统物质和能量流动

哈尼梯田生态系统的物质和能量流动以水分和养分流动为主（图 11-2）。从整个山地生态系统的顶部——森林生态系统开始，流向梯田生态系统中的生产者和人、家禽、家畜等消费者，在梯田生态系统中层层重复利用后，流入河流。

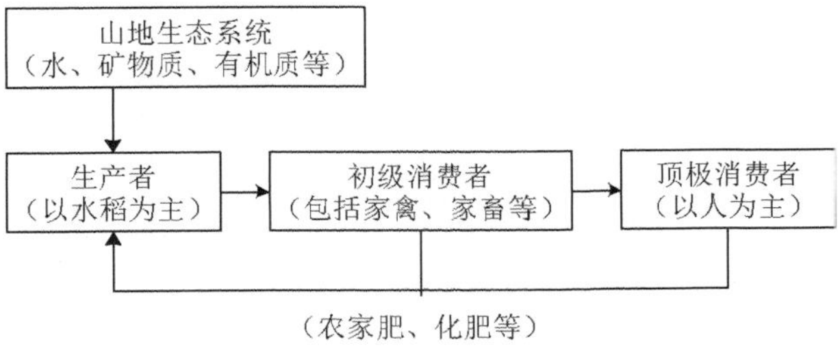

图 11-2 哈尼梯田生态系统物质和能量流动

在梯田生态系统内，物质和能量以稻米、鱼虾、禽畜、水果、蔬菜、木材等形式为人们提供生活和生产产品，人又通过输出人力、畜力等辅助能和各种技术，施用农家肥和化肥等物质、保护森林生态系统等措施对梯田生态系统的物质和能量流动进行调节和控制，使梯田生态系统保持稳定，持续地提供其所需的物质和能量，从而提供了独特的梯田生态系统功能。

3. 存在的问题与对策

（1）哈尼族世代以传统稻作为生，环境先天脆弱，山区面积广是产生目前哈尼梯田人地关系紧张的生态前提，在人口和需求快速增长、生产力水平相对较低的背景下，提高粮食产量和少数民族生活水平方面的研究亟待改善。

（2）哈尼族的稻作文化保留了丰富的水稻品种资源，应当加强有关水稻品种的遗传多样性及其保护研究。杂交水稻品种的不断引进以及化肥的大量使用对哈尼梯田生态系统产生的后果和影响也需要开展广泛和深入的研究。

（3）哈尼梯田生态系统是哈尼族人民在长期的历史过程中形成的文化遗产，也是我国和世界的文化遗产，具有重要的研究价值和示范意义。在现阶段经济建设中，如何保持哈尼梯田生态系统的可持续发展还需进行更加深入的研究，特别要加强发展经济、建设小康社会与保持哈尼梯田传统文化之间的关系研究。

第三节　考察与调查的主要方法

一、区域考察

乡村地理考察也叫“田野工作”，是采取客观的态度，运用科学的方法，有步骤地考察乡村地理事物，收集、整理和分析各种资料，认识和掌握乡村地理的现状特点及其变化情况的过程，目的是获取研究地区与研究课题相关的第一手资料。为保证考察工作的顺利实施并取得较好效果，一般情况下，乡村地理考察过程包括计划、准备、实施和总结四个阶段。

（一）计划阶段

计划阶段是乡村地理考察的初始阶段。它主要是为整个考察工作提出计划、策略和具体方案，其工作内容包括：

1）明确乡村地理考察的目的、任务和要求；

2）确定考察的项目与内容、范围和路线；

3）选择考察的手段和方式；

4）对考察的乡村区域进行初步研究，熟悉其基本情况；

5）制订考察的总体计划和实施方案；

6）拟定考察提纲。

（二）准备阶段

在着手进行实地考察前，要做好充分的室内准备工作，包括：

1）考察人员的组织与配备；

2）物资用品的准备，包括经费、工具、仪器、其他用品等；

3）资料准备，包括考察地区的各种地图图件、航空和卫星图片或影像、文献资料和现有科研成果等。

（三）实施阶段

1）考察工作的实施是考察的中心阶段，它直接影响着整个考察工作的质量与成效。因此，这一阶段的工作必须注意持有严格的科学态度和实事求是的精神，切忌先入为主、主观臆断，甚至弄虚作假。

2）从乡村地理区域性和综合性的特点出发，尽量做到点、线、面考察相结合，宏观考察与微观考察相结合，专题考察与综合考察相结合，一般性考察与典型性考察相结合，全面考察与抽样考察相结合，定性考察与定量考察相结合，动态考察与静态考察相结合。

3）要注意考察事物的深刻性、本质性和联系性。客观存在的乡村地理事物既有外部联系又有内部联系，既有外部表象又有本质特征。因此，考察工作不能停留于表面现象，而要注意由此及彼、由表及里，真正把握乡村地理事物内在的、本质的特征和联系。

（四）总结阶段

总结阶段是乡村地理考察的最后阶段，是将实地考察得到的各种资料加以整理、分析，得出某种结论，形成一定形式的报告或论文。这一阶段包括下列工作：

1）资料整理，包括资料分类、分级、汇编、说明、摘要、加注、鉴别、审查、补遗等。

2）资料加工，包括质量评价、指标计算和变换、样本排序、图表绘制等。

3）资料分析，包括定性分析、定量分析、统计分析、对比分析、结构分析、动态分析和综合分析等。

4）编写考察报告，其内容包括考察区域范围内的一般概况，乡村地理特征的分析、描述及科学性的结论，乡村人地关系中存在的现实问题及其协调、解决的设想与措施等，除了要遵循一定的格式外，报告还要实事求是、层次分明、重点突出、简明扼要、立论有据、建议可行。

5）成果汇报、论证和评定。

6）修改并定稿，考察工作的全面总结。

二、路线考察

路线考察或称路线调查，是野外考察阶段的重点。在路线考察之前，要对收集到的图件、航空像片和卫星影像，以及有关文字资料进行全面和认真地阅读、分析，以求对研究区的自然地理特点有一个初步的认识。路线考察的优点是简便易行，缺点是不够精确，且要求考察人员有丰富的经验、较强的野外工作能力。

考察路线的选择应注意以下事项：

1）考察路线的密度应满足调查制图的比例尺和任务的要求，并与调查区域自然地理特点的复杂程度相适应。结构越是复杂的地区，考察路线的密度应越大。

2）在整个调查区域内，考察路线的分布应较均匀，避免路线疏密悬殊导致调查的精确程度不一致。

3）考察路线应尽可能穿越所有的，至少是大多数的区域。如果一条路线不能实现这一目标，则可选择多条路线。

4）考察路线在基本满足以上条件的前提下，也要适当考虑到交通的方便情况，尽可能离公路或乡间道路不远，以便进行考察。

三、定点调查

定点调查是指在乡村人流集中的村镇选择调查场地，把符合条件的被访问者邀到指定地点进行面访。这种方法是“一般拦截调查”的演变，调查代表性无法估计，但可以根据人口资料进行配额控制，现场一般设有专门的甄别区、访问区和测试区。

如湖北省当阳市被列为国家油菜产业技术体系宜昌试验站示范县（市）后，在试验站的统筹安排下，开展以油菜生产技术试验示范、农户生产现状调查，以及油菜生产定点户调查等为主要内容的工作。在全市丘陵、平原主要种植油菜的地带或村庄，选择有代表性的 9 个农户作为定点调查对象。分别在当阳西、中和东部各选 1 个村，每村选 3 个农户作为定点调查点。在油菜播种前、油菜生长期和油菜收获后对定点农户进行调查。播种前主要调查农户的生产需求和对油菜政策信息的了解；生长期间主要调查油菜生长发育进程，植株农艺性状和经济性状、病虫害发生情况和产量要素构成等；收获后主要调查各定点户油菜实际产量、销售途径和市场价格等。

四、访谈与入户调查

访谈与入户调查是通过调查员与调查对象接触，收集有关资料的社会调查方法。从接触方式而言，分为面访和电话采访；从访问类型而言，分为结构型访问（问卷式）和非结构型访问（交谈式）；从访谈对象的数量而言，分为个别访谈和集体访谈。

（一）入户调查

入户调查的实施步骤如下：

（1）准备阶段

确定主要内容、合适的调查对象，了解被调查者的基本情况，根据调查的内容和对象选择适当方法，制定好调查提纲和所需表格，拟定实施程序表，备齐调查工具。

（2）实施阶段

获准进入，与被调查者建立信任后开始正式调查，并做好记录。

（3）结束阶段

根据计划好的时间表和内容，尽量准时结束，未尽事宜可列出补充调查计划。要控制好时间，善始善终，不能虎头蛇尾。

（二）访谈

从访谈对象的数量而言，分为个别访谈和集体访谈。前者与入户调查相似，后者也称为座谈会，它是将若干个访谈对象集中起来，同时进行访谈的方法。集体访谈是较个别访谈层次更高、难度更大的访谈方法。集体访谈具有一些不同于个别访谈的特点：

（1）由于集体访谈是访谈员与被访者之间、被访者互相之间的多层次互动与交流，因此，它所获得的信息往往比个别访谈方式所获得的信息更为广泛、更为全面，而且由于能够互相启发、补充、核对与修正，所以集体访谈所获得的资料往往也更为完整、更为准确。

（2）由于集体访谈能够同时访谈若干个不同的访谈对象，因而可以大大地节约人力、物力和时间，相对较快地获得有关社会现象的情况。

（3）集体访谈容易产生和形成某种“团体压力”和“从众行为”，使得参加集体访谈的访谈对象在其他访谈对象的面前有意无意地隐瞒或改变真实情况，使自己的回答和看法顺从多数人的意见，而不愿或不敢表示不同的意见。因此，访谈员应该对集体访谈中所得资料的真实性和客观性，有一个比较清楚的认识。由于同样的原因，对于某些敏感问题的访谈，也不适于采用集体访谈的方法。

因此，要成功地组织好集体访谈，要开好座谈会，访谈员不仅要掌握好与被访者之间的互动，而且要组织和引导好被访者之间的互动。这就要求访谈员有更熟练的访谈技巧及组织会议的能力，正确地面对多个被访者。

如研究乡村聚落的形成与发展、居民的生活方式，调查员可通过面访乡村聚落的居民，整理面访内容，进行进一步的分析总结。

五、问卷调查

问卷调查法是使用问卷进行调查的方法，具体来说就是调查者以事先设计好的问卷为工具，通过被调查者对问卷中的问题进行回答，来了解情况、征询意见的一种调查方法。它是社会科学从定性走向定量、从思辨走向实证的十分关键的技术手段。问卷调查按照问题和答案的结构关系，可分为结构式问卷、开放式问卷和半结构式问卷三种基本类型；按资料收集方式，可分为自填式和访问式问卷。问卷法的主要有信息量大、成本较低、匿名性较好、客观性较强、调查结果便于定量处理和分析、适用范围较广、经济性较好等优点，但是也存在对研究者和调查对象的要求高、问题的回答率常常难以保证、不能避免某些环境因素带来的误差等局限。

问卷设计与发放步骤：

1. 准备性工作

设计者应该深入调查对象的生活背景中，围绕研究主题同各种对象交谈，并留心观察他们的特征，即通过结构式和非结构式访谈进行资料收集工作。

2. 设计问卷初稿

初稿设计可以采用两种主要方式，包括以归纳的方式进行问卷设计的卡片法、以演绎的方式进行问卷设计的图片法。卡片法是由个性到共性、特殊到一般的过程，而演绎法是一般到特殊的方法。

3. 评估问卷

问卷具体的评估方法包括焦点讨论、深度访谈和试调查。

4. 编排问卷

一份整齐、结构合理的问卷有利于被调查者顺利填答，因此问卷设计还包括编排问卷结构和题目顺序的工作。题目按照一定逻辑顺序编排，应该按由易到难、答题兴趣递减、熟悉程度递减、先行为题再态度/看法/意见题、封闭式问题在前、开放式问题在后的原则进行编排。

5. 定稿与印刷

按照步骤设计问卷初稿、修改错误，试用后再次调整修改，最终形成正式调查问卷。定稿后即可打印或印刷了。

6. 问卷发放

问卷发放可采取随机或非随机两种方式。具体有个别发送法、邮寄填答法、集中填答法、网络调查法。

乡村地理问卷调查中问题的设计应考虑到当地的经济发展水平、受教育水平与文化习俗，避免敏感问题。

六、案例分析

案例分析法又称典型分析法，是一种对具有代表性的事物（现象）进行深入细致的研究，从而获得整体认识的科学分析方法。这种分析方法具有代表性、系统性、深刻性和具体性。典型的决策事件或方案，如《2000年的中国》《星球大战计划》《三峡水利工程》等。案例分析的一般原理与方法包括分析议程、决策主体与案例的目的、分析方法的概述、一般背景分析、重点问题与决策标准、假设条件分析、战略分析与战略评价、具体分析、可行方案、对象的评价、结论与建议、案例的准备与报告、案例的评价。

一个好的案例分析报告，首先要交代一个清晰的分析框架，使得听众对要分析的问题一目了然，便于报告和分析。所以分析议程可以包括三个部分：案例综述、重点问题、结论与建议。案例分析不仅可以用来论证某一个假设，还可以把获得的研究成果作为更广泛研究的基础，它可以在从个体到一般，或从一般到个体的认识过程中发挥作用。不过这种方法也有一定的局限性，如个别不等于一般、选择研究对象存在一定的主观随意性。在实际研究中，应与其他研究方法相结合。

七、“3S”与地图相结合的分析法

“3S”技术方法是地理调查和信息获取的新技术与方法。

乡村考察与调查的任务主要是分析乡村地理要素组织结构、空间特征与格局、乡村地域演化规律，提出优化调控模式与对策。随着现代信息化技术的发展，乡村地理研究也开始采用“3S”技术分析方法，对乡村的资源、环境和经济社会要素进行量化识别和评价，深入揭示作用机制和规律。前期研究主要是对乡村地理的各种现象、特征进行描述、比较和归纳。这类方法能够对乡村地域各种现象的分布进行记载和描述，主要包括文字描述、数字和图形、地图描述等方式。利用地图是最简便的方式，通过对比不同时期的地图，可以比较出乡村的自然和人文地理特征，归纳其特点。

李炬霖等在分析 2001—2021 年黄河流域农业科技园区的时空格局及影响因素中，在全国地理信息资源服务目录系统获取矢量地图信息，通过信息公开申请渠道获得园区名录及其地理坐标信息后，导入 ArcGIS 平台，最终采用投影转换、坐标配准和空间可视化等方式处理，最终得到结论。

八、其他方法

（一）专家系统法

专家系统法是一种智能计算机程序系统，内部含有大量的某个领域专家水平的知识与经验，利用专家的知识和解决问题的方法来处理该领域问题。专家系统应具备以下几个功能：

（1）存储问题求解所需的知识。

（2）存储具体问题求解所需的初始数据和推理过程中涉及的各种信息，如中间结果、目标、子目标以及假设等。

（3）根据当前输入的数据，利用已有知识，按照一定的推理策略，去解决当前问题，并能控制和协调整个系统。

（4）能够对推理过程、结论或系统自身行为做出必要的解释，如解题步骤、处理策略、选择处理方法的理由、系统求解某种问题的能力、系统如何组织和管理其自身知识等，这样既便于用户理解和接受，也便于系统的维护。

（5）提供知识获取、机器学习以及知识库的修改、扩充和完善等维护手段，只有这样才能更有效地提高系统的问题求解能力及准确性。

（6）提供一种用户接口，既便于用户使用，又便于分析和理解用户的各种要求和请求。

这里需要强调指出的是，存储知识和运用知识进行问题求解是专家系统的两个最基本功能。

利用此方法研究乡村，不仅能了解专家对乡村的专业研究，也能利用这一系统对乡村系统的各个分支进行推理和判断，模拟乡村发展的未来决策。此种方法多用于实验室研究。

（二）科技文献资料调查法

科技文献调查法是指调查者通过 CNKI、万方、维普、Elsevier、Springer、Wiley 等平台数据，收集、鉴别、整理科技文献，并通过对文献的研究形成对事实的科学认识，从而探索所需研究领域的方法。文献收集的步骤包括：

（1）确定查阅范围；

（2）重视文后参考文献目录；

（3）注意间接文献的收集；

（4）认真摘录。

通过此方法研究乡村，可以节省人力、物力、财力和时间，科学性较强，调查资料更真实、准确和可靠。它具有时间和空间跨度大、研究范围全面等特点，但随着时空变化，资料与客观现实相比，一定会存在一定的差距。如以“乡村地理”为关键词，中国知网相关主题包含乡村聚落、乡村城镇化、乡村规划、乡村旅游等研究方向，时间跨度从1988年至今。万方相关主题包括环境科学、安全科学、经济、艺术等学科方向，时间跨度从1989年至今。

（三）计量模型研究方法

模型是客观事物或其属性的代表。用实物代表客观事物或其属性的这类模型称为实物模型，用抽象的符号代表它们，这类模型称为符号模型，用数学符号、数学表达式代表客观事物或其属性，则称为数学模型。地理模型是地理系统状态或其某种特性的代表，在计量地理学中，它是地理系统数学模型的简称，一般是可以通过特定途径与方法加以求解的。

如果地理模型是地理系统或其特性的确切代表，那么一般来说地理模型的解，也就是地理系统问题的一个解决方案或可供实现的方案。一个确切代表地理系统或其某种特性的数学模型建立之后，可以离开实际的地理系统，对数学模型单独求解。对数学模型的解，进行地理学解释，形成地理学问题的解决方案，这是地理系统数学模型的优点，因此在地理系统状态和地理要素预测以及地理系统规划中普遍运用数学模型。主要采用的数学方法包括统计分析、系统分析、网络分析、趋势面分析、空间相互作用分析、系统仿真研究、过程模拟与预测研究等。

乡村研究中计量方法的运用主要有两个目的：一是运用数学语言描述乡村问题，建立数学模式，从更深层次上揭示乡村发展问题的演化过程和形成机理；二是运用有关数学方法，通过定量模型测度和分析，对地理数据进行处理，揭示乡村地理现象的内在规律。

（四）系统分析方法

根据系统论的原理，乡村地区就是一个复杂的系统。乡村地域系统是由相互联系的诸要素组成的完整综合体。组成要素包括居民点、土地、水域、植被、人口、农业、基础设施、建筑物、构筑物、生态资产等，它们又分别形成乡村地域系统中的一个子系统。这些子系统通过特定的机理形成一定的乡村地域结构关系和形式。系统分析方法强调乡村地域系统中诸多要素的整合和一体化考虑，将其放在系统的同一个层次进行研究，求出最优解决方案。系统分析方法通常由问题形成、系统分析、系统评价三个基本环节构成，每一个环节都有一系列定性和定量的具体方法可供利用。

例如规划论，它包括两大部分：第一部分是研究规划的内部配合，即研究相互依赖的各因素之间的配合，为了使规划能够实现，各因素之间的配合必须做到协调；第二部分是讨论规划的最优化问题。因为一般来说，内部协调一致的规划并不是唯一的，所以就有可能选择其中最优的方案，而最优的概念是相对的，在每个具体的情况下，都必须选定作为评定最优的标准。例如，在国民经济和社会发展规划中，国民收入的最大增长率、劳动力的充分就业、最大限度地获得外汇等，都可以作为确定最优规划的标准。又如，在海运问题上，分配港口与港口之间的航程，使得未利用的船只载运量达到最小，也是一种最优的标准。所谓地理系统的线性规划，主要研究带线性等式或线性不等式约束的线性函数的极小化或极大化问题。这是一种在数学理论上比较成熟、应用较广泛的最优化方法。

第四节　实例分析与评述

一、乡村振兴战略背景下的乡村考察

乡村振兴的核心在于因地制宜构建适合地方特色的产业结构、生活环境、文化氛围等，在乡村社会环境中通过各种方法，对农户从事经济和社会活动所产生的相关信息和数据进行系统搜集并分析，从而开展判别乡村振兴背景下乡村经济、社会和文化等特征及其规律的科学调查活动。其目的是调查、了解乡村社会经济发展状况，以引起有关部门的重视，为解决社会经济问题提供参考意见。

（一）研究方法

多采用实地调查法、资料收集法、问卷调查法、访谈法等。

（二）操作流程

1. 确定研究问题

乡村振兴战略背景下村庄经济、社会、文化等发展程度如何？乡村振兴战略对乡村发展有哪些影响？乡村发展过程中仍存在什么问题？

2. 收集数据

深入现场，听取关于乡村建设的情况介绍，实地查看乡村重点项目建设，明确受访对象并与受访对象直接接触，询问乡村建设过程中存在的困难和问题，还可向相关部门提出申请，以获取所需资料。

3．数据分析

结合需要解决的问题，将问卷或访谈过程中获取的信息进行归类分析，系统研究乡村振兴战略背景下农村经济社会结构，初步判断目标乡村面临的问题、问题产生的原因并提出相关建议。

4．得出结论

在已有初步结论的基础上，为了加强权威性、专业性，邀请专家介入调查项目，听取专家的分析和意见，作为形成调查结论的重要参考。

（三）案例分析

宁夏回族自治区银川市闽宁镇下辖1个社区、6个行政村，总面积达87.98 km^2，总人口约4.5万人，是一个回汉混居的生态移民镇，少数民族占比为70%左右。聚焦产业扶植、互嵌式社区建设、文创活动3个方面，通过实地调查法、访谈法等分析乡村经济产业结构、人民生活水平和社会文明程度的发展现状。统计局数据、实地调查和已有研究成果显示，闽宁镇经济水平稳步提高、产业结构逐渐优化、生活环境进一步提升，当地由一个自然条件恶劣的“干沙滩”，转变为一个充满民族文化风情的特色小镇。

1．产业扶贫与乡村振兴

闽宁镇地处荒滩，土壤中石头多，耕作难度大，但矿物质含量高，加上昼夜温差大，非常适合葡萄等经济作物生长。依托贺兰山东麓独特的土壤和气候条件，并借助政府支持和有效融资，大力发展葡萄酒及相关文化产业，建成了立兰酒庄、长和翡翠酒庄、长城云漠酒庄等知名酒庄，这些酒庄为当地贫困群众提供了大量就业岗位，葡萄酒产业已成为闽宁镇的龙头产业之一。闽宁镇种植业发达，立足于当地的干旱型气候特征，大力推进有机、绿色、无公害农业与现代观光农业发展，形成“自然-生产-有机-休闲-康乐”生态休闲景观综合体，当地生态旅游业日益红火。同时，因地制宜实施“一村一品”，立足各村资源优势，培育壮大特色产业基础。例如，原隆村打造休闲旅游示范村，福宁村打造商贸服务业集聚区，武河村打造精品酿酒葡萄示范村，园艺村打造优质饲草种植基地，玉海村打造庭院养殖示范村，木兰村打造枸杞种植示范村。

2．空间配置与乡村振兴

作为一个回汉互嵌的移民小镇，族际关系的和谐程度与乡村振兴工作的实际效果息息相关。闽宁镇2018年开展“东西协作、回汉交融”的社区活动，共接纳了来自宁夏南部山区贫困县域及村落的4万余移民。综合考虑村镇所辖范围、人口密度、党员数量、分布特点、村子规模等情况，闽宁镇在福宁社区、福宁村、木兰村小组基础上建立了“红色网格”。依托网格员所拥有网格内熟悉的人、地、物、事、组织等社会治安要素的优势，通过多网融合，基层治理合力呈指数级增长，形成了“纵向到底、横向到边、无缝覆盖”的管理格局。在网格模式下，闽宁镇通过多层次的社区活动、社区教育与就业服务，维护了民族团结，巩固了族际关系。在巩固拓展脱贫攻坚成果与乡村振兴有效衔接的过程中，当地政府不断铸牢中华民族共同体意识，而坚实的中华民族共同体意识又为乡村振兴创造了内生动力。

3. 文化活动与乡村振兴

闽宁镇作为回汉混居的小镇，凝聚了浓郁的民族特色、民族文化之美，加之闽宁镇保留的多处传统农作工具和传统民居承载的文化传统和非遗传统技艺，发挥文化优势促进乡村产业兴旺，助推乡村振兴。首先，当地政府以原隆村为样板，建设民族特色村寨，通过民族特色小吃加工销售、民族风情旅游等文创活动，以及“非遗教育+就地脱贫”的文化扶贫模式，推动当地文化传承与经济发展相结合，以点带面，逐步在全镇形成优良民风，闽宁镇现已发展成为旅游强镇。其次，增强移民群众自主致富意识，加强引导与扶持，加快脱贫步伐。比如原隆村王彩娣等一批农户，原来无技术、缺技术，通过技能培训以后，主动到昌盛公司承包温棚勤劳致富。同时，依靠旅游、文创等产业，原隆村周围村庄的村民积极学习网络营销知识，模仿网络主播的直播带货技巧，有的人还开始撰写销售文案，既实现了脱贫致富，也提升了自身的文化素质，消除了贫困文化的辐射效应。

综上，闽宁镇在乡村振兴政策的帮扶下经济、社会、文化发展成效显著，在持续注重发展地方特色产业的同时，将产业扶贫与乡村振兴进行有机衔接，并注重互嵌式民族关系的打造以及各族成员文化主体意识的培育，形成了乡村地区发展的内生动力。

二、不同地形条件下的乡村整治

我国地形条件复杂，不同乡村地区在地理环境、资源禀赋、经济发展方面存在巨大差异，导致对乡村居民点的发展产生了较为明显的影响。这里选取山地、丘陵、平原三类典型地形区村庄，采用合适的方法进行综合分析，从而判别不同地形区农村居民点布局形成的主导因素，最后因地制宜地提出差异化治理对策。

（一）研究方法

主要采用“3S”技术、实地调查法、问卷调查法、访谈法等。

（二）操作流程

1. 确定研究问题

根据调研目的确定调查主题和方向，明确调研方法及所要回答的具体问题：不同地形区农户对乡村整治与乡村振兴的需求有什么共性和不同？不同地形区农户对乡村整治与乡村振兴有何期待？如何因地制宜开展乡村整治与乡村振兴？

2. 数据分析

选取各地形区典型村庄进行实地调研，获得目标地区遥感影像和村庄实地逐户调查数据，对研究主题内容进行科学评估。

3. 得出结论

综合上述内容，归纳总结不同地形区乡村面临的问题，提出相应整治措施并形成考察报告。

（三）案例分析

以河南省安阳县为例。农业是安阳县的传统优势产业，安阳县地势西北高而东南低，山地、丘陵、平原多种地貌构成了安阳县复杂的地形结构。在3个地形区中分别抽取一个典型村庄，分别是位于安阳县西部山地地区的龙尾岗村、中部丘陵地区的牛家河村和东部平原地区的五里屯村。通过逐户走访农户和电话访谈的形式，获取宅基地利用状况；另外根据实际情况设计村干部调查问卷，对村委会相关人员进行访谈，核实农户提供的部分信息；结合已获取数据绘制村庄宅基地利用现状图，考察三个村落所处地形区农村居民点的空心化程度，为村庄人居环境整治提供参考借鉴。

（1）不同地形区农村居民点空心化程度不一，对农村人居环境有较大影响。3种地形区典型农村宅基地分布特征相似，但空心化水平存在显著差异：山地农村空心化程度最高，且居民点分布杂乱、零散，一定程度上影响了农村人居环境；丘陵区次之，“旧房”杂乱分布于村庄南部，“新房”位于村庄北部且建设规整；平原区空心化程度最低，“旧房”分布在村庄中心，“新房”不断向外扩张。

（2）山地地区的乡村整治，政府应多加引导，主动提供财政、政策、技术等支持，加强村委会与乡镇政府的沟通与合作。龙尾岗村规模较小，适宜进行迁村并点，迁至附近大规模人口聚居区或向公共服务设施较为完备的村庄靠拢，客观上促进了农村人口向中心村和城镇转移，统一规划和集中建设住宅小区；统一建设水、电、道路等设施，为农民提供舒适的现代化住房和优美的居住环境，有利于推进城镇化和社会化发展；同时，由于龙尾岗村生态条件基础好，对村庄原址进行土地复垦的成本相对较低，应开展旧村复垦，对散乱、闲置、废弃的农村旧宅基地、低效利用的建设用地进行整治，改善农村人居环境，促进土地节约、集约利用，恢复山区自然生态。

（3）丘陵区乡村新建房屋较为规整，但废址较为杂乱，因此对于丘陵地区的乡村整治，政府应针对村庄总体发展水平，制订合理的村庄整体规划，不断完善村内公共服务设施、基础设施与公用设施建设，提高村民对居住环境的满意度，引导村庄集聚发展，提高宅基地利用率。同时，发挥乡村的民主组织和民主管理作用，考虑改善废址的环境问题，合理处置和分配村内的空闲宅基地。牛家河村虽处于丘陵地区，但坡度较缓，该村应进一步加强高标准基本农田建设，修建梯田，同时与周围的南崖村、李家村等进行联合规划，促进地区协调发展。

（4）平原地区的五里屯村整体空心化率较低，废旧房屋面积小、数量少，整治速度相对较快。在政府的帮扶推动下，对残旧房屋、废弃宅院加以合理利用，整改在建或已建的新型农村社区，充分利用废弃地和低效用地，腾退村内旧宅用地、空闲地和旧街巷用地，并复垦成耕地，扩充耕地面积。在原有规模基础上有序推进村庄的改造升级，以农村人居环境治理，尤其是对垃圾、生活污水及村容村貌整治为重点，完善基础设施配置。同时，由于五里屯村距安阳市区较近，强化道路基础设施建设，加强与城区的联系，促进城村交融。

综上，不同地形区乡村应采取不同的整治方式。我国乡村地区地形差异大、经济发展水平各不相同，想要"一刀切"式解决问题并不符合乡村整治和乡村振兴工作的实际情况，应根据其特殊性，因地制宜进行治理。

三、不同经济发展程度下的乡村整治

在不同经济发展程度的乡村，村民对乡村整治的需求也有所差异，对政府惠农政策的需求也有所不同。某些地区由于经济一体化程度较低，乡村间发展差距明显，不同发展程度地区农户对乡村整治的需求优先顺序不同，主要体现在乡村道路、饮水安全、公共服务、环境卫生等方面。通过考察与调查，获取不同经济发展程度下农户关于乡村整治的需求所产生的相关信息和数据，从而判别不同类型区乡村发展应采取何种措施。目的是调查了解不同社会经济发展程度下乡村生活现状和对乡村整治的重点需求，以引起有关部门的重视，为解决乡村发展问题提供参考意见。

（一）研究方法

主要采用问卷调查法、访谈法、实地考察法等。

（二）操作流程

1. 确定研究问题

不同发展程度类型区的农户对乡村整治的需求有什么共性和差异？如何培育、扶持乡村的自我发展能力？政府应如何进行不同发展类型区的整治工作？

2. 数据收集

依据考察目的设计调查问卷，获取所需统计数据。

3. 数据处理

就农户对各项政策需求选择进行排序，归纳总结不同发展程度乡村的农户对乡村整治类型的最优选择和态度、意见，提出适合当地实际的扶持政策。

4. 得出结论

基于上述分析内容，参考专家意见，得出最终结论，解决相关研究问题。

（三）案例分析

京津冀地区作为我国北方经济发展程度最高的地区，是经济发展差距较大的地区之一，乡村间发展差距明显，制定统一的乡村发展政策并不能满足每个地区的迫切需求，在经济发展水平上具有相对一致性的区域作为一种政策类型更加符合乡村振兴的实际情况。因此，我们将其划分为发达型乡村、中等发达型乡村和欠发达型乡村，从3个调研类型区中各选择部分县进行实地调研，对普通农户、村干部、商业从业者人群等发放调查问卷或进行访谈，同时向当地政府申请所需研究数据，了解目标地区对乡村整治的满意度情况以及优先顺序，为下一步分析不同发展程度地区对乡村整治重点并提出相关发展措施作准备。

（1）对于北京、天津等高度城市化区域，其周边发达型乡村应注重城镇化发展方向，优先发展新农村建设，统一规划和建设各自然村，以城市带动农村发展，提高农村地区的城镇化发展水平。在城镇化建设的推动下，充分利用其产业、资本、品牌、客流等资源，对应乡村自身特色，借力城市资本，率先实现城乡融合。

（2）冀中南等中等发达型乡村，应注重农业现代化发展，提高农业技术，推进现代化农业建设，利用现代科技，提高农业生产力，大力提升农业经济效益。同时，在农业农村的发展中补齐基础设施、公共服务和生态环境等方面现代化的短板，实现农村公共服务基础设施和生态环境质量质的飞跃，实现乡村治理体系和治理能力现代化。重视加强县域经济发展，为县域经济的发展提供优惠政策，带动农村经济发展，在促进乡村振兴与城市之间的联系。

（3）冀西、冀北等欠发达乡村地区，经济发展相对落后，应充分摸清其资源禀赋、人口结构和经济承受力等方面的特征以开展乡村振兴工作。其中关键在于产业发展，以农业产业为基础，使农业、加工业和服务业有机联合，强调政策措施的适宜性、经济性与落地性。加强区域统筹协调，打破行政界限的限定，结合乡村的自然地理要素、生活方式和产业分工来统筹确定欠发达型乡村振兴片区，促进区域整体互补发展。同时，以低成本手段改善人居环境，通过乡土废弃材料再利用、村民参与投工投劳，优先满足水电热等基本生活基础设施和教育、医疗、养老等必要的服务设施。

根据调查结果，探索不同经济、社会发展类型区乡村整治的方法、路径，健全相应政策制度，为促进乡村整治和提升乡村治理水平奠定基础，提升农户生活品质。

四、不同城乡区位下的乡村整治

城乡区位作为连接农村劳动力与就业机会的地理因素，一定程度上影响了不同农村地区的经济发展水平，在发展农业现代化、维护农村公共建设秩序和村庄治理现代化方面发挥着关键作用。

考虑到数据资料的可获得性，同时遵循全面性、代表性、科学性、可比性等原则，我们从城乡区位、乡村产业结构、聚落发展水平3方面展开考察与调查。其中城乡区位很大程度上决定了城市对乡村发展的辐射作用强度，具体考察乡村聚落到其所属县、区和市级政府的距离；乡村产业结构是划分村庄发展类型的关键要素，主要调查村庄耕地面积、采矿、制造、能源供应等第二产业发展情况，餐饮、住宿、金融、医疗保健等第三产业发展情况等；不同城乡距离与聚落发展水平也有密切关联，具体从人口、GDP、路网密度等方面开展调查，以此综合测度聚落发展水平。

（一）方法选取

主要采用"3S"技术、地图法等。

（二）操作流程

1. 确定研究问题

不同城乡距离下村庄布局应如何调整？不同城乡距离的乡村应如何因地制宜发展？

2. 数据收集

有组织、有计划地搜集统计资料，准确、系统、完整地搜集所需其他必要资料。

3. 数据分析

分析不同城乡关系下乡村发展的空间差异，探究形成差异的原因，精准找出存在的问题，提出相应对策建议。

4. 得出结论

根据已有结果分析，初步得出结论，然后参考专家意见而得出最终结论。

（三）案例分析

广东省地形复杂多样，拥有地势平坦开阔的珠江三角洲冲积平原和山地、丘陵等多种地貌类型，空间资源禀赋不均，传统乡村聚落形成与发展所依托的自然环境本底差异巨大。作为改革开放的前沿阵地，广东省经济总量连续33年位居全国第一，但是珠三角、粤东、粤西、粤北区域差异显著。珠三角地区是我国城市化水平最高的地区之一，但在粤西、粤北的偏远山区，尚存在传统乡村。

1. 远郊低水平农业主导型乡村

该类型乡村在粤西、粤北地区较为普遍，经济发展水平低、地理位置偏远，受城市辐射带动作用较小，主导产业仍为传统的种植业，有大量剩余劳动力流入城市，但是少部分具有生态资源的乡村开始发展乡村旅游业。因此，该类乡村聚落的规划应侧重于乡村特色农业发展、聚落布局调整、乡村人居环境整治等方面。对于生态脆弱区域应科学推进农村土地综合整治或拆迁撤并，对于旅游资源丰富但条件欠佳的乡村应加强基础设施建设和旅游资源开发力度，对于一般村庄应加强农田水利等基础设施建设，推动农业现代化。

2．近郊中等水平农工业主导型乡村

该类型一般位于粤东重要的区域节点，在城乡区位上比一般乡村更具优势，城乡功能联系较为密切。近郊乡村的农副产品可以较快销往附近城镇，同时以其价格低廉的土地资源优势吸引工厂进驻，推动农业向制造业转变。因此，该种类型的乡村应加大耕地保护力度，为城市提供新鲜蔬果，发展休闲观光农业旅游；持续优化产业结构，引导乡村工业集聚发展；加强农村环境综合整治，加大环境保护力度。

3．城市周边高水平工商业主导型乡村

该类型在珠三角地区分布最多，乡村发展水平最高，吸引大量近、远郊劳动力迁入，有明显区位优势和良好的政策制度环境，但是在新时代面临转型的巨大压力，违法违章建筑问题、产业升级困难等都制约着乡村高水平发展。因此，该类型乡村应侧重于旧村改造、宅基地制度改革、产业融合等方面，推动部分具有向城市转型条件的乡村优先发展；运用信息技术和科学技术，吸引电商行业、高端制造业集聚。

由此可见，不同城乡区位下乡村聚落的规划策略应有所差异，应针对不同类型乡村聚落的特点因地制宜地推动乡村振兴，突出区域差异与区位优势，充分发挥区域产业转移与承接的带动作用，缩小区域差距，根据不同区域的土地及相关资源环境承载能力，做好粮食安全保障、特色资源保护、旅游开发、拆迁撤并、产业转型、城市更新等工作。

思考题

1. 在现阶段中国，乡村和农村有何本质区别？
2. 相对于城市考察与调查而言，乡村的考察与调查有何独特之处？
3. 从地理学角度入手研究乡村问题，地理学有何优势？

练习题

1. 利用闲暇时间，选择一个合适的村落，按照本章介绍的步骤和方法，尝试从地理学角度考察和调查该农村的基本特征（位置、空间组成与结构、空间功能、城乡关系、人地关系等方面内容）。

2. 根据官方或正式网络媒体的资料，就近选择经济社会发展水平差异明显的两个村落，试从地理学角度开展系统、深入的区域考察和调查、入户调查，找出造成两者显著差异的原因，提出相应的合理化建议。

推荐读物

1. 方国荣. 农业地理[M]. 合肥：安徽人民出版社.

2. 仝德．乡村聚落空间演化的规律与机制[M]．北京：科学出版社，2022.
3. 贺艳华．城市群地区城乡一体化空间组织研究[M]．北京：科学出版社，2020.

温馨提示

1. 现代乡村构成与以前已有很大不同，除非长期在农村地区工作和生活，否则不需要完全遵循特定的程序和方法开展乡村考察与调查，可以独辟蹊径，但开展工作要对各地的方言问题给予高度重视，否则交流问题很难解决。

2. 经济发达地区的乡村考察与调查，相对来说比较好实施，但对于位置偏僻、交通闭塞的乡村地区，则要做好充分的思想准备，那些地区对人的体质、精神素质、语言能力要求很高，不仅条件艰苦，而且还有安全风险。

第十二章　地理学经典著作导读

本章提要

地理学是一个非常古老的知识体系，其主要思想和理论是古今中外学者持续努力的结果。作为一个地理人，不了解地理学主要理论的由来和创建人，就很难从根本上把握这些理论、思想和方法。本章所述古今中外主要学者的论著包含从古希腊和罗马到工业革命时期的地理学大师，再到全球化今天的著名学者，从这些世界名著中我们可以得到难得的启示和教诲，以及巨大的激励和鼓舞，让我们克服困难不断前行。

关键词

地理学经典著作，埃拉托色尼，洪堡，李特尔，道库恰耶夫，戴维斯

从知识的连续性和更好地理解、掌握地理学基本理论和思想来讲，阅读和研究地理学经典书籍，是地理学工作者或地理人从入门到熟练开展工作，甚至直到生命的终点都必须做的功课。

地理学是一门非常古老的学科，因此特别讲究思想的传承和知识的积累，相应地，值得阅读和研读的经典著作也很多。

本章所选和推荐的地理学经典名著，突出之处在于它们为现代地理学的理论、方法、概念体系、思维方式等方面奠定了基础，构建了基本框架，依然能够给人以启迪和发挥引导作用，有跨越时代的价值和魅力。同时，对于地理学历史的回顾也是学习、研究地理学必要的环节。因此，本书也收录了几位现代地理学家关于地理学史方面的书籍，使我们可以从特定角度审视历史上和现代著名地理学家的基础作用。

第一节　古典时期

古希腊和罗马时期①，诞生了大批古典地理学家，他们在地理学的不同方面都有所建树，但很遗憾，能够留存下来的著作寥寥无几，这使得这些著作显得更为珍贵。

---

① 包括古罗马和罗马帝国两个时期。

一、希罗多德的《历史》

（一）作者简介

希罗多德（Herodotus，公元前484—公元425年），古希腊著名历史学家、地理学家、文学家、旅行家，被尊奉为“历史学之父”。他出生于小亚细亚的哈利卡纳苏斯城（Halicarnassus，今土耳其西南部的海滨小城Bodrum，当时处于波斯帝国统治之下），后迁移到雅典生活，之后再迁移到意大利南部的图里翁城（Thurium，今日意大利卡拉布里亚大区东北部的一座海滨小城）。他周游了波斯帝国大部分地区，曾游历过埃及、中东、黑海周边地区和意大利，考察过多瑙河和顿河。

（二）主要成就

所著9册《历史》巨著留存至今，该书主要记述希腊同波斯的战争，同时详细介绍了两个地区的地理状况。该书对西方史学和地理学的发展发挥了极其重要的作用。

希罗多德通过叙事的方式来描述历史事件，特别是系统分析了战争和政治动荡的社会原因，由此为西方史学树立了一个榜样，并且后来成为一个长期坚持的传统。

他创立了一种前所未有的新的历史编纂方法，其特点是以历史事件为中心，记事系统连贯，叙述生动有趣，把历史的真实性与描写的艺术性紧密结合起来。该方法被后世长期遵循。

希罗多德特别注意考证史料，辨别真伪。他是西方史学史上最先使用批判方法的历史学家。

（三）主要思想

希罗多德认为编写史书的目的主要是利用历史事实来进行道德规范教育，国家的兴盛和人事的成败都是有原因的，历史在于为人们将其揭示出来。

他认为历史就是对过去的研究，通过证据对事实进行忠实陈述，然后对事实真相作深入探究。

书写历史，不仅记载历史事实，更在于交待清楚事件发生的地理基础和人文背景。

他认为全部历史都必须用地理观点来研究，而一切地理事实也必须用历史观点来探究，他把地理学看作“历史的奴仆”。因此，在很大程度上希罗多德也可以称得上是一个彻头彻尾的地理学家，而且史地不分家的观念由此长期为人们所坚持。

（四）中译本

目前国内有4种中译本。最早为王以铸翻译、商务印书馆1959年出版的译本，后多次印刷，最近一次修订为2017年商务印书馆的版本，分上、下两册，分别为403页和842页。其次为谭爽翻译的、由中国社会出版社于1999年以“旷世名典”定名的丛书出版发行，仅一册，共695页。第三种译本是由徐松岩译注、上海三联书店于2008年出版的名为《历史（新译本）》单本（624页），2018年再由上海人民出版社出版《历史（译注本）》，上、下两册共1112页。第四种译本是由周永强翻译、2008年由陕西师范大学出版社出版的双册本，分别为286页和571页。

具体选择哪种版本要看自己的方便程度，上述各译本各具特色。

二、埃拉托色尼的《地理学概论》

（一）作者简介

埃拉托色尼（Eratosthenes，公元前276—公元前196年），是希腊著名天文学家、数学家、历史学家、地理学家，系著名学者阿基米德的朋友。他出生于非洲北岸的昔兰尼加（今天利比亚东北部的贝达城）。从雅典学园毕业后，托勒密[①]把他召到亚历山大城，让他担任亚历山大图书馆馆长，同时还担任托勒密儿子的家庭教师。他长期生活在亚历山大城。

（二）主要成就

他绘制了当时已知世界的地图，包括从英伦三岛到印度洋的锡兰，从里海到非洲的埃塞俄比亚。这是当时最完整的已知世界的地图，而且标注了经纬度，着实难能可贵。

公元前240年，他根据夏至日阿斯旺到亚历山大之间的距离，估算出了地球周长和黄赤交角，与现代通过精密天文观测测定的数据相差很小。

（三）主要思想

他首先创造了地理学这一词汇，并用在其著作《地理学概论》中。

他认为地球是球体，通过天文学方法可以测定其周长；地图的绘制要以经纬网为定位框架；提出了采用经纬网格编绘世界地图的方法。

《地理学概论》主要由有人居住的已知世界的地图及其相应的文字描述构成，把世界分为欧洲、亚洲和利比亚三大部分，描绘了地球上的“五带”，即一个热带、两个温带和两个寒带。

因其对近现代地理学影响深远，故被西方地理学家推崇为“地理学之父”。

① 托勒密（ptolemy，公元前366年—公元前283年）系亚历山大大帝死后在埃及建立独立王朝的人，曾为亚历山大手下的将军。该人物与下文的托勒密不是同一个人。

（四）中译本

因该书早已湮没在历史长河中，主要内容只能在斯特拉波的《地理学》引文中了解到，故读者可在李铁匠先生翻译、上海三联书店出版的斯特拉波的《地理学》中留心去寻找。

三、斯特拉波的《地理学》

（一）作者简介

斯特拉波（Strabo，公元前 64 年—公元 21 年）是希腊著名地理学家、历史学家和哲学家。他出生于今日土耳其北部黑海南侧耶希尔（the Yesil）河畔的阿马西亚（Amasya），20 岁时到罗马师从地理学家 Tyrannion、哲学家 Xenarchus 和 Athenodorus，游历了意大利、希腊、小亚细亚、埃及和埃塞俄比亚等地，公元 17 年返回罗马，公元 21 年完成《地理学》一书。

（二）主要成就

17 卷的著作《地理学》详细描述了当时希腊和罗马人已知的世界各地的人文地理情况，包括从爱尔兰到里海、印度和埃塞俄比亚。这一巨著是人们了解古代世界的信息来源。在这部著作中，还有一幅欧洲地图。

《地理学》一书对西方世界的文明发展和现代地理学的发展发挥了重要作用。

该书经过中世纪而保留下来，为今日人们研究古时的地理和历史提供了宝贵的资料。

（三）主要思想

斯特拉波认为，地理学家在某种程度上都是哲学家，只有具备广博的知识，才能从事地理学研究工作。

地理学是对已知有人居住的整个世界进行描述的学问。

地理学并不只是研究一个地方的形状和大小，还要研究地域间的相互关系。

（四）中译本

该部巨著已由上海师范大学人文与传播学院教授李铁匠翻译，上海三联书店于 2014 年年底出版发行。全书分上、下两册，共 2123 页，约 130 万字。该译作按传统分 17 卷来组织，相当于原著的分册，卷下再分章。

前 2 卷系总论性内容，叙述了地理学的研究范围和用处、研究内容、主要地理学者及其观点、研究方法、地理学家需具备的素质。其后的 15 卷从西端的伊比利亚开始，向东依次介绍了当时人们所知的区域或国家的自然和人文基本特征，尤其是对意大利和希腊的介绍尤为详尽。书中的许多史料、地名和人名都是今天研究古代已知世界的宝贵资料。

译者李铁匠先生治学非常严谨，不仅注解做得非常深入、科学，而且译文的遣词造句既尽力遵循原文又兼顾读者的接受能力，令人钦佩。同时将这么一部鸿篇巨制翻译完成，需付出艰辛的努力和毅力，着实令人动容。目前只有这么一个译本问世。

四、托勒密的《地理学》

（一）作者简介

托勒密（Claudius Ptolemy，公元 100—170 年），希腊裔罗马人，罗马帝国时代著名数学家、天文学家和地理学家。他出生于上埃及的托勒马达伊，后移到亚历山大城学习、生活，并在亚历山大图书馆工作过。托勒密在亚历山大城完成了《地理学》一书，该书对阿拉伯世界、基督教世界产生了深刻影响。

（二）主要成就

中世纪流行的宇宙地心说是由托勒密建立的，深刻影响了大发现时代、文艺复兴乃至近代的历史进程。

其著作《地理学》共 8 卷，主要内容为制图学、地名学、地图学内容。第一卷收录了一幅世界地图，这幅地图用经线和纬线确定地点位置和方位，介绍了地图投影的概念与方法。第二卷到第七卷由世界各地（涵盖了当时已知的全部世界，包括非洲、亚洲和欧洲）的信息表格组成，对不同地点都标注了经纬度坐标。第八卷中有各区域的独立地图，其中 4 幅非洲地图、12 幅亚洲地图、10 幅欧洲地图，相当于一本地图集。

（三）主要思想

他认为地图要有坚实的数学基础，因而在他的世界地图中，创造性地运用了经纬线网格，这为今日全球地理坐标系统的建立与完善奠定了必要的基础。

他将地图投影的方法应用到地图制作中。

他和当时许多学者一样认为地球是球形的，由此可以标绘出两极和经纬网。

他认为印度洋是一个被陆地包围的地中海，在其世界地图中标出了“南方大陆”的位置，间接地为人们发现澳大利亚和南极洲提供了动力和诱惑。

（四）中译本

目前没有中译本。读者可以花点时间参阅英文译本，Amazon 网站上有多个版本出售，其中由 J. Lennart Berggren 和 Alexander Jones 翻译、Princeton University Press 出版的 *Ptolemy's Geography: An Annotated Translation of the Theoretical Chapters* 以及由 Edward Luther Stevenson 和 Joseph Fischer 翻译、Cosimo Classics 出版公司出版的 *Geography of Claudius Ptolemy* 较为流行。

第二节　近代时期

近代时期是现代地理学发轫和快速发展的时期，涌现出了一大批优秀地理学家，特别是德国和法国的地理学家，他们对现代地理学的形成和发展作出了基础性工作，他们的地理学思想深刻影响着今日的地理学体系。

一、洪堡的名著《宇宙》（1845—1862）

（一）作者简介

洪堡（Alexander von Humboldt，1769—1859 年），德国著名博物学家、地理学家，今日自然地理学许多分支学科（如植物地理学、气象学、气候学、地貌学等）都由他创立。他同李特尔一样被尊称为近代地理学的奠基人。他的足迹遍布西欧、北欧、中亚、美洲。所著《宇宙》（Kosmos，Entwurf einer physischen weltbeschreibung）对现代地理学的发展发挥着基础性作用。

（二）主要成就

《1799—1804 年新大陆热带地区旅行记》（30 卷）、《中亚细亚：关于山脉和气候的比较研究》（31 卷）、《宇宙》（5 卷）等。

他首创等温线、等压线概念，绘出了世界等温线图，指出气候不仅受纬度影响，还与海拔高度、离海远近、风向等因素有关。他研究了气候带分布、温度垂直递减率、大陆东西岸的温度差异、大陆性和海洋性气候、地形对气候的形成作用等方面。

他发现植物分布的水平和垂直分异性，论述了气候同植物分布的水平分异和垂直分异的关系，得出植物形态随高度而变化的结论。根据植被景观的不同，他将世界分成 16 个大区，确立了植物区系的概念，创建了植物地理学。首次绘制地形剖面图，进行地质、地貌学研究，指出了火山分布与地下裂隙的关系，等等。

（三）主要思想

《宇宙》，共 5 卷，斯图加特的 J. R. 歌特书店出版，是他在晚年时写成，是将一生所有的研究和发现汇集在一起的杰作。

他强调自然界的统一和紧密联系，认为人类是自然界的一部分。

洪堡特别强调野外观察的重要性。

他特别注重各自然要素同周围环境因素间的相互作用，以及对人类的影响。

（四）中译本

目前没有中译本。感兴趣的读者可想办法进入剑桥大学图书馆和美国国会图书馆搜索，在线阅读或有偿下载，也可到 Amazon 网站购买。

较好的英译本为奥特（E. C. Otté）翻译的 *Cosmos，A sketch of a physical description of the universe*，由伦敦亨利 G．博恩书店于 1849—1859 年出版。

该书第一卷是关于宇宙全貌的概述；第二卷主要叙述人类致力于发现并描述地球的历史过程；第三卷论述了天体空间的法则；第四卷讲的是地球，不仅讲到地球物理，也讲到了人类；第五卷是在他 1859 年去世后，根据他遗留下的大量笔记编辑付印的。

二、李特尔的《地学通论》（1817—1859）

（一）作者简介

李特尔（Karl Ritter，1779—1859 年），德国著名地理学家，同洪堡一起被认为是近代地理学的奠基人，但他更侧重于人文地理学，特别是人地关系方面，奠定了人文地理学的基础。所著《地学通论》（Die Erdkunde）对当时及后世地理学的发展发挥了基础性作用。

（二）主要成就

李特尔是一个雄辩的、才华横溢的演讲家，讲课非常受学生欢迎，并且他还是景观素描艺术的专家，创办了柏林地理学会。还曾编写过两卷本《欧洲地理》教科书。

《地学通论》一书共 19 卷，其英文译本全名为《地球科学——它同自然和人类历史的关系，或普通比较地理学——自然和历史科学研究与教学的坚实基础》。原准备按大洲顺序描写整个世界，但去世时仅写完了非洲和亚洲一部分的地理状况与特点。

（三）主要思想

他认为地球主要形态对历史发展有重要影响，地理学应以经验为依据，地理学者应该从观察到观察去找出一般规律，而不是从先入之见去寻求假说，然后才进行观察。学者们应向地球本身去寻找它的规律。他还认为地理学主要研究人类的家乡，即地球表面。他追求在变化中的统一，主要采用区域方法而不是对各个地理特征的专题研究方法来研究地理学。

李特尔在他的所有地理著作中都谈到上帝旨意的迹象，因而他的理论有明显的目的论色彩。

（四）中译本

由于种种原因，目前没有中译本。感兴趣的读者可参阅德文版原著或英译本。

三、莱伊尔的《地质学原理》（1830，1832，1833）

（一）作者简介

莱伊尔（Charles Lyell，1797—1875 年，有人也将其译成莱尔、赖尔）爵士，出生于苏格兰，是英国著名地质学家，地质学上“均变论”的主要倡导者之一，“进化生物学”的奠基人。所著《地质学原理》奠定了现代地质学的基础。

（二）主要成就

对地质学非常热爱，几乎走遍了欧洲各地，由此搜集到佐证其观点的、必要的事实和证据。

1849 年被英国女王授予爵士称号。他曾做过英国皇家学会主席。

《地质学原理》是其代表性著作，分为三册；《论人类的古老性》一书也很有影响。

（三）主要思想

提倡地表过程研究中的均变论，推行“今天是过去的钥匙”的信条，即“将今比古”原则，他认为今天的地表过程同地质历史上的没本质差异。

他的均变论统治世界地质学界长达一个世纪。

（四）中译本

市面上流通较多、图书馆收藏较多的是由徐韦曼翻译、1959 年由科学出版社出版的译本，分上、下两册。该书通俗易懂，实例丰富，有很高的史料价值，对今日地质学和地貌学的研究也很有启发性。

四、达尔文的《物种起源》（1859）

（一）作者简介

达尔文（Charles Robert Darwin，1809—1882 年），英国著名博物学家、生物学家，物种起源理论的创立者。1831—1836 年随“贝格尔号”军舰做了 5 年的环球考察，在动物、植物和地质方面进行了大量的观察和采集，1839—1843 年编纂 5 卷本巨著《贝格尔号航行期间的动物志》。1859 年出版了震动当时学术界的《物种起源》，完整书名为《依据自然选择或在生存竞争中适者存活观点讨论物种起源》。该书对西方世界和现代科学的发展发挥着基础性作用。

（二）主要成就

达尔文著述很多，但最有影响的是《物种起源》一书。自然选择是其理论的核心概念。

他撰写的《贝格尔号航行期间的动物志》《贝格尔号航行期间的地质志》也很有学术和史料价值。

达尔文还著有《家养动物和栽培植物的变异》、《人类起源和性选择》、《人类和动物情感的表达》、《植物的运动力》（叙述植物的向光性的实验）等著作。

（三）主要思想

达尔文在书中指出，物种并不是固定不变的，而是通过“伴有修改的代传”而发生变化，自然选择是生物进化的核心环节。他认为在“为了生存而斗争”的过程中，具备有利变异的个体则被选择保存下来，不利的个体被淘汰，经过一代代的自然环境的选择作用，适应的变异逐渐积累，导致新物种的产生，造成了纷繁多样的生命形态；栖居在地球各地的一切生物，都是从一个或几个原始类型进化衍生出来的，生物进化造成了生物多样性。

（四）中译本

中译本版本很多。这里推荐大家读商务印书馆“汉译世界学术名著丛书”2017 年再版的，由周建人、叶笃庄、方宗熙 3 人于 20 世纪 50 年代翻译的本子，共 561 页。其他译本可根据自己的爱好和便捷性来选定。

国内译本多是根据英文第六版译出，内容最完善，但实际上第一版最简洁，感兴趣的读者可在 Guttenberg Project 免费电子图书中下载这一版本作参考。

五、马什的《人与自然》（1864）

（一）作者简介

马什（George Perkins Marsh，1801—1882 年），美国著名博物学家、地理学家、语文学家、政治家和外交官，被尊称为美国首位环境保护主义者。所著《人与自然》对美国和世界自然保护事业发展发挥了基础性作用。

（二）主要成就

《人与自然》深刻地影响了西方的学术界、经济界和政治界。

马什对森林重要性的反复强调，直接导致美国内政部森林署的建立和国有森林、森林公园的广泛建立和快速发展。他强调自然资源的有限性和稀缺性，强烈呼吁从哲学的高度研究人类同自然界的关系，同时他也是可持续发展思想和气候变化研究的先驱。

他是美国斯密森学会的创建者之一。

除《人与自然》外，他还著有《英语的起源和历史》《英语语言演讲集》等。

（三）主要思想

从人与自然关系的角度，他提出了人类活动是自然界演化的破坏因子的观点，明确提出了可持续发展的思想，从历史的角度指出地球上的气候是不断变化的，其中人类是很重要的一个影响因子。人类对自然界的破坏作用，可以通过谨慎而科学的行动而使其恢复原始状态。

他通过大量实例指出了森林同气候、水文状况的内在联系，呼吁保护森林，兴建人工林。

他在地理学的诸多领域也颇有建树，还对水分平衡和水文循环进行了深入分析和讨论。他提出了地貌循环的模式。

他强调从哲学角度讨论自然与人、自然要素间的相互关系。

（四）中译本

原著 1874 年的第二版已由韩广教授翻译完成，即将由商务印书馆于 2024 年下半年出版发行。

该书共分六章。第一章为导论，作者从罗马帝国的兴起与衰落，从历史和哲学的高度与视角分析、评价了人类活动对地球表面所施加的影响，以及从中吸取的经验教训。第二章，作者通过大量实例讨论了驯化、引进新物种、种子扩散对一个地区所造成的巨大影响，提出了许多超越时代的生态学思想，对物种绝灭、外来物种入侵、生物多样性也作了精彩论述。第三章主要讨论森林，它是该书的核心内容，作者列举大量实例、已有研究成果和自己的观察和实验，讨论了森林的各方面功能，论述了森林同气候、河流的紧密关系，介绍了法国、德国的人工造林技术与成就；面对 19 世纪上半叶美国各地出现的大规模砍伐行为，作者主张要为子孙后代悉心管理现有森林，可持续发展的思想在此跃然纸上。第四章也是该书的核心内容与精华所在，主要讨论河流和港口的相关问题，尤其是堤坝修建、沼泽排水和湖泊疏干、山区洪水与森林的关系、泉流与森林的关系等。第五章讨论了地球表面常见的海岸沙丘、沙漠、沙洲和沙嘴等沙体，包括其基本特征、成因、对人类和对自然界的价值。第六章针对历史上人类的重大工程项目对自然界的影响进行论述，告诫人们在实施影响大范围气候、水文和植被的工程项目时要持慎重态度，要对其后果作出预判并采取对应措施。

六、拉采尔的《人类地理学》（1882，1891）

（一）作者简介

拉采尔（Friedrich Ratzel，1844—1904年），德国著名人文地理学家、人类学家，近代地理学奠基人之一。所著《人类地理学》（Anthropogeographie）对西方世界和现代地理学的发展发挥着基础性作用。

（二）主要成就

著有《人类地理学》《人类史》《政治地理学》《民族学》《德国：乡土地理导论》《地球与生命：比较地理学》等著作。

拉采尔提出的“国家与社会是生命有机体”的论点，是“地缘政治”（geopolitics）学说的源头，“二战”中被纳粹德国用作侵略扩张的理论根据。

他被称为“德国政治地理学之父”。

（三）主要思想

他认为人是地理环境的产物，位置、空间和界限是支配人类分布和迁移的三组地理因素。他提出“国家有机体说”和“生存空间说”，指出了城市、交通、港口的重要地理意义及其在国家政治经济中的作用，他首先系统说明了“文化景观”的概念。

他强调地理环境决定了人的生理和心理，进而决定了人类分布、社会现象及其发展进程。

（四）中译本

目前没有中译本。感兴趣的读者可参阅德文原版书或英译本。

《人类地理学》分两卷，第一卷主要论述地表形态及其对人类文化的影响，侧重人类与地球之间的关系，第二卷则倒过来，主要论述人类活动同人类文化与自然环境的关系。

七、道库恰耶夫的《论自然地带学说》（1899）

（一）作者简介

道库恰耶夫（Vasili Vasilievich Dokuchaev，1846—1908年），俄国著名自然地理学家和土壤学家。所著《论自然地带学说》对现代土壤学、自然地理学的发展发挥了非常重要的作用。

（二）主要成就

他从历史发生的观点研究土壤形成，指出土壤是在母质、气候、生物、地形和时间5种因素相互作用下所形成的一个有发展历史的自然体，由此创立了成土因素学说；提出了土壤剖面研究法和土壤制图方法；建立了土壤地带性学说，是土壤发生学派的主要创始人；论证了自然地理现象的地带性规律。

主要著作有《俄国的黑钙土》《俄罗斯草原今昔》《论自然地带学说》等。

（三）主要思想

土壤是母质、气候、生物、地形和时间5种因素相互作用的产物，是一个自然历史综合体。

在德国气候学家柯本的气候景观分类和德国地理学家布申关于纬度带理论基础上，通过对中亚草原黑钙土和栗钙土地带的考察，道库恰耶夫总结出陆地表面土壤景观的地带性规律，主要是纬度地带性。

（四）中译本

目前没有中译本。读者可以在其他相关学者的著作和文章中了解其主要内容和观点。

八、戴维斯的“地理循环”（1899）

（一）作者简介

戴维斯（William Morris Davis，1850—1934年），美国著名地理学家、地质学家、地貌学家和气象学家，被尊称为“美国地理学之父”。他的经典论文“地理循环”对现代地理学和地貌学的发展发挥着基础性作用。

（二）主要成就

戴维斯兴趣广泛，著述非常丰富，所编写的《自然地理学》和《气象学基础》作为大学课本沿用多年，主要学术思想集中在《地理学论文集》中。

（三）主要思想

地理循环或侵蚀循环理论模型：平坦的地表由于构造上升而被抬高到一定高度，地表演化进入幼年期，此时流水作用开始活跃并发挥作用，将地表沿构造裂隙或沉积构造等薄弱面侵蚀出沟谷，使得地表起伏加大，地貌演化进入壮年期；之后由于山体不断变低，沟谷变宽变浅，地表逐渐呈现波状起伏的准平原状态，此为地貌演化的老年期。当再次发生构造上升时，上述过程循环往复发生。当然，其间会发生各种干扰，在各种营力综合作用下，地表会进入一种平衡状态，不一定必然进入老年期。

（四）中译本

戴维斯的地理循环或侵蚀循环理论，最早出现在1889年出版的 *The Rivers and Valleys of Pennsylvania*（第76页）小册子中，后来经过修改于1899年以“地理循环”（The Geographical Cycle）的题目，发表在英国的学术期刊 *Geographical Journal*（第14卷5期，第481～504页）上，由此对世界地貌学界产生巨大影响。

中译本在任美锷先生编译的《台维斯地貌学论文选》（科学出版社，1958）中可以浏览到。该书在历史较久、拥有地理系和地质系的大学图书馆中往往都有收藏。

九、麦金德的《历史的地理枢纽》（1904）

（一）作者简介

麦金德（Halford Mackinder，1861—1947年），英国著名地理学家、政治家，地缘政治学和地缘策略理论的主要奠基人。所著《历史的地理枢纽》对西方世界全球战略研究和政治地理学的发展起着基础性作用。

（二）主要成就

麦金德最主要的成就体现在他在《历史的地理枢纽》中提出的心脏地带理论（Heartland Theory），也就是“谁统治了东欧谁便控制了‘心脏地带’；谁统治了‘心脏地带’谁便控制了‘世界岛’；谁统治了‘世界岛’谁便控制了世界”的著名论断。

他的《不列颠及其近海》一书，在英国地理学历史上也非常有影响。

作为一个统一的和独特的学科，他为地理学在英国大学中的建立和发展做出了卓越贡献，由于他的学术影响，牛津大学第一位地理学高级讲师是他，后来该校建立地理系，他成为第一任系主任。

（三）主要思想

他将欧亚大陆中心地带称为“心脏地带”，把欧、亚、非三大陆称为“世界岛”，由此提出心脏地带学说，进而影响了第二次世界大战和后来的“冷战”思想。他的许多推测和预测都已成为现实。

（四）中译本

较好的中译本是商务印书馆于2007年出版、由李尔蔚和陈江翻译的版本，被列为“汉译世界学术名著丛书”。该书收录了两篇文章，即《地理学的范围和方法》（1887）和《历史的地理枢纽》（1904），前者奠定了今日英国地理学的思想基础，被认为是英国地理学的一篇经典文献，后者则成为陆权论的基础，影响了世界政治格局。

在《历史的地理枢纽》一文中，麦金德从欧洲特别是东欧、西亚的历史事件和历史事实出发，分析了游牧部落对欧洲文明的破坏性影响，进而提出核心地带理论。其中许多历史事实和事件及其推断的结论，都值得我们深入研究。

十、森普尔的《地理环境的影响》（1911）

（一）作者简介

森普尔（Ellen Churchill Semple，1863—1932 年），美国人类地理学家，第一任美国地理学家协会女性主席，德国学者拉采尔的学生，美国地理环境决定论的积极拥护者和倡导者。所著《地理环境的影响》一书对美国乃至世界人文地理学的发展发挥了重要作用。

（二）主要成就

森普尔的代表性成果为《在拉采尔人类地理学体系基础上论地理环境的影响》（Influence of Geographic Environment on the basis of Ratzel’s System of Anthropo-Geography），一般简写成《地理环境的影响》。该书对美国早期地理学的发展做出了重要贡献。

（三）主要思想

她与拉采尔的社会达尔文思想不同，她主要研究地理环境对于人类社会经济方面的影响，而非侧重对人种的生理特征和气质的影响。她将这类影响区分为生理、精神（语言、文学、宗教）、社会经济、人口迁移等 4 个方面，均以确凿的事实作依据。

（四）中译本

目前中译本主要是民国时期由陈建民翻译、商务印书馆于 1936—1937 年出版的 8 册《地理环境之影响》。由于是大字体竖排本，因而页数达数千页，但翻译的质量很不错，通俗易懂。超星图书平台上有收藏，对外提供网络电子浏览和下载服务。

十一、维达尔的《人文地理学原理》（1922）

（一）作者简介

维达尔（Paul Vidal de la Blache，1845—1918 年），法国著名人文地理学家，法国现代地理学奠基人，被尊称为“法国人文地理学之父”。他曾在多所高校任教，培养了一大批很有影响的地理学家。他主要致力于人文地理学和区域地理学的研究，所著《人文地理学原理》对西方和我国民国时期的人文地理学有深入影响。

（二）主要成就

主要著作有《法国地理学概貌》（1903）、《地理学的独特性质》（1913）、《法国的东部地区》（1917）、《人文地理学原理》等。

他创立了地理学的法国学派，并创办了《地理学年报》。

（三）主要思想

维达尔认为地理学家的主要任务是阐述自然和人文条件在空间上的相互关系。他认为自然环境提供了可能性的范围，而人类在创造他们的居住地的时候，则按照自己的需要和愿望，凭借自身的能力来利用这种可能性。他坚持地理学研究应该集中在个别区域上，认为地理学家的主要贡献在于划出有用的自然区域或地区。

他建立了一个与当时流行的“环境决定论”完全不同的“可能论”的理论学派。他认为自然环境同人类活动存在密切相互关系。

（四）中译本

中译本有 1930 年由上海商务印书馆出版、张其昀翻译的《人生地理学原理》。该书由 6 部分构成。限于当时的条件，其中许多人名、地名、术语的译文同今日有较大差异，阅读时注意鉴别。

十二、赫特纳的《地理学：它的历史、性质和方法》（1927）

（一）作者简介

赫特纳（Alfred Hettner，1859—1941 年），德国著名地理学家，德国区域学派的主要代表。所著《地理学：它的历史、性质和方法》对现代地理学的发展影响很大。

（二）主要成就

1895 年创办德国《地理杂志》，长期担任其编辑并在其上发表很多有影响力的文章。

他将李希霍芬的方志学概念（Chorology）引进地理学研究的范畴中。

代表性著作为《地理学：它的历史、性质和方法》。

（三）主要思想

他坚决主张地理学与几乎所有其他学术领域一样，既要进行叙述也要寻求规律。他特别注意方志学的研究。

（四）中译本

中译本有商务印书馆 1983 年出版、由王兰生翻译的版本，被列入“汉译世界学术名著丛书”。全书共 9 编 59 章，分别叙述了地理学史、地理学的性质与任务、地理学的研究方法、地理学概念和思想的构成、地图和图片、地理学的文字表述、地理学教育、学校中的地理学、大学中的地理学等方面。

十三、帕萨格的《景观学基础》（1919—1920）

（一）作者简介

帕萨格（Otto Karl Siegfried Passarge，1867—1958 年），德国地理学家，景观学创始人。所著四卷本《景观学基础》对德国和俄国地理学的景观学派发展发挥了基础性作用。

（二）主要成就

20 世纪 20 年代出版了《景观学基础》《比较景观学》等巨著；提出了城市景观、空间景观等概念；创造了景观地理学一词。

（三）主要思想

他在小区域考察和景观学方面做出了重要贡献。他认为景观类型是相关要素的复合体，系统地提出了全球范围内景观分类、分级的原理和方法，指出景观的形成和变异主要受气候因子影响，划分景观的最好指标是植被。

（四）中译本

目前没有中译本。感兴趣的读者可参考英译本或德文原著。

十四、克里斯塔勒的《德国南部的中心地》（1933）

（一）作者简介

克里斯塔勒（Walter Christaller，1893—1969 年），德国城市地理学家。所著《德国南部的中心地》（Central Places in Southern Germany）对现代城市地理学和城市经济学的发展发挥着重要作用。

（二）主要成就

在前人已有研究基础上，通过对德国南部地区的深入调查，他提出了立足于没有工业革命影响、充分竞争、自给自足经济的中心地理论，集中体现在其 1933 年出版的专著中。

他将定量方法和统计学引入地理学，使地理学的发展进入一个新阶段。

由于先决条件过于严格和理想，实际应用很困难，该理论后来被廖什修改后变得更为实用了。

（三）主要思想

他将冯•杜能（von Thünen）的农业用地模式（1836 年）和阿尔弗雷德•韦伯（Alfred Weber）的工业区位模式（1909 年）结合到自己对德国南部的研究中。

他将中心地分为 7 级，较低级的地点供应着人们在最短距离内经常需用的货物和服务，较高级的地点供应相同的货物和服务，但还供应其他较为特殊的、不是经常需用的货物和服务，人们愿意为此走较长的路去得到它们，较高级地点具有遍及全世界的联系。

中心地（central place）位于正六边形中心，周围有 6 个低等级的地点；中心地分为不同等级，高等级中心地为低等级中心地提供商品和服务。

该理论主要分析不同大小的聚落及其经济活动同人口之间的关系。

（四）中译本

目前中译本有由常正文和王兴中翻译、商务印书馆 2011 年出版、被列入“汉译世界学术名著丛书”的版本。该书共分 4 部分，分别为理论篇，城镇地理学的经济理论基础；联系篇，区位理论应用于实际聚落地理；区域篇，德国南部中心地的数量、规模和分布；结论篇。

若要对中心地理论有更好的理解和把握，可同时参阅廖什（August Lösch）的著作《经济的空间组织》（The Spatial Organization of the Economy，1940）一书的英译本。

十五、哈特向的《地理学的性质》（1939）

（一）作者简介

哈特向（Richard Hartshorne，1899—1992 年），美国著名地理学家。所著《地理学的性质》对现代地理学区域学派的发展发挥了重要作用。

（二）主要成就

他对地理学的基本理论问题研究有重大贡献。他继承了传统地理学的区域观点，总结了德国赫特纳及美国索尔的理论，成为区域地理学理论的继承者。代表性著作有《地理学的性质》《地理学性质的透视》等。

（三）主要思想

受德国地理学家赫特纳的影响，他明确提出地理学的研究对象是地域分异。他对地理哲学问题有深入研究。

（四）中译本

中译本有商务印书馆 2017 年出版的、由叶光庭翻译的版本，被列入“汉译世界学术名著丛书”。

全书共 12 章，回答了什么是地理学、地理学的性质是什么、区域是什么、历史学和地理学是什么关系、地理学研究方法有哪些等基本问题。

第三节　现　代

一、邦奇的《理论地理学》（1962）

（一）作者简介

邦奇（William Wheeler Bunge，1928—2013 年），美国著名理论地理学家，著述很多，名著《理论地理学》对现代地理学特别是人文地理学的发展有重要影响。

（二）主要成就

邦奇对地理学的定量化有较大影响。

他信奉共产主义，因而很多观点很偏激，如反战观点，对社会不公正、不平等现象进行尖锐批评等，被称为激进的地理学家。

《理论地理学》是在其博士论文基础上发展而来。

他的另一部书 *Fitzgerald：Geography of a Revolution* 也非常出名（Fitzgerald，底特律市内的一个很小的街区），虽然研究的空间范围有限，但所研究的社会地理学问题却具有全球范围的意义。

（三）主要思想

地理学必须在描述地理事实的基础上，加强理论建设；要加强数学方法在地理学中的运用；要特别重视地图的研究与运用。

他强调空间过程和空间结构的相互作用。

（四）中译本

目前有2009年初版、2017年再版的、由商务印书馆出版、石高玉和石高俊翻译的版本，被列入“汉译世界学术名著丛书”。

全书共7章，主要内容包括地理有序性，地理系统的结构、功能和动态特征、地理过程的节律性、地理现象的组合规律及其作用与影响、地理时空耦合（地理空间中的物质、能量和信息的扩散、集聚及其随时间进程而产生的不同表现范围和分布格局）、空间行为理论、地理哲学和地理学方法论等。

二、哈格特的《人文地理学中的区位分析》（1965）

（一）作者简介

哈格特（Peter Haggett，1933—），英国著名人文地理学家，在城市地理学、区域地理学和医学地理学方面颇有建树，剑桥学派的核心人物，也是实证主义方法论的代表人物。所著《人文地理学中的区位分析》（*Locational analysis in human geography*）对现代地理学，特别是健康和医学地理学方面做出了重要贡献。

（二）主要成就

哈格特主要研究领域是地理学的本质、人文地理学的中心地理论、传染病地理学。

除上述代表性著作外，尚有《地理学：一种现代综合方法》《流行病的地理结构》《地理学中的网络分析》《地理学中的综合模型》《疾病分布地图集》等著作。

他为传染病的传播建立模型，进行预测，进而制定对策；出版过《世界传染病图集》。

他获得过英国皇家地理学会、美国地理学家协会、国际地理联合会颁发的金质奖章。

（三）主要思想

哈格特为人文地理学的空间分析建立了一个比较完整的体系：他将一个枢纽区域（nodal region）分解为6个要素，即网络、枢纽、节点、等级、面和线，建立了区位结构分析的一般程序。

（四）中译本

目前没有中译本。感兴趣的读者可参阅英文原版书。

三、哈维的《地理学中的解释》（1969）

（一）作者简介

哈维（David Harvey，1935—），英国著名人类学家、地理学家，被称为马克思主义经济地理学家，博学多才，著述丰富。所著《地理学中的解释》对现代地理学的发展影响很大。

（二）主要成就

哈维在城市研究、城市地理学、人类学、地理学方法论和基本理论等方面造诣很深，曾获得美国地理学家协会颁发的突出贡献奖、英国皇家地理学会的“吉尔纪念奖”。

（三）主要思想

哈维倡导理论研究，探讨构筑理论的策略与方法；强调地理学自身要有精确的概念和命题，要有明晰的理论；地理学方法论必须充分考虑科学哲学问题；对地理学“计量化”持谨慎态度。

（四）中译本

现有由高泳源、刘立华和蔡云龙翻译、商务印书馆于1996年出版的版本，已列入“汉译世界学术名著丛书”。全书共6编24章，讨论了哲学与方法论的关系，地理学解释中理论、定理和模型的作用，以及地理学解释中的语言等方面基本问题。

四、迪金森的《近代地理学创建人》（1969）

（一）作者简介

迪金森（Robert Eric Dickinson，1905—1981年），英国地理学家。所著《近代地理学创建人》（*The makers of modern geography*）对现代地理学的发展有重要影响。

（二）主要成就

迪金森主要专注于地理学历史的研究，除该部著作外，尚有《区域生态学》《美国的环境》等著作。

（三）主要思想

通过重点介绍德国和法国的近代地理学大师及其主要成就和观点，他指出了近代地理学的源头所在及其历史作用。他认为近代地理学成就巨大，构成今日地理学的基础，而且也由此确定了它的社会地位，因而德国和法国地理学家对现代地理学的贡献是其他国家无法比拟的。

（四）中译本

现有商务印书馆 1980 年出版的译本，由葛以德、林尔蔚、陈江和包森铭翻译。该书由奠基人、德国和法国三部分（编）构成，从斯特拉波和托勒密的简介开始，详细介绍了德法两国三代地理学家的主要观点、研究方法。

五、詹姆斯的《地理学思想史》（1972）

（一）作者简介

詹姆斯（Preston Everett James，1899—1986 年），美国著名地理学家，名著《地理学思想史》（*A History of Geographical Ideas*）对现代地理学的发展有重要影响。

（二）主要成就

詹姆斯通过考察南美西部各国，完成其博士论文《南美交通运输业发展的地理因素》；后又撰有《拉丁美洲》一书，获得过美国国家地理学家协会等机构颁发的奖章；发表了大量地理学文章。

（三）主要思想

詹姆斯的书名 *All Possible Worlds* 很耐人寻味，暗示了要尽可能介绍世界各地的地理学成就和知识体系，使人们对不同时期世界的图景有一个清晰认识和概观。

他认为“要使地理研究能吸引年轻一代，一个非常有效的方法就在于清楚地表明它在解决重要问题时能作出什么样的贡献”。

他强调地理学研究要将数学传统和文学传统结合起来，不可偏废。

（四）中译本

目前有 1982 年由李旭旦先生翻译、商务印书馆出版的修订版版本，被列入“汉译世界学术名著丛书”。全书共分古典时期、近代时期和现代地理学等 3 篇，分 8 章进行系统介绍。

第四节　研读经典著作的方法与技巧

限于当时地理学的发展水平、作者所处时代的社会背景与风尚、作者个人的思维方式和写作习惯，以及翻译过来的汉语书籍不可避免存在的瑕疵，或者阅读原著时所面临的语言转换问题，人们阅读经典著作时常会遇到这样那样的困难和问题，由此需要吸取前人在这方面的经验教训，尽最大可能理解和把握原著中那不朽的思想、行之有效的方法，以及难能可贵的诸多启示。

一、把握经典名著产生的时代和社会背景

经典名著提出的主要思想、方法、思维方式，既要有一个知识积累的过程，又要有时代的迫切需要，因此，搞清楚名著产生的时代特征和社会背景就成为我们系统、深入把握作者思想、思维方法、所用独特方法的前提。

关于这方面的线索和具体内容，一般在其前言或序言中有所说明和涉及，在译注的译序中也有分析和讨论，在作者生平或传记中往往要详细说明。此外，还可以通过阅读地理学发展史或地理学思想史得到部分必要的内容。

如果这几个方面仍难以提供较全面的时代特征和社会背景，那就需要我们自己花些时间，通过网络、图书馆搜集相关资料，将其归纳概括出来。但是，这不是一个一蹴而就的事，需要一段时间的积累，需要通过不同途径去搜集资料，需要就手头资料进行分析、思索、归纳，存在疑惑的地方还需要进一步去澄清与落实。

二、充分了解作者的生平和个性

对于经典名著的作者，我们可以通过网络、百科全书、搜索引擎平台、图书馆来搜集其传记（如果存在的话），以充分了解作者的学术水平和个性。一般而言，作者幼年和青年时期的经历最为重要，因为这段时期是人生的关键时期，其阅历和接受的教育对其后半生影响巨大。当然，其中所碰到的机遇要给予充分重视，因为机遇对一个人的成功非常关键。

总体来说，要关注作者的家庭、成长环境、教育历程、遭遇到的特殊事件和特殊人物，以及作者的喜好、感情生活、信念、社交能力、对自然界和人类的态度等。

三、浏览和揣摩目录的主要内容

通过上述两个步骤的准备工作，我们现在可以着手阅读名著了。

首先，要分析、揣摩一下书名的含义，可能涉及的内容，直观地评估一下该书对自己的重要性，感觉一下自己是否对其感兴趣。如果先入之见地认为对自己用处不大，则阅读会很难深入，也难以收获意外惊喜。

犹如一个人做事要尽可能做到“干一行爱一行”一样，读书也要这样，努力做到“读一本喜欢一本”。如果自己有闲暇时间和虚怀若谷的求知欲，这一点不难做到，它不仅是个读书过程，更重要的是它会成为磨炼意志、锻炼思维方式、积累读书技巧的有效途径。

其次，我们可以通过翻阅一下名著的目录，来验证一下我们的推断、分析是否靠谱，准确与否。相反，我们也可由此检讨一下我们的分析、推断能力是否可靠，方法是否有效。有些名著的书名过于抽象，让我们难以把握其真实内容，但这种情况下作者往往会给出副标题加以限定。

比如前面介绍过的德国地理学家赫特纳写的《地理学：它的历史、性质和方法》一书，主标题“地理学”太空泛，难以让人抓住其主旨，但加了副标题后，整本书的内容就明确了。再如美国地理学家詹姆斯写的《地理学思想史》，原书题目是《所有可能的世界：地理学思想史》，译者是用副标题作为译著的书名，而主标题太宽泛故不再提及。

最后，对感兴趣的章节做个记录或标记，充分理解其含义，对专业术语和人名与地名做系统梳理和了解，明确自己想要了解什么，想掌握些什么内容，想学习什么方法。这样就使自己有目的地去读书了。

四、重点研读感兴趣的章节

既然是重点研读，那就需要每天腾出一部分时间，投入足够的精力，采取特定的读书策略，结合自己感兴趣的内容深入思考，与其他相关知识进行联系、对比，在获得作者的主要观点和方法的同时，获得自己的切身感受以及自己的认识，也就是说要批判性地读经典，既不能兼容并蓄全盘接受，也不可全盘否定。

重点研读要切实保证时间尽可能集中、充裕，工作之余和节假日比较合适。阅读时心态要静，做到心无旁骛，情绪要稳定。可以先从头到尾快速浏览一遍所选章节的段落结构和逻辑框架，看看主要内容有哪些、主要观点何在，然后进入精读阶段。

精读，要一句一句地读，弄明白句子的语法结构和主体意思，以及前后句间的逻辑关系。对于中文而言，出现看不懂的地方往往涉及专业词汇、习惯表达、行业惯例等情况，这时我们就需要找本权威性高的专业词典、百科全书，或者条件许可的话咨询有关专家学者。网络征询也是一条比较好的途径，但回答会五花八门，各有各的理解，这需要我们自己有较高的判断和鉴别能力。

读完一段，回头整理一下知识点，明确主要内容、主要观点和方法。然后再同自己的已有知识体系建立联系并纳入其中，也可同已读的段落或章节进行对比，理出层次和条理，找出其中的因果联系。这是一个“阅读+处理加工+思维”的过程，要有耐心坚持下去。

等到所选章节阅读完，可以回头比对一下我们的初衷，评判一下我们的目标是否达到以及达到的程度。若总体上对作者的意图、观点、方法已经非常清晰地把握住了，那就可以结合自己的理解和体会，凝练出新的观点和认识，否则还需回到不甚明了的段落或句子，重新阅读、分析、归纳概括，直到明了为止。

另外，在精读过程中，遇到一些陈述、判断的句子，可以有意识地提出反面事实或现象，思索其可能的结果。也可以从作者的叙述中，把握字里行间的潜在意思，例如作者否定某种情况时，我们顺理成章地可以推断他同时也在肯定某种其他情况；作者讲的是现在的情况，那么我们可以回溯以前的情况，推演未来的发展趋势等。这样一来，我们就获得了许多书本外的东西，从而也就容易产生一些遐想，得到一些有益的启示。

五、根据需要通读全书

由于一本书是一个有机整体，前后章节、段落之间存在密切的内在联系，而且很多时候作者为了说明某个问题或观点，会引用前面某章节或段落的内容，这时自然而然地会引导我们产生进一步阅读相关章节的欲望和兴趣。

在精读重点章节的基础上，我们已经能够把握作者的基本思想、观点和方法了，但要想彻底、全面把握作者的学术思想和方法，就必须通读全书。与前面类似，这时可以采取浏览式或泛读式阅读，也可针对重点或兴趣点进行精读，或者将两者结合起来。如果时间充裕，自己也有深入阅读的欲望，就可以按部就班地进行精读了。

六、应注意的几个问题

（一）必须做读书笔记

做读书笔记，是阅读经典文献的必要和有效方法与程序。即使自己手头有现成的纸本或电子本经典，也要做读书笔记。可以是传统的“笔+笔记本”的方式，也可以用现代化的 iPad 进行电子式操作。

读书笔记一般都要记录其中的人物（谁）、做了什么事、什么时候做的、在哪里做的、用什么方法做的、结果是什么、它对我们有什么样的影响等。

同时，书中精彩的叙述与推理、确凿的事实、详细的事件过程、奇妙的推理方式、发人深省的格言或寓言等，也要有意识地记录下来。时间比较紧张时可以采取简练的方式记录，甚至仅记录主题词。

与阅读相配合，一段、一节或一章读完后，要回头梳理一下笔记，补充完善其中的细节，顺便可以写自己的读书心得、感悟和启示了。

（二）不可忽视脚注和参考文献

经典名著中往往会引用大量脚注或/和参考文献，这些是该书的必要组成部分，对其思想和观点的形成、论证与凝练有重要作用。为了学习到作者独特的思路、推理方式、观点的形成，很有必要再花些时间去阅读这些材料。

脚注一般排在书籍某页的正文下部，可以及时参阅，明了作者的意图，这样易于同正文的有关字句建立直接联系，便于理解正文内容。然而参考文献往往列在书籍末尾或章节末尾，需要我们另外花时间到有关书籍或期刊等媒介上去查找、阅读。

如此一来，做读书笔记时另一项必须做的工作，就是要把关键或重要的、我们感兴趣的参考文献记录下来。然后有时间时或需要时安排专门时间去查阅这些文献。如果我们认真坚持做下去，就会发现这类似于多米诺骨牌，会使我们对某个领域或方面有更为全面、系统、深入的了解，对其历史、现状和发展趋势有较好的把握，由此就为我们进一步写某个主题的文献综述或研究进展奠定了必要的基础。

（三）要注意挖掘字里行间的意思与启示

除了前面提到的精读过程中寻找字里行间的内容，挖掘字里行间的“画外音”“题外话”外，还可以通过用同义词或近义词替换一句话中的主题词来加强理解，挖掘句子所蕴含的更多意思，或者通过变换句子结构、句子类型和修辞手法的方式来扩充句子的内涵。

此外，还可以把书中提到的情形、图景，想象成在自己熟悉的场景下的状况，分析、推演其过程、现象和特征，概括其成因；也可以在作者列举的基础上，增加自己所处环境中熟悉的情形，分析判断其是否可行、是否合理，预测其应用前景。

（四）要对相关人名和地名及专业术语作扩充阅读

在经典名著中，为了说明某个问题、论证某个观点、陈述某个重要事实，作者往往要引用一些人名、地名，结合具体问题使用一些专业术语。为了使自己的阅读更加全面、正确、深入，收获更加丰富，很有必要去落实、澄清这些内容。

人名，或者是著名学者、政治家、军事家，或者是普通人，他们所涉及的思想、观点、事件或事实往往是典型的，富有说服力。比如一般性地理学史的书籍，必然地会提到前面我们已经提到的托勒密、洪堡、李特尔、麦金德等。如此一来，就引导我们把目标对准涉及这些人物的书籍，将其列为自己的阅读书目，但出于更好地阅读当前书籍的考虑，这些扩展阅读可以查词典式地快速翻阅，待以后有时间再细读。

对于地理学领域的经典书籍而言，不可避免地会涉及大量地名，由此让我们建立起相应的空间图景。这些地名，有些广为人知，易于把握，但有些则比较偏远，知晓的人很有限，落实起来有一定困难，需要有一定耐性并掌握一定的技巧。还有些地名是古地名，现在已经不再使用，这就给我们带来很大困难，需要我们有广博的知识面。不过，通过查阅对应地区或国家的历史书籍可以得到一定程度的解决，而要想彻底弄明白，就需要到当地去深入调查与考察，仅凭网络搜索还不能完全解决这个问题。

对于专业术语，我们可以查阅权威性的专业词典、大百科全书、专业书籍，咨询专业人士和专家学者。不过我们要有心理准备，当内容与我们自己的主要专业或知识领域差的比较远时，就需要我们另外付出更多努力去落实了，这涉及一个再学习的过程，彻底搞明白需要更多的付出。

（五）遇到疑惑要千方百计地去澄清与落实

读经典文献，并非像读小说那样轻松惬意，很多时候是需要毅力和智慧来支撑的，也就是说读经典往往比较枯燥乏味，没有达到一定水平和境界，还很难进入甘之若饴的境界。很多人容易犯的毛病是囫囵吞枣、不求甚解、得过且过，一旦出现这种情况，读书就味同嚼蜡了。

遇到疑惑，一方面可以在书籍中找到答案，另一方面则需要我们勤于思考，加强不同部分、不同内容间的对比分析，结合自己的阅历、知识基础所产生的新认识，把疑惑最大程度地加以解决。

假如疑惑是我们读书过程中自己提出来的，那么澄清和落实起来就比较复杂了。也许它远远超出了书籍所涉及的知识领域，这时我们可以把问题记录下来，暂时搁置一旁，留待以后知识基础更坚实了，思想更加丰富了，综合分析问题的能力更强了之时，也许会迎刃而解。这是读书的常见情形，不必刻意在本次阅读中予以完全解决。

总之，遇到疑惑要像登山那样，坚定信心，鼓足劲头，克服重重困难，经过艰苦跋涉最终登顶，领略独特风光。

（六）经典名著需要反复阅读和精读

就像基督徒研读《圣经》，佛教徒反复诵经，歌舞要反复练习那样，经典著作往往需要反复阅读，细心品味。正如格言说的那样，“一本书是永远读不完的”。

经典名著一旦出版发行出来，内容和其中的思想、观点、方法也就基本固定下来了，但读书的人却是不断变化的，不仅学识、阅历、理解力会随着年龄而增长，而且每一次读书的心态、情绪、目的也不尽相同，因而读书获得的东西也不尽一致，每次认真读书都会有新的收获。

此外，同一词汇在不同时代都会被赋予新的含义，理解起来自然会打上时代的烙印，在一定程度上也会偏离开原著的最初主旨。比如，19 世纪中期之前的一些学术著作中会用到 soil 这个今日家喻户晓的专业词汇，但当时土壤学还没有诞生，因而它通常是指土地、泥土、地面、国土等含义，而到了 20 世纪土壤学已经形成并不断完善后，它才具有了“土壤”的含义。再如，工业革命之前学术著作中常用 physics 这个词，当时物理学还未问世，人们一般用来指药物学、医术、医学，到了工业革命时期现代物理学出现后才用于指物理学。

由此可见，读历史时期的经典名著，要特别注意词汇的这种时代变迁。在充分理解作者当时的思想的同时，还要特别注意不要用今日的含义去理解当时，更不能随意将其扩展到更多领域乃至沿用到未来。但我们由此获得的启示则是另外一层意思了，切不可混淆。

经典著作本身不变，但人会随着年龄在变，由此仿佛书也在进化，陪伴我们到永远。

思考题

1. 地理学经典著作在地理学发展中起着什么样的作用？两者之间是一种什么关系？
2. 如何科学有效地阅读地理学经典著作？

练习题

1. 从本章介绍的地理学经典著作中挑选一部自己感兴趣的，随机选一章内容，然后准备上 4 页纸，分别记录阅读过程中碰到的比较生疏的人名、地名、专业术语、事件，检测一下自己的知识面和理解力，然后一步一步将其搞清楚，弄明白。

2. 根据本章相关内容，再查阅一些必要的文献，分析一下环境决定论和环境虚无论各自的不足，提出自己的看法。

推荐读物

1. 蔡云龙，[美] Bill Wyckoff. 地理学思想经典解读[M]. 北京：商务印书馆，2011.
2. 王爱民. 地理学思想史[M]. 北京：科学出版社，2010.

温馨提示

1. 世界经典著作，由于翻译的问题、时代间隔和文化背景不同，读起来并不像读小说那样轻松自如且妙趣横生，往往是枯燥乏味的，这时候最需要耐心和毅力，慢慢地、一点一点地啃，积少成多，逐步吸收、消化、理解。

2. 由于一个人阅历的增加，知识领域的不断扩大，思维能力的不断提高，回头翻阅一本书时，总会有新的收获，新的启示，永无止境。